聂 运 伟 自 选 集

思想的力量

聂运伟 著

中国社会科学出版社

图书在版编目（CIP）数据

思想的力量：聂运伟自选集 / 聂运伟著 . —北京：中国社会科学出版社，2015.5

ISBN 978 - 7 - 5161 - 6208 - 8

Ⅰ.①思… Ⅱ.①聂… Ⅲ.①社会科学—文集 Ⅳ.①C53

中国版本图书馆 CIP 数据核字（2015）第 117569 号

出版人	赵剑英
责任编辑	刘志兵
责任校对	芦 苇
责任印制	李寡寡

出　　版	中国社会科学出版社
社　　址	北京鼓楼西大街甲 158 号
邮　　编	100720
网　　址	http://www.csspw.cn
发 行 部	010 - 84083685
门 市 部	010 - 84029450
经　　销	新华书店及其他书店

印刷装订	北京君升印刷有限公司
版　　次	2015 年 5 月第 1 版
印　　次	2015 年 5 月第 1 次印刷

开　　本	710×1000　1/16
印　　张	25.25
插　　页	2
字　　数	426 千字
定　　价	80.00 元

凡购买中国社会科学出版社图书，如有质量问题请与本社联系调换
电话：010 - 84083683
版权所有　侵权必究

目　录

思想的力量（代自序） ……………………………………………（1）

第一辑　美学理论

马克思美学研究史述略 ……………………………………………（3）
论马克思学说的形成与浪漫主义美学运动的关系 ………………（26）
德国古典哲学中的美学与辩证法 …………………………………（32）
模仿的歧义与西方美学的开端
　　——兼析美学与文艺学的关系 …………………………………（41）
论柏拉图模仿说的知识学背景
　　——兼析柏拉图学说的伦理学底蕴 ……………………………（46）
和谐：古希腊的审美理想 …………………………………………（54）
艺术品与商品 ………………………………………………………（63）
艺术价值论 …………………………………………………………（76）
时代与艺术发展的矛盾 ……………………………………………（86）
论商品化时代的文艺自律 …………………………………………（91）
中国式文学概论的最早范式
　　——《奏定大学堂章程》"文学研究法"课程讲授要义评析 ………（96）
生态美学的问题意识与批判立场
　　——关于生态美学的对话 ……………………………………（105）
论全球化进程中精神生产的价值属性 ……………………………（117）

第二辑　文化问题

模仿与原始社会中的伦理道德 …………………………………（129）
论肉类食物在人类原始文化形成中的作用 ……………………（137）
试论原始社会中的教育问题 ……………………………………（143）
论原始社会中的精神生产 ………………………………………（150）
论希腊文化中的青春崇拜 ………………………………………（159）

第三辑　学术访谈

"路漫漫其修远兮,吾将上下而求索"
　　——刘纲纪先生访谈录 ……………………………………（167）
刘纲纪与中国马克思主义实践美学 ……………………………（187）
《邹贤敏学术文集》编辑前言 ……………………………………（198）
走不出的历史
　　——写在邹老师七十寿辰 …………………………………（207）
走向文化自觉
　　——冯天瑜先生访谈录 ……………………………………（216）
康德何以永恒
　　——读曹俊峰老师的康德美学研究 ………………………（234）
生命与艺术的对话
　　——忆余虹 …………………………………………………（242）

第四辑　《故事新编》研究

痛苦痉挛中新生的神话英雄
　　——论中国现当代文学中知识者形象的情感特征 ………（259）
《补天》新解 ………………………………………………………（265）
历史的虚构与艺术的虚构
　　——《奔月》试析 ……………………………………………（272）
《铸剑》之阐释 ……………………………………………………（278）

《故事新编》研究札记 …………………………………………（287）
试论《故事新编》中的结局现象 ………………………………（294）

第五辑　艺术评论

论《红楼梦》的意义构成 …………………………………………（303）
悲剧的流产
　　——评池莉《烦恼人生》与《不谈爱情》………………（312）
论池莉小说中的审美时空 …………………………………………（320）
都市中的"非都市化"情结
　　——解读陈应松 ……………………………………………（329）
回归与超越
　　——析陈应松小说话语的嬗变 ……………………………（337）
钟爱文学之梦的大师
　　——博尔赫斯 ………………………………………………（346）
以艺术梦幻整合历史与现实的巨匠
　　——卡洛斯·富恩特斯的文学之路 ………………………（356）
当代文学中经典的歧义 ……………………………………………（366）
解民的丹青之旅 ……………………………………………………（372）

附　　录

张之洞的精神个性 …………………………………………………（377）

思想的力量（代自序）

编定《自选集》后写这篇《自序》，很是忐忑，面对这几十篇舌耕之外的笔耕之作，本不该做任何自我评价，也没有自我评价的必要，只是近年来一些博士生在写博士论文时，来信提及自己的某篇旧作，讨论一些早已忘却了的话题，这使我多少有了一点面对自己旧作的自信心，加上夫人张晨和学生石若凡、吴飞（他们为这个集子的编辑做了大量的工作），也每每催促我整理自己的旧作，这次文学院又为《自选集》的出版提供了条件，借这个机会，对自己的旧作做个学术性的清理和交代，也就有了必要。几年前，在为我的老师邹贤敏先生编文集时，我在《编辑前言》中说："《邹贤敏学术文集》的出版，对于我们了解邹先生这一代学人的心路历程和学术背景，理应有着生动的文献学意义。"现在似乎该说，集子中的文章倘若能让我的学生借此理解我们这一代人生活过的时代和心路历程，足矣。

2003年冬天，我受北京《文艺研究》总编方宁兄的委托，对武汉大学刘纲纪先生进行学术采访，做一个访谈录。刘先生一直视我为忘年之交，经常在一起聊天，聊得最多的就是1949年后中国美学研究的发展历程和马克思主义在中国的命运。为做这个访谈录，我再次研读了刘先生的著述，并多次去武汉大学向刘先生请教，长达半年的切磋、探讨，令我受益匪浅。刘先生不会操作电脑，为我手书了7万余字的文稿，在此基础上，我又几易其稿，终成《路漫漫其修远兮，吾将上下而求索——刘纲纪先生访谈录》（《文艺研究》2004年第6期）一文。2012年，武汉大学为纪念刘先生八十华诞举办了盛大的学术研讨会，方宁先生专程从北京赶来武汉，在会上做了《向刘纲纪先生致敬》的发言，其中特别提到这个访谈："我一直以为，在《文艺研究》迄今为止所发表的百余篇重要学者和艺术家的访谈中,刘纲纪先生的访谈是最为精彩而富有思想意义的"[1],方宁先生所说的"思想意义",我理解为学术研究应该具有思想史的维度,这也是我写作访谈的主要体会,即在人文社会科学研究中,思想史的维度是最为重要的。由此,沉寂的古代文献、不同时空中的文化事件(甚至包括人们习以为常而漠视的生活事件)和观念,才可能在一种新的解释视域中爆发出原本具有的思想意义,也才可能像福柯一样,揭开已有历史的假象,让思想走出历史的遮蔽。2013年初,受《文艺新观察》编辑部委托,我又与武汉大学的冯天瑜先生做了一次学术访谈(《走向文化自觉——冯天瑜先生访谈录》,《文艺新观察》2013年第2期)。当时,冯先生的新作《中国文化生成史》刚刚杀青,围绕此书结构的方式及由此生发出来的"史"的书写问题,冯先生的许多见解使我对人文社会科学研究中的思想史维度有了更进一步的理解:思想史不应该是某种单一、固化的思想范式的异化产物,相反,"思想史是思想的战场,不是亡灵的画廊"[2]。美国哲学家杜威在《我们如何思维》一书中强调:任何富有创新意义的思索总是发端于思索者的怀疑精神和问题意识;德国哲学家克罗纳主张运用"问题史的方法"考察并研究哲学史,在他看来,哲学史也就是"问题史";"研读思想史,就如同观看前代思想者与他所面对的社会困境之间的一场较量,或倾听这两者之间的一场对话。听者可以从这一对谈中得到启示。因为听者也有自己社会与时代的问题,并深深为此苦恼,倾听别人是如何与命运搏斗的,是如何应付困境的,人们就会从中得到启示。思想史的生命力就在于必须把这种命运斗争的对话性揭示出来"[3]。由此而论,思想史维度在学术研究中的具体体现理应是不同思想的相互诘难和辩证,是问题意识形成、展开的思想历程,是思考者显示思想独立、自由品性的一种境界,更是思想展现其力量的平台。唯此,我们面对研究对象时,才能既以反思的态度去审视一切,又对历史和一切思想抱以陈寅恪所说的"了解之同情"。近些年我对费孝通先生的学术研究颇感兴趣,特别是费老晚年提出的"文化

---

[1] 邹元江、陈祖亮主编:《中国当代美学的回顾与展望暨刘纲纪先生八十华诞学术研究会文集》,武汉大学出版社2013年版,第19页。

[2] [美]斯特龙伯格:《西方现代思想史》,刘北城、赵国新译,中央编译出版社2005年版。

[3] 萧功秦:《思想史的魅力》,《开放时代》2002年第1期。

自觉",我以为就是对近代以来中国学术研究的思想史层面的一个很好的总结。

冯先生《中国文化生成史》的导论以"走向文化自觉"为题,深得费老"文化自觉"一说的真髓。《中国文化生成史》的题中之义是对"中华文化从哪里来"的研究,是"穿越时间隧道,从历史纵深处探索中国文化生成的机制"。如此博大精深的话题虽非一人、一书所能穷尽,但"究天人之际,通古今之变,成一家之言",实为古今史家最高的标尺,治史多年的冯天瑜先生深谙此意。值得注意的是,《中国文化生成史》并没有按历史时间的顺序去描述中国文化的生成过程,而是以设问回答的方式结构全书。全书开篇"题解"所设置的一套组合命题是:

中国何以走过不同于异域(如西欧、日本、俄罗斯、美利坚)的文化路径?

中国何以创造中古辉煌,却在近代落伍?

中国凭借怎样的动力,以磅礴之势于当代复兴?

复兴间的中国遭遇种种困境,其渊源何在,克服途径在哪里?

这一组问题既老且新,说其"老",是因为问题域依然是当年李鸿章高度概括的中国近代文化的处境及应对:处数千年未有之奇局,自应建数千年未有之奇业;"新"则在于,论者以强烈的文化自觉的意识,突破晚清以来"悲凉之雾,遍披华林"的心理底色,不再把"奇局"一味解为"困局",而是从理论与实践两个方面展现出中国文化转型过程中的主流性特征,即"决心在'奇局'下建'奇业',是中国人对于现代文明袭来做出的积极反应"[①]。《中国文化生成史》在问题设置、论述视野、意蕴指向三个方面之所以新意迭出,正是在于上述思想史维度的设定,或说具有高度的文化自觉意识,所以,在百年以来"史"的书写历程中评说此书也是有意义的。

1919年,在章太炎、梁启超、杜威的影响下,胡适《中国哲学史大纲》横空出世,中国传统"史"的写法、功能均由此受到颠覆性的撼动。

---

① 冯天瑜:《中国文化生成史》(未刊稿)。

可是，胡适《中国哲学史大纲》所谓新的"范式"①性意义，又似乎从未得到民国时代一流学者的认可，至多也是抽象的肯定、具体的否定。②值得反思的是，受到质疑的胡适的写法——"以西洋某一种治学的方法""部勒"中国传统思想——却一花引来万花开，数不清的以西洋观念任意编排"史料"的通史、专门史蜂拥而出，20世纪50年代大陆批胡适写史的方法其实比胡适更胡适，只不过"杜威"换成了"马克思"，"设想""考据求证"变为"决定""被决定"，如此"范式"中的中国之"史"，作为整体的中国文化往往变成了一堆残砖碎瓦，皆被"浮浅碎乱"的"思想界""当作考古资料而玩弄之"③。所以，对胡适"确立"的"新范式"做学术史上的功过判断，亦当审慎。④或者说，胡适《中国哲学史大纲》的意义仅仅在于其开创了一个中国的"史"究竟该如何写的"问题史"。

以近年来读书、思考之心得反观旧时之作，不满自然多多，但仔细回味一些文章构思写成的过程，又无不与时代进程中的思想背景密切相关，其得其失，反而更真实地反映出一个普通学人与时代精神之间的内在联系。就此而言，反思自己的旧作也必然是对中国近代以来思想史的反思。如集子中几篇关于马克思美学研究的文章，基本材料和观点均来自20世纪80年代末期写成的研究生毕业论文《马克思学说的美学含义》，其基本思路就是受李泽厚先生康德研究的影响，试图从美学角度阐明从康德、席勒角度——而不是从黑格尔角度——重新解释马克思思想的理论与实践

---

① 余英时在《中国近代思想史上的胡适》一书中借用库恩科学革命的"范式"理论，对胡适《中国哲学史大纲》在近代思想史上的地位作出了很高的评价，其借用的"范式"理论作为分析方法，对大陆学术界产生了极大影响。参见余英时《中国近代思想史上的胡适》，台北：联经出版公司1984年版。但是，库恩的"范式"是一个有重大缺陷的概念，其"范式"的"不可通约性"，从根本上阻断了"范式"间的内在联系，此点甚为人所诟病。"五四"前后的学术与政治、自由主义与激进主义，之所以都扬西贬中、厚今薄古，与库恩一样有着学理上的共同误识。

② 参见陈寅恪、金岳霖对冯友兰《中国哲学史》的审查报告，载冯友兰《中国哲学史》，中华书局1993年重印本。

③ 熊十力：《纪念北大五十周年并为林宰平先生祝嘏》，载《国立北京大学五十周年纪念特刊》，北京大学出版部1948年版。

④ 我以为胡适比后世论者更清醒地意识到自己成名之作的内在问题，所以他宁愿花二十余年时间考证《水经注》，也不去写（他也多次想写）《中国哲学史大纲》下半部。

意义。① 今天看来，当时依据并不充分的文献发掘马克思思想形成过程中与德国浪漫主义美学的内在亲和关系，还算得上是一个有点儿学理性的阐述，但真正激荡论文写作的精神动力是对思想独立与自由的渴求，而这，正是那个思想狂飙时代的主旋律，学术话语只是思想冲击权力意志的一个工具、一种代码。随着思想激情的降温，很多被工具化的学术也就因思想贫乏而难以结出硕果。经验与教训，诚如李泽厚先生在《中国近代思想史论》的"后记"中所说："中国近现代史是一个动荡的大变革时代。随着这种政治、经济、军事、文化各方面剧烈的震荡、变革，中国近代思想在短短几十年内，从封建主义到社会主义，象雷奔电驰似的，越过了欧洲思想发展成熟的数百年行程。这样，一方面就使整个思想带有浮光掠影的特征，对好些问题经常一掠而过，未能产生比较成熟、完整、系统、深刻的思想体系，在理论领域显得肤浅、贫乏和杂乱；但是，另一方面这又使思想紧随着时代急迫课题迅速前进，密切联系了人民生活中的重大实际问题。"②

2005年，陪邹贤敏老师夫妇去了一次神农架，还去了一次齐鲁大地。一路上，师生两人聊得最多的就是如何对自己、对自己所处时代的反思，结果便是邹老师对自己文集编辑的思路作出了明确的定位：从思想史的角度对自己的学术生涯进行反思，"做出客观、冷静、理智的评判"。邹老师在自己文集的扉页上写了一个发人深省的《作者题记》："帕斯卡尔说：'人的全部尊严就在于思想。'反思自己的学术之路，使我清醒：懂得不应该怎样思想比懂得应该怎样思想更有人的尊严。"这是从历史中走过来的邹先生的肺腑之言，也是痛定思痛——自我反思的智者之言。陈寅恪所说的"独立之精神、自由之思想"，是真正知识分子立足于世的唯一力量。如今我为自己编文集，前贤与老师的为人治学之思，我理应学习和承继。

2007年，我和刘纲纪先生去南京大学参加了王杰教授主办的马克思主义美学研究学术会议，在谈及中国马克思主义美学研究现状时，我和王

---

① 李泽厚认为："如果从美学角度看，我以为，并不是如时下许多人所套的公式：康德→黑格尔→马克思，而应该是康德→席勒→马克思。"见李泽厚《批判哲学的批判》（修订本），人民出版社1984年版，第414页。

② 李泽厚：《中国近代思想史论》，人民出版社1979年版，第475页。

杰的看法远不及刘先生乐观。为进一步推动中国马克思主义美学研究，当时我提议在《湖北大学学报》开设一个"马克思主义美学研究专栏"，和刘纲纪、王杰主编的《马克思主义美学研究》形成学术上的互动，在当时湖大学报主编何晓明先生的支持下，熊显长君和我一起具体策划了前几期的选题和约稿等事项。记得第一期专栏的三篇文章是刘先生、王杰和我写的（人大复印报刊资料《美学》2008年第5期转载，刘先生的《我的马克思主义美学观》一文还被《新华文摘》转载）。数年下来，这个栏目在熊显长君的辛勤操持下，已成为《湖大学报》的一个品牌栏目，也是国内刊载马克思主义美学研究论文的一个重要阵地，影响颇大。尽管如此，我仍然觉得中国马克思主义美学研究正面临着哈贝马斯所说的"合法性危机"，这也不是我一个人的判断。如王杰说："八十年代以后的学者都远离了政治和现实，马克思主义美学研究成了空谈理论。所以，相比之下，我觉得中国的马克思主义美学学者蜕化得很厉害。……我们马克思主义美学研究就是要把马克思主义前辈学者的那一种骨气和精神境界继承下来。搞马克思主义研究要获得人们的尊重，就是要言行一致，搞马克思主义但不同情弱者，不同情受欺压的人，什么事情都斤斤计较，而写文章又说自己是马克思主义者，人家根本不信服你。或者，我们只是研究学理上的马克思主义，只是在一些学术的问题上打打圈圈，而不关心现实和文化，那以后跟随我们做马克思主义美学的人就会越来越少。"[1] 许多学者敏锐地看到，繁盛的中国马克思主义美学研究后面其实潜藏着令人担忧的"危机"和"困境"。值得注意的是，在对"危机""困境"的理论分析和判断上，许多意见立场迥异，争论不断且莫衷一是，但综观学者们的意见，"危机""困境"的主要表征如下。

其一，脱离现实的学院化研究。所谓学院化研究，一是中国美学患有"不敢思想"的软骨病[2]，这种"不敢思想"的软骨病导致中国当下马克思主义美学面对中国社会的现状，整体呈现出一种令人担忧的"失语"状态。"八十年代以前的学者还是有现实的思考的，鲁迅的那个时代，胡

---

[1] 王杰、段吉方：《美学面向现实的提问方式——上海交通大学人文学院特聘教授、博士生导师王杰访谈》，《社会科学家》2011年第3期。

[2] 参见张法《思之未思——中国百年美学之思》，2006年6月，美学研究网（http://www.aesthetics.com.cn/s41c690.aspx）。

风的那个时代，周扬的那个时代，马克思主义美学都是和现实结合的，也是和社会思潮、现实运动结合的，八十年代以后的学者都远离了政治和现实，马克思主义美学研究成了空谈理论。所以，相比之下，我觉得中国的马克思主义美学学者蜕化得很厉害。"① 二是一味在学院化的"学科"里，进行古今中外知识碎片的拼接与组装，各种似是而非的"体系化"建构催生出来的是美学家们自说自话的"课题"和"项目"，并随之产生出大批量模仿的博士、硕士论文。而且，那些"项目"和"课题"的评价标准已由货币（课题经费）的量化单位和权力的级别决定为"重大"或"一般"。"我们常会相当尴尬地发现，作为一个马克思主义美学研究的大国，马克思主义美学研究及其理论建构的数量与质量之间往往存在某种不可比性。"② 独立的学术研究受到体制化的规训，思想的贫乏和退场也就不足为奇了。

其二，固化的研究视域。一是固守某些教条式的研究思路，仅仅在马克思主义经典著作中寻章摘句，拼凑教科书式的抽象理论体系③；二是以极其狭隘的学科视域遮蔽了世界现代美学诞生的全球现代化运动背景及相应的问题意识。由此，我们可以看到大量分别研究中国、苏联、西方马克思主义美学的论著和论文，多停留在介绍或知识性解读的层面，普遍缺乏一种在"全球性思考和地域性活动"（think global and act local）④ 中有效整合各种美学资源的能力，缺乏"从现代性视野中审视马克思主义美学"的眼光。⑤（注：刘康 2000 年在美国以英文发表的《马克思主义与美学》一书，其立足于全球化视域分析中国马克思主义美学独特性的思路应该引起我们的关注。）

其三，合法性危机。关于这一点，我引用刘康先生的一段话予以说明。在他看来，一方面，"我认为马克思主义在中国仍然会起重要的作

---

① 王杰、段吉方：《美学面向现实的提问方式——上海交通大学人文学院特聘教授、博士生导师王杰访谈》，《社会科学家》2011 年第 3 期。
② 王德胜：《意识形态话语与理论原创性——当代中国马克思主义美学理论建构问题二议》，《思想战线》2004 年第 3 期。
③ 参见张梦中《中国当代马克思主义美学研究的三大根本错失》，《长治学院学报》2007 年第 6 期。
④ ［斯洛文尼亚］A. 艾尔雅维茨：《美学与作为全球化的美学》，刘悦笛译，《世界哲学》2006 年第 6 期。
⑤ 参见俞兆平《现代性视野中的马克思主义美学》，《天津社会科学》2008 年第 2 期。

用。为什么呢？在中国的整个现代化进程中，从20世纪初马克思主义进入中国开始，到后来成为中国现代化的主导思想体系和主导方案，一直到今天仍然起着作用。所以我可以说，在未来一段相当长的时期内，中国的现代化不可能避开或抛弃马克思主义"，但另一方面，"现在中国许多社会科学和人文知识分子对马克思主义都缺少兴趣，从事科技的知识分子也基本对此避开不谈"①。

上述问题产生的原因自然很多，但症结在于问题视域上。近代以来人类面临的最大问题是什么？是社会重建。

关注社会重建，是西方美学现代转型的现实动因，也是中国现代美学兴起的现实动因。由西方工业文明所带来的社会分裂引发的危机意识，在18世纪的德国古典美学中，特别是在席勒的美学思想中，已充分展现出来。承继康德思想的席勒的美育思想，是美学参与现代社会重建的开端，尽管这一思想没有突破德国古典哲学的知识学框架，但美学从温文尔雅的和谐之学转向关注现实社会矛盾、冲突并提出化解危机的方法的实践品性，实为现代美学基本品格的源头。② 就此而言，现代中国美学的兴起与西方美学的现代转型的内在动因并无二致。梁启超对文学艺术社会功能的革命性阐发、王国维对人生悲剧的解说、蔡元培对席勒美学的介绍与引申，特别是从晚清到"五四"之间一系列引人关注的美学事件，都充分说明：在西方式的美学话语背后，中西美学家们所遭逢的历史性难题——如何走出社会分裂，进行社会重建——是全球性的（身处东方语境的托尔斯泰、泰戈尔的美学思考亦证明这一点）。所以，发端于西方的工业文明引发的全球化进程中的美学思考，天然具有了本源上的同一性。正是这种本源性决定了西方近代各种社会思潮，包括马克思主义及其中国马克思主义美学阐释形态在近代中国出场的历史合理性。

所以，把社会重建作为研究中国马克思主义美学阐释形态的特定视域，是有如下意义的：（1）从历史角度看，社会重建作为一种社会思潮，

---

① ［美］刘康：《马克思主义美学——中国马克思主义美学家和他们的西方同行》，李辉、杨建刚译，北京大学出版社2012年版，第235页。

② "美学从创立之初起就不仅仅是源自（当然包含着）对美和艺术的分析兴趣，而是基于更广泛的现代精神自我确证的动机……审美既作为艺术问题又作为社会政治问题，被推到现代思想的前沿。"见陈剑澜《从感性学到审美乌托邦——现代美学早期的一段问题史》，《江苏社会科学》2010年第6期。

是对全球现代化运动引发的现代性危机的理论批判,也是全球不同社会实践中共同的价值向度。就此而言,考察中国百年来的社会变动和思想进程,不能脱离这个背景。(2) 从学术角度看,19世纪中叶,西方知识界、思想界开创了以社会学为轴心的新型社会学科群,目的在于寻求社会重建的理论依据和实践样式。在此背景下,附属于形而上学的传统美学开始了艰难的转型——从抽象哲学体系的知识构件突变成一种独立的反现代性的思想话语,且与社会学有着学理上(主要是面向现实进行提问,以实验性的研究回应现实)的同构性。(3) 总体上看,马克思的学说以及其内含的美学思想并未超出社会重建这一思想进路。值得关注的是,围绕社会重建大致同时展开的几种马克思主义美学阐释形态,既有思想谱系、实践品格上的同源性、发展传播过程中多样化的互文性,也有各自地域文化、知识谱系、政治实践诸向度上的差异性。从这个视域出发,我们才可能更深入地探讨如下几个问题:中国马克思主义美学研究中的"困境"与"危机"是如何发生的?中国马克思主义美学发生、发展的内在逻辑是什么?如何寻求重构中国马克思主义美学当代阐释形态的历史依据?中国马克思主义美学阐释形态走向世界的路径及意义是什么?

怎样思考这些问题?从历史角度看,文学研究和美学研究从来就不是真正与社会现实无关的单纯的异想天开的个人话语或抽象的普遍话语,"纯"文学理论和美学理论只是一种学术神话,回应现实问题是美学必须具有的人文担当。费孝通晚年论述文化问题的相关论文、演讲及对话给了我很大的启发。费老研究中国现实或历史问题的基本前提是:中国必须主动参与全球现代化运动,必须以一种文化自觉的态度进行中国社会和文化的重建。如此,才能回答"不同文明之间该如何相处"这一"全人类都要共同解决的问题","这是全球化进程中不可回避的一个挑战"。与亨廷顿的"文明冲突论"不同,费孝通提出通过"文化自觉"达到"各美其美,美人之美,美美与共,天下大同"的设想,正是一个融社会理想与审美理想为一体的理想图景,也是当下社会学与美学两个学科在思想史层面会通的思想结晶。

我从少年时代就喜欢阅读鲁迅的文章,喜欢他的表述,理解他的心境,故用先生的话作为自序的结语吧。

鲁迅在《〈呐喊〉自序》中说:"我在年青时候也曾经做过许多梦,后来大半忘却了,但自己也并不以为可惜。所谓回忆者,虽说可以使人欢欣，有时也不免使人寂寞，使精神的丝缕还牵着已逝的寂寞的时光，又有什么意味呢，而我偏苦于不能全忘却，这不能全忘的一部分，到现在便成了《呐喊》的来由。"

2014 年 4 月

于湖北大学逸夫人文楼 B 座 4015 室

第一辑

美学理论

马克思美学研究史述略

弄清马克思美学思想研究史上的基本状况,是推动马克思美学思想研究跨入新世纪的一个前提。任何真正的科学研究,都应在前人的研究基础上,达到更高层次的综合水平。

从总体上看,马克思逝世后,对马克思美学思想的阐释与研究大致可分为两个阶段:马克思逝世后至第二次世界大战前为第一阶段;第二次世界大战后至今为第二阶段。在这两个阶段中,特别是在 20 世纪 80 年代之前,因世界政治格局中的冷战因素,对马克思美学思想的研究一直明显表现出互相对立的倾向,即西方学者同以苏联为中心的东方学者的互相对抗。值得深思的是,东、西两大阵营对马克思美学思想的存在与否都经历了一个由否定到肯定的过程,尽管否定、肯定的动机与性质各不相同,以至形成一次次尖锐的冲突与碰撞,但也正由于一次次的冲突与碰撞,才有了马克思美学思想研究的不断深化,也才使马克思美学思想的研究课题具有理解世界文化发展趋势的深刻内涵。

第二次世界大战之前,西方学者大都否认马克思学说包含值得一提的美学思想。比如,1892 年出版的英国鲍桑葵的《美学史》,1902 年出版的意大利克罗齐的《作为表现的科学和一般语言学的美学》,其中第二部分即《美学的历史》,直至 1939 年出版的美国的凯·埃·吉尔伯特和德国的赫·库恩合著的《美学史》,这三部迄今在西方世界最有影响的美学史著作均只字未提马克思的美学思想。就鲍桑葵和克罗齐的写作年代看,马克思的学说还未在社会实践方面取得实质性的结果,故对远离政治的美学领域还未引起真正的冲击。再之,有关马克思的研究资料亦远远没有面世,所以,他们两人对马克思美学思想的忽视是可以理解的。但在吉尔伯特和库恩写作的时代，马克思的学说以及社会主义制度正是西方世界猛烈攻击的对象，他们的著作之所以仍未涉及马克思的美学思想，究其原因，恐在于此时的西方美学界，一是对苏联的马克思主义美学研究怀有深深的意识形态上的敌意，二是还压根儿未想到马克思这个彻底反叛资本主义的斗士与传统温文尔雅的审美学问有什么联系。在此偏见的驱使下，西方美学界即便提及马克思，也往往是一种超出美学范围的政治攻击。如在英国1933年出版的李斯托威尔的《近代美学史评述》中，对19世纪末至20世纪30年代的西方美学做了详细的介绍和评述。在书中，李斯托威尔并未谈及马克思的美学思想，却也攻击马克思的学说是一种"为了信仰而进行迫害的可怕幽灵"。该书中文译者蒋孔阳先生认为李斯托威尔是"有意识地抹煞无产阶级的美学理论，抹煞马克思主义的美学理论"[①]，现在客观地来看，李斯托威尔恐怕还没有如此高的理论境界，在20世纪30年代便看到马克思美学思想的重要性，以至"有意识地抹煞"，充其量不过是政治偏见下的附带性的言语表现，并无实质性的理论意义。

在此阶段，欧洲各国的马克思主义者对马克思的美学思想的阐释大致经历了一个从混乱到清晰的过程，准确地说，是从各抒己见发展为定于一尊。

马克思逝世后，恩格斯与第二国际的重要理论家们，谁也没有正面、明确地阐述过马克思的美学思想，但在政治活动中，特别是在19世纪八九十年代，社会主义工人运动在大多数欧洲国家蓬勃发展起来后，越来越多的小资产阶级知识分子被卷进无产阶级革命的浪潮，这批人集中在文化艺术领域内，以各种方式批判资本主义，宣传各自理解的社会主义。恩格斯在《英国工人阶级状况》1892年德文第二版《序言》中说："不用说，现在的确'社会主义重新在英国出现了'，而且是大规模地出现了。各色各样的社会主义都有：自觉的社会主义和不自觉的社会主义，散文的社会主义和诗歌的社会主义，工人阶级的社会主义和资产阶级的社会主义。事实上，这个一切可怕的东西中最可怕的东西，这个社会主义，不仅变成非常体面的东西，而且已经穿上了燕尾服，大模大样地躺在沙龙里的沙发上

---

① [英]李斯托威尔：《近代美学史评述》，蒋孔阳译，上海译文出版社1980年版，前言第2页。

了。"① 如此，文学艺术与社会主义运动的关系，其中包括文学艺术的性质、功能等一系列问题，现实地摆在马克思主义者的面前。对这些问题的回答也就拉开了马克思美学思想研究史的序幕。在当时激烈的政治斗争背景中，回答上述问题有一个为所有马克思主义者所共同认可的前提，即社会主义运动必须利用文学艺术。就当时的德国来说，马克思主义者对此问题的认识"促使党的工作注意利用文学艺术手段，使之在19世纪末期德国社会民主党的整个革命活动中起了巨大的作用"②。正是基于这样的前提，恩格斯分别在1885年和1888年给敏·考茨基、玛·哈克奈斯的信中，发人深省地把欧洲文学史上的一种创作手法——现实主义——概括为一种为无产阶级斗争而"完成自己的使命"的美学原则。因为，"在当前条件下，小说主要是面向资产阶级圈子里的读者，即不直接属于我们的人的那个圈子里的读者，因此，如果一部具有社会主义倾向的小说通过对现实关系的真实描写，来打破关于这些关系的流行的传统幻想，动摇资产阶级世界的乐观主义，不可避免地引起对于现存事物的永世长存的怀疑，那末，即使作者没有直接提出任何解决办法，甚至作者有时并没有明确地表明自己的立场，但我认为这部小说也完全完成了自己的使命"③，并且，"工人阶级对他们四周的压迫环境所进行的叛逆的反抗，他们为恢复自己做人的地位所作的剧烈的努力——半自觉的或自觉的，都属于历史，因而也应当在现实主义领域内占有自己的地位"④。显而易见，在此两封信中，恩格斯所涉及的诸多问题，如真实性、倾向性、典型性等，无不集中体现出一种阐释原则，即现实主义有利于无产阶级彻底地批判现实的一切，可以成为无产阶级政治斗争的一种武器。换言之，文学艺术中的审美内涵并无自身的独立品性，审美活动本身也不应包含超出现实的目的性意蕴。要认识这一点，正像巴尔扎克之所以能做到这一点，就必须把现实主义从一种体现作家审美理想的、渗透作家个性化情感的主体模式中解脱出来，不仅使之成为一种观察历史、描写历史的方法，而且使之成为一种作用于历史的手段。正如此，1883年12月13日，恩格斯在给劳拉·

---

① 《马克思恩格斯选集》第4卷，人民出版社1972年版，第284页。
② ［德］汉斯·科赫：《马克思主义和美学》，佟景韩译，漓江出版社1985年版，第70页。
③ 《马克思恩格斯选集》第4卷，人民出版社1972年版，第454页。
④ 同上书，第462页。

拉法格的信中，才极大地赞扬巴尔扎克的现实主义方法，认为"在他的富有诗意的裁判中有多么了不起的革命辩证法"①！尽管恩格斯不曾说过马克思的美学思想仅仅是一种艺术方法论，但是，他和同时代的马克思理论家们对文学艺术与社会主义运动间关系的共同理解，实际上是制定了如此阐释马克思美学思想的基本方向和原则。比如：

考茨基——曾被视为正统的马克思主义者和公认的党的理论家——认为，"艺术家……是把思想家发现的真理拿过来，并赋予比较明显、比较诱人，能够令人震撼、令人鼓舞的形式"②。

德国社会民主党中精通马克思主义与艺术的最大专家之一弗·梅林在19世纪末德国马克思主义美学思想的发展中具有重要的作用，他认为"艺术不仅是社会发展一定阶段的产物，而且是社会发展的手段之一"。他在自己的学术著作中揭示了艺术进行认识的可能性、艺术"从一切概念上撕下意识形态的外衣"的能力，揭示了艺术有能力充当世界观的供述者和影响世界观的手段——"阶级斗争的武器"③。

20世纪初，卡尔·李卜克内西在其写于狱中、死后出版的《社会发展规律》一书中把德国社会民主党内左翼激进派的美学观点表述为，艺术是阶级斗争的工具，"艺术力求消除伦理学的缺陷，以及任何其他的不和谐，通过它所特有的艺术表现方法和手段，比别人先想到某种思想和积极性，激励某种思想和积极性"④。克·蔡特金在《艺术与无产阶级》中也发表了相同的看法。

十月革命前后，无产阶级夺取政权的理论上的可能性在俄国成为现实性的课题，围绕着夺取政权和巩固政权这一核心任务，列宁空前地强化了从艺术认识方法论、艺术的社会革命功能方面去阐释马克思美学思想的倾向，因此要"制定对艺术与文学的认识论本质的正确的、唯物主义的观点，将唯物主义反映论的原则彻底应用于艺术与文学。列宁在论列夫·托尔斯

---

① 《马克思恩格斯全集》第36卷，人民出版社1974年版，第77页。
② [苏] M. C. 卡冈主编：《马克思主义美学史》，汤侠生译，北京大学出版社1987年版，第43页。
③ 同上书，第43—44、47页。
④ 同上书，第48页。

泰的一些文章中，在有关文学与美学的其他论述中完成了这一任务"①。显然，只有把文学艺术规范为一种认识方法，才可能进一步从理论上认定，社会主义的文学艺术"根本不能是与无产阶级总的事业无关的个人事业"，而"应当成为无产阶级总的事业的一部分，成为由工人阶级的整个觉悟的先锋队所开动的一部巨大的社会民主主义机器的'齿轮和螺丝钉'"②。像恩格斯极为赞赏巴尔扎克一样，列宁之所以赞赏托尔斯泰的"最清醒的现实主义"，完全是因为"俄国工人阶级研究列夫·托尔斯泰的艺术作品，会更清楚地认识自己的敌人"③。在这里，由来已久的视马克思美学思想为认识方法、政治手段的阐释原则进一步转化为具体的夺取政权、巩固政权的行为。正是基于这一点，列宁在20世纪20年代初的艰难岁月中，抽出万分宝贵的时间亲自组织了对"无产阶级文化派"的斗争。道理很简单，"为了得到完全的和彻底的胜利，还应当取得资本主义的一切宝贵东西，取得全部科学和文化"④，不然，狂热的"无产阶级文化派"将把新政权下彷徨着的知识分子统统赶到敌对面去。严格地说，列宁与"无产阶级文化派"的斗争是一场事关新生的苏维埃政权如何在内外交困的形势下谋取生存的政治斗争，在阐释马克思美学思想的方向上，"无产阶级文化派"要求建立纯粹的无产阶级文化，彻底否定资产阶级文化的主张在理论上与列宁并无二致。因为尽管列宁强调文化的继承性，但是，这种继承"只是吸取每个民族文化中彻底民主和社会主义的因素"⑤。所以，直到30年代初期斯大林彻底把文学艺术纳入其大一统的政治控制之前，上述阐释原则仍然一再从"列夫""十月""拉普"等艺术团体的宣言、声明或纲领中顽强地表现出来。

从马克思逝世到20世纪20年代，上述阐述马克思美学的原则虽有着可以觉察的连续性，但此时的马克思主义理论家们在许多基本美学问题上仍有着驳杂的观点，许多具体的论断往往与上述阐述原则不相吻合，甚至有所矛盾。比如，19世纪末，在意大利第一个系统阐述马克思主义的哲学家安东尼奥·拉布里奥拉就"反对对马克思主义的实利主义解释"，其

---

① ［苏］乔·米·弗里德连杰尔：《马克思恩格斯和文学问题》，郭值京等译，上海译文出版社1984年版，第581页。
② 《列宁全集》第10卷，人民出版社1957年版，第25页。
③ 《列宁全集》第16卷，人民出版社1957年版，第352—353页。
④ 《列宁全集》第30卷，人民出版社1957年版，第395页。
⑤ 《列宁全集》第19卷，人民出版社1957年版，第239页。

论文集《论唯物主义历史观》（1895—1896）被誉为恩格斯之后对马克思主义世界观的第一次综合。在此书中，他反对对文学艺术仅做一种社会生活的反映和认识的观照，因为"在涉及宗教或艺术领域的创造中经济条件和创造成果之间的相互联系是很复杂的……即使人们生活在社会中，但同时还继续生活在自然界中间，并从中吸取自己求知和想象的材料"①。也就是说，文学艺术不仅相关于人的社会存在，同时也相关于人的物种存在，后者恰是文学艺术"之所以能比产生它的时代生命力更长久的原因"②。

"俄国的马克思主义之父"普列汉诺夫依据马克思的唯物史观，对美学、文学艺术诸问题进行了深入的研究。他的独特的研究结论一直使后来标榜"正统马克思主义"的理论家们为难，因为他与拉布里奥拉一样，认为美、文学艺术不仅相关于社会生活，而且，"人的本性使他能够有审美的趣味和概念"③，"原始狩猎者的心理本性决定着他一般地能够有审美的趣味和概念"④。尽管普列汉诺夫远未从理论上说清这种审美本质的二重性，甚至他自己也更乐意强调艺术反映社会现实的认识功能，但他仍然在阐释马克思美学思想的天地中留下了一条"人的本性"的缝隙。

梅林也是这样，他的许多美学言论一直受到"正统马克思主义"的非难。"在斯大林主义的 30 年代，死后的梅林仍然受到指责，他被乔治·卢卡契斥为'文学上的托洛斯基主义'。"⑤ 卡冈主编的《马克思主义美学史》指责梅林"仍然认为康德是科学美学的创造人，并认为他的许多论点如果剔除了唯心主义就可以解释为马克思美学的基本论点。这种方法论上的二重性在很大程度上决定了梅林对马克思主义美学的发展所作贡献的性质"⑥。为什么？因为"他不能同意无产阶级的诗篇充满意识形态性的东西，不能容许艺术跟政治斗争有直接联系的可能性"⑦。这些话

---

① ［英］戴维·莱恩：《马克思主义的艺术理论》，艾晓明等译，湖南人民出版社 1987 年版，第 19 页。
② 同上书，第 20 页。
③ ［俄］普列汉诺夫：《论艺术（没有地址的信）》，曹葆华译，三联书店 1973 年版，第 16 页。
④ 同上书，第 33 页。
⑤ ［英］戴维·莱恩：《马克思主义的艺术理论》，艾晓明等译，湖南人民出版社 1987 年版，第 22 页。
⑥ ［苏］M.C. 卡冈主编：《马克思主义美学史》，汤侠生译，北京大学出版社 1987 年版，第 44 页。
⑦ 同上书，第 45 页。

明显地夸大其词，梅林从没有反对甚至多次提到过文学艺术为无产阶级斗争利用的可能性，他所反对的是把文学艺术完全视为认识社会的方法，或政治斗争的工具，"不应过高估价艺术对无产阶级解放斗争的作用"①。今天看来，梅林并没有充分揭示出马克思美学思想与包括康德在内的西方美学思想的内在联系，但是，他敏感地意识到了马克思美学思想中所蕴含的康德人类学本体论美学的因素。正是基于这一点，"诚如罗莎·卢森堡所说，梅林把德国无产阶级同德国古典文学用不可割断的纽带联系起来"②，而这个纽带，恰是梅林以感悟到的马克思美学思想的本体论含义编织起来的。

第二国际著名的马克思主义活动家卢森堡，曾经与列宁的政治战略有过不少分歧。有趣的是，在美学上，她对托尔斯泰的评价似乎很不同于列宁。前面我们说过，列宁一系列有关托尔斯泰的评论立足于艺术反映现实的认识论。在列宁眼里，"托尔斯泰的思想是我国农民起义的弱点和缺陷的一面镜子，是宗法式农村的软弱……的反映"③。与列宁相反，卢森堡更为关注文学艺术和人的内在本质的关系。她说："可能恰恰因为托尔斯泰的内心生活和艺术完全是一回事，所以托尔斯泰的创作在某种意义上是世界文学中独一无二的现象；在他看来，文学只是表达自己的思想和内心斗争的一种手段。正是因为这一不倦的思想活动和痛苦斗争完全占据了他并且直到最后一息也不曾停止，所以托尔斯泰才成了如此强有力的艺术家。正因为此，直到作家的最后日子，他的创作源泉也没有枯竭。"④ 更让人思索的是，卢森堡在大量涉及文学艺术的书信中，一再以一个普通读者的身份，而不是一个革命家的身份，深刻地体味着托尔斯泰内心的矛盾与冲突，在致康斯坦丁·蔡特金的信中，她写道："……托尔斯泰仍然是一个真正大人物，这就是说，这位八十岁的老人令人吃惊地逃离了他那糟糕的家庭。在悲剧的结尾中，在他想躲到什么地方去的意图中，他有多么伟大……这使我感到震动，而通过他这次最后的出走，他和我更接近了，并且作为人来说，感到他比以前更加亲切了。他不怕死么？我担心……"⑤

---

① ［德］梅林：《论文学》，张玉书等译，人民文学出版社1982年版，第266页。
② 同上书，第26页。
③ 《列宁全集》第15卷，人民出版社1957年版，第176页。
④ ［德］卢森堡：《论文学》，王以铸译，人民文学出版社1983年版，第50页。
⑤ 同上书，第187页。

这恐怕不是个人的旨趣问题。卢森堡曾经提醒蔡特金："你注意到康德如何理解'美学'吗？空间和时间概念，这同一般的美学有何共通之处，我不知道。可惜，现在我不能读康德……"①显然，革命生涯使卢森堡无暇对文学艺术作全面的美学思考，但她和梅林一样关注康德的美学，这无疑是一条有别于恩格斯、列宁阐释马克思美学思想的思路。按照这一条思路，文学艺术的功能并不仅仅是帮助人们认识社会生活的政治本质，它还应具有独特的审美价值。对于这一点，意大利杰出的马克思主义者葛兰西在其越来越受到重视的《狱中书简》《狱中札记》中，比历史上任何一个马克思主义美学家都更不含糊地表述出马克思美学思想的双重性。和所有的马克思主义者一样，葛兰西坚持用社会历史的观点去分析文学艺术，但是，这样一种出发点并不能推论出文学艺术是社会现实、历史进程的记录簿，或者说是"始终刻板划一的，即只有逻辑性"的"观念转化为艺术的过程"②，因为存在"两种类型的事实：一种是美学或纯艺术性质的事实，另外一种是文化政治，也就是政治性质的事实"③，所以，"艺术就是艺术"，而不是"'预先安排的'和规定的政治宣传"④，而且，"政治家施加压力，要求他那时代的艺术反映一定的文化世界——这只不过是政治行动，而同艺术批评毫不相干"⑤，"文学作品的艺术性表明——尤其是按照实践哲学（系指马克思主义——引者注）的观点——那些略知几个陈腐不堪、千篇一律的公式，便自诩掌握了足以打开一切门户的'百宝钥匙'的鹦鹉学舌者，是何等的轻佻和幼稚"⑥。既然文学艺术的存在与现实的存在之间并不能画上等号，那么，在阅读过程中，葛兰西同样强调应该与作品拉开"距离"，即把艺术作品的审美价值同思想内容分开来，他说："我觉得，一个有知识的现代人阅读经典作家的作品时，一般地说，应该保持某种'距离'。换句话说，应该仅仅欣赏它们的审美价值；'迷恋'，容易导致附和诗歌的思想内容。诗人喜爱'自我陶醉'；整个地说，艺术家则都'自我欣赏'。而对审美价值的欣赏，不妨伴随某种'文明

---

① ［德］卢森堡：《论文学》，王以铸译，人民文学出版社1983年版，第180—181页。
② ［意］葛兰西：《论文学》，吕同六译，人民文学出版社1983年版，第5页。
③ 同上书，第6页。
④ 同上书，第13页。
⑤ 同上书，第14页。
⑥ 同上书，第4页。

的'轻蔑,正像马克思评价歌德一样。"① 从批评的角度看,葛兰西同样强调审美价值的本体存在。他说:"或许,我是把审美欣赏同对艺术美的积极判断区分开来的,换句话说,对艺术作品本身的欣赏心情,同道德上的欣赏,即参与艺术家的思想意识世界区分开来的。我以为,从批评的角度看,这种区分是正确的和必不可少的。我可以从审美的观点出发,对托尔斯泰的《战争与和平》叹为观止,然而却无法苟同小说的思想实质……"② 对比恩格斯对巴尔扎克、列宁对托尔斯泰的评价,葛兰西显然对马克思美学有着自己的理解。

从上述材料看来,十月革命前后的马克思主义理论家们还只是试图以马克思的唯物史观去解释文学艺术现象,至于马克思学说中有没有自成体系的美学思想这样一个问题,20世纪20年代末期才被提出来。在当时的背景下,提出这个问题的最大动因仍然是现实的政治斗争,共同赞同无产阶级革命的马克思主义者在如何对待资产阶级文化以及如何建设无产阶级文化等问题上,发生了严重的分歧,这种分歧必然影响到一系列政治战略。为此,迅速有效地寻找统一各种见解的理论基点便成为当务之急。可是,鉴于当时马克思思想研究资料的匮乏,人们很难从有限的资料中确证马克思学说中的美学思想是否有完整的体系。米海伊尔·里夫希茨在《马克思恩格斯论艺术》的《序言》中回忆道:在20世纪20年代,"资产阶级著作界长久以来就拒绝承认马克思是一个哲学家,其根据是马克思并没有遗留下自己哲学的有系统的教程"③,"在马克思恩格斯的艺术观点上,也发生了类似的情况。这些观点只能看作是不包括任何理论的偶然见解。甚至像普列汉诺夫和梅林这样的马克思主义方面的卓越代表者也认为,在这个领域里他们不得不只遵循着对辩证的马克思主义的一般理解而重新创造这一科学"④,甚至,"还在20年代末期,大家十分明显地认为,在马克思主义权威中间,普列汉诺夫是在艺术领域里占着重要地位……还在1929年,在纪念弗·马·弗里契的文集中,米·尼·波克罗夫斯基写道:'历史过程的理论,我们早就有了,而马克思主义的艺

---

① [意]葛兰西:《论文学》,吕同六译,人民文学出版社1983年版,第31页。
② 同上书,第32页。
③ [苏]米海伊尔·里夫希茨编:《马克思恩格斯论艺术(一)》,曹葆华译,人民文学出版社1960年版,序言第9页。
④ 同上。

术创作理论，还必须加以创造.'接着又说：'这并不是跟通史和政治经济学一样的。我们的伟大导师们在那两方面留下了许多典范作品给我们。可是在文学史方面，除了普列汉诺夫和梅林以外，就什么也没有了'。"① 卢那察尔斯基甚至说可以毫不夸大地讲，马克思主义艺术学的基础正是普列汉诺夫奠定的。的确，在马克思和恩格斯的著作里，只有一些为数不多的零散见解，因为他们并不曾有过怎样把辩证唯物主义的各项基本原则用于艺术领域的打算。这段话的重要性并非在于后世研究者所指出的，早期的马克思主义理论家是如何地忽视了马克思的美学遗产，因为卢那察尔斯基在此鲜明地表露出一条为后来所谓"正统马克思主义者"贯穿始终的阐释原则，即马克思的美学遗产就是运用在"艺术领域中"的"辩证唯物主义的方法"。所以，20年代下半期和30年代上半期，马克思《1844年经济学—哲学手稿》《1857—1858年政治经济学批判大纲》以及马克思、恩格斯《德意志意识形态》和马克思、恩格斯就《济金根》剧本给拉萨尔的两封信陆续问世后，卢那察尔斯基等人忽视马克思美学遗产的看法自然发生了重大变化，但是，这种变化对他们的阐释原则并无任何实质性的影响，相反，他们的阐释原则因获得某些经典论述的印证而迅速凝固为"正统马克思主义者""重建"马克思美学大厦的理论基石。卡冈主编的《马克思主义美学史》对此提供了绝好的资料：

> 这些年（指20年代至30年代初——引者注）展开的对马克思列宁主义经典遗产广泛而深入的研究与掌握，是就美学理论与方法论原则的发展问题展开的正面理论研究工作的基础。求教于马克思、恩格斯、列宁的著作的做法在这些年里成了常事，他们的著述成了专门分析的对象。1932年出版了列宁著作的第二版和第三版，并开始出版马克思和恩格斯的著作。从1923年起，开始发表《马克思恩格斯文库》，从1924年起，开始出版《列宁文集》，它对所有社会科学学说都具有重要的方法论意义。在1932年至1933年间，第一次用俄文发表了恩格斯给敏·考茨基和玛·哈克奈斯的

---

① ［苏］米海伊尔·里夫希茨编：《马克思恩格斯论艺术》(1)，曹葆华译，人民文学出版社1960年版，序言第11页。

信,并再版了马克思和恩格斯就斐·拉萨尔的历史剧《弗兰茨·冯·济金根》给斐·拉萨尔的信,这些文献包含着关于艺术与现实的关系、世界观在艺术创作中的作用、现实主义的性质等一系列重要原理。出版了把马克思、恩格斯、列宁论述艺术的言论加以系统化的文集和选集:《马克思恩格斯论文学:新材料》,附有斐·席勒和捷·卢卡奇的评论;《马克思恩格斯论艺术》,附有斐·席勒和米·李夫希茨的概括性文章;《马克思恩格斯论艺术》,米·李夫希茨编;《马克思主义阐述的艺术与文学》,И. М. 奴西诺夫编;《列宁论文学》。

在展开的理论工作进程中,一个重要的因素是出版了格·瓦·普列汉诺夫的著作集、阿·瓦·卢那察尔斯基的著作集、米·斯·奥里明斯基的著作集、阿·马·高尔基的著作集、保·拉法格的著作集、弗·梅林的著作集、罗·卢森堡的著作集。之所以求教于经典遗产和著名马克思主义理论家有关艺术问题的著作,是出于这样一种愿望:希图把已经掌握的原理用作美学理论的基础,在深入研究艺术科学的迫切问题时以它们为依据。在这方面,出版过不止一次的、卢那察尔斯基的《列宁与文艺学》(1934)一书,具有特殊的意义。试图搞出几条艺术分析的理论方法论原则并阐明其意义,这是米·李夫希茨的著作、斐·席勒的著作、Я. 艾杜克的著作、当时住在苏联的匈牙利美学家捷·卢卡奇的著作的共同之点。①

这段资料相当全面地说明,30 年代前后,经由卢那察尔斯基、里夫希茨、卢卡奇等人的努力,视马克思美学思想为艺术认识方法论的阐释原则终于构成了一个具有完备理论形态的体系。这个体系"把辩证唯物主义置于注意的中心"②,以此为线索,里夫希茨从史学角度勾勒出一个马克思恩格斯如何以辩证唯物主义去观照文学艺术的美学思想发展的大致轮

---

① [苏] М. С. 卡冈主编:《马克思主义美学史》,汤侠生译,北京大学出版社 1987 年版,第 124—125 页。
② [苏] 乔·米·弗里德连杰尔:《马克思恩格斯和文学问题》,郭值京等译,上海译文出版社 1984 年版,第 581 页。

廊；卢那察尔斯基则着重阐述列宁如何以哲学反映论为根据，系统地继承了马克思的美学思想。在此基础上，卢卡奇构筑出"正统马克思主义"的美学大厦。他一再强调，"通过辩证唯物主义的方法虽然不能直接一目了然"，但"只有通过独立的研究并按照这种方法沿着这一途径才能达到所追求的目标，即正确地建立马克思主义的美学，或至少接近它的真正本质"[①]。根据这一阐释原则，马克思的美学思想就只可能是其哲学认识论、方法论的逻辑产物，即认识现实的一种特殊方式。可以说，几乎是从一开始，马克思的美学思想就被研究者们从马克思学说整体中分离出来，抽象为一种方法论原则。

在马克思美学思想研究的第二阶段，由于战后社会主义阵营的一度辉煌，也由于马克思的研究资料，特别是马克思早期及晚年研究资料的广泛传播，东西方研究马克思美学、文艺学思想的旧有格局发生了极大的变化。从史料上看，大约从60年代开始，在近四分之一的世纪里，西方学术界、读书界出现了一股长期不衰的"马克思热"，欧美各国用英、法、意等不同文字出版了大量介绍、阐述和评论马克思恩格斯的政治、经济、哲学、文化以及美学和文艺思想的论著，此外还编辑出版了马克思、恩格斯的各种文本的文集，甚至多卷本的文献资料集和全集。仅在美学和文艺学方面，就有法国人让·弗莱维尔编辑的《马克思恩格斯论文艺》（1954）、意大利人卡尔洛·萨里纳利编辑的《马克思恩格斯论艺术》（1976）、美国人李·巴克森达尔编辑的《马克思主义与美学》（1968）。此外，李·巴克森达尔还同斯·莫劳茨基合编了一本《马克思恩格斯论文学与艺术》（1973），这是他们计划编辑出版的多卷本《马克思主义美学史文献资料》的第一卷，还有B. 兰格和F. 威廉斯合编的《马克思主义与艺术》（1972），等等。1977年，美国著名美学家、坦普尔大学教授斯蒂芬·杰尔里克曾在《美学与艺术批评》杂志上著文写道："在英语国家里，特别是在美国，马克思主义从来没有成为一个独立的哲学流派，虽然个别学科乐意从马克思主义那里借用一些论点。可是，近五年来，在美国和英国，开始出现了一些新的刊物，出版早期著述的专集和艺术批评文

[①] [匈]乔治·卢卡奇：《审美特性》，徐恒醇译，中国社会科学出版社1986年版，第4—5—6页。

选，召开学术会议，设置学术机构，其目的是在理论领域发展马克思主义。"① 这种种现象或许表明战后对马克思学说的研究发生了一个耐人寻味的转折，即许多研究者"把注意力……转向诸如美学之类与政治毫不相干的课题"②。这种转向是值得深思的。尽管转向的原因是复杂多样的，但其结局倒是格外凸显出马克思学说中的美学因素。当然，因各人角度不同，概括也就多种多样。比如，有人认为马克思学说的核心是一种审美想象的戏剧性因素③，因为"马克思是非凡的，他既不是一个活动家，也不是一个学院思想家，而是一个伟大的历史幻想家。马克思在他同时代人中最非凡的地方就是他预见了人类社会广阔而诱人的审美前景"④。还有人认为，"马克思吸引21世纪人们的原因根源于其满足了人们的神话——宗教需要"，因为"'马克思主义科学'并非是一个知识的纯理论体系，而是在现代人的精神生活中起着一种以前由神话和宗教活动来实现的功能"，所以，马克思学说的核心成分是一种与美学相关的"神话思想"⑤。这些概括尽管明显地表现出阐释者的现代文化意向，但是，它们共同彰显出如下命题，即马克思学说的整体性质具有美学属性。与第一阶段相比，"20世纪上半叶资产阶级学者编写的描述19世纪至20世纪美学思想发展总进程的专著中，以及在与此相应的文选中，马克思主义美学的存在完全被忽视了，而在50年代至70年代，在诸如此类的出版物中，马克思主义美学在大多数情况下都被讲到了，不管这些专著的作者或某一文选的编者对马克思主义美学作如何评价"⑥。如美国学者雷纳·韦勒克的文学批评史巨著《近代文学批评史》第3卷（1955）在谈及德国文学批评时，就专节谈到马克思和恩格斯，虽然他的评价很低，"马克思和恩格斯的主要文学言论零零散散，随口道出，远谈不上定论。它们并不等于一套文学理

---

① Terry Eagleton, "Marxism and Literary Criticism", *Journal of Aesthetics and Art Criticism*, Vol. 35, No. 4, Winter 1977.

② David McLellan, *Marx: The First 100 Years*, F. Pinter in association with Fontana Books, 1983, pp. 8 – 9.

③ Louis J. Halle, *The Ideological Imagination*, Chicago: Quadrangle Books, 1972.

④ Louis J. Halle, "Marx's Religious Drama", *Encounter*, October 1965.

⑤ Leonard P. Wessell, *Prometheus Bound: The Mythic Structure of Karl Marx's Scientific Thinking*, Baton Rouge: Louisiana State University Press, 1984, pp. 2 – 3.

⑥ ［苏］M. C. 卡冈主编：《马克思主义美学史》，汤侠生译，北京大学出版社1987年版，第18页。

论甚或探究文学与社会关系的理论",但他也意识到"这些言论并未由此而显得互不连贯。它们是由其总的历史哲学贯通起来的,而且显露出可以理解的演变"①。这无疑是承认,在马克思学说中,美学与文艺学应是一个有着统一出发点的有机的组成部分。荷兰学者佛克马和易布思写于1977年的《二十世纪文艺理论》在全书六章中也用了整整一章来谈论马克思主义文艺理论,从马克思恩格斯一直谈到新马克思主义。显然,在著者眼里,这已是一个自成体系的重要美学流派。

与上述西方学者一般地从学术上认可马克思美学思想相比较,新马克思主义者对马克思学说所作的美学性质的阐释似乎更引人注目。众所周知,新马克思主义作为一种思潮,源远流长,而且所论所述庞杂无比。虽然,西方各国新马克思主义者没有政治战略上的统一性,但是,有一点是无法忽视的,即几乎全部的新马克思主义者,从有争议的卢卡奇、科尔施、葛兰西一直到公认的本杰明、霍克海默、德拉·沃尔佩、马尔库塞、勒斐伏尔、阿多尔诺、萨特、戈德曼、阿尔都塞、布洛赫、费歇尔、马歇雷、雷蒙德·威廉斯、伊格尔顿、弗·詹姆逊、弗洛姆等,都试图从美学方面去重新解释、理解马克思的学说。笔者以为,这是从整体上把握新马克思主义者特征的一个透视点。有人认为,"'西方马克思主义'(即新马克思主义——笔者注)在哲学上的渊源就是现代哲学中强调人的主体性、意识的能动性的人本主义思潮。他们从这种哲学世界观出发,认为自己的哲学任务就是要重新发现马克思,暴露马克思的黑格尔根源,发现马克思的思想实质。他们提出,强调人的主观能动性是革命的目的本身,而不是革命的手段。可见'西方马克思主义'从一开始就把自己在哲学上和第二、第三国际对立起来。如果说第二国际把马克思主义和新康德主义、实证主义结合在一起,把马克思主义新康德主义化,那么,'西方马克思主义'从一开始就是要把马克思主义和新黑格尔主义、存在主义结合在一起,企图使马克思主义新黑格尔主义化。这就是他们哲学上的渊源和主要特点"②。单从哲学观点上看,新马克思主义者实际上远非用新黑格尔主义和存在主义就能简单概括的。事实上,20世纪西方现代哲学的种种思

---

① [美]雷纳·韦勒克:《近代文学批评史》第3卷,杨自伍译,上海译文出版社1991年版,第288页。

② 徐崇温:《"西方马克思主义"论丛》,重庆出版社1989年版,第8页。

潮与观点通过各种渠道业已渗透到新马克思主义的理论中，辨析这一点是一个更为复杂的理论课题，本文无法涉及。令人感兴趣的是，从表面上看，新马克思主义者在一系列命题上，如异化的普遍性、总体性、意识革命的重要性、日常生活批判等，并非纯粹的美学命题，但实际上，他们从更深层次来观照马克思学说以及苏联式的社会主义革命实践，其美学的指归性又是一目了然的。新马克思主义者首先认为20世纪是个异化的时代，到了第二次世界大战后，不仅异化成为资本主义社会的本质特征，而且苏联式的社会主义也在一定程度上制造了异化。因为随着工业时代技术的发展，不管在意识形态上有何不同，资本主义世界与社会主义世界仍然同属于商品时代，而在以物欲为中心的商品时代，生产与消费远远超出了人们的基本需要，不断制造出来的虚假需要使人们在物质生活水平提高的同时又在精神上陷入极大的空虚。所以，反异化的斗争，是超出阶级斗争的更为重要的文化批判。在"总体异化"的理论基础上，新马克思主义者认为马克思《1844年经济学—哲学手稿》中还只谈了经济意义上的劳动异化，而商品时代的异化是立体的，不仅在劳动—财富的生产和分配方面，而且在生活方式、消费方式、思维方式等日常生活方面都全面出现了异化。这样，总体异化必然导致总体革命。根据这一点，新马克思主义者认为仅有经济变革、政治变革，没有社会文化的总体革命，就无法全面推翻资本主义。苏联革命革了几十年，资产阶级私有制被废除了，沙皇政权被推翻了，但日常生活中还有很多残余的东西留下来，这与苏联的片面革命是分不开的。相反，只有实现总体革命，才能实现《共产党宣言》讲的"两个决裂"。如此，总体性的社会主义革命也就是马尔库塞1972年在《反革命的造反》一书中所说的"社会主义的天地也是一个道德的和美学的天地"，"道德的、精神的官能，在今天如果得到发展的话，是归属于一个和物质存在相分离和凌驾于其上的文化领域的，而在（革命后的未来社会）那时将变成物质生产本身中的诸因素"，那时，"道德和美学的需要变成基本的、生死攸关的需要，并走向两性之间、世代之间、男女和自然之间的新关系，自由被理解为植根在这些需要的满足之中，它们是激发美感的、伦理的和合理性的合于一身"[①]。也就是说，社会主义不仅应该发展生产，消灭贫困，而且要改变人类生存的性质，要改变人的需要和

[①] 转引自徐崇温《"西方马克思主义"论丛》，重庆出版社1989年版，第187—188页。

对人的需要满足的方式。社会主义的优越性不仅应该表现在能比资本主义生产更多的物质财富，把财富分配得更好、更合理，更重要的是社会主义要以一种不同的方式生产，生产出的产品在性质上不同于资本主义，即通过物质财富的生产，生产出人与人之间的新关系。社会主义不是对现在所有的需要和对需要满足的量的扩张，而是由一种质的水平到另一种质的水平的飞跃，是质变。社会主义应该与旧天地彻底决裂，包括改变人的需要和对需要的满足方式，改变人的意识和感情，改变人的休息和闲暇过程。显然，新马克思主义者所谓总体社会革命的设想与马克思学说的基本表述有着极大的差异，他们对社会理想更乐意作美学方面的阐释。关于这一点，英国的佩·安德森在1977年出版的专著《西方马克思主义探讨》中提供了颇具说服力的资料，这段资料虽然很长，但它似乎比笔者的论述更能说明问题。安德森在"西方马克思主义逐渐由经济和政治问题转向哲学、美学和艺术问题的研究"题目下写道：

> 正如我们已经看到的，自20年代以来，西方马克思主义渐渐地不再从理论上正视重大的经济与政治问题了。西方马克思主义思想家在著作中直接讨论阶级斗争中心问题的，葛兰西是最后一人。然而，从分析生产方式本身的运动规律这一经典意义来说，他的著作也没有论述资本主义经济本身。在他之后，对于资产阶级统治的政治秩序，以及对于推翻这种统治的手段，也典型地为同样的一片缄默所笼罩。结果，西方马克思主义作为一个整体，当它从方法问题进而涉及实质问题时，就几乎倾全力研究上层建筑了。而且，最常为西方马克思主义所密切关注的，拿恩格斯的话来说，是远离经济基础、位于等级制度最顶端的那些特定的上层建筑层次。换句话说，西方马克思主义典型的研究对象，并不是国家或法律。它注意的焦点是文化。
>
> 在文化本身的领域内，耗费西方马克思主义主要智力和才华的，首先是艺术。这方面的特点是引人注目的。卢卡契将其毕生的大部分时间用于钻研文学，写出一篇又一篇论述德国和欧洲小说的文艺评论——从歌德、司各特到托马斯·曼和索尔仁尼琴，而以洋洋大观的《美学》臻于极顶——那是他篇幅最长和最为雄心勃勃的作品。阿多尔诺除写了三卷有关文学的论文集外，还写了十多本论音乐的书，既有对20世纪音乐沿革的全面分析，又有对诸如瓦格纳或马勒这样个

别作曲家的探讨；他并以一部通论性的《美学理论》而使他的著述大功告成。本杰明在马克思主义范围内最有意义的理论遗产，是一篇论《在机械复制时代的艺术》的文章。在30年代，他的主要成就是对波德莱尔的研究。他同时又关心布莱希特的作品。戈德里的主要作品是对拉辛和詹姆森主义的分析——《隐蔽的上帝》，这部作品同时也为历史唯物主义树立了文艺批评的一般标准；他的其他作品探讨了现代戏剧和小说。勒斐伏尔则写了一本《美学文集》。德拉·沃尔佩除了关于电影和诗歌的论文外，还写了另一部完整的美学理论《情趣的批判》。马尔库塞并没有论述任何一个特定的艺术家的专著，但却系统地把美学定为自由社会的中心范畴。在这种自由社会中，"作为现实形式的艺术"，最后将形成社会本身的客观轮廓——这是《爱欲与文明》和《论解放》的共同主题。萨特第一次接触马克思主义，恰好在他发表《什么是文学？》一书的同时；在他逐渐把自己的作品纳入马克思理论的过程中，他的主要作品是对热内的论述，同时也写了有关马拉美和丹托莱托的文章，在他最后转向马克思主义以后，他把其后的十年用于写作一部研究福楼拜的巨著——涉及范围之广，超过他早先哲学著作的总和。……西方马克思主义便这样自始至终地主要关注文化和意识形态问题。自从启蒙时代以来，美学便是哲学通往具体世界的最便捷的桥梁，它对西方马克思主义理论家始终具有一种经久不衰的特殊吸引力。在这方面所写的全部著作，其内容之广博、种类之繁多，同历史唯物主义的经典遗产中所有其他著作相比，都要丰富得多，也深刻得多。也许最终可以证明，这些作品是西方马克思主义最永恒的集体成果。①

安德森敏锐地观察到新马克思主义从美学方面阐释马克思学说的文化意义，但这种阐释是否能在马克思学说中，或者说，是否能在马克思学说诞生的文化背景中找到内在的根据呢？安德森对此并没有作出回答。

第二次世界大战之后，以苏联为中心的社会主义阵营虽经历了由合到分直至崩溃的历程，但在对马克思美学思想的研究方面，却有着惊人的一致性。战后社会主义国家对马克思美学思想的研究大致包含两方面内容，

---

① 转引自陆梅林选编《西方马克思主义美学文选》，漓江出版社1988年版，第164—168页。

一是按照列宁的阐释原则构建马克思主义美学理论大厦，二是对现代西方美学进行全面的否定性批判。

在第一方面，进一步巩固列宁的阐释原则，即把马克思的美学思想理解为一种方法论原则仍是首要的任务。卡冈在《马克思主义美学史》中说：

> 方法论问题一向是苏联美学家注意的中心。这从苏维埃美学史中可以看出来。从 20 年代开始直到 50 年代中叶，美学界经常就研究的原则进行讨论与争辩，其目的归根到底是要确立马克思列宁主义的方法论。为马克思列宁主义理论的纯洁所进行的斗争，对资产阶级与修正主义理论的彻底批判，在 50 年代至 70 年代达到更大的规模，而这一切则又决定于对方法论问题进一步深入的探讨和美学科学的理论成熟程度的提高。[1]

苏联美学理论家重视方法问题除列宁阐释原则的影响外，还有一个直接的意识形态的原因，即彻底与西方资产阶级美学、包括形形色色的非马克思主义的美学划清界限。在这种思路的影响下，自然产生如下的结论："实质上，马克思列宁主义美学同其他美学学说首要的和根本的区别就在于，它从唯物主义辩证法中获得已往的整个美学思想史所不知晓的方法论基础。"[2] 有趣的是，传统马克思主义者阐述马克思美学思想的原则不仅在社会主义阵营内获得广泛的认同，而且在西方学院派美学那儿，这条认识论—方法论原则也得到一定程度上的认可。如在 M. 李普曼编的《当代美学》（1973）中，美国美学家 M.C. 比尔兹利在《二十世纪美学》中视马列主义为当代众美学流派之一，其基本见解完全谈不上对马克思美学思想有什么深入的研究，只是学术性地转述了以苏联学者为代表的传统马克思列宁主义美学家的观点，他说："马克思与恩格斯创立的唯物辩证法早先只包含了一种美学的基本原则。后来的马克思主义理论家们在半个多世纪的时间里根据这一原则，发展了这种美学。"[3] 但是，这种迥然有别于传

---

[1] [苏] M.C. 卡冈主编：《马克思主义美学史》，汤侠生译，北京大学出版社 1987 年版，第 143 页。

[2] [苏] M.C. 卡冈主编：《卡冈美学教程》，凌继尧等译，北京大学出版社 1990 年版，第 39 页。

[3] [美] M. 李普曼编：《当代美学》，邓鹏译，光明日报出版社 1986 年版，第 9 页。

统美学的方法论能否有效构建出一个全新的美学体系呢？综观50年代后的苏联美学研究，这个任务并没有完成。在美学思想史、美学理论和现代美学思潮研究三个方面，苏联美学界似乎都只有一个预定的结论，一切非马克思主义的美学思想，不管是古代的还是现代的，之所以不科学，根本原因就在于方法论上的错误；反之，"由于有了辩证唯物主义和历史唯物主义，美学才可能对客观审美的本质、对审美意识和审美活动的实质，艺术的发展规律和职能作出严格的科学解释"①。可这仅仅是一种纯逻辑的推论。一个全新的美学体系并不意味着仅用一种新的方法去解释旧有的美学范畴，它应立足于新的生活世界概括出崭新的美学范畴，以此推动美学理论的发展。而且，作为一种哲学方法的辩证唯物主义与历史唯物主义，本身就应该是马克思学说的一个组成部分，如果承认马克思学说中包孕着美学意义，那么，上述方法本身就应该具有美学内涵。从任何思想体系中演绎出一种纯粹的抽象的方法，转而去观照此思想体系或其他的精神现象，终不免是一种阉割思想的文字游戏。倘若说苏联美学界在20世纪五六十年代一厢情愿地编造着所谓马克思主义美学的政治化范畴，如方法论原则、党性、阶级性、社会主义现实主义等，那么到了60年代末期，特别是70年代，围绕方法论、美学的研究对象等问题展开的讨论，则暗示着早先阐释马克思美学思想的原则的流产。当然，在特定的社会条件下，这一切都是无法明说的思想潜流。首先，曾被定于一尊的列宁的反映论原则仅被视为最高的一般哲学原则，具体分析美学现象的种种方法——实际上是被改头换面的西方现代人文思潮——竞相出现。"美学中方法论问题的发展不仅决定于它与哲学的相互作用，而且也决定于它与其他科学的日益扩大的联系，即学科之间的联系。人文科学与自然科学的蓬勃发展，其研究范围的扩大，导致这样的局面：除艺术学科、文艺学与语言学外，历史与辅助性历史学科，考古学与民族志学，心理学与生理学，数学与物理学，技术科学与一般性科学理论——符号学、信息论、控制论、系统论，等等，都在一系列理论问题上跟美学有了毗连关系。"② 1983年，苏联著

---

① ［苏］奥夫相尼科夫：《美学思想史》，吴安迪译，陕西人民出版社1986年版，第442页。

② ［苏］М.С.卡冈主编：《马克思主义美学史》，汤侠生译，北京大学出版社1987年版，第146页。

名美学家 M. Ф. 奥夫相尼科夫教授主编的《马克思列宁主义美学》一书清楚地反映出这种变化。该书除点缀性地强调列宁反映论为美学的一般方法论原则外，在具体阐述中，系统论、信息论、符号学、心理学术语比比皆是。应该看到，苏联美学界在方法论问题上的变化是与对美学的研究对象这个问题相关的。从 20 世纪三十年代到五六十年代，苏联美学界曾就美的本质问题进行过旷日持久的讨论，隐蔽在各种观点下的潜在命题即以艺术为中心的审美现象究竟有无特殊的本质属性，或者说，文学艺术的审美特征能否由哲学认识论原则加以界定。讨论的结果自然与早期仅把文学艺术作为阶级斗争的工具的观点有了较大改变。"与前些年不同，这个时期开始对艺术现象的本质与特点问题给予特别的注意。在这个意义上特别值得注意的是 50—60 年代展开的关于艺术对象的讨论。一些作者持这样的立场：艺术的特征跟艺术思维形式的特点——艺术形象有联系，另一些作者则认定：艺术思维形式取决于艺术家的认识对象。……这次讨论的结果是：大多数美学家都承认艺术有特殊的对象，而且它的特征在某种程度上跟人，跟人对世界、对周围现实的受社会制约的关系有关。"[①] 仅从字面上索解这些话的确切意义是困难的，只有联系苏联美学界长期流行的阐释马克思美学思想的原则来看，上述变化才透示出强烈的解构作用。当然，苏联美学界中也有人率直提出了疑问："在研究审美意识和它的这种形式，如艺术时，美学家始终如一地运用认识论态度，他就不可避免地遇到这一问题：在审美感知和审美体验中，在审美趣味和审美理想中，在艺术形象中，什么得到反映并且被认识呢？"[②]

与正面阐释和构建马克思主义美学大厦相比较，苏联美学界对西方资产阶级美学，特别是对新马克思主义美学观的批判，自始至终都是一场严峻的政治较量，第二次世界大战之后长期存在的冷战势态更加重了这种对峙的政治含义。如今，在冷战已告过去的情境中，回过头来重新审视这段时间内的美学较量，似乎更能看清马克思学说的美学底蕴。

在所有的美学争端中，最重要的命题显然是如何解释马克思在

[①] ［苏］M. C. 卡冈主编：《马克思主义美学史》，汤侠生译，北京大学出版社 1987 年版，第 150—151 页。

[②] ［苏］列·斯托洛维奇：《审美价值的本质》，凌继尧译，中国社会科学出版社 1984 年版，第 15 页。

《1844年经济学—哲学手稿》（以下简称《手稿》）中提出的异化理论。从表面上看，异化理论与美学理论并无直接联系，但从马克思学说的性质方面看，马克思主义究竟是一种政治理论，还是一种包容人道主义的思想体系？由此推之，如果认定马克思学说仅仅是无产阶级革命的理论武器，那么，马克思学说中所包含的美学思想就同样具有为无产阶级革命目标充当手段的属性，即文学艺术的党性原则；如果把马克思学说理解为欧洲文艺复兴以来人道主义思潮的特定阶段的表现，那么，马克思学说中所包含的美学思想就无法摆脱欧洲美学中的人本主义传统。一切争论概由此而起。青年马克思与老年马克思的区分，人道主义的马克思与经济决定论的马克思，以及苏联和东欧学者对此的反驳，莫不涉及异化问题，并由此牵涉到异化理论与美学的关系。因为从整个《手稿》看，中心问题是人的问题，就是研究人怎么成其为人，人又怎么被异化，变成了非人；以后人又怎么成为人。从美学方面看，视文学艺术为人学、视审美为人的自由自在的精神尺度是源远流长的传统，从《手稿》到《资本论》，马克思所设想的社会理想中确实存在上述美学成分。新马克思主义者之所以特别侧重从美学方面重新阐释马克思的学说，原因正在于此。新马克思主义者还据此指责苏联的社会主义模式之所以出现种种问题，就因为一场单纯的经济政治革命并不能解决人的异化问题，相反，如此的社会主义也会出现新的异化现象。所以，以法兰克福学派为中心的新马克思主义者在所有的论述中都把审美强化为一种人与社会的本体论尺度。对此，苏联学者的反驳一是千方百计地论证社会主义不存在异化现象（现在继续谈论这个话题已毫无意义），二是嘲讽新马克思主义者的"审美尺度"不过是席勒式的审美幻想。

客观地说，新马克思主义者对马克思美学思想的阐述，或者说他们从美学角度对马克思学说的重新理解与建构，的确为马克思学说的研究拓开了一条新路。就如何解决苏联模式的社会主义实践中暴露出的一系列问题而言，新马克思主义者强调社会主义革命应是一场包括文化、人的感觉等在内的总体革命，并把审美批判与建设有机地融合在社会革命之中，确实不无道理，但就如何完整、全面理解马克思学说方面来看，也就是说，如何在马克思学说诸组成部分——哲学、政治经济学、社会主义理论——中寻找一个共同的结构以及此结构赖以生成的始源，并由此说明马克思学说体系中包含着潜在的美学性质，这些同样没有为新马克思主义者所注意。从逻辑上讲，形形色色的新马克思主义者或对马克思的思想发展作肢解性的理解，把马克思分为"青年马克思"和"老年马克思"，根本否定马克思学说发展过程中的统一性；或把马克思学说中的哲学、政治经济学、社会主义理论与美学思想对立起来，完全无视一个伟大的思想体系本应具有的内在的结构统一性。如此，新马克思主义者对马克思美学思想的研究，或者说，他们对马克思学说中美学成分的高扬是以贬低甚至否定其他成分为基础的，苏联模式的社会主义实践中存在的诸多问题成为新马克思主义者否定马克思学说所具有的社会实践性的现实动因。"从科学到乌托邦"的提法可以说深刻地暴露出新马克思主义者的文化立场。在新马克思主义者眼里，社会主义运动对世界历史的经济、政治变革之所以没有获得理想的成功，是因为正统的马克思主义者过于相信马克思学说是一个完备的科学体系，过于相信经济、政治领域内的革命实效。而事实上，历史发展的每一个阶段都有模糊不清的、没有实现也无法实现的可能性——社会理想的"乌托邦"。如此，社会主义革命才能摆脱实证科学的机械进化论色彩，不致造成"革命想象的营养不良"或"革命运动精神上贫困化"。一句话，从社会进化观倒退为朦胧的、思辨的精神"乌托邦"，既是新马克思主义者消弭苏联模式社会主义实践中种种弊端的一种理论设想，也是他们修正社会主义概念的一个基点。在此视界中，传统马克思主义从经济、政治角度描绘的社会主义特征几乎失去了全部意义。从经济方面看，马尔库塞就提出：工业社会中超出马克思设想的技术进步，创造了越来越完备的机械化、自动化，改变了劳动的性质。马克思写《资本论》的时期，劳动给人的肉体、精神带来极大的痛苦，现在情况变了，资本主义世界依靠技术进步虽无法缩短无产阶级和资产阶级间的收入差距，但毕竟为两者创造出一个共享的文明生活方式。这种状况从根本上改变了劳动者的意识和态度，使工人阶级被融合进了资本主义制度。从政治方面看，资本主义世界中的技术进步实际上瓦解了以经济解放为基础的阶级革命的可能性，而社会主义世界中，"社会主义社会的机构和制度，即使在最民主的形式下，也决不能解决一般与特殊之间、人与自然之间、个人与个人之间的一切冲突。社会主义并没有也不能把爱从死解放出来"[1]。如此，新马克思主义者自然放弃了或者说放逐了马克思学说中所有与经济、政治相关联的

---

[1] ［德］马尔库塞：《美学方面》，转引自陆梅林选编《西方马克思主义美学文选》，漓江出版社1988年版，第297页。

实践性要素，他们所理解的马克思学说，更准确地说，他们重新构建的马克思学说多少是莫名其妙地只剩下美学的要素。"在悲惨的现实只能通过激烈的政治实践来加以变革的情况下，从事美学研究是需要辩解一下的。这样来从事美学研究，即退却到一个虚构的世界，现有环境只能在一个想象的领域加以变革和克服，其中必然包含令人绝望的因素，否认这一点是愚蠢的。但是，这种纯意识形态性的艺术概念，正在日益强烈地受到怀疑。看来艺术作为艺术，表现了一种真实，一种经验，一种必然，这些虽然不属于激烈实践的范围，但却是革命的重要部分。"① 马尔库塞的这些话清楚地表明，新马克思主义者是从美学方面重新阐释马克思的学说，而不是解释马克思学说中的美学见解。

总而言之，以法兰克福学派集中体现出来的审美哲学的确全然不同于以苏联为中心的传统的马克思主义学派。前者在否定经济、政治实践的基础上高扬精神领域内的批判呐喊，并由此界定出艺术自律，艺术使人解放自身的功能；后者则强调艺术，作为意识形态，必属于某一经济基础，其最终目的须服从特定的经济、政治实践。如果单从哲学理论角度来分析，上述两种学派实在是相去甚远，甚至针锋相对。但都自我标榜为正确阐释马克思学说的两派都从逻辑上破坏了马克思学说的完整结构，或把美学沦为附庸，或把美学强化为根本。上述偏差的形成，或者说两种解说马克思学说的不同方向，实质上源于一个共同的文化背景、一个共同的文化命题，即以资本主义生产方式为标志的现代化历程究竟是人类文明发展的一个丰硕成果，抑或是一场灾难？也正是在这个问题上，对马克思美学思想研究史的研究，方显示出巨大的现实意义。

原载《马克思主义美学研究》第 4 辑，广西师范大学出版社 2001 年版

---

① ［德］马尔库塞：《美学方面》，转引自陆梅林选编《西方马克思主义美学文选》，漓江出版社 1988 年版，第 297 页。

论马克思学说的形成与浪漫主义美学运动的关系

把马克思的学说分为来源不同的三个组成部分，似乎是一种定论。在研究三个组成部分的关系中，列宁囿于自己认识论—方法论的阐释原则，更注重德国古典哲学。精确地说，是黑格尔的辩证法对马克思的首要影响。这种把马克思学说过分黑格尔化的做法始终只停留在马克思学说诸组成部分的外在逻辑关系上，而不能阐明这些外在的逻辑关系是以什么样的原点生成、展开的。笔者认为，作为马克思学说诸组成部分的哲学、政治经济学和社会主义学说整体上应具有一个原初的混沌的胚胎形式，一个包孕后来各种外在逻辑关系的原点。在某种意义上，这个原点即马克思精神生活的出发点，即马克思学说的起点。具体言之，马克思学说诞生的原点既不能单纯视为19世纪阶级斗争的产物，也不能抽象地理解为一种精神革命的结果。在历史催生马克思学说的复杂背景中，浪漫主义美学运动应受到特别重视，因为其不仅综合地反映出近代以来人类普遍面临的文化冲突，而且也是我们检视马克思精神生活起点的具象化文化背景。

马克思的传记材料表明，马克思精神生活的起点与浪漫主义美学运动密切相关。1835年，马克思到波恩大学学习法学，但他在艺术和文学史上却花费了更多的时间，并广泛接触了德国古典美学的著作。一年之后，马克思转入柏林大学法律系，因沉浸在"爱情的世界"中，创作了大量的浪漫主义爱情诗歌。马克思早期诗歌创作活动并不仅仅是他与燕妮曲折的爱情生活的写照，他不是在纯个人的情感天地中咀嚼这种有形的痛苦，而是将其放大为一种形而上的主观与客观、现实与理想之间的对抗。这正是浪漫主义对青年马克思的深刻浸润。"要求联系，要求结合一直都是浪漫主义的本质，爱情和友谊——这又是协会组织的形式——当时是它的主要题材。浪漫主义者是把爱情加以神化的诗人，也是友谊的最热烈的拥护者……但是浪漫主义者对于爱情和友谊都是从对内亲密关系扩展到对外广泛关系的，从个人主义到普遍主义的。这种狂热的精神要把一切统一起来，认为一切意念都是有关联的……浪漫主义者是靠主观的东西而存在的，但它把主观的东西从个人的扩大到社会的，从而产生出主观的普遍主义。"① 年轻的马克思还无法摆脱浪漫主义精神中的根本矛盾，现实世界与理想世界的分裂通过具体的爱情深深地折磨着他。

随着诗歌创作的失败，准确地说，因无法摆脱现实与理想之间的矛盾而深感"烦躁"和"苦恼"，马克思开始严厉地指摘自己的诗歌"是纯理想主义的……我的天国、我的艺术同我的爱情一样都变成了某种非常遥远的彼岸的东西。一切现实的东西都模糊了，而一切正在模糊的东西都失去了轮廓。对当代的责难、捉摸不定的模糊的感情、缺乏自然性、全凭空想编造、现有的东西和应有的东西之间完全对立，修辞学上的考虑代替了富于诗意的思想，不过也许还有某种热烈的感情和对蓬勃朝气的追求，——这就是我赠给燕妮的头三册诗的内容的特点"②。无疑，这是马克思挣脱浪漫美学内在矛盾的第一步。这一步清晰地显现出马克思未来学说发生、发展直至形成的基点，而这个基点恰是马克思对浪漫美学核心命题扬弃的结果。也就是说，浪漫美学所期望的人应当是一个"完整"的人，一个得到"全面发展"的"完美"的人的本体论命题将逐渐演化为马克思学说整体中诸组成部分的共同底蕴及相互关联的统一点。与此同时，马克思开始明确反对"现有的东西和应有的东西之间完全对立"，这一点预示着马克思必然在自身思想发展过程中逐步远离浪漫主义的虚幻天地。因为正是把现有的东西和应有的东西看作绝对对立的，所以，浪漫主义就不得不皈依康德，寻求一种脱离或超越现实生活的审美手段来调和现有的东西和应有的东西之间的矛盾，也正是因为把现有的东西和应有的东西看作绝对对立的，所以，浪漫美学也就必然地或是变成古典主义，把"完整""独立""自由""全面发展"的人的形象幻化到古希腊亡灵的身上，或是变

---

① ［美］保罗·亨利·朗格：《十九世纪西方音乐文化史》，张洪岛译，人民音乐出版社1982年版，第4—5页。

② 见马克思1837年11月10日给父亲的信，《马克思恩格斯全集》第40卷，人民出版社1974年版，第9页。

成消极浪漫主义,自绝于现实,在所谓"纯艺术"的囚笼中浅吟低唱,顾影自怜。在马克思看来,这里首先出现的严重障碍正是现实的东西和应有的东西之间的对立,这种对立是唯心主义所固有的;它又成了拙劣的、错误的划分的根源。于此,要转而向现实本身去寻求思想,要从对象的发展上细心研究对象本身,决不应任意分割它们;事物本身的理性在这里应当作为一种自身矛盾的东西展开,并且在自身求得自己的统一。① 显然,早熟的马克思在服膺黑格尔之前已完成了一次至关重要的思想洗礼,即对自己思想的出发点——浪漫美学的核心命题及其内在矛盾作出了清醒的评价。

闯入黑格尔哲学殿堂的马克思有着自己独特的理论张力。从1837年到1841年马克思研究哲学的结晶《博士论文》中,马克思实际上是在哲学层次上以黑格尔的语言继续叙述着浪漫美学的核心命题。我们知道,伊壁鸠鲁主义、斯多葛主义和怀疑论学说是在古希腊衰落的时代产生的,它们都把应有与现有彻底割裂开来,其目的在于使人在已经发生的普遍社会灾难中,如何成为不受外部命运支配的自由人。它们断言,真正的幸福必须到精神和心灵的牢不可破的安宁中去寻找。从时代和理论的特征看,德国浪漫美学思潮与伊壁鸠鲁主义、斯多葛主义、怀疑论是何等相似!所以,在博士论文中,马克思一方面接受了黑格尔把理念、精神与实在、环境视为一个整体发展过程的思想;但另一方面,马克思又顽强地甚至本能地以渗透在浪漫美学思潮之中的人本主义作为观察、分析希腊化时期"自我意识"哲学的出发点。正由此,在马克思的解释视野中,伊壁鸠鲁的自然哲学观本质上凸显出一种不同于建立在机械唯物论和决定论上的德谟克利特的自然哲学观。科尔纽首次从理论上注意到马克思的这种阐述,他说:"这里,马克思既从鲍威尔的观点,又从黑格尔的观点出发,对哲学作了一种新的理解,认为精神的发展是在既同世界对立,又同世界统一的情况下完成的。"② 这种"新的理解"确切地彰显出马克思从浪漫美学思潮的内在矛盾切入黑格尔哲学的运动轨迹。按照这种"新的理解",与

---

① 见马克思1837年11月10日给父亲的信,《马克思恩格斯全集》第40卷,人民出版社1974年版,第9页。

② [法] 奥古斯特·科尔纽:《马克思恩格斯传》第1卷,刘丕坤等译,三联书店1963年版,第193页。

现实世界相对立的人的完整存在有着内在的根据与现实的合理性，或者说，浪漫美学企图超越现实、寻求一种审美的完美人生恰是这种自我意识哲学的根本命题。可见，马克思把浪漫美学以人为本的整体性原则与黑格尔辩证发展的有机整体观融合起来后，浪漫主义泛美学化的追求人的全面发展的整体性命题也就历史而逻辑地凝固为马克思日后观照历史过程的理论基点。

上述分析表明，德国浪漫美学所要求的人的完整存在的核心命题是马克思学说发生的原初动力，亦即马克思学说诸组成部分的统一出发点；换言之，人的完整存在是日益丰富展开的马克思学说的本体论根据，离开这种本体论根据，我们便无法找到马克思学说诸组成部分的内在统一点。与浪漫美学不同的是，马克思不再在纯粹的审美领域去勾勒与现实社会、人的现实感性存在的决然对立的完满形象，而是在现实社会的历史发展过程中，在人的现实感性存在日趋丰富性中探寻人何以达到完满的存在。所以，马克思对社会经济关系的研究绝不是像他的后世者那样，要把人的个体存在钉死在命定论的社会经济关系之中，相反，马克思所看到的是在一定的社会经济关系中孕育、发展、成熟起来的人的个体存在必然冲破社会经济关系的束缚，直至成为一个个完满、独立、自由的个体存在，即《资本论》所言，共产主义不过是以每个人的全面而自由的发展为基本原则的社会形式。① 故马克思在提出人类发展的历史是一定的社会经济形态的发展史的时候，也就必然同时指出，人们的社会历史始终是他们的个体发展的历史，而不管他们是否意识到这一点②，这种个体发展的历史即个人向完整的个人的发展。③ 在 1857—1858 年的《经济学手稿》中，马克思则把上述历史发展的两种表述综合为一个意味深长的历史尺度。

当然马克思对浪漫美学的超越不是瞬间完成的，而是经过一个历史的过程。在这个过程（大约是博士论文后直至 1844 年的《巴黎手稿》）中，年轻的马克思在精神活动上表现出了两大特点，一是从纯理论领域转向现实的批判，二是在现实的批判中迅速接受并扬弃了费尔巴哈的哲学

---

① 参见《马克思恩格斯全集》第 23 卷，人民出版社 1974 年版，第 649 页。
② 参见《马克思恩格斯全集》第 27 卷，人民出版社 1974 年版，第 478 页。
③ 参见《马克思恩格斯全集》第 3 卷，人民出版社 1974 年版，第 77 页。

理论。

当马克思在《博士论文》中确证人的自由与完满存在应具有现实的合理性之后,他陷入了一个"苦恼的疑问"的时期,即《莱茵报》阶段。1859年,马克思在《政治经济学批判》序言里对自己这一时期的思想状况做过全面的反思:"我学的专业本来是法律,但我只是把它排在哲学和历史之次当作辅助学科来研究。1842—1843年间,我作为《莱茵报》的主编,第一次遇到要对所谓物质利益发表意见的难事……是促使我去研究经济问题的最初动因。另一方面,在善良的'前进'愿望大大超过实际知识的时候,在《莱茵报》上可以听到法国社会主义和共产主义的带着微弱哲学色彩的回声。我曾表示反对这种肤浅言论。"① 应该说,这段话是澄清当时马克思思想转变的唯一可靠的证据。第一,马克思所遇到的"物质利益"的"难事",就直接后果而言,成为马克思"研究经济问题的最初动因"。《莱茵报》时期广泛接触社会实际问题的马克思至少改变了自己思考问题的视角,不再以抽象的理性原则去否定现实中的一切,而是让现实中的矛盾充分暴露,并与旧有的种种理性原则相冲突。《莱茵报》上马克思发表的一系列有关经济问题的文章都具有这种特点。第二,史料表明"马克思对共产主义的研究,一开始就杜绝了空想的色彩"②。对此,不能简单地说当时的马克思在思想上就高出青年黑格尔派许多。马克思和青年黑格尔派、"自由人"的众多分歧中,笔者以为有一点是根本的,即青年黑格尔派许多成员在思想起点上都直接源自黑格尔,他们的社会理想其实从未超出黑格尔的国家理想,只不过黑格尔是消极等待理想的到来。与青年黑格尔派不同,马克思的社会理想的根基从来就不是某种政治形式,而是浪漫美学高扬的人的感性的现实存在,是人的自由、完满的发展。所以,一度服膺黑格尔的马克思才会立即超越黑格尔,一度与青年黑格尔派并肩战斗的马克思才会最终与他们分道扬镳。由此而论,马克思对共产主义的最初态度说明,已投入社会现实活动的马克思仍然思考着浪漫美学的核心命题。从克罗茨纳赫笔记,《黑格尔法哲学批判》直到《巴黎手稿》,马克思着重思考的问题就是人的现实的彻底解放与自由。

从美学方面看,马克思从《莱茵报》至《巴黎手稿》的思想历程是

---

① 《马克思恩格斯全集》第13卷,人民出版社1974年版,第77—78页。
② 李和中:《马克思与青年黑格尔派》,武汉出版社1993年版,第185页。

极有意义的。它准确地彰显出浪漫美学思潮的核心命题是如何沉淀为马克思未来学说的底蕴的。马克思此时的"苦恼"和"疑问",已不再是浪漫美学单纯对现实持伦理否定态度而产生的"苦恼",人的全面发展与自由个性的实现应有现实性,但是,使马克思感到有疑问的是:以什么来确证现实的"人的全面发展"与"自由个性"呢?也就是说,当马克思在《博士论文》中以黑格尔的辩证法论证了人的本质——自由、完满的自我意识——与世界环境中存在着一种协调、不协调、再协调的辩证的对应关系后,如何在具体的政治、经济、社会实践中把抽象的思辨还原为具体而逻辑化的历史行程呢?这似乎是一个绝对唯心主义的问题,但其凝聚着从康德到黑格尔等诸位德国古典哲学泰斗的全部心血。马克思的回答是:"确立此岸世界的真理"的尺度就是人之为人的感觉,即人的现实感性存在。从这一点看,把《1844 年经济学—哲学手稿》视为揭开马克思学说底蕴奥秘的钥匙并不为过。因为正是在这部未完成的手稿中,马克思不仅把浪漫美学的核心命题从纯粹精神性的审美王国中拖回到尘世之间,并为其奠定了更为坚实也更具历史发展性的感性本体论的证明,而且相当清晰地展现出自己未来学说整体的逻辑网络。

感性尺度的确立使浪漫美学核心命题的哲学人类学内涵更深刻地延续到马克思学说之中,其不仅使马克思学说泛美学化的理论出发点嬗变为科学化的历史透视点,而且潜在地构成了马克思学说超越自身而与新时代文化理论共振的交会点。只有把握住在人类交往、创造性活动中生成发展并日趋全面丰富起来的感性,人才可能在现实的政治、经济活动中获得一种自由的审美感受。所以,马克思确证人的全面解放的感性尺度不再是浪漫美学虚幻性的审美尺度,而是一个综合性的既现实又超越历史时空的人类学尺度。

原载《文艺研究》2000 年第 4 期

德国古典哲学中的美学与辩证法

德国古典哲学是一座大厦,金碧辉煌,令人望而生畏;德国古典哲学又是一座迷宫,深奥莫测令人望而却步。如果从德国古典哲学产生的历史背景来看,即马克思在《〈黑格尔法哲学批判〉导言》中所说:"正象古代各族是在幻想中、神话中经历了自己的史前时期一样,我们德意志人是在思想中、哲学中经历自己的未来的历史的。我们是本世纪的哲学同时代人,而不是本世纪的历史同时代人,德国的哲学是德国历史在观念上的继续……德国人在政治上考虑过的正是其他国家做过的事情。德国是这些国家理论上的良心。"[①] 英国人发起的工业革命、法国人发起的政治革命既触动了古老的日耳曼民族走出中世纪的欲求,又使他们在工业革命、政治革命引起的社会动荡中惊惶不定,相对滞后的发展便延宕出思索的空间。商品化工业生产催生出来的永无满足的物欲,使得积聚财富成为社会发展的唯一动力,以致滋生出骇人听闻的赤裸裸的贫富对立;追求平等、自由、民主的法国大革命又沾满恐怖、暴力的血腥。

一句话,社会物质的、精神的、制度的进步的立足点究竟是什么?或者说,文艺复兴以来日益深入人心的人道主义概念在现实社会的剧烈变动中究竟有没有实在性?这,就是德国古典哲学所有晦涩的、学究气的命题得以发生展开的基础,也是德国古典哲学诸大家不得不研究阐述美学命题的终极原因。在某种意义上说,美学是德国古典哲学生发开来的枢纽,因为在德国古典哲学中,美学即人学,相对于经济和政治尺度,审美作为人的全面解放,或说全面占有自己的本质的尺度,显然更富有情感感染力。但是,这种完全超越现实的虚幻的美学虽然把德国古典哲学装扮得极具诱

---

① 《马克思恩格斯选集》第 1 卷,人民出版社 1972 年版,第 6—8 页。

感力，可最终仍是一种主观的假设。马克思、恩格斯在《德意志意识形态》一书中，尖锐地指出了德国古典哲学的空想的唯心主义性质，"在康德那里，我们又发现了以现实的阶级利益为基础的法国自由主义在德国所采取的特有形式。不管是康德或德国市民（康德是他们的利益的粉饰者），都没有觉察到资产阶级的这些理论思想是以物质利益和由物质生产关系所决定的意志为基础的"①。

从美学史来看，德国古典哲学中的美学命题在超越了单纯的艺术欣赏与创造层次，也超越了艺术品具体的道德含义的基础上，把传统艺术范畴内的美学问题首先变成一个哲学问题，一个从方方面面——历史的、现实的、心理的、社会的、感性的、理性的——立体透视人的本质的哲学问题。如此，美学成为德国古典哲学"体系"的需要，并由此获得超越具体实在的纯粹主观性，鲍桑葵在《美学史》中敏锐地看到这一点，所以他论述康德的标题就是："康德——把问题纳入一个焦点"，即"美学问题"在康德那儿成为一个有关人的存在目的的"迫切性的普通哲学问题"②，鲍氏进而以黑格尔的眼光怀疑且准确地抓住了康德美学的哲学意义：

> 我们知道，康德对他的美学研究和目的论研究的全部成果都加上了"主观的"保留条件。甚至当他开后世理论界的先河，建议编写一部宇宙史，用以证明人类生活中存在的、通过痛苦和欲念的冲突来发展道德文明的自然目的时，当他根据这个理由，毅然决然地和早先各代人为了他们永远不能得知的一个目的而牺牲自己的那种困难进行奋斗时，这一切在他看来都只是一种观念，一种可以把成堆的事实归结为一个体系的道路。③

康德的体系是先验主观的，但这种先验主观性和西方传统的哲学有着本质的差异，因为它不是在否定人的感性存在的基础上去虚构一个彼岸世界，或是人无法以感性去省悟的知识、真理世界，或是人必须放弃感性方能抵达的神明世界，康德的彼岸世界虽在人的认识能力之外，却又能通过

---

① 《马克思恩格斯全集》第3卷，人民出版社1974年版，第213—214页。
② ［英］鲍桑葵：《美学史》，张今译，商务印书馆1985年版，第369页。
③ 同上。

审美途径以激发人的崇高意志，进而把无法认知的彼岸世界整合为一种符合人的自然本性的道德秩序。如此，传统上归属于感性范畴的美学在新的哲学视野中必须挑起一副神圣而沉重的担子："怎样才能使感官世界和理想世界调和起来？"[①] 有了这个支点和中介，人所面对和经历的一切才有可能在观念中成为一个彼此相通的"体系"，传统思维中舍此即彼的方法——实则牺牲人的主体性——在此转化为"此"与"彼"既矛盾又和谐的辩证法。所以，当美学历史地切进德国古典哲学，才有了高扬人的主体性的"体系"形态的德国古典哲学，也才有了德国古典哲学中崭新形态的辩证法，即从传统认识论哲学中一种纯逻辑的语言概念的组合方式，质变为一种以人的主观情感为基础的涵盖人所面对的一切的解释方式。

在纯逻辑的语言概念组合方式中，对对象的分析愈细密，愈达至某种客观的结构水平，人的主体性所受到的限制就愈多，并且无法突破这种"客观的结构"，所以，德国古典哲学之前的辩证法只是主体"无我"观察对象的语言记述，或者是古希腊人论辩的一种语言技巧。与此相比，以人的主观情感为基础的解释方式，不仅把主观与客体视为一个整体结构，而且把主观视为这个整体结构的中心。如此，德国古典哲学中之所以"体系"一个接一个，原因就在于对主观性的不同解释必然导致思想体系结构方式的不同、结构面貌的不同。也正因为此，当黑格尔试图把依据不同主观情感而形成的不同解释方法，概括为一种不以人的意志为转移的亘古不变的辩证规律时，他事实上就彻底窒息了德国古典哲学最辉煌的生命，而这一点，又恰好是与黑格尔把美学重新推回艺术范畴，且把艺术置放在哲学、宗教之下的做法相一致的。

当然，这不是黑格尔的过错。自康德开始的德国古典哲学，尽管有了以人为本的核心，并依此核心去重新构想、解释一切与人的本质相关的矛盾现象，使之成为一个人的情感可以理解、解释，直至依赖、认可的整体，但是，这个新的整体，能够按照符合自身本性的尺度去重新构想、解释现象整体的主体，又如何证实自身的本性理当如此呢？这个无法消解的矛盾潜在地决定了德国古典哲学的整体行程，即一方面，高扬的主体在审美领域中任意编织着理想的、和谐的梦幻，在这个梦幻中，人在现实中所面临的一切分裂与矛盾，都终将化解成为一个相辅相成的有机整体；另一方面，

---

① ［英］鲍桑葵：《美学史》，张今译，商务印书馆1985年版，第369页。

既然人是世界整体的核心,他能在观念中把一个混乱的现实世界综合为一个理想的有序整体,那么,他能否把自己理应有的本性和观念的和谐整体现实化、对象化呢?对前一方面,德国古典哲学大家个个都奏出了有自己个性的华彩乐章,但对后一方面,留下的却是空白。精神的灵气和傻气的结合,不可思议地造就了德国古典哲学的辉煌,也同样不可思议地造就了德国古典哲学的无奈。无论如何,这都是一个值得细细解读的心路历程。

瑞典学者约奇姆·伊斯雷尔说:"辩证法从整体范畴开始"[1],德国古典哲学中的美学与辩证法的内在联系同样与整体这个范畴密切相关。整体范畴在西方哲学史上源远流长,德国古典哲学中的整体范畴与之前的整体范畴究竟有什么区别呢?区别就在于,在德国古典哲学之前,整体范畴仅仅是一个纯认识论的范畴,是人对与己相对的对象的某种属性的认识和反映;或者说,人的命运、人的存在完全没有纳入整体范畴,就像亚里士多德在《形而上学》中举例说人是一个整体,有手有脚有心脏,缺少某一部分就不完整。显然,亚里士多德完全是从生物学意义上去认识人的存在。与此相反,德国古典哲学的整体观即恩格斯所说的是把事物(现象)放在它和世界整体的总联系中来考察。[2] 这个"世界整体"既是客观对象的相互联系,又是主体与客体相互作用的且带有强烈主体色彩的理论结果。所以,从康德开始,德国古典哲学从不醉心于那与人的心灵世界不发生任何关系的物理世界的和谐,而更倾向于寻求心灵世界的和谐,也正是在这个意义上,以阐发新的整体观为己任的德国古典哲学中的辩证法,才和构筑心灵和谐的浪漫美学有机地融为一体。进而言之,古代的整体观因缺乏主体性而只能催生出以同一性为基础的辩证法,而德国古典哲学的整体观则因主体的介入,便生发出以矛盾对立为核心的新的辩证法形态。主体要求进入世界整体,同时又和现象世界相对立,传统理性的权威性在分裂的世界面前束手无策。正如康德在 1798 年 9 月 29 日给伽尔韦的信中写的:"我的出发点不是研究上帝存在、不死,等等,而是研究纯粹理性的二律背反。'世界有开端——世界无开端'等,——直到第四对:'人本质上具有自由——人没有任何自由,人身上的一切都是本性必然的。'最

---

[1] [瑞典] 约奇姆·伊斯雷尔:《辩证法的语言和语言的辩证法》,王路等译,商务印书馆 1990 年版,第 65 页。

[2] 参见《马克思恩格斯全集》第 3 卷,人民出版社 1974 年版,第 142 页。

初就是二律背反把我从独断论的迷梦中唤醒，激励我开始批判这种理性，以便消除臆造的理性与自身矛盾这种荒唐事。"①

康德建立在二律背反基础上的三大批判终于对传统哲学中至高无上的理性提出了深刻的怀疑，有了这种怀疑，世界永远是可由理性观照的和谐整体的神话彻底破产了，时时遭逢矛盾冲突的人的感官世界也就堂而皇之地向新哲学提出了必须解答的问题：分裂的感性世界具有实在性，人们希冀得到心灵的和谐、生命的完整也同样具有实在性，这个矛盾何以解释呢？康德与黑格尔的回答有很大的不同。康德认为在世界整体中的主体的人，不管是理性方面还是感性方面，其能力都是有限的；也就是说，有限的主体根本不可能解决无限的二律背反，但人们必须认识到二律背反的必然性，这种认识的目的是让主体放弃从理性上化解二律背反的思维幻想，转而从情感意志上，亦即从感性化的理智上去超越二律背反。黑格尔对康德主体有限的观点极为不满，诚如有的学者所说："在康德那里，辩证法致力于现象与自在之物的分离；在黑格尔那里，辩证法则致力于实体到主体的发展"②，黑格尔承认二律背反的存在，但这种存在仅仅是绝对理念完满外化自身的一个环节，一个终将被扬弃、被消解的环节。由此，康德赋予感性（情感世界）以本体之象征意义的主张也为黑格尔重新认识论化的辩证法所淹没。表面上看，黑格尔比康德有着更乐观的态度和更大的理论气魄，可他那绝对理性化的辩证法却从根本上忽视了人的感官世界的本体论意义。当然，黑格尔的做法不过是他之前诸德国古典哲学家思想演化的必然结果，即使就康德而言，他那超越二律背反的情感意志虽说有着本体论的象征的含义，但在康德为三大批判作总结的目的论中，情感意志终为抽象的精神本体所取代。从更大范围来看，这种现象当是文艺复兴后欧洲文化演进的必然结果。

众所周知，文艺复兴后，日益繁荣昌盛起来的商品生产使欧洲人的感官在"世界的发现"中迅速扩张起来，宗教艺术的神秘色彩为斑斓的日常生活画面所代替。雅各布·布克哈特在描述文艺复兴时期意大利文学状况时说："阅读这个时代的意大利作家的作品，我们不能不惊讶于他们抓

---

① 转引自周桂莲、丁冬红编译《国外康德哲学新论》，求实出版社1990年版，第298页。
② ［德］克·斯·杜辛：《黑格尔与哲学史》，王树人译，社会科学文献出版社1992年版，第188页。

住外部特征的敏锐性和准确性,以及描述个人一般外貌的全面。"① 这种对于人的感官感觉特征的充分注意无疑是审美领域中抛弃神性化理性、高扬世俗化感性的历史性转折。但是,轰隆隆全速运动的历史的蒸汽车车轮在震醒人的感性欲求之后,又无情地碾碎了文艺复兴时期以人的感性辉煌编织起来的人间美景,无所不在的劳动分工重新缩小了人的感性天地。

古典主义应运而生。"首先须爱理性:愿你的一切文章永远只凭着理性获得价值和光芒。"② 规范、秩序、责任、义务、克制等,无不体现出亚里士多德以理性规范审美感性的基本原则。在古典主义者看来,古希腊罗马文化即理性,由此,他们恣意以纯理性主义的原则解释古希腊戏剧,并刻意强化《诗学》中的理性化倾向。

到了启蒙运动时期,文艺复兴和古典主义中相互有别的,远未系统化、理论化的美学见解在崭新的历史背景下,逐步演化为两种相互对立的美学思潮,即经验主义美学和理性主义美学。如果不仅仅把启蒙运动局限在法国的伏尔泰、卢梭、狄德罗和德国的莱辛、赫尔德所宣扬理性精神之内,而是将其看作从文艺复兴至德国古典哲学的整个欧洲大陆一直持续着的思想解放的整体运动,那么,我们就不应把经验主义美学和理性主义美学看作自古以来有着两个独立的传统的矛盾对立着的两个派别。相反,西方传统美学之所以在17、18世纪分化为两种有着明显差异的思潮,其主要原因并非传统观念所认为的是大陆理性主义哲学和英国经验主义哲学的逻辑结果,或者说,所谓经验主义和理性主义尽管在哲学理论上有着广泛的矛盾,但在美学方面又有着明显的共通的基调。其一,美具有一种先天普遍的性质,在经验主义看来,美是一种人所有之的经验现象,是由人所有之的生理感官感知的,即使是非常注意审美趣味差异的休谟也一再强调,"审美趣味的一般原则在人体中本是一致的;如果人们在判断上有分歧,一般都可以看出心理功能上有某种缺点或反常,这是由于偏见、缺乏训练,或是缺乏敏锐性"③。与强调感觉、经验相反的理性主义,在美学

---

① [瑞士] 雅各布·布克哈特:《意大利文艺复兴时期的文化》,何新译,商务印书馆1979年版,第339页。
② [法] 布洛瓦:《诗的艺术》,载伍蠡甫主编《西方文论选》上卷,上海译文出版社1979年版,第290页。
③ [英] 休谟:《论审美趣味的标准》,转引自朱光潜《西方美学史》上册,人民出版社1979年版,第233—234页。

上所肯定的首先同样是这样一种先天普遍的性质，只不过含义不同罢了。如莱布尼茨的"预定的和谐"，为什么"预定的和谐"具有一种先天的普遍的美学性质？因为"从美学观点看，它也就是最美的，因为它最完满地体现了和谐是寓杂多于整一的原则"①。其二，美即一种道德上的完善。经验主义在规范美感的功能及作用上，与理性主义绝无二致。"指望中的美，即善"（霍布斯）；"没有任何东西能像研究诗歌、演讲、音乐或绘画中的美那样使我们的性格变得更完善"（休谟）；"正如大自然的创造者决定了我们要靠我们的外部感官，依据事物对我们的肉体有益或是有害，来感知它们的美或丑的观念，并从同一类事物中感受到美与和谐的满足那样……他同样地也赐予我们道德感，以指导我们的行动和使我们得到更加高尚的快感"（哈奇生）。显然，这些见解与莱布尼茨、伍尔夫、鲍姆嘉通反复强调的"和谐""完善"等美学概念并无本质上的差异。

由此可知，经验主义美学和理性主义美学不过是西方17、18世纪中作为一个整体的启蒙运动中的内在矛盾的二重化反映。启蒙运动的核心——理性实际上表现为科学理性和社会理性两个层面。总体上看，启蒙运动一方面以科学的理性反对中世纪的迷信残余和封建专制主义，另一方面试图在现实社会中建立一个"理性的王国"。就前者而言，与自然科学同步蓬勃发展的经验论无往而不胜；就后者而言，日益发展起来的商品生产却使启蒙运动的"社会理性"在分崩离析的精神现象界束手无策。理性在现实中所遭逢到的巨大历史矛盾使启蒙运动者大都视文学艺术为一种道德教育的手段，以达到用理性和公正原则来改造社会的目的。

由此可知，古希腊以理性规范感性的美学原则中经启蒙运动理性之火的冶炼，终于锻造成理性哲学因果链条中的一个环节。感性的美学终于以一种历史的自觉性而主动归于理性化哲学的范畴，成为哲学的一个必需组成部分。有趣的是，当鲍姆嘉通1750年以《美学》一书从理论上确立这门学科的时候，尽管他仍像古希腊人一样把Aesthetics定义为"感性学"，但是，在整个西方启蒙运动理性精神的大框架内，他异常自觉地从理性认识上来规范美学。在他眼里，感性的美固然是存在的，但这种感性的美仅仅是一种"低级的认识"，"低级认识能力即感性，倒是应当铲除，而不

---

① ［英］休谟：《论审美趣味的标准》，转引自朱光潜《西方美学史》上册，人民出版社1979年版，第233—234页。

是启发它，增强它……美学家就不应当去启迪它、增强它，而必须把它引上一条健康的道路，从而使它不致由于不当的使用而进一步受到损毁，也避免在防止滥用堂皇的托词下合法地使上帝赋予我们的才能受到压制"[①]。"如果追求综合的完美，那就必须谨慎从事，切不可忽视思维的真正的完善。"[②] 所以，鲍姆嘉通从美学上把大陆唯理论和英国经验论按启蒙运动的理性原则融汇为一个他律形态的美学体系，这个体系与其说是德国古典美学的开端，倒不如说是经验论美学思潮和唯理论美学思潮的一个归纳性总结。

值得注意的是，从德国资产阶级的软弱性推论出德国古典哲学的妥协性未免太轻视德国古典哲学的世界文化意义了。事实上，德国古典哲学的整个发展过程恰是对唯理论、经验论哲学的一种彻底的反动。文艺复兴后，中世纪宗教神学的一元论逐渐演化为或重经验、或重理性的二元论，但这种二元化表现的核心是与神相对立的人的理性，所以，仍然属于启蒙运动一个阶段的德国古典哲学也就必然担负起把唯理论、经验论的二元化表现重新还原为一种新的一元论的历史使命。正是在这种历史性的还原过程中，美学成为至关重要的一环。

从康德到黑格尔（尽管其认识论体系窒息了其美学的内涵），美学的性质已全然不同于鲍姆嘉通所赋予美学的认识论含义，一种本体论的自律性质的美学在理性化的哲学逻辑的桎梏下悄然萌生，17、18世纪的社会大变革中所提炼出来的两个命题：人应该是一种理想的理性存在和人应该是一种现实的感性存在，在德国古典哲学中浓缩凝定为一种以人为本的辩证阐释，即人是一种内含矛盾，并依自身矛盾而展开的完整存在。故德国古典哲学中"形而上学者所以对美发生兴趣，是因为美是理性和感性可以感触到的会合点"[③]。对这个"会合点"的反思即辩证法，对这个"会合点"的领悟即美学，而对这个"会合点"的憧憬与追求即人的价值和目的。

由此，当康德把"美"（判断力）作为"自然秩序"和"道德秩序"之间的会合点后，尽管是在质、量、关系、模态上具有二律背反性质的会

---

① [德] 鲍姆嘉通：《美学》，王旭晓译，文化艺术出版社1987年版，第16—17页。
② 同上书，第16页。
③ [英] 鲍桑葵：《美学史》，张今译，商务印书馆1985年版，第166页。

合点，但这个会合点却是德国古典美学的新生长点。这个新生长点也就是人们通常理解的是对唯理论和经验论的调和与折中，这些"二律背反"已不再是外在于人的纯粹客观的现象界的矛盾，相反，人本身就是一种矛盾性的存在，客观现象界的矛盾不过是构成人的本质的矛盾的映射，审美的"调和""判断力"不过是在为处于现象界、本体界之间的人寻求一个立身之本，美学由之成为超越现象界而向本体界过渡的桥梁。所以，"康德真正研究美学问题并不是从艺术，甚至不是从美学问题出发的，而是出自渴望达到整个人的精神能力体系的清晰和完满，确定他们的关系和联系"①。这种以人的精神为本体的一元论在随后的发展中，一方面把美学从认识论哲学的束缚中解放出来，使美学获得了确证人的精神本体性存在的独立品性；另一方面，这种以人的精神为本体的一元论又势必吞噬人的现实的感性特征，重使美学屈从于概念范畴的抽象运动。简言之，在德国古典主义哲学的终端，黑格尔无所不包的辩证法终于消融了浪漫美学的人本主义命题。而当黑格尔大厦倒塌后，费尔巴哈立即捡起人本主义这颗废墟中的珍珠，也就不足为奇了。

原载《湖北大学学报》（哲学社会科学版）1996年第3期

---

① ［苏］瓦·阿斯穆斯：《康德》，孙鼎国译，北京大学出版社1987年版，第324页。

模仿的歧义与西方美学的开端

——兼析美学与文艺学的关系

  鲍桑葵认为古希腊的模仿说是西方美学的开端，但这个开端并不是一个公认的清晰的逻辑概念，而是一个充满歧义的话语言说。也就是说，在古希腊的美学话语中，模仿虽是一个使用频率较高的术语，但使用者的解释视阈却往往大相径庭，特别是在柏拉图和亚里士多德的美学话语体系中，两人都以模仿作为他们阐述美学问题的核心概念，结论却背道而驰。就此而言，说西方美学的开端是一个具有矛盾性的开端，大致如此，问题在于，这个矛盾的开端究竟说明了什么？对此，汉语学界的解释一直遵循着朱光潜先生在《西方美学史》中提出的解释思路：其一，从认识论哲学角度看，柏拉图和亚里士多德关于模仿说的差异本质上是唯物主义和唯心主义的表现；其二，从方法论角度看，柏拉图的言说是单一的"社会科学"的方式，亚里士多德的言说则是"自然科学"和"社会科学"相结合的方式。按朱先生的理解，我们似乎可作出这样的推断，即模仿本身并无内在的歧义，歧义来自解释者的哲学立场和解释方法的不同，进一步推断，亚里士多德的唯物论哲学立场和方法的价值属性高于柏拉图，故因解释而生的模仿的歧义便由潜在的价值判断预设了消除歧义的必然性。笔者以为，这种理解是值得商榷的。

  第一，模仿的歧义究竟缘何而生？如果说模仿是一个纯粹的科学的知识概念，柏拉图和亚里士多德是因解释的哲学立场和解释方法的不同而表述出了各自理解的模仿，由此，后人才可以根据实践作出明确的价值判断，从知识学上消除主观的歧义，使概念获得科学的真理性和唯一性。但是，模仿，和任何美学话语一样，都不是纯粹的科学的知识学概念，科学概念解释的真理性和唯一性不能成为审视美学话语的价值尺度。作为文明时代的审美话语的模仿，歧义是其存在的本质属性。要理解这一点，我们不得不从文化人类学的角度探讨模仿是如何从一种生物性行为演变成为美学话语的。模仿，在生物界是任何一种物种延续自身的本能性的行为方式，人类在从动物向人演化的过程中，模仿开始获得社会性的品性，在原始时代有限的地缘和血缘式的群体生存方式中，模仿的社会品性和功能就是混沌统一的社会伦理意识和个体行为准则，其价值向度具有模仿活动与生存活动、模仿与模仿对象、模仿手段与目的的内在统一性。正是这种内在的统一性使得原始的模仿活动成为人类伦理意识和审美意识氤氲生成的源头。我们可从三个方面阐述这个问题。（1）在原始人类的生活方式中扮演重要角色的模仿，既是早期人类群体生存的社会经验、知识传承的载体，又是在群体生活意志和规范的框架里整合、建构人类社会性心理（包括审美心理）的实践过程，也正是通过模仿，原始人的官能感受中才积淀了观念性的想象、理解，从而使模仿成为一种包含社会内容积淀的精神活动样式，直至建构出原始人类共通的道德、审美的心理结构。（2）在原始模仿活动中，如广泛流行的图腾模仿仪式，一方面建构出模仿主体与模仿对象之间的具有社会观念内容的同一性，同时也使模仿主体与特定的形体、结构、色彩之间形成了稳定的情感联系，从审美角度看，即使图腾表象在发展的社会生活中失去了其神秘的观念性内涵，但由模仿而产生的巨大满足已构成人类与模仿对象之间某种稳定的情感关系，这就是审美快感无法言说的缘由。所以，亚里士多德在《诗学》中把模仿产生快感的原因归之为人的本能是一个延续至今的极大的错误。（3）在原始的模仿活动中，模仿并非个人或少数人独有的技艺，它既是群体生存的手段，又直接实现着表达群体意志、调动群体情绪和力量的目的。这就是说，集体生存的目的与萌芽状态中精神生产的目的达到了一种原始而高度和谐的状态，精神生产激发出来的创造力几乎毫无损耗地用之于集体生存的活动。这种个人与社会在模仿活动（对象性存在）过程中所体现出来的相依相济就是从希腊人开始西方文化苦苦追求的和谐，即一个融社会理想和个体审美理想为一体的人本学的尺度。①

　　文明以降，物质生产和精神生产的分离直接导致了模仿内在品性的分裂。当古希腊人以模仿作为审美话语时，其以逻各斯为原点的知识学背景以清晰的理性、逻辑的统一性取代了原始模仿活动中物我之间、个体与群体之间混沌的同一性，结果是，本为群体性生命体验和生存方式的原始模仿活动如今成为少数哲人谈论认知对象（世界）的学术话语，原始模仿活动中固有的情感迷狂很大程度上被消解了，模仿者与被模仿者之间原始混沌的同一性开始裂变为模仿者与模仿对象之间的差异和对立，这便是从毕达哥拉斯、德谟克利特到柏拉图解说模仿的共同的逻辑模式，特别是在柏拉图的哲学体系里，模仿完全质变为仅仅表现个体感性的、没有任何普遍性的东西，原始模仿活动中所蕴含的同一性、群体性、和谐性如今既无存在的伦理学根据，更无知识学上的根据。一句话，理性认识彻底取代了原始文化中的情感体认，善与美分离的历史契机降临了，由此，荷马史诗第一个被送上了知识学的祭坛。如果说柏拉图对原始模仿活动的文化内涵进行了知识学的遮蔽，但和亚里士多德相比较，这个遮蔽是不彻底的，亚里士多德表面上对模仿进行了高度肯定，但他肯定的前提是明确限定了模仿的适用范围，他在柏拉图知识分类的基础上进一步把知识分为理论的、实践的和创制的三类，模仿仅仅是创制知识中诗歌及其他艺术创作的媒介。从技术层面上讲，作为艺术媒介的模仿的存在和作用是经验所能充分证明的（其实柏拉图对此也不否认，在前期对话中，柏拉图多次正面谈到音乐、绘画、雕刻的模仿性），就此而言，亚里士多德与柏拉图谈论模仿的最大不同，并非唯物、唯心之分，他所做的就是彻底剔除原始模仿活动中形而上的含义，把其变为纯粹的技术问题。这样一来，让柏拉图头疼的模仿与理念的关系，模仿与人的情感的关系，便让亚里士多德的知识分类学轻而易举地消除了，模仿的价值属性不过是一种无善恶的工具的自然属性，也正因为此，他才在《诗学》中说模仿给人以快感是一种自然的本能现象。所以我们说，亚里士多德比柏拉图更彻底地遮蔽了原始模仿活动的文化内涵，他对模仿的重新定位和阐释一方面与柏拉图的解释构成了希腊美学中模仿的歧义；但另一方面，他们的解释又共同与

---

　　① 对此，笔者曾在《模仿与原始社会中的伦理道德》（载《伦理学研究》2004 年第 2 期）一文中做过探讨。

原始的模仿活动的本义发生了歧义，而这一点，才是索解西方美学矛盾性开端之意义的症结。

第二，西方美学矛盾性的开端的意义究竟是什么？笔者以为西方美学矛盾性的开端有三点值得思考：

其一，审美活动是人类生命活动整体的一个有机组成部分。人类生命活动的整体性意指人类的审美活动与生产活动、伦理活动应是一个完整的整体，原始模仿活动就是这种完整活动的写照。西方美学的开端围绕模仿产生的歧义和矛盾，可说是人类原始活动的整一性在文明时代遭逢肢解的理论反映。柏拉图把伦理价值尺度从具体活动中抽象出来，使其成为衡量一切活动的最高尺度，本来就蕴含伦理指向的模仿活动在其理论视阈中成为与伦理相敌对的审美活动的代名词。模仿远离最高的真理——理念，只能滋生伤风败俗的卑劣情感，这是荷马被逐出理想国的理由，更是人类生命活动的整体性在现实中遭逢肢解后的理论确证，到了亚里士多德，情况同样如此，模仿的艺术作品可以描写道德，且具有道德作用，如悲剧的净化作用，但模仿完全工具化，成为一个完全知识学意义上的概念，其所属的创制知识领域既然和理论知识、实践知识有了实质上的分离和差异，那么，其也就不再承担理论知识领域里的形而上思考和实践领域里的道德实践了，模仿的工具属性使亚里士多德的艺术理论本质上脱离了美学的本义，艺术和任何实用工艺的制作一样，是一种有章可循的技艺活动。于是，文艺学诞生了，而美学，则要等到1700年之后，当人类重新缅怀生命活动的整一性时，才得以登上知识学的殿堂。想想康德、席勒、歌德、马克思，他们的美学思考之所以无不基于人类生命活动的整一性，其中的道理是不言而喻的。

其二，审美活动是个体生命自我确证的价值活动。柏拉图否定模仿有较高的价值属性，在他看来，能获得理想国认可的文艺作品必须承载普适的道德品性，也必须舍弃个体情感。由此，原始模仿活动中确证个体与群体同在（同时就是个体生命的自我确证）的融审美与伦理为一体的激情不再人所俱有，而是少数人的特权，如哲学王。亚里士多德理论视阈中的审美活动则是艺术家们的创作特权，作为创作媒介的模仿，其价值高低取决于作品的价值高低，而作品的价值高低又取决于作品的诸构成要素（如悲剧的六大要素）的运用是否得当，所以，以作品、作家为中心便理所当然地成为西方文艺学的学理性构架。在此构架中，柏拉图的文艺的普适的道德品性（文明社会中占统治地位的意识形态）加上亚里士多德的艺术家的创作特权（文明社会中的文艺话语霸权），共同支撑起西方文艺学的大厦，希腊社会后的古典主义、新古典主义，在漫长的岁月里一直沿着这个思路窒息着人类审美活动即个体生命自我确证的真谛，这才是学科形态上的美学晚出于文艺学的内在原因，也是美学思考何以在启蒙运动中蔚为大观的内在原因。但是，面对依然故旧的生活秩序，切近美学真谛的启蒙运动中的审美思考（特别是席勒）只能停留在乌托邦似的设想和浪漫主义的呻吟中，就如同高扬个体生命价值的"维特"还只是一个不谙世事的"少年"一样，只有经历了从19世纪到20世纪的大混乱、大洗礼、大阵痛，美学的真谛才从遥远的远古托梦给疯狂的尼采和疯狂的大众文化，从而有了"在场"的现实性和实践性，所以，20世纪西方美学最大的特点就是形形色色高扬个体生命价值的哲学对传统文艺学的强暴。这，一定程度上反映出人们对西方美学矛盾开端的深入思考。

其三，审美活动的泛化。原始模仿活动是过程与结果的统一，对于群体生存的原始人类，人人都是模仿过程的参与者，人人也都是模仿结果的拥有者，或者说，审美活动无所不在，无人不及，这种审美活动的泛化也许没有流传万世的艺术珍品，但也绝无无法参与审美活动、无力欣赏审美对象的痛苦。以人与艺术活动的关系为例，文明时代的人们与原始人类有着很大的差异。在文明时代，绝大多数人是审美活动的旁观者，他们与作品的关系在本质上是疏远的。即使在人们津津乐道的希腊城邦的悲剧和喜剧演出里，芸芸众生也已经从远古仪式（希腊悲剧和喜剧的真正诞生地）的参与者变成了剧场里的看客，哪怕是最有激情的看客，如同今天足球比赛的观众，其实他们永远不"在场"。所以，不管怎么评价当下大众文化都无法回避一个问题，即21世纪的每一个人，他有权把自己生命的每一个时段、每一个动作审美化；21世纪的社会，应是一个包容如此审美的个体的巨大空间；审美，是21世纪的交流理性和公共话语。20世纪的大破坏理应带来21世纪的大建设，就文艺而言，笔者斗胆预测：美学盛，文艺学衰。

原载《三峡大学学报》2006年第5期

论柏拉图模仿说的知识学背景

——兼析柏拉图学说的伦理学底蕴

学界历来认为，柏拉图对荷马史诗的否定，是柏拉图从理念论出发对前苏格拉底哲学中的模仿说进行否定的结果。但笔者以为，不管是前苏格拉底哲学对模仿的肯定，还是柏拉图对模仿的否定，都存在一个共同的与原始模仿文化密切相关联的知识学背景问题。也就是说，作为西方哲学源头的古希腊哲学，其整体行程均表现出对原始模仿文化进行新的知识学综合的趣向。其间，既有原始模仿文化异质性的延续，也有福柯所说的人类知识学上的"断裂"和"非连续性"现象，这里或许包含许多被传统研究遮蔽的问题，值得我们解读。

一

模仿说并非柏拉图首创，在他之前，哲学家毕达哥拉斯、德谟克利特等人都分别描述过模仿。在他们那里，模仿还称不上特设的理论概念，其内涵仅仅是对人类由来已久的一种文化行为的陈述，并且对这种行为在价值取向上持肯定态度。从哲学角度分析，毕达哥拉斯的人或物对"数"的模仿说，德谟克利特的人对动物的模仿说，各有哲学背景上的旨趣。但就对原始模仿文化的潜在解释而言，有几点是共同的：（1）模仿者与被模仿者之间原始混沌的同一性开始裂变为模仿者与模仿对象之间的差异和对立；（2）模仿是人之共有的一种行为；（3）模仿行为具有天然的合理性。[①] 如果把这些思想看作希腊人对模仿文化的第一次知识学意义上的综

---

① 亚里士多德在《诗学》中把模仿视为人的本性的看法盖源于此。

合，其间有遮蔽式的"断裂"和"非连续性"，但主导面仍是原始模仿文化内涵的连续性显现：前者表现为对模仿者与模仿对象之间同一性的解构，后者表现为对原始模仿文化的群体性质和天然合法性的连续性的解读。

从文化人类学的角度看，模仿在原始社会伦理道德意识的起源、形成和传承中，有着重要的作用。其特征是：（1）模仿活动与生存活动的同一性。原始的模仿本身就是原始初民适应、改造环境的一种生存手段，加之彼时活动的群体性，可以说模仿渗透在一切活动之中，既是物质生产的要素，又是精神生产的要素。（2）模仿与模仿对象的同一性。以图腾崇拜为例，当原始人用舞蹈、图画模仿出图腾象征物并用之于仪式时，图腾象征物与图腾部族成员之间就在神秘的想象中达到一体化，图腾被生命化，人也与图腾同化了，以至与原始人在心理感受上达到了与图腾象征物的交互感应。模仿活动的这种沉迷状态，正是原始社会精神生产独特的文化功能。（3）模仿手段和目的的同一性。在原始社会的精神生产中，模仿既是手段，又是目的，也就是说，模仿并非个人或少数人独有的技艺，它既是群体生存的手段，又直接实现着表达群体意志、调动群体情绪和力量的目的。

毕达哥拉斯、德谟克利特对原始模仿活动中同一性的解构，是文明社会中政治经济领域里出现诸多分化的必然反映。从知识学层面上说，这种解构的哲学意义在于，原始文化中物我之间、个体与群体之间混沌的同一性为纯理性认知上的主客体间的分离性所替代，其结果便是，本为群体性生命体验和生存方式的原始模仿活动如今成为少数哲人谈论认知的学术话语，原始模仿活动中的情感迷狂被消解了，而清晰的理性逻辑在描绘认知对象（世界）的统一性（逻各斯）的同时，也潜在地确定了人要成为理性逻辑的仆人。应该说，毕达哥拉斯、德谟克利特对原始模仿活动中的同一性的遮蔽并无理论上的自觉性。前苏格拉底哲学是希腊城邦政治生活的产物，城邦公民的政治平等使原始模仿活动的同一性在新的维度上得到了文明社会政治伦理意义上的拓展。作为城邦公民，人人都有参与政治的平等权利。表面上看，城邦公民的政治平等与原始模仿活动的同一性在伦理学上是等价的，但实际上却有本质上的差异。以原始图腾模仿为例，其伦理学意义在于：人与图腾对象的神秘同一性恰恰导致了同一个生存群体的人们之间现实的同一性：既然大家都把自身的灵性等同于同一个图腾对象，那么，在这个图腾对象身上不是就恰恰显现出所有这些人的现实同一吗？对于原始人来说，具有同一个图腾就意味着社会地位的平等，而平等的根据正是具有同一个图腾。与此相反，城邦公民的政治平等是靠法律话语形式来维系的，这种法律话语的权威性又依赖于城邦理性精神的权威性，其本质就是钳制个人情欲，使之接受理性的驯化。前苏格拉底哲学恰逢希腊城邦发展的平衡和鼎盛时期，其对原始模仿中同一性的异质性延续有着现实的合理性，故没有遭遇到知识学的诘难。一旦希腊城邦出现全面危机，上述异质性延续便不得不接受新知识学的审判。从社会伦理道德方面看，柏拉图终身关切的问题是：什么是幸福，如何才能获得真正的幸福。为找出一个圆满的答案，他把幸福的追求与获得转换成对"理念"的思考。他试图通过论证普遍的道德规范是成立的，从而为人们寻找一个生活的支点。柏拉图把"理念"看作一种永恒的、绝对普遍的、理想性的存在；这种存在也许人永远也不能达到，但它却体现着人对自身现实与未来生命意义和价值的关怀。由此，柏拉图推出人生的最终目的是实现最高的道德规范和最高的价值目标，从而成为一个完善意义的人这样一个结论。而作为事物存在根据的"理念"所具有的理想性、完美性、绝对性特征，为人实现这一要求提供了保证。换句话说，"理念世界"的完美性决定了具体的历史的人追求真、善、美行为的必要性、正确性与合理性。有了这样一个新的知识学的前提，柏拉图对模仿的解释也就必然突破前苏格拉底哲学。

二

表面上看，柏拉图在《国家篇》中对模仿的严厉指责完全源于狭隘的政治伦理动机，但如果仅就此判断柏拉图的模仿说，不仅有悖其学说的知识学风貌，而且也无法索解由此带来的诸多矛盾。例如，就一般的美学原理而言，柏拉图对模仿的美学（感性）性质并不否认：一是在前期对话中，柏拉图多次正面谈到音乐、绘画、雕刻的模仿性质；二是对艺术起源于灵感的推崇。又如，当柏拉图在一般哲学认识论层面使用"摹仿"一词时，也无伦理审判之意。柏拉图前期（和中期）的理念论，从《美诺篇》到《斐多篇》，尽管也借用"模仿"一词，但更多是用"分有"一词，亚里士多德早在《形而上学》中就注意到这一点。下述解释就采用了这样一种中性立场："就像'分有'一词一样，柏拉图用'摹仿'一词旨在描述殊相与形式之间的关系。形式是原作，类似于画家或雕刻家的模特；而殊相则是原作的相似物和摹本。这表明殊相低于形式，因为一般说来原作不依赖于摹本，而摹本必须依赖于原作。形式不依赖于殊相，但殊相没有形式则不能存在。"① 但是，我们若承认了柏拉图在模仿问题上的矛盾性，是否就意味着承认了柏拉图的知识学和伦理学在立场上的某种不一致呢？换言之，柏拉图在对原始模仿文化进行知识学遮蔽的同时，是否还存在伦理学上的延续和还原呢？

与前苏格拉底哲学相比，柏拉图同样没有对模仿作出一个明晰的定义。除了对模仿者本质上低于被模仿者思想的继承外（如模仿者与理念的关系），他对"摹仿是人之共有的一种行为"和"摹仿行为具有天然的合理性"都提出了全面的质疑。

首先，柏拉图对人进行了三六九等的划分，如第一等级的统治者，第二等级的辅助者、武士，第三等级的农民、匠人、商人、佣工等；与此相适应，人生的技艺也分为三等：使用者的技艺，制造者的技艺，模仿者的技艺。在柏拉图的眼里，"模仿者对于自己模仿的优劣既无真知，也无正确的意见"，"模仿位于和真理隔着两个层次的第三级"，"模仿术仍是卑贱的父母生出来的卑贱的孩子"②。

其次，柏拉图否定模仿合理性的依据是：理性是人性中最美好的部分，感性则是人灵魂中的非理性部分，是人生种种罪孽之源，而模仿逢迎的正是"卑劣"的感性。所以，荷马式的模仿诗人之所以要被柏拉图驱逐出理想国，就是因为"他会把灵魂的低劣成分激发、培育起来，而灵魂低劣成分的强化会导致理性部分的毁灭，就好比把一个城邦的权力交给坏人，就会颠覆城邦，危害城邦里的好人。以同样的方式我们要说，模仿的诗人通过制造一个远离真实的影像，讨好那个不能辨别大小、把同一事物一会儿说成大一会儿说成小的无理性的部分，在每个人的灵魂里建起一个邪恶的体制"③。

柏拉图对模仿的质疑既是伦理学的又是知识学的，两者的连接点就是

---

① [英]尼古拉斯·布宁、余纪元编著：《西方哲学英汉对照辞典》，王柯平等译，人民出版社2001年版，第475页。

② [古希腊]柏拉图：《柏拉图全集》第2卷，王晓朝译，人民出版社2003年版，第623、625页。

③ 同上书，第628页。

对原始文化混沌同一性的彻底解构。在伦理学层面上，人不仅失去了现实的同一性，而且在理论上也失去了理想的同一性。柏拉图所设计的理想国家竟是一个等级森严的国家，这表明前苏格拉底哲学中所信奉的无须论证的城邦公民的同一性如今已失去了伦理学上的依据。人作为事实上不平等的社会存在，不是统治者单靠法律就可维系的，它必须转化为社会个体的伦理态度才具有现实的合理性。柏拉图把感性和理性截然分开，其伦理意义就是阐明人本质上没有内在的同一性；也就是说，感性和理性有高低之分的价值尺度的确定，才是原始模仿文化中混沌同一性被彻底解构的本体论证明。这个本体论证明是柏拉图新知识学诞生的逻辑前提，有了这个前提，原始模仿文化中的混沌同一观才能从知识学上嬗变为矛盾的统一观，无须论证的模仿也就必须让位于条分缕析的逻辑概念，新的知识学坚决摈弃了原始模仿中由情感认定的物我不分："作为一个整体，柏拉图的哲学是一个以截然划分精神与物质，上帝与世界，肉体与灵魂的二元论为根据的唯心主义体系。他把真正意义上的存在只归之于精神的存在，而把物质世界只看作理念世界的模糊的摹本。"[1] 在这样一个新解释视野里，模仿便完全质变为仅仅表现个体感性的、没有任何普遍性的东西；原始模仿文化中所蕴含的同一性、群体性、和谐性如今既无存在的伦理学根据，更无知识学上的根据。因为在原始文化中，模仿即生存群体的伦理指向，即生存群体保存和延续知识的手段。而在文明时代，伦理已和知识分离，新知识学意义上的统一观是认可、反映现实矛盾。于是，理性认识便彻底取代了原始文化中的情感体认，善与美分离的历史契机降临了，荷马史诗第一个被送上了知识学的祭坛，作为原始精神生产灵魂的模仿，也就由此成为一块沉默的化石。

三

柏拉图对原始模仿文化内涵的知识学遮蔽是西方理性主义认识论的真正开端，但是，与亚里士多德相比较，这个遮蔽是不彻底的，其学说的整体底蕴仍以新的话语形式透视出对原始模仿文化的某种延续性。亚里士多

---

[1] ［德］爱德华·策勒尔：《古希腊哲学史纲》，翁绍军译，山东人民出版社1992年版，第137页。

德说:"在青年时代,柏拉图开始是克拉图鲁的同路人,也赞同赫拉克利特的意见。一切可感觉的东西不断流变,关于它们知识是不存在的。他在晚年仍然持这样的观点。苏格拉底致力于伦理学,对整个自然则不过问,并且在这些问题中寻找普遍,他第一个集中注意于定义。柏拉图接受了这种观点,不过他认为定义是关于非感性事物的,而不是那些感性事物的。正是由于感性事物不断变化,所以不能有一个共同定义,他一方面把这些非感性的东西称为理念,另一方面感性的东西全都处于它们之外,并靠它们来说明。由于分有,众多和理念同名的事物才得以存在。"① 亚里士多德的这段话尽管详细地述说了柏拉图分离理性和感性的知识学特征,但同时也透露出他对柏拉图知识学立场的不彻底性的怀疑:一是源自苏格拉底的伦理学立场,二是与模仿的藕断丝连。应该说,亚里士多德的怀疑是有道理的。

所谓伦理学立场的含义是指伦理道德问题始终是柏拉图论述一切问题的轴心,在他看来,人的生活,城邦的政治生活,就连万物的生存变化,包括天体宇宙的生存变化,无不体现出道德的原则,即使是知识学(认识论)中最高的存在——理念(形、相),其最精湛的核心最终也得通过"善之形"来展示。所以,科林伍德在《艺术原理》中敏锐地指出了柏拉图评说模仿的伦理学立场:"《理想国》涉及各种各样的内容,然而它并不是一部百科全书或'总论',它只集中研究了一个问题……这个问题就是希腊民族的衰落及其症状,原因和可能的挽救办法。在衰落的症状之中……柏拉图对诗歌的讨论根源于他对现实的真实感受……他站在希腊走向衰落的门坎上,先知般地预见到夜幕的降临,他竭尽其英雄心灵的全部精力以防止夜幕降临。"② 也正是这种伦理学的立场,使柏拉图对善的模仿留下了存在的空间。

柏拉图对善的模仿的承认,正好说明柏拉图与原始模仿文化之间一种潜藏的延续性,这就是原始模仿中须臾不可分离的情感肯定。"柏拉图不反对求知需要静心思考,但他强调的更多的则是'热情',即对学术的难

---

① [古希腊]亚里士多德:《亚里士多德全集》第7卷,苗力田主编,中国人民大学出版社1993年版,第43—44页。
② [英]科林伍德:《艺术原理》,王至元等译,中国社会科学出版社1985年版,第52—53页。

以进行冷静（或康德式的不偏不倚）和四平八稳式的追求。"① 柏拉图的灵感说、回忆说、迷狂说、爱欲说，以及众多对话中充满诗意激情的句式，都充分证明柏拉图的知识学依然保留着原始文化中以激情去体认对象的特征。有了激情，人对对象的感性观照才可经由"凝视""分有""参入"（与模仿均有家族相似性）上升到与对象同一的境地。在《斐德罗篇》中，当柏拉图描述哲学思辨跋涉到顶峰时，在大美和大善之前，逻各斯终止了，只剩下由理性与感性会通为伦理激情般的"凝视"。

上述分析表明，柏拉图对原始模仿文化的遮蔽和延续都从不同侧面展示了其学说的伦理学底蕴。从肯定的角度看，我们可以同意这样的观点："不管柏拉图怎样强调科学研究，他的教学和他的学园的最终目的本质上仍然完全是一种伦理目的。"② 但是，柏拉图对原始模仿文化中伦理内涵的延续是异质的，这种异质性比前苏格拉底哲学更彻底更自觉，因为原始模仿中以群体意志为核心的诸同一性已遭逢到颠覆性的解构，所以，尽管柏拉图学说的伦理道德底蕴与原始模仿文化有着某种相似性，但其伦理学的现实根基却是对人的现实的物质存在、人的内在的精神存在的同一性的否定，"哲学王"概念的出现就鲜明地体现了这一点。车尔尼雪夫斯基说，柏拉图"并不是从学者或贵族的观点，而是从社会和道德的观点来看科学和艺术，他看一切也莫如此。人不是为了要做贵族或学者而生活的（像许多伟大哲人连亚里士多德在内所想的那样），而科学与艺术应该为人类的幸福服务"③。这种解释固然是19世纪俄国民主主义思想家过于理想的一厢情愿，不过其间洋溢着人与社会同在的伦理激情却是柏拉图学说的血脉之所在。

总之，基于知识学立场，柏拉图必须放逐模仿，解构原始混沌的同一性；基于伦理学立场，柏拉图又不得不接纳模仿，建构新的同一性，就像罗蒂所说："自希腊时代以来，西方思想家们一直寻求一套统一的观念……这套观念可被用于证明或批评个人行为和生活以及社会习俗和制度，还可为人们提供一个进行个人道德思考和社会政治思考的框架。'哲学'（'爱

---

① 陈中梅：《柏拉图诗学和艺术思想研究》，商务印书馆1999年版，第75页。
② [英] 厄奈斯特·巴克：《希腊政治理论》，卢华萍译，吉林人民出版社2003年版，第156—157页。
③ [苏] 车尔尼雪夫斯基：《美学论文选》，缪灵珠译，人民文学出版社1957年版，第132页。

智')就是希腊人赋予这样一套映现现实的结构的观念的名称。"① 在这一点上，柏拉图成功了，他为失去现实同一性的文明时代的人们所制定的逻辑的同一性框架，竟沿用了两千年。当现代主义、后现代主义打碎这个框架，"把个人从社会中剥离出来，使他成为周围事物和他自己的唯一评判者"② 的时候，我们是否应该叩问一下柏拉图，在对传统文化进行非连续性解读的同时，如何发现、肯定和弘扬内在的连续性？

原载《哲学研究》2004 年第 8 期

---

① ［美］理查德·罗蒂：《哲学和自然之镜》，李幼蒸译，三联书店 1987 年版，第 11 页。
② ［英］史蒂文·卢克思：《个人主义》，阎克文译，江苏人民出版社 2001 年版，第 8 页。

和谐：古希腊的审美理想

"和谐"是古希腊人的审美理想，这种说法由来已久。文艺复兴之后，许多西方美学家企图从古希腊残存下来的雕刻、建筑等造型艺术上论证这一点。尽管许多研究与考证极有价值，但由于形而上学世界观的影响，这些研究往往陷入了聪明的唯心主义哲学家所讥讽的唯"物"主义泥淖之中。在形式主义美学家的眼中，古希腊的艺术珍品成了不同形状的几何线条的组合，艺术形式的分析流于物理形式的分析，所谓平衡、对称、变化、整齐等造型艺术的美学原则也只能得到数学上的界定。于是，古希腊的审美理想成了抽象的线条、数字的比例关系中的幽灵，一个完全脱离了历史、脱离了社会的幽灵。

黑格尔说："和谐是从质上见出差异面的一种关系，而且这些差异面是一种整体，它是在事物本质中找到它的根据的。"[①]"和谐"既然属于审美意识的范畴，那么，它和一切社会意识一样，它的内在本质、形成根据必然存在、蕴含在社会运动之中。其实，只要不和温克尔曼一样，两眼专盯在古希腊花瓶的线条上，而大步跨入古希腊社会历史之中，便可发现，"和谐"并不诞生在雕刻家的斧凿之下，孕育它的是巨大的历史矛盾；它不是人为的抽象的审美理想，而是历史的形象的审美理想。

我们知道，"和谐"是由毕达哥拉斯学派提出而由亚里士多德初步总结的。从毕氏的生年到亚氏的生年有着近二百年的时间，这段历史正好是古希腊奴隶社会从逐渐形成走向全盛又趋向衰亡的历史过程。恩格斯说："只有奴隶制才使农业和工业之间的更大规模的分工成为可能，从而为古代文化的繁荣，即为希腊文化创造了条件。没有奴隶制，就没有希腊国

---

① [德]黑格尔：《美学》第 1 卷，朱光潜译，商务印书馆 1979 年版，第 180 页。

家，就没有希腊的艺术和科学。"① 抛开历史唯心论的偶然观，我们可以断定，"和谐"成为古希腊人的审美理想必然和古希腊奴隶社会的形成有着内在的联系。

从人类历史发展的角度来说，氏族社会演变为奴隶社会恐怕是比以后任何一种社会形态的更替都要复杂得多的过程。在这个历史转折关头，人与自然的关系发生了质的变化，即人类"对自然界的一种纯粹动物式的意识（自然宗教）"②质变为强烈的人类自我意识。有了这种人的自我意识，人类才最终从自然界独立出来，结束了完全依赖和恐惧大自然威力的史前愚昧状况，从而以主体的身份开始了改造、认识自然界的活动。古希腊米利都的自然哲学思想正是这些改造与认识的结晶。在古希腊人的面前，自然界不再是一堆堆物质的流动与变化，也不再是盲目的巨大破坏力，而是可资利用的有着和谐秩序与规律的运动过程。如果说这是人的本质在认识改造必然中自由展开的过程，那么审美就是人类自我意识对这个过程的反思。随着社会生产力的大大提高，社会分工的大规模化，随之私有制与交换、财富上的差别、利用他人劳动底可能性，及因此而来的阶级矛盾的基础，诸如此类的新的社会成分也愈来愈发展起来；这些新的社会成分在几代人中竭力使旧的社会体制适应于新的情势，直到两者底不相容性最后引出一个完全的革命为止，这个革命便是奴隶制"国家被发明出来了"③。国家的出现使得顽固氏族血缘集团分崩离析，个人从混沌的氏族血亲中分离出来；人们相互之间的关系不再表现为氏族与氏族之间的关系，即类与类之间的关系，而是相互以个体的身份发生财产上的关系，即个人与这些财产关系的总和——国家发生关系。这样，国家的出现便标志着人类历史上个人与社会矛盾关系的开始，也标志着人与人之间的矛盾终于取代原始社会时期人类与自然的矛盾而成为人类社会的主要矛盾。在崭新的社会历史必然面前，刚从自然必然中解放出来的人的自由本质便遭到历史矛盾的蹂躏，氏族社会里那种混沌的和谐局面也被打得粉碎。由此看来，古希腊人在反思必然与自由的美学领域里提出"和谐"，既是对社会分裂的抗议，又是对理想社会的追求，它的提出是人的本质力量在深刻的

---

① 《马克思恩格斯选集》第 3 卷，人民出版社 1972 年版，第 220 页。
② 《马克思恩格斯选集》第 1 卷，人民出版社 1972 年版，第 35 页。
③ 《马克思恩格斯选集》第 4 卷，人民出版社 1972 年版，第 104 页。

社会变革中的爆发。正如别林斯基所说："理想隐藏在现实之中，它们不是幻想的任性的游戏，不是虚伪，不是空中楼阁；可是同时，理想也不是现实的抄袭，而是用理智去预见、用想象去复制某一现象的可能性。"①

从本体论上看，"和谐"成为古希腊的审美理想是人类社会分裂的必然结果；从认识论上看，它又是阶级社会形成后，理性与感性、主体与客体发生分裂的必然结果。远古时代，和人类作为混沌的整体存在相一致，人类在思想意识上并不存在理性与感性、主体与客体的分别，人的意识还受着愚昧的神秘性、简单的直观性的纠缠与统治。直到氏族社会后期，随着人类与自然关系的全面展开，人类才终于从动物般的直觉感性中升腾出一个灿烂的理性世界。理性的内涵是人类对自己本质力量的认识，是对自由的渴望。但是，刚刚步入阶级社会的古希腊人的感官世界里，却充满着贪婪金钱的苦恼、争夺权力的血腥，丑恶的现象世界无情地吞噬着人的灵魂，感性的痛苦和理性的骄傲发生了尖锐的矛盾。而且，刚刚在自然力量面前确立主体地位的人，又在社会力量面前沦为奴隶，金钱、权力成了人的新主宰。面对这种现象世界与精神世界的对立，主体与客体的对立，古希腊人在沟通理性与感性、主体与客体的美学领域里能不追求"和谐"吗？康德之所以把他的美学作为"纯粹理性"与"实践理性"之间的桥梁，原因就在于古希腊人遇到的历史性分裂伴着阶级社会的发展一直在逻辑地延伸着。

我们舍近求远地离开艺术，在复杂的历史和抽象的哲学里考察"和谐"，得出的唯一结论就是："和谐"作为古希腊人的审美理想，它是历史矛盾生成的结果。这个结论与传统解释的全部区别就在于："和谐"不是雕塑等造型艺术中若干形式规范的抽象概括，而是在历史矛盾中诞生又蕴含着理性与感性、主体与客体诸矛盾的审美；它的全部意义就是，"和谐"在历史过程中是一个流动、变化的范畴，其内在的矛盾随着历史矛盾的发展在冲突中不断地相互对立、中和、否定，左右着古希腊人审美感受的时代性的变迁，纷繁流转的古希腊文学艺术便是它现实的物态化。这样，从荷马史诗到阿里斯托芬的喜剧，众多的文学内容与形式的变化、更替便是一个有着内在规律可循的审美过程，蕴含在其中的古希腊人的审美

---

① [俄]别林斯基：《别林斯基文学论文选》，满涛、辛未艾译，上海译文出版社2000年版，第55页。

形式也不再是任意的感官冲动或是一成不变的对美的"静穆观照",而是饱和着审美理想的历史的逻辑序列。

公元前8—前6世纪,建筑在氏族关系上的旧社会,因新形成的社会诸阶级间的冲突,结果破灭了。① 古希腊原始简陋的牧歌田园般的和谐旋律被动荡不安的新制度的分娩前的阵痛破坏得乱七八糟。无休止的城邦之间的战争,贵族权势的没落,农民土地的丧失,手工业者争夺原料、市场的苦恼……这一切都化为巨大的历史伤感情绪,像浓雾一般笼罩着此时古希腊人的美感。可以说,在公元前8世纪定型的荷马史诗中,那些史诗时代的氏族英雄对人生淡淡的忧郁正是这种时代精神出现的预兆。对氏族英雄业绩的赞颂,对蓬勃向上进取精神的肯定,不过是对现实中无所作为的平庸生活的批判;对远古和谐社会生活的美化,对贫富现象的微词,正是现实思想的作祟。刚从原始社会混沌的意识整体中分化、独立、发展出来不久的人类审美意识,还无力在现实生活中调和审美理想已经展开的内在矛盾,只好把崇高的审美理想熔铸到广为流传的氏族英雄身上。在荷马史诗中,氏族英雄们都有着独立的意志,他们是行为的主体,不管客体多么强大,都不能扼杀主体的独立自主性。阿喀琉斯与赫克托尔,一个是征服者,一个是被征服者,但是,胜利与失败对于他们仅仅是结局不同罢了,而在英雄行为即人的自由之中,两人却没有丝毫的差异。这是一种奇特的浪漫的统一。史诗"不朽的魅力"在哪里?就在人类审美理想中的矛盾艺术地表现为一个和谐的整体。

随着历史变革的加剧,对原始回忆的美满性终于变成了无聊的空虚,弱者食于人的残酷现实再也不需要"雄大而活泼"的史诗形式,时代的审美理想再也奏不出和谐的颂歌。"因为如今真是铁的世界,人们白昼放不下劳动与悲哀,夜间又不能安睡,神赐给的祸灾。"② 生活已堕落为:"假如我有钱,而且如我所愿,那么我当然不会沉默,而且得人敬重,视我为友。当今之世,我的学识有什么用处呢?我到处遭人白眼。我认识不少友朋,但是贫穷锁住了我的舌头。""金钱,就是人!""不是门第而是财富造成了一个人","财富乃是不幸的凡间人的灵魂"③。在这冷冰如铁

---

① 参见《马克思恩格斯选集》第4卷,人民出版社1972年版,第164页。
② [古希腊]赫西俄德:《工作与时日》,张竹明、蒋平译,商务印书馆1991年版,第6页。
③ B. C. 塞尔格叶夫:《古希腊史》,缪灵珠译,高等教育出版社1955年版,第151页。

的感性世界里,理性无能为力地在主观世界里痛苦地呻吟,作为社会主体的人在急剧膨胀的财富欲望面前束手无策,艺术的感伤时代带着浓厚的悲观主义色彩降临了,公元前7—前6世纪的抒情诗就是这种历史美感的集中体现。失望、期待、苦闷、愤世、忧郁是它们的共同基调。如屠尔泰欧斯的《饮酒歌》:"我们喝酒吧,何必等到点灯?我们只有一个手指长的光阴。朋友,从架上拿下巨大的酒罍;天帝和塞美娜的儿子给人类忘忧的酒;一成酒掺两成水,让我们循环痛饮,彼此传杯。"在著名的列堡岛的女诗人萨福的诗中,更强烈地回荡着悲哀的旋律:"现在月亮已经开始西沉,昴星已落下,是午夜时分,时间还是在飞驶不停,我一个人睡着,还在空等。"(《午夜》)"白昼把世间万物随意置放,而黄昏把一切又重新聚起,它带回来那些绵羊和山羊,而又把孩子带到他母亲那里。"(《黄昏》)"在清冷的水边,风从林檎间吹过,树叶在轻颤,摇落下幽梦朵朵","在皓月旁边,繁星失去了光彩,银光遍照着,是这样无所不在"。(《断章》)"啊,处女的年华,你去到哪里?去到哪里?新娘,我走了,同你不再在一起,不再在一起。"(《歌》)[①] 很显然,在这样的抒情诗中,审美理想已被纤细、哀怨的审美感受所吞没,它失去了在时代的艺术中凝结振奋人类向上力量的艺术形象的能力。和人的本质的异化相一致,此时的审美理想也异化到野蛮的奥尔费乌斯教仪和毕达哥拉斯的神秘唯心主义哲学之中了。在这里,审美理想以极端的否定形式构出一幅虚幻和谐锦图。如果说,根源于原始农事巫术即原始自然宗教的奥尔费乌斯教仪已质变为一种社会宗教,它野蛮地否定着人的现实存在,信奉它不是为了今生,而是为了来世,也就是说,是为了死而不是为了生,只有消灭肉体才能拯救灵魂,那么,在和奥尔费乌斯教仪有密切关系的毕氏哲学中,上述说法则得到更加玄密而形象的阐述,即现象世界是不真实的,无和谐的规律可言,只有在抽象的"数"———一种歪曲的理性精神里,才存在真正和谐。总之,这是玄思的时代,而不是艺术的时代。

希波战争之后,以雅典城邦为中心的希腊奴隶社会发展到全盛时期,即史学家们称作的"伯利克里斯时代"。这个时期也就是雅典奴隶主民主制成熟的黄金时代。经济贸易的强盛与扩大,政治法律上的相对稳定,文化艺术的空前繁荣,使得雅典成为整个希腊世界的学校。和公元前8—前

[①] 参见水建馥《古希腊抒情诗选》中的相关译文,人民文学出版社1991年版。

6世纪相比，消沉、颓伤的时代精神随着历史前进的步伐昂扬起来，恐惧的社会心理在充满朝气的新制度的阳光照耀下隐退了。"在这里……国家、家庭、法律、宗教同时都是个性的目的，而且个性之为个性也全靠那些目的。"① 研究一下伯利克里斯时代的雅典政治、宗教、经济，便可发现，雅典公民的个体意志、行为等个性要求和奴隶民主制——各种社会力量的总和达到了一定程度上的和谐一致。"对于希腊人，他的祖国是一种必需，缺少了便不能生存。"② 行为和目的、主体和客体的和谐促使人的本质得到健康的展开，雅典公民个人的创造才能得到相对自由、充分的发挥，每个公民"在许多生活方面，能够独立自主；并且在表现独立自主的时候，能够特别地表现温文尔雅和多才多艺"③。这种社会气氛下的审美理想不再乞请远古氏族英雄的亡灵，也不再遨游到神秘的冥冥天国，而是那么和谐地通过活泼有趣、生机盎然的感官形式完满地体现出来。人的意志、人的力量、人的理想追求、人的现实享受成了此时文学艺术的唯一主题。寻求来世的奥尔费乌斯教仪经由狄奥尼索斯酒神崇拜转为古希腊悲剧，生动地展示了这种历史的转机，埃斯库罗斯和索福克罗斯的悲剧更加深刻地揭示了这一点。在他们的剧作中，历史的传说与人物只剩下外在的，其内在的思想已是崭新的时代精神。如果说在埃斯库罗斯的《普罗米修斯》中，人类向往自由与创造的渴望还连同普罗米修斯一起被命运的铁链束缚在高加索山脉的峭壁上，那么，在索福克勒斯的"奥狄甫斯王"中，这种渴望已转换为坚定不移的意志与行动。当普罗米修斯用坚强的毅力、伟大的精神，奥狄甫斯王用自觉的行为向命运——一切障碍人类自由的社会客体挑战时，他们的思想和行为就表明了，人是社会的主体，是一切物质价值和精神价值的创造者。客体愈强大，主体就愈崇高，两者绝对对立而又在毁灭中升华出和谐的理想来。这样，悲剧的主角尽管总是不幸的结局，但是，他们的精神和行为却永远是人的颂歌。由此看来，普罗塔哥拉在哲学上得出"人是万物的尺度，是存在的事物存在的尺度，也是不存在的事物不存在的尺度"的相对主义结论是与上述审美

---

① ［德］黑格尔：《历史哲学》，王造时译，商务印书馆1956年版，第268页。
② 同上书，第298页。
③ ［古希腊］修昔底德：《伯罗奔尼撒战争史》，谢德风译，商务印书馆2004年版，第150页。

理想完全合拍的。

和荡漾在埃氏、索氏悲剧中歌颂人的力量的近乎狂热的激情相反，在此时的造型艺术中，还透示出雅典人细腻的感官享受。不过，这是一种渗透了理性成分的感官享受。如雅典人在希波战争胜利后为谢神感恩而作的"宙斯像"，全像高达两米多，以青铜精铸，无论是神态的表现，还是对人体结构的刻画，都是公元前6世纪以前那些身体平板、手脚僵硬、眉眼呆滞、毫无感觉上的生动和谐的人体雕像不可比拟的。再如米隆的"掷铁饼者像"，这是古希腊雕刻中流传最广的作品之一。在这里作者抓住了运动员掷铁饼时最典型、最优美的姿态：他右手紧握铁饼，弯腰转身，聚集全身力量，正准备一跃而起，把铁饼投掷出去——极为生动地刻画出运动员在掷出铁饼前的一刹那的紧张状态。没有对人的地位、力量的深深理解，没有对现实生活的密切关注，是不会产生这样优美的人体雕塑的。至于雅典卫城上的巴特农神庙建筑及它的雕刻艺术，还有黄金象牙雕雅典娜巨像，更是气魄宏伟、端庄秀美、生机盎然。在这里，没有丝毫实质上的宗教气味。人的创造、人的自由在充满生活情趣的浮雕中得到完美的展现，崇高的人生理想和单纯、精确的感官形式达到了高度的和谐统一。几百年后，公元1—2世纪的希腊作家普鲁塔克仍然赞美说："伯利克里斯时代的建筑物，在短短期间筑成，而经过悠悠岁月仍不失其价值，因此更值得赞美。每一建筑物都是这样的美，给人的印象，仿佛是从遑古时代就站在这儿，但是这些作品却充满着生活的欢欣，直至今日，仍有青春气息，像是刚出自斧凿。"

然而，在雅典奴隶主民主制的辉煌外表下，却是深刻的历史矛盾。雅典公民的自由是广大奴隶不自由的结果，这既是雅典文明诞生的根本原因，又是雅典文明昙花一现的根本原因。审美理想在雅典艺术上的和谐体现虽然放射着永恒的光芒，但一旦历史矛盾公开化，它又将走上痛苦的历程。伯罗奔尼撒战争宣告了雅典奴隶主民主制的破产，雅典公民逐渐失去了和谐的社会气氛。连年的战争不仅摧毁了雅典联邦的经济实力，也使得雅典公民失去了积极昂扬的进取精神，代之而起的是失去理智控制的情感扩张。"由于瘟疫的原故，雅典开始有了空前违法乱纪的情况。人们看见幸运变更得这样迅速，这样突然，有些富有的人突然死亡，有些过去一文英名的人现在继承了他们的财富，因此他们现在公开地冒险作放纵的行为……对神的畏惧和人为的法律都没有拘束的力量了。"① 欧里庇得斯的悲剧之所以从埃氏、索氏讴歌理想人物的描写转到现实的情感描写，其根据就在古希腊社会阶级矛盾的白热化，雅典人的审美理想再也塑造不出情与理和谐相处的艺术形象。于是沉湎于忌妒、复仇激情、产生失去理智没有分寸的报复行为的美狄亚就应运而出现在悲剧舞台上。正如黑格尔所指出的：欧里庇得斯的作品"已经再也表演不出相同的可塑的道德性格，而且腐化情形在他的作品里已经比较明显了"②。美狄亚滥用自己的感情、意志、个性，滥用自己的权力，就像雅典公民，情绪上来以后，在公民大会上鼓噪着要杀光被征服的臣民一样。到了这种情感连悲剧的崇高性都丧失的地步，喜剧便粉墨登场了。混乱的现实使雅典公民不再热衷于远离生活的艺术理想，在他们眼里，生活已没有什么可赞颂的了。用愤懑的激情去怀疑一切、批判一切成了最高的审美享受。阿里斯托芬的对当时无所不及的讽刺喜剧作品清楚地说明了这一点。所以，雅典时期悲剧的演变及喜剧取代悲剧而出现，正是审美理想的内在矛盾从短暂的和谐走向分裂的过程。也许，此时审美理想中感性扩张、理性萎缩的特点在雕塑艺术中表现得更生动。现在人们常看到的维纳斯女神像，便起源于此时。在此之前，女人体的曲线美总是通过薄薄的衣裙透露出来，而在大雕刻家普拉克西特列斯的名作"尼多斯的阿芙罗蒂德"中，女神不再像菲迪亚斯的雅典娜女神那样，昂首挺立，全身铠甲，一副无比庄严的神情。相反，她裸露全身，那起伏美丽的丰腴的躯干，真实得如活人般富于弹性的肌肉，给观赏者的只是柔和秀婉的感官享受，而切断了思想的联想。

当雅典人的情感狂热到极点而终于疲倦后，雅典落日的余晖也只在天边剩下最后的一线。历史的黑夜就要降临了。是现象真实，还是幻想真实；是肉体（人）支配精神（神），还是精神支配肉体，这些历史之谜再次出现在古希腊人的面前。奥尔费乌斯教义再次以新的形式出现了，这就是苏格拉底、柏拉图的唯心主义学说。历史又返回到唯心主义时代。从美学角度看，审美理想的内在矛盾又表现出极端的否定形式，即理性（神性）否定感性，客体否定主体，在虚幻世界中演出虚幻的和谐。彻底否

---

① ［古希腊］修昔底德：《伯罗奔尼撒战争史》，谢德风译，商务印书馆 2004 年版，第 159—160 页。

② ［德］黑格尔：《历史哲学》，王造时译，商务印书馆 1956 年版，第 365 页。

定现实艺术的柏拉图正是这样设想的。① 漫长的中世纪以艺术的荒芜可悲地实践了柏拉图的设想。

原载《美学与艺术研究》第 1 辑，武汉大学出版社 2008 年版

【附记】本文系本人大学毕业论文，写于 1981 年底，发表时除对注释做了规范的修订外，正文完全保持原貌。收录此文，一是敝帚自珍，二是作为一个有趣的反思文本引出的一些话题，我会在忆余虹的文章里谈及。

---

① 科林伍德在《艺术原理》敏锐地指出了这一点："《理想国》涉及各种各样的内容，然而它并不是一部百科全书或'总论'，它只集中研究了一个问题……这个问题就是希腊世界的衰落及其征状，原因和可能的挽救办法。在衰落的症状之中……柏拉图对诗歌的讨论根源于他对现实的真实感受……他站在希腊走向衰落的门坎上，先知般地预见到夜幕的降临，他竭尽其英雄心灵的全部精力以防止夜幕降临。"［英］科林伍德：《艺术原理》，王至元、陈华中译，中国社会科学出版社 1985 年版，第 52—53 页。

艺术品与商品

对艺术价值的分析、界定贯穿整个艺术批评、美学史。传统的艺术理论围绕真、善、美，建构出众多艺术价值的理论模式。或勒令艺术"劝善"，如柏拉图、孔子；或高扬艺术审美的特征，如欧洲浪漫主义文论；或推崇艺术的认识作用，以真为善、为美，如现实主义文论。仔细分析这些外观千差万别、内容相互抵牾的艺术理论，发现它们的逻辑出发点有着惊人的一致性，即无一不是首先确定艺术有别于人类其他活动的特殊性，然后再由所谓艺术的特殊性中生发出艺术的价值理论来。它们的差别仅在于对艺术特殊性所作的规定与阐释上的不同。

20世纪肇端于欧洲绘画、诗歌领域的人类艺术史上亘古未有的大震荡，经过百余年的风云变幻，已全面而深刻地引起世界范围内不同艺术领域里的连锁反应，形成了一股超出整个社会审美承受力的现代派艺术的潮流。面对以"丑"为审美核心，以对真的怀疑、对善的嘲弄、对美的肆虐为内容，以怪诞、荒唐为形式的现代派艺术，传统艺术理论已无法用古老的真、善、美编织的罗网来束缚"洪水猛兽"似的现代派艺术了。艺术现状的扑朔迷离、传统理论的力不从心，实际上是共同地再次提出：艺术的价值是什么？应该说，这个问题的尖锐性是前所未有的。

一

大概任何一个作家都不会以自己是一个商人，自己的作品是商品为荣，相反，是一个极大的耻辱。究其原因，我们就立即走到传统艺术理论的出发点：艺术是特殊的、高尚的东西，是人类文明的骄傲之花，怎么能和沾满铜臭的商品相提并论呢？艺术的价值怎么仅仅能用货币去衡量呢？

从席勒、黑格尔直到现在，批判商品经济使艺术堕落的理论不比比皆是吗？

的确，我们常常听到、看到这样的事情。在西方艺术品交易所里，一些珍贵的艺术品，或者是伟大的艺术家的一些手稿、幼稚的早期作品，竟被投机商们哄抬出令人瞠目结舌的巨额价格。还有，世界范围内盗窃、倒卖文物、艺术品的案件日益增多。笔者认为，这些世人憎恶的例子似乎用荒诞的形式向我们展现了一个探寻艺术价值理论难题的崭新的逻辑起点。

显然，在盗窃、倒卖艺术珍品的罪犯、商人那里，抽象的艺术是不存在的。首先，他们盗窃、倒卖的不是艺术，而是一件件具体的艺术品。或者说，理论家们论证了数千年的艺术的真、善、美价值全是虚幻的、非现实的，只有具体的可感可触的艺术品才在货币面前展示出真正的、现实存在的价值。其次，他们盗窃、倒卖的艺术品价值的大小也绝不是由真、善、美来决定的，而是由这些艺术品的作者曾经付出的按劳付酬代价以及在此基础上所产生的知名度、地位决定的。最后，他们为古今中外的艺术品制定了统一价值尺度——货币。

光怪陆离的现实生活常把艰涩的理论难题剖析得简单明了。假如不鄙夷生活的逻辑，我们可以把上述分析作进一步的逻辑概括。

第一，探求艺术价值的逻辑起点，应该是最简单、最普遍的东西。简单蕴含着复杂，普遍体现着个别。艺术是一个相当模糊的概念。人类所谓艺术活动留下的痕迹不是"只可意会，不可言传"的抽象的艺术，而是由无数单个的艺术品所组成的真实存在。因此，所谓"艺术的价值"应该置换为"艺术品的价值"。在辩证法看来，这绝不是无聊的语言游戏。

第二，衡量每一个艺术品的价值尺度应该是统一的、客观的，具有历史的具体性、实在性，而不是抽象的非实体化的永恒概念。用货币作为艺术品价值的统一尺度未必具有历史的合理性，但它毕竟第一次把纷纭的艺术价值形态历史地统一起来，并且通过单个的艺术品直接地展示出艺术的本质。

第三，说艺术品等于商品，是显然与艺术史相悖的。但是，"每一个要素可以在它完全成熟而具有典范形式的发展点上加以考察"[①]。在商品经济发达的条件下，艺术品成为特定意义上的商品，也正是艺术品的

[①] 《马克思恩格斯选集》第2卷，人民出版社1972年版，第122页。

"典范形式"。因为对艺术品价值的质的规定,只有通过对商品经济发达的条件下的艺术品进行分析才能引出来。另外,"人体解剖对于猴体解剖是一把钥匙",在下等动物身上透露的高等动物的预兆反而只有已经认识了高等动物之后才能理解①。我们只有认清具有商品属性的艺术品的本质,才可能真正理解非商品的艺术品,才可能对艺术史的规律作历史而逻辑的把握。

其实,这样的认识已潜藏在我们的艺术理论中了。下面,我们把几个不同理论色彩的关于艺术品的定义与商品的定义进行对照分析:

商品:用来交换的劳动产品。

艺术品:

(1)是"从艺术家的审美理想的立场出发来反映现实的艺术创作的产物"②。

(2)"现实生活的美,经过艺术家的反映、加工、创作(包括构思和传达)这个环节,生产出艺术作品"③。

(3)是"代表某种社会制度(即艺术世界)的一个人或一些人授予它具有欣赏对象资格的地位"的"人工制品"④。

限制上述两类定义的内涵,我们可以发现,艺术品与商品都是人的活动的物化,用马克思的话来说,都是人类一般劳动的耗费。如此,在商品生产一体化的社会形态中,艺术品,无论从其生产(创作),还是从其流通、消费(欣赏)角度来看,都体现出经济上的商品属性,艺术品的价值也必然具有商品的价值属性。因为现代社会里的艺术家,不管承认与否,都必须依赖自己创造的艺术品的商品价值属性才能生存,社会对艺术品价值的种种价值判断最终要化为统一的现实的价值尺度——货币。

二

在冷酷的统一的货币价值尺度面前,艺术品完全失去了高贵的特殊

---

① 《马克思恩格斯选集》第2卷,人民出版社1972年版,第108页。
② [苏]奥夫相尼柯夫等编:《简明美学辞典》,冯申译,知识出版社1981年版,第117页。
③ 王朝闻主编:《美学概论》,人民出版社1981年版,第195页。
④ [美]李普曼编:《当代美学》,邓鹏译,光明日报出版社1986年版,第110页。

性，一座宫殿的交换价值可以用一定数量的鞋油表示。反过来，伦敦的鞋油厂主们曾用几座宫殿来表示他们的鞋油的交换价值。[①] 但是，用严格的政治经济学的观念来审视，艺术品的交换价值却有着明显的特殊性。

我们知道，商品的价值是由生产商品时所耗费的劳动决定的，因此，其价值量便是由生产商品所耗费的劳动量决定的，即社会必要劳动时间决定商品的价值量。问题正在这里。一幅价格昂贵的山水画所耗费的劳动时间与生产普通商品所耗费的劳动时间即使相等，为什么前者的价值量远远高出后者？如果说前者是复杂的劳动，而后者是简单的劳动，在同样的时间内，复杂劳动比简单劳动能创造出更多的价值。那么，在科学技术高度发展的今天，为什么耗费同样生产原料的"唐三彩"艺术品与普通的生活瓷器商品，生产过程中技术、时间、原料上的绝对差异已经越来越小，可它们之间的相对价值差异却越来越大？即使同是艺术家的两个人，一个名声显赫，一个名不见经传，前者作品的价值通常高于后者，哪怕前者的作品只是一件漫不经心的应酬之作，而后者的作品却是惨淡经营，而且若干年后又身价百倍。现实表明，商品经济愈发达，日用商品与艺术品商品之间的相对价值差异就愈大，简单地说，在社会的总体消费中，日用商品的价格指数总体上呈下降趋势，而艺术品商品的价格指数却在总体上呈上升趋势。同时，一个艺术家所创造的艺术品，其价值是绝对与他的名望、才能成正比的。所以，和几百年前的艺术家们总体上的寒酸、卑微相比，当今世界上的大艺术家，几乎没有不是大富翁的。

我们又回到传统理论的出发点：艺术价值有着幽灵般的特殊性。好像即使艺术品成为商品，这个幽灵仍然发出自豪的笑声，因为它有着远比一般商品高贵的价值。

果真如此吗？马克思认为古典政治经济学尽管发现了商品价值是由生产商品所耗费的劳动时间所决定的规律，但对价值量的分析却不顾价值的同质性，或者说不能正确理解价值的实体，从来没有意识到，劳动的纯粹量的差别是以它们的质的统一或等同为前提的，因而是以它们化为抽象人类劳动为前提的。[②] 显然，统一的人类抽象劳动决定着商品的交换价值，由同等人类劳动生产商品所耗费的劳动时间应该生产出同样的价值。那

[①] 参见《马克思恩格斯全集》第13卷，人民出版社1974年版，第16—17页。
[②] 参见《马克思恩格斯全集》第23卷，人民出版社1974年版，第97页注。

么，是什么原因使生产艺术品商品所耗费时间形成的价值大于同等的生产非艺术品商品所耗费的时间形成的价值呢？

如果我们不想步庸俗政治经济学的后尘，仅从效用、需求的角度来对艺术品这个特殊商品的价值进行主观的认定，那就必须在决定所有商品价值的实体中寻找艺术品价值之所以特殊的原因。也正是在揭示商品具有统一的价值实体的意义上，马克思把人类一切形式的劳动归结为生产物质产品的劳动，甚至一切艺术和科学的产品，书籍、绘画、雕塑，等等，只要它们表现为物，就都包括在这些物质产品中。① 另一方面，从劳动主体活动的方式而言，马克思常把人类一般劳动分为"物质生产"与"精神生产"两大类。对于商品交换价值来说，任何劳动都失去了质的意义，只有量的意义，也正是这种劳动的形式上的、量的意义上的统一性，用虚幻的平等掩盖了作为价值实体的人类一般劳动内容上的、质的差异与矛盾。与一般商品交换价值上量的绝对平等相反，艺术品商品以其特殊的交换价值把价值实体内在与历史矛盾赤裸裸地揭示出来。所以，赋予艺术品价值特殊性的原因既不是艺术品独特的真、善、美光环，也不是人们仰慕艺术的主观的"欲望"，而是人类统一的劳动裂变为物质劳动和精神劳动以及由此产生的矛盾运动。

我们知道，人类早期混沌统一的劳动分化为物质劳动和精神劳动是社会分工的必然结果。马克思指出："分工只是从物质劳动和精神劳动分离的时候才开始成为真实的分工。……因为分工不仅使物质活动和精神活动、享受和劳动、生产和消费由各种不同的人来分担这种情况成为可能，而且成为现实。"② "当人的劳动的生产率还非常低，除了必需的生活资料只能提供微少的剩余的时候，生产力的提高、交换的扩大、国家和法律的发展、艺术和科学的创立，都只有通过更大的分工才有可能，这种分工的基础是，从事单纯体力劳动的群众同管理劳动、经营商业和掌握国事以及后来从事艺术和科学的少数特权分子之间的大分工。"③ 显然，在历史发展过程中，大多数人承担着全社会的物质生产劳动，他们的全部精力都用于创造物质财富，没有时间在精神生产方面获得发展；与此相反，社会的少

---

① 参见《马克思恩格斯全集》第26卷，人民出版社1974年版，第164—165页。
② 《马克思恩格斯选集》第1卷，人民出版社1972年版，第36页。
③ 《马克思恩格斯选集》第3卷，人民出版社1972年版，第221页。

数人则基本摆脱了物质生产劳动，在物质生产者提供的剩余劳动基础上，专门从事满足人们精神需要的活动。如此不成比例的劳动的分工自然历史地造成了艺术品价值的特殊性，也就是提供了使艺术神圣化、神秘化的历史原因。其一，分工剔除了物质劳动与精神劳动同步进行的可能性，绝大多数人成为物质生产者，极少数人成为艺术家，久而久之，艺术变成了"天才""灵感"的代名词。其二，随着社会生产力的发展，劳动时间缩短，休息娱乐的时间增加，从而对精神产品的需求扩大，进一步促使艺术品价格指数的上升。其三，分工导致精神享受与劳动创造的分离，劳动的产品是社会的、精神的享受却只是个体的意义。

由此可见，离开对价值实体的历史而逻辑的把握，就无法揭开艺术品价值"特殊"中的历史奥秘。

三

和所有的商品一样，艺术品的使用价值相对于其交换价值的普遍性，也有着具体的特殊性，即对人具有某种"物的可用性"。之所以"有用"，是因为其他商品不能取代艺术品对人的特殊效用。比如音乐艺术品作用于人的耳朵，绘画、文学作品作用于人的眼睛，使人在欣赏艺术品的过程中得到一种情感的满足。在此，也仅仅在此意义上，艺术品的价值才在一切社会形态中具有共同的含义。在此，我们并不研究人的感官与艺术品之间复杂的对应关系，因为它属于艺术心理学、艺术社会学研究的范围。

值得注意的是，20世纪的西方艺术理论异常突出地强调艺术品使用价值的自然属性，把艺术品的创造与欣赏的过程分解为纯个体而非社会的，纯主观感知而非客观对象的自然过程。如杜威把艺术解释为自然从人身上挤压出来的经验，萨特把艺术的来源归于人超越或逃避荒诞的现实的愿望，精神分析学派则在人的心理动力中寻找艺术的原因，还有的心理学家则力图揭示艺术与人的心理结构、生理欲望之间的密切关系，用海德格尔的话来说，艺术品的价值即"艺术家的所作所为就是要使艺术品从与它自身之外的东西的所有关系中解脱出来，使它为了自身并根据自身而存在"①。上述种种理论尽管在艺术品与人的感官之间的对应关系上作出了卓有成效的具体实证的科学研究，但在整体上，他们仍和传统艺术理论一样，把艺术品的价值限定在一个假设的封闭系统中。在这里，艺术品的价值只有依赖人的经验、心理或理念的判断后才能成立。只不过他们更多地认为这个系统是远离社会的，至少在形式上是与社会无多大关系，具有独立的自然因果律。而后者，则把艺术品的价值抽象地凝固为横亘一切历史阶段的精神属性——真、善、美。

的确，丰富多彩的艺术品在千姿百态的效用上，是一个令人眼花缭乱的复杂系统。不同时代、不同类型、不同民族、不同风格的艺术品常给人迥然不同的感触，即使同一个艺术品，在不同的欣赏者那里，其感受也常常大相径庭。但尽管如此，如果把艺术品复杂的使用（欣赏）价值仅仅理解为超时代、超社会的自然属性，即在心理层次上确定某种与艺术品的效用发生共鸣的基质，我们仍然不可能从总体上去历史地把握艺术品的使用价值。相反，只会把艺术品使用价值的表现形式——艺术品的形式——作为纯主观的感觉、经验、情感的象征，并由此确定艺术品的价值实体为个体的感觉、经验、情感。20世纪现代派艺术理论的形式主义总特征，正根源于此。

其实，作为商品属性之一的使用价值具有二重性。也就是说，使用价值具有自然属性与社会属性两个方面。它的自然属性，即作为使用价值的使用价值，是其与一切物的共性；而它的社会属性，即作为交换价值的物质承担者，是其有别于一般物的使用价值的特征。把使用价值看作商品的自然属性，就是仅看到商品使用价值二重性的自然属性方面，把商品的使用价值与物的使用价值混同起来。马克思在《资本论》中曾明确指出："商品首先是一个外界的对象，靠自己的属性来满足人的某种需要的物。……不论财富的社会形式如何，使用价值总是构成财富的物质内容，在我们所要考察的社会形式中，使用价值同时又是交换价值的物质承担者。"（重点号为笔者所加）显然，作为单个的商品，其满足人们某种需要的物质内容是使用价值的自然属性，但作为交换价值的物质承担者的使用价值，也必然有着社会的属性。不然，我们将无法理解作为商品统一的两个内在属性，一个具有社会属性，另一个却是单纯的自然属性。所以马克思说：

---

① 转引自［美］李普曼编《当代美学》，邓鹏译，光明日报出版社1986年版，第25页。

"使用价值本身是二重地表现出来的、特殊的化身、交换价值的存在,而对买者来说,则表现为使用价值本身,即满足特殊需要的对象。"①

同理,艺术品的使用价值同样具有二重性。从艺术品的形式而言,一方面,具体的艺术品如何通过物化的线条、色彩、声音、文字触及人的感官,引起人们的欣赏活动,确实是一个自然的生理心理过程,但另一方面,艺术品以什么样的线条、色彩、声音、文字来触通人们的感官,也就使人们创造、欣赏艺术品的过程不可避免带有客观的社会属性。也正是因为艺术品形式中有着社会属性的底蕴,才使本来不可言说的艺术品表现形式——线条、色彩、声音、文字等具有特定的社会性的情感内容。有些庸俗的社会学文艺理论由于根本不理解艺术品表现形式演变的历史必然性,故他们对现代派艺术的指责常常幼稚可笑。即使在他们不无理由地指责某些现代派艺术作品形式上荒唐的随心所欲时,他们在逻辑上仍和被指责的对象处于同一个理论层次,即体现使用价值的艺术品的表现形式是个人的愿望、经验、感觉、情感所选择的结果。由此,在全盘否定、声讨现代派艺术形式主义特征的同时,实质上否认了艺术品之所以成为艺术品的特征——形式,把艺术品的形式贬低为纯粹的自然属性,如同一团任人搓捏的烂泥。此种理论所带来的历史恶果,我们不还记忆犹新吗?

作为商品的艺术品,其使用价值的社会属性还表现为,它既可以通过交换成为个人的财富,又在某种意义上仍是社会的财富。因为艺术品的所有者,不可能像普通商品的所有者,把艺术品的使用价值完全垄断。相反,在通常情况下,他必须把艺术品的使用价值让更多的人分享,才足以证明他是艺术品真正的主人。所以,建立在单独个体意义上的纯自然过程的艺术价值理论在根本上是失误的。

四

对作为"典范形式"的商品经济条件下的艺术品及其价值进行较深入的分析后,我们似乎可以得出一个初步的结论:(1)艺术品是一个历史的范畴。没有商品经济的充分发展,便没有直接内含艺术本质的"艺术品",而只有具体的荷马的史诗、王维的诗画、塞万提斯的小说等作

---

① 《马克思恩格斯全集》第46卷下册,人民出版社1974年版,第486页。

品。如同"商品"在前商品经济条件下，只是具体单个的劳动产品，只有商品经济发展到成熟的阶段，劳动产品才发展为包孕社会一切矛盾胚芽的细胞——商品。（2）艺术品价值的实体是人类的一般劳动。艺术品价值的特殊性导源于人类劳动统一过程的矛盾运动。（3）作为商品的艺术品与普通商品的种种差异深刻地揭示出资本主义商品经济中，表面平等的物与物的关系实质上掩盖着人与人之间的不平等关系。它以极端的形式揭开了人类艺术崭新的一页。

人类艺术的历史能否确证上述逻辑结论呢？我们试一试。

在马克思的唯物史观中，不仅把人类发展的历史看作社会的发展史，而且也提出"人们的社会历史始终只是他们的个体发展的历史，而不管他们是否意识到这一点"[①] 的观点。从整个人类历史的发展来看，随着物质生产的发展，人的生产能力和社会关系从简单到高级，从狭隘到全面，从必然到自由。人的需要也从自然的到历史的，从单一的到多种的，从而表现为"个人向完整的个人的发展"[②]，成为"全面发展的个人"[③]。如果说工具是人类赖以生存发展的社会物质生产演进的标志，那么，艺术品则是人的个体发展的历史之镜，因为只有艺术品，才生动地记录下一定历史阶段中个体与社会联系的特点，从而成为衡量人的个体发展水平的历史尺度。

关于人类历史中人的个体发展过程及其阶段，马克思在《经济学手稿（1857—1858）》的《货币章》中作了如下论述：

> 人的依赖关系（起初完全是自然发生的），是最初的社会形态，在这种形态下，人的生产能力是在狭窄的范围内和孤立的地点上发展着，以物的依赖性为基础的人的独立性，是第二大形态，在这种形态下，才形成普遍的社会物质变换，全面的关系，多方面的需求以及全面的能力体系。建立在个人全面发展和他们共同的社会生产能力成为他们的社会财富这一基础上的自由个性，是第三阶段。第二个阶段为第三个阶段创造条件。[④]

---

① 《马克思恩格斯全集》第27卷，人民出版社1974年版，第478页。
② 《马克思恩格斯全集》第3卷，人民出版社1974年版，第77页。
③ 《马克思恩格斯全集》第46卷上册，人民出版社1974年版，第108页。
④ 同上书，第104页。

按马克思的分析，第一个社会形态的社会关系的特征是人的依赖关系（其中包括古代的、亚细亚的、奴隶的、封建的等社会经济类型）。在这个阶段，由于生产力的低下，人们不仅在物质生产领域表现出以人的依赖关系为特点的社会联系——家庭的、部落的、地区性的联系，而且在精神生产领域，个体无丝毫独立与自由可言，他的社会规定性是表现为自然血缘关系或统治服从关系的"人的依赖"，"即个人受他人限制性"的那种规定性。① 此时，独立意义上的艺术品是不存在的，因为作为人的个体意义上的艺术家是不存在的。马克思指出："一切先前的所有制形式（指资本主义商品经济前的社会阶段——引者注）都使人类较大部分，奴隶，注定成为纯粹的劳动工具。历史的发展，政治的发展，艺术、科学等等是在这些人之上的上层社会内实现的。"② 整体上作为统治阶级集团内部成员的艺术家，他们创造的艺术品不论在内容上还是在形式上都必然地体现出统治阶级的审美趣味，并作为一种普遍的审美规范强加给全社会。比如，中国古代的"五行说"认为某个朝代得"五行"中某德，依据某德又尚某色。黄帝时风行黄色，夏朝时崇尚青色，殷代喜欢银白色，周代则喜欢赤红色，秦代又规定黑色。显然，在色彩趣味的背后，实际上隐藏着统治者力图稳固自己家天下的情感。这种因人而异的审美趣味的变化正鲜明地彰显了此时艺术品的非独立性。事实上，此时艺术品的创造、出卖，以及对艺术品评价的标准无一不依赖统治阶层。中西古代的皇亲贵族就都拥有大量的宫廷画家、音乐家。在这样的历史背景中，艺术品的形式自然渗透了有闲阶级恬静、优雅、精美、和谐的审美情趣，故中外古典艺术品的总体特征大都具有和外在对象和谐统一、和内在情感平和谐调的风范。值得深思的是，商品经济愈不发达，民间文学艺术就愈发达，其审美趣味常和宫廷艺术的审美趣味呈对立状态。这种现象一方面揭示了艺术品非独立性的根源在于其摒弃了人的个体普遍的社会性交往需要，限制了个体感性的普遍的社会开放性，因而古典艺术的终结就是公式化、模式化。另一方面，我们可以看到，狭窄范围内和孤立的地点上发展着的生产劳动活动倒使一些劳动者在某种特定劳动过程中显现出个体意义上的简陋的全面性。因为"人的依赖关系"并不能像"物的

---

① 《马克思恩格斯全集》第46卷上册，人民出版社1974年版，第110页。
② 《马克思恩格斯全集》第46卷下册，人民出版社1974年版，第88页。

依赖关系"那样,而是体现在劳动的每一个环节之中。所以,在中世纪,"每一个想当师傅的人都必须全盘掌握本行手艺。正因为如此,所以中世纪的手工业者对于本行专业和熟练技巧还有一定的兴趣,这种兴趣可以达到某种有限的艺术感"①。但是,整个社会大部分劳动者处于少数人的强迫管制之下,他们和艺术品的绝缘状况便是此时艺术品缺乏社会普遍性的非独立性的历史原因。

随着商品经济的发展,人的发展突破了原来的孤立、狭窄的境地,形成普遍的社会物质交换、全面的关系、多方面的需求以及全面的能力的体系。这时,各个人看起来是独立地自由地互相接触并在这种自由中互相交换。比之过去,这里的确存在个人的独立和自由,因为个人不再受"人的限制",即不再存在人身的依附关系;但另一方面,这种独立和自由,又只不过是"人的限制"为"物的限制"所代替。故马克思认为,人的发展的"第二个阶段"的特点是"以物的依赖性为基础的人的独立性"。在此阶段,日益扩大的商品交换在很大程度上把不同性质的劳动简化为明朗的同一性,甚至"一切所谓最高尚的劳动——脑力劳动、艺术劳动等都变成了交易的对象,并因此失去了从前的荣誉。……这是多么巨大的进步啊"②。艺术品作为商品在货币面前获得了绝对的独立意义,艺术品从贵族老爷的高贵摆设的附庸地位变为一种商品加入整个社会流通、消费的行列。艺术家不再是为少数人生产艺术品,而是为所有具有消费能力的独立个体生产艺术品,对于每个消费者来说,每件艺术品都存在为他所有的现实的可能性。由此,艺术品和个体的需要、能力发生紧密的联系,成为每一个个体有着广泛、全面的社会联系的象征。"各民族的精神产品成了公共的财产。民族的片面性和局限性日益成为不可能,于是由许多民族的和地方的文学形成了一种世界的文学。"③

但是,商品的交换价值只承认艺术品"物的效用",人的需要、能力、个性通通表现为物的需要、能力与个性。艺术品与个体的联系成了"物与物的关系"。因为艺术品和个体:人的需要、能力的内在统一性在商品生产条件下仅表现为形式上的虚幻的统一,根源于私有制的物质劳动

---

① 《马克思恩格斯选集》第 1 卷,人民出版社 1972 年版,第 58 页。
② 《马克思恩格斯全集》第 6 卷,人民出版社 1974 年版,第 659—660 页。
③ 《马克思恩格斯选集》第 1 卷,人民出版社 1972 年版,第 255 页。

与精神劳动的分裂、不平等、不平衡的巨大矛盾在实质上、内容上仍把艺术品与人的需要、能力、个性割裂开来。这样，由来已久的物质劳动与精神劳动的分裂不仅继续存在，而且大机器生产把残存在中世纪物质生产劳动过程中的艺术享受排挤得一干二净，与劳动过程相联系的艺术的本质在艺术品的内容中逐渐淡化。相反，受到商品交换价值怂恿的艺术品的表现形式急剧膨胀起来。机械的劳动过程，毫无个性特点的劳动产品，使劳动者的创造能力完全丧失了能够进行自我观照和情绪体验的具有个体内容的对象，生活中的一切都抽象为纯粹的形式——线条、色彩、声音等。艺术品的内容愈缺少传统艺术品形象的个性，艺术品的形式就愈有普遍的社会性；具体的生活内容愈来愈没有人情味，而抽象的艺术形式却愈来愈具有震撼心灵的韵咏；艺术形式愈怪诞荒唐，生活内容才愈被人理解得深刻；现实的生活内容愈被理智剖析得意味索然，虚幻的艺术形式愈展现出无限的图景。

　　这种令人费解的历史二重性必须到人的发展的第三阶段才能历史地解决。马克思科学地预测，由商品经济社会脱胎而出的人的发展的第三阶段是"以每个人的全面而自由的发展为基本原则的社会形式"①，这种个性的自由发展是"建立在个人的全面发展和他们共同的生产能力成为他们的财富这一基础上的"②。到那时，个人与社会才融为一个和谐的整体，双方都为对方的发展相互印证。人的个体的需要、才能、个性无论在内容上，还是形式上都将得到社会的确认，并成为社会进一步发展的前提条件。在劳动过程中，随着劳动二重性，劳动过程的分裂的历史解决，个人不再"从属于劳动"③，劳动成为"个人的自我实现"④，从而成为"真正自由的劳动"⑤。在此阶段，艺术品已失去独立的价值，如同劳动产品不会成为商品一样。艺术品和劳动产品合而为一，这是真正的内容与形式的统一，现象与本质的统一，生命的意义与劳动的意义在起点和终点上，在目的和动机上，在过程与结果上，获得了真正的历史的统一。

---

① 《资本论》第 1 卷，人民出版社 1974 年版，第 649 页。
② 《马克思恩格斯全集》第 46 卷上册，人民出版社 1974 年版，第 104 页。
③ 《马克思恩格斯全集》第 46 卷下册，人民出版社 1974 年版，第 222 页。
④ 同上书，第 113 页。
⑤ 《马克思恩格斯全集》第 46 卷上册，人民出版社 1974 年版，第 287 页。

全文的结论：艺术的价值一旦消失在理论家们的历史视野中，艺术本身也就消融在生命之中了。我们探讨艺术的价值，就在于认识这样一个并不深邃的道理。

原载《湖北大学学报》1988年第2期

艺术价值论

一

对艺术的价值功能、作用、意义进行理论概括和阐明，是艺术哲学的一个重要课题。

从柏拉图开始，西方理论家对艺术价值的描述尽管千差万别，但艺术求真的认识价值、求善的伦理价值、求美的审美价值始终是艺术价值分析中的几种主要形态。的确，总体的人类艺术，充分显露出这三种价值形态，艺术史上不可否认的经验现象使理论家们对这三种价值形态均采取了或隐或显的认可态度。但是，在关于艺术的起源、艺术的本质等一系列激烈争论的问题上，不同哲学观点的艺术理论却对艺术的三种价值形态之间的关系以及艺术价值的本质作出了大相径庭的解释，并明显地在各自的理论中给艺术的三种价值形态以不同的地位，如柏拉图，勒令艺术"劝善"，独尊艺术的社会伦理价值，并以此为标准肆意贬低其他的艺术价值形态，否则，艺术则无生存的合法地位。19世纪浪漫主义文艺理论，醉心于艺术的审美价值，并以此消融其他的艺术价值形态，继之而起的现代主义文艺理论，甚至全盘抹杀艺术的认识、道德价值。与此相对，苏联式的文艺理论，则极力推崇艺术的认识价值，真即美、即善。

我们且不谈这些艺术主张的历史局限性，值得注意的是，把艺术价值等同于某一特殊的艺术价值形态，并由此界定艺术的本质、揣测艺术的起源，竟是各不相同或者对立的艺术理论的共同方法。长期流行而又表面上相互抵牾的艺术定义，如"艺术是反映、认识生活的特殊意识形态""艺术是人的审美本质的对象化""艺术即情感"等，不都肇端于这相同的逻辑方法吗？

问题正在这里。

因为任何一种把艺术价值归结为某一特殊艺术价值形态，或者归结为艺术价值等于艺术的认识价值、伦理价值、审美价值之和的理论，都不可能在历史与逻辑相统一的哲学高度上，系统地解决如下问题：

为什么完全出于功利效用的原始洞穴壁画对我们文明人具有强烈的审美震撼力，而一些现代专为审美而作的艺术品却让人觉得味同嚼蜡？为什么在相同的历史时期，会出现不同的艺术价值取向？为什么在不同文化类型的早期文明的艺术中，都展现出诸艺术价值形态浑然一体的模式，而文明进化的层次愈高，艺术的诸价值形态愈成断裂状？……一句话，艺术价值的本质是什么？或者说，是什么决定着艺术所产生的三种价值形态正是这些而不是别的什么？是什么控制着艺术价值形态的纷繁流转、变幻莫测？对这个问题的回答也正是对建立科学文艺理论体系的逻辑起点的探求。也就是说，作为真正的理论，必须寻求一个既不是任何一个特殊的艺术价值形态，而又包孕所有艺术价值形态的本质特殊——包含所有价值形态从生长到发展、运动的"一切矛盾胚芽"——细胞形作为全部理论的出发点。否则，我们只可能像前人一样，用形而上学的方法，重复地做艺术价值形态的排列组合式的游戏。

人类的艺术结晶，是由单个的艺术品为元素所组成的。一首小诗，一部长篇小说，一支"小夜曲"，一幅水墨画，都可称之为一个艺术品，但作为理论思维概念的"艺术品"的内涵，却远远超出一首小诗、一部长篇小说等的含义。对"艺术品"的阐释，就必须使用抽象的哲学语言。因为"艺术品"一方面具有可感触的艺术现象的特殊性，另一方面已经是古往今来无数具体艺术作品的抽象概括，它是一个普遍的概念。只不过这种普遍性并非是各个艺术种类的艺术作品的内容与形式的平均抽象物，而是贯穿于作品中的不同的艺术价值形态的本质——艺术价值的具体的普遍性。所以，"艺术"既是艺术的诸价值形态的量的规定性的概括，又是艺术价值的质的规定性的凝聚。

从量的角度看，艺术诸价值形态的丰富性、易变性潜藏于艺术作品的效用价值之中；从质的角度看，艺术价值的独特性、稳定性孕育在艺术品的交流价值之中。只有在"艺术品"中，艺术价值与艺术价值的诸形态才形成对立的统一；也只有通过对艺术品的历史考察，我们才可能科学地阐释出艺术价值的本质，而不至于被艺术表层的价值形态所迷惑。

二

用经验的眼光去考察艺术的起源，或者过于天真地认为人具有爱美的天性，故原始人暂时解决温饱问题后，便载歌载舞，以求欢娱，进行情感交流，这就产生了艺术；或者直观地认为，原始人所遗存下来的艺术痕迹无不与生产劳动相关，故艺术无不与功利相关。关于艺术起源的说法有很多，但概括地看，无非"功利说"与"情感说"两种类型。这恰恰和艺术价值或归于认识功用、伦理功用，或归于与具体功用无关的审美需要的两大主张相对应。

其实，如果把原始初民幸存下来的艺术遗迹作为抽象的"艺术品"，而不是看作一件件具体的对称、光滑的生产工具，一幅幅构图奇特、神秘的洞穴壁画，一个个造型古朴、怪诞的泥人陶像，我们仿佛可以从原始人难测的所谓艺术活动的迷魂阵里跳出来，也可以避免用我们已习惯于文明时代的艺术直观感受去牵强附会地解释杂乱无章的远古艺术遗迹。对于原始人来说，物质生产与精神生产是同步进行的，物质的满足同时也就是精神的满足，任何被我们称之为花纹、图饰的东西并非审美的需要，而是原始宗教活动的需要。原始宗教不是文明社会中起精神鸦片作用的精神现象，而是原始人在物质生产过程中或直接或间接与生产对象进行交流的手段，其功用和价值是由物质生产的结果来衡量的。当时只存在氏族部落整体的人与自然——生产对象的对立，甚至另一个部落也是自然的一部分，由此，原始时代的个人与个人之间不存在文明社会中人与人间的进行精神沟通、交流的需要，个人间的一切交流都统属于氏族部落整体的人与自然之间的交流。

如此，在我们认定的原始人的艺术品中，效用价值依然从属于生产劳动的物质价值，自身并无量的展开，交流价值也因此而无法获得质的规定，包括艺术价值在内的人类潜在的精神价值还淹没在笼罩一切的物质价值之中。

随着人类社会分工而进化的人类文明，人与人的矛盾开始取代人与自然的矛盾，愈来愈成为人类社会的主要矛盾。这时，人逐渐从大自然的魔法中独立出来。人与人之间的财产关系的萌生催生出人与人之间精神联系的现实必然性。马克思说得好，分工只是从物质劳动和精神劳动分离的时候才开始成为真实的分工。原始的物质与精神的混沌和谐为分裂所代替。生产劳动过程已无法体现新生的精神价值，对劳动产品的占有和享受才能带来精神的享受。人与人的交往已从人与自然的心物不分的整体交往中分化为两个部分，一方面人们之间首先得在生产劳动领域形成一定的交往关系，并由此制约着人们之间另一方面的精神交往关系。艺术与宗教的独立，便是人与人之间精神交往关系形成与发展的结果。

社会分工不仅使物质生产和精神生产大规模的发展获得了现实的可能性，而且也使物质生产与精神生产从混沌的同一性过渡为必然的矛盾对立性。所以，不同民族阶级社会初期的艺术作品，相当集中的主题都是描绘物质财富如何激起人们的贪欲、败坏人们的道德并由此引出人间的对立与矛盾。人类在物质生产过程中失去的原始的肉体与灵魂的圆满性开始在精神生产中幻现出来。艺术，人类文明时期的艺术，开始获得自身发展的内驱力，获得独立存在的价值。

此时的"艺术品"，其效用价值的对象已不是自然的物质交换过程，而是和物质世界息息相关的社会性精神现象，其交流价值的对象已不是和整体人类相对立的大自然中的冥冥存在，而是指人与人之间冷漠的对立所激发的沟通欲望。因为当人类的精神还只是以图腾作为混沌整体的标志时，精神的交流只能是图腾的整体意识与大自然神明的神秘交流，这种交流的效用价值直接体现在人与大自然的物质交换过程之中，人与自然神明的精神交流只不过是人与大自然进行物质交换的必不可少的一个组成部分。所以，社会分工造成人类精神现象个体化后，文明社会前后的艺术价值在客观的对象与方式上，便有了质的变化。也就是说，人类艺术由萌芽时期的非独立性而质变为成长时期的独立性，艺术的价值也由此获得一种独立的本质，并通过艺术品的效用价值与交流价值的矛盾展开而获得客观的现实性。

上述分析表明，从艺术的起源、形成与发展来看，艺术并非劳动的直接产物，也并非人类精神的主观认定，而是人类文明结构形成与演变的复杂结果。艺术诸价值形态并非艺术的先验本质的任意的抽象外化，相反，而是艺术价值内在矛盾运动的历史的具体结果。我们今天所看到的充分发展了几千年的艺术价值诸形态，正组成一个与人类文明结构相对应的艺术的功能性价值结构。

所谓人类文明结构，是人类共同活动的产物，并由人类共通的主体心理结构体现出来。用古老的术语说，人的主体心理结构即知、情、意三个范畴。尽管直到现在我们还很难从理论上科学地界定，但这三个范畴却相当完整地概括了人的主体心理结构的三种功能态势。

艺术主情，表现人类的情感，但艺术价值并不专属于情感价值形式。认识、情感、意志，真、善、美是相互依赖、相互渗透的统一体。从人的主体心理结构的生成与演变来看，我们似乎可以找到一个统一诸艺术价值形态的共同基础。马克思说，人的本质在其现实性上，是一切社会关系的总和。人的主体心理结构并非上帝塑造和大自然的恩赐，而是人类活动的结果。在人和大自然的矛盾还是主要矛盾时，人的主体心理结构尽管已从动物心理分化为知、情、意三个范畴，但它们功能的作用对象、实现方式仍统一于直观的自然过程和自然规律，同样，艺术的认识价值、伦理价值、情感价值也统一于人类赖以生存、繁衍的自然物质价值。人类迈入文明门槛后，以物质生产与精神生产相分离为本质特征的社会分工，为人的主体心理结构的现实展开提供了客观的基础，人与人之间交往的多样性、复杂性、变异性使知、情、意三个范畴获得矛盾的然而具体的历史内涵，并氤氲生成相应的相互渗透、相互制约的三种价值形式：知识价值、伦理价值、情感（审美）价值。相对地看，和人的主体心理结构相对应的三种价值形式各具有相对独立的价值形态系统结构，其功能的作用对象和方式很难得到统一的说明。但只要我们把握住各个价值形态系统结构的深层本质——价值形式的历史生成与演变的过程，并把此过程看作人的主体心理结构在社会分工基础上形成与演变过程的历史具体化，便可以阐明知、情、意三种价值形式并非人与生俱来的三种心理功能的外化，人的自然属性也不是三者统一的基础。相反，人的主体心理结构及与此对应的三种价值形式的统一基础，只可能是人类社会物质生产与精神生产对立统一的矛盾运动。

正是这种客观的、现实的历史矛盾，才使知识价值、伦理价值和审美价值三种价值形式各自获得相对独立的、有着自己特殊矛盾运动的内在依据，并在自身的矛盾运动中形成特殊的价值系统。

历史的发展清楚地证明了这种逻辑性。阶级社会在社会分工基础上形成后，物质生产与精神生产的飞速发展使人类的认识从自然的直观感性中升腾出思辨的抽象性，人类的意志从类的盲从与冲动中衍生出个体的社会性欲望与强制性的自控能力，人类的情感从动物般的偶然冲动形成的快感形式质变为以特定社会形式（各种艺术形式）为对象的美感，这个过程包含人们常说的感性与理性、个体与社会及情感与理智的矛盾。这三对矛盾也正是在物质生产、精神生产过程中人类主体必须面对的社会矛盾的总和。如果说人类主体对社会客体的实践活动主要是通过认识及意志两个范畴现实地展开并获得物质功利价值的话，那么，人类主体就通过情感范畴集中地获得已和物质相分离的非物质功利的审美价值。缺少这种审美价值，主体将无法以一种超越现实矛盾的和谐理想作为正视、解决感性和理性、个体与社会的矛盾的参照系，认识价值、伦理价值也就失去存在的意义。同样，离开了人类的精神价值系统，审美价值也就成为一个先验的抽象形式。

所以，从人的主体心理结构来考察审美价值——艺术价值，我们可以说，艺术价值是人类精神价值系统中有着自己独立存在意义的价值形式，物质生产与精神生产的分工使艺术价值形式表现为非物质功利的精神效用价值和非物质交换的精神交流价值。艺术价值的社会功能就是协调主体的心理结构。

三

我们在上面逻辑地推论了艺术价值的本质特征和历史演变的内驱力之后，便可以用艺术品内容与形式的发展来印证上述逻辑推论。

我们已经知道，艺术品的效用价值不是直接物质功利意义上的效用，而是作用于人的精神情感领域。当艺术品还没有从生产工具、宗教仪式中分化出来的时候，艺术品并无我们现在称之为艺术形式的要素。把艺术形式理解为从实用到审美这一发展过程的结果，并不符合艺术形成发展的历史的必然性。我们常常用抽象的理论去曲解原始艺术。所以有人认为原始人的洞穴壁画上的野兽有着令文明人惊讶万分的逼真形式，便认为艺术必须忠实地模拟对象，否则便不是真实典型的艺术形式，对现代派绘画艺术形式的离经叛道的指责正是根据这样的理论。但这种理论忽视了在原始人那儿，同样也有令我们目瞪口呆的所谓"艺术形式"，如把女人生殖器官无比夸大的陶像。有人据此为现代派艺术形式辩护，似乎非真实的艺术形式才是真正的艺术。

两种对立的艺术主张实际上犯了同样的逻辑错误，一是把艺术形式仅仅看作人对外在事物进行模拟反映的形式，二是把艺术形式狭隘地理解为人们为满足物质功利以依赖的自然对象形式的演变史。按照这些经验主义的艺术见解，艺术形式仅仅是反映这些、那些内容的这种、那种方式，其本身的发展、丰富充其量是人类艺术经验的结果。所以，艺术形式只有在进行艺术分类时才有一点可怜的作用。但事实上，艺术形式并非像我们常常所认为的那样无足轻重，或者即使觉得重要，可又说不出所以然，而只能套用一些内容与形式的对立统一的空洞话语。所以，不弄清艺术形式的内在本质和演变的内在根据，我们就永远只能站在瞬息万变的现代艺术形式之外，或者盲目地崇拜，或者武断地批评。

普列汉诺夫曾在正确地指出原始人审美价值中的功利性质的同时，又做了一个相当武断的概括，即艺术起源于人类的功利活动，艺术的现实功利性是艺术本质的根本属性。尽管这个理论曾有力地打击了19世纪末20世纪初的艺术唯美主义，但普列汉诺夫的理论同样不可能系统地、科学地解释艺术现象。比如，他依据人类学资料，令人信服地指出，不同地理条件、生产环境的原始部落，必然产生出和某一具体生产方式相关联的艺术审美形式，也就是说，原始部落的艺术审美方式是一种物质功利要求的反映。我们前边已经分析过，对原始艺术作这样的概括是正确的，但文明社会毕竟与原始社会有本质的区别，完全社会化的人的主体心理结构与原始初民还未彻底摆脱自然状态的主体心理结构也有质的差异。这种区别与差异反映在艺术领域，就是在原始社会里，没有独立意义的艺术品，而在文明社会里，却有独立意义的艺术品。正是对上述艺术现象的笼统的直观的把握，普列汉诺夫才完全陷入艺术自然进化的达尔文主义中去了，把人的艺术审美方式最终归结为某种自然属性的东西。如此，艺术的社会性的功利内容与非社会性的纯粹形式就成为一切机械唯物论的艺术主张的永远无法摆脱的内在矛盾，矛盾的根源就是对艺术内容和形式所作的艺术发生学上的二元论的解释。

我们说原始艺术并不具有艺术形式的要素，是因为其没有独立意义的艺术品。只有当艺术品产生以后，艺术品的效用价值有了作用的对象——个体精神、情感的出现，艺术品的效用价值才可能将自身潜在的量的规定性展开为丰富的艺术价值形态。艺术诸价值形态形成、演变的过程，就是艺术形式形成、演变的过程。

在所谓原始艺术中，我们今天所称谓的诸艺术形式，如诗歌、音乐、舞蹈等，均在物质功利价值的基础上，体现为一个混沌的整体。这一点决定于当时物质生产与精神生产的同一性。离开这种同一性，抽象地去理解在原始人那里根本不具有独立意义的"艺术形式"，就不可避免地或把艺术形式归结为人类先验的"情感形式"，或把艺术形式看成人类动物般的本能的对对象的直观模拟。

从原始人类诗歌、音乐、舞蹈的统一整体活动分化为文明社会不同种类的艺术形式，是在物质生产与精神生产分工基础上形成的人类主体结构中的情感活动社会化的必然结果。精神生产与物质生产的分工既然使文明社会的生活与原始社会的生活产生了质的变化，那么，新的社会性质就必然从丰富多彩的量上才能得到体现，人类日益丰富的精神活动不仅促进了物质实践活动，而且也使在物质活动中形成的五官感觉逐渐摆脱了动物般的功利感，而成为精细的艺术审美的感觉器官。艺术品的效用价值必须满足人类五官的审美要求才能得到真正的实现，如此，五官感觉中审美感受形成的历史客观性才是人类分类艺术独立形成、发展的真正基础。这也是人类包括艺术在内的文化现象具有内在同一性的客观基础。不然，我们就无法解释，为什么在完全隔绝状态下产生的不同文化形态中会出现相同种类的艺术形式。

如果说艺术品的效用价值一方面通过自身的作用对象表现出量的丰富性，那么另一方面，它将通过自身的作用方式，即不同的艺术价值形态，而表现出量的变异性。人类生活越丰富，人类的五官感受能力就越丰富，因之体现艺术品效用价值的艺术形式就呈现出量的变化的无限广阔性，人类生活的丰富性同时孕育着变异性，因之艺术品的效用价值通过诸价值形态确定这种量的变异的方向性。

所以，艺术种类的形式尽管丰富多彩，不同种类的艺术形式因相互渗透而演变出层出不穷的新形式，相同种类的艺术中的表现形式也随时代、环境的变迁而花样翻新。但是，不同种类艺术形式的变迁，不同艺术表现方法的更新，是遵循艺术品中的诸价值形态变异的方向性而历史地变化的，并非现象上一团乱糟糟的随心所欲的艺术形式的大杂烩。在中国和古希腊文化的初期，都曾出现过抒情诗时代。为什么诗歌形式会成为一种纯艺术的最早的分类艺术？从艺术品诸价值形态的变异取向性来看，抒情诗时代的艺术品明显地表现出审美价值的扩张，艺术的伦理价值、认识价值淹没在情感的哀怨和放纵之中。确实，对于刚刚跨入文明门槛的人类来说，再没有比短小而情真意切的形式，更能熨帖主体心理结构初尝社会矛盾运动的痛苦而发出的战栗了。中国与古希腊抒情诗时代后的艺术形式相异的变更也许更为清楚地表现了艺术形式变更中的价值形态的变异取向性的作用。古希腊城邦奴隶制繁盛之时，产生了其他人类文明所没有达到的发达的戏剧形式。在古希腊戏剧里，艺术的诸价值形态出现了一种独特的相对和谐统一状态，这种状态正好与雅典城邦公民相对统一的主体心理结构相对应。西方后世的思想家，直至马克思，没有不对古希腊艺术的独特魅力表示敬慕的，究其原因，就在于古希腊曾成为人类发展中的一个"正常儿童"，在历史的曙光中匆匆显露了一下艺术的真谛，就如同凋谢的昙花，只给人留下惆怅落寞的记忆。任何艺术品的价值形态的统一都必须以人类主体心理结构的统一为前提，中国先秦不同价值取向的散文取代诗歌形式，实为当时主体心理结构发生动荡的反映。比如，孔子的《论语》以"礼"的价值取向为本体，辞短意深，循循善诱，启善为真，启善为美；荀子、韩非子的文章，说天道地，辞长意丰，纵横陈辞，无不以析事理、辨真伪而独获艺术的认识价值；庄子的散文，汪洋恣肆，辞奇语怪，所叙所指，真假难分，善恶不辨，美丑相容，情感的宣泄把艺术的审美价值表现得酣畅淋漓。

我们考察了艺术品的效用价值为何在艺术形式的演变过程中获得自身量的丰富性和变异性后，再来分析艺术品的交流价值是如何在艺术内容中实现自己质的同一性和稳定性的。

从逻辑上说，每一个艺术品在实现效用价值的同时必须实现交流价值，才能完整地体现艺术价值。艺术品是精神产品，其交流价值是人类文明社会中精神化的个体赖以沟通的社会价值尺度，也是人类主体心理结构三个范畴矛盾运动赖以协调展开的社会润滑剂。人类的认识领域和道德领域，由于分工基础上形成的人与人之间不平等的关系，总是在价值判断上呈现出巨大的历史矛盾，绝对的真，永恒的善常常在真与假、善与恶的具体反差中显露令人厌恶的虚伪。统治者的地位要获得社会的承认，就必须把符合自己利益的真假、善恶标准强化为一种社会性的价值尺度。在相对稳定的历史阶段，艺术常在人的情感领域里默认这些价值尺度，把现实生活中个体之间的矛盾对立，认识、伦理领域中，不可调和的价值冲突戏剧化，或抽象为超越个体的普遍模式，或虚幻出超脱现实的解决途径。由此，认识价值、伦理价值在情感作用下，转化为艺术品中的价值形态，成为艺术价值的表现形式，从而使现实中无法协调的人与人之间的价值冲突，在艺术领域得到一种虚幻然而是必要的社会性交流。也正是在这样的社会性交流中，人类主体的心理结构才在现实矛盾运动中得以保持同一的社会性。与此相适应，艺术品的交流价值便在个体精神的社会性交流中，在不同的艺术价值形态中表现出艺术价值的质的同一性。

　　缺乏普遍交流价值的艺术品，不是真正的艺术品。艺术不能救人类于水火之中，也不可能消除人世的罪恶。艺术作用于社会的根本任务是疏通人类精神交往的渠道，强化主体心理结构的统一模式，所以，尽管许多伟大作家在作品中开出一服又一服济世救人的药方，并且没有一个艺术家的救世药方不令政治家们哈哈大笑，然而，伟大艺术家的艺术品中所塑造的缓解现实矛盾的统一的社会心理模式却是任何伟大的政治家都望尘莫及的。正因为这样，那些只会刻意模拟现实矛盾，而又无力把握现实矛盾冲突的内在同一性，塑造不出人的主体心理结构在情感领域由矛盾趋向统一的模式的艺术品，只可能很快被历史遗忘。

　　艺术品统一诸价值形态内容的交流价值，虽有内在的质的同一性，但如果绝对地认定这一点，艺术又将窒息在可憎的同一模式中。事实上，艺术品的交流价值常常是以诸价值形态内的对立和不和谐状态出现的，其同一性只是潜藏在艺术品所展现的人类主体心理结构的社会趋同性里，因此，在社会动荡不安的年代里，艺术总是社会最敏感的神经。

　　综上所述，艺术价值的本质与人的主体心理结构息息相关，两者同是历史生成的结果。

原载《武当学刊》（社会科学版）1994年第4期

时代与艺术发展的矛盾

在历史唯物主义的视野里,一定时代的艺术发展,必然和一定时代的经济、政治、社会、文化、意识形态的发展、变化相关联,并且这种关联往往会呈现出异常复杂的状态。值得注意的是,在西方反思现代性的文化思潮中,商品经济时代与艺术发展间的关系仅仅被描述为一种单一的矛盾、对立的样式,即商品经济时代的生产方式、生活方式根本上是不利于艺术发展的。有学者将此概括为以审美性对抗现代性的文化批判思潮。[①]这种思潮可谓源远流长,从卢梭、康德、施勒格尔、席勒经尼采、波德莱尔到本雅明、阿多诺、福柯,莫不如此。就连对启蒙主义理性无比赞誉的黑格尔也发出了市民社会不利于艺术发展的悲观论调。更值得注意的是,近些年来,人们往往愿意将马克思重新定格为一个反抗现代性的美学斗士。应该说,在西方反思现代性的特定语境中,如此解读马克思,有着为应对现实社会矛盾而重构思想资源的内在逻辑诉求和实践目的。然而,在历经百年现代化挫折、近20年刚刚踏上现代化征程的当下中国,尽管我们已历史地遭逢时代与艺术发展间的对立与矛盾,但一味重复西方反思现代性语境中的话语,是否会让我们在走出教条主义地解读马克思学说的误区后,又步入另一个脱离当下中国实践而再次误读马克思学说的误区呢?

众所周知,马克思在1857年写的《〈政治经济学批判〉导言》中提出了"物质生产的发展同艺术生产的不平衡关系"的著名论断。在资本主义生产方式的历史条件下,传统的充溢审美理想的艺术创造与发展的确遇到前所未有的巨大冲击,且不言20世纪法兰克福学派对资本主义时代的工具理性毁灭人类艺术发展现状的猛烈批判,就连19世纪的歌德也曾

---

① 参见刘小枫《现代社会理论绪论》,三联书店1998年版,第299页。

在《艺术与手工业》一文中谈到近代没有对"真正的艺术作品"的产生创造必要的条件，在真正的艺术作品的创造上没有多大进展，在一定意义上艺术创造能力仿佛是在萎缩，甚至有理由担心真正的艺术作品既找不到自己适宜的土壤，也找不到自己适宜的气候。"阿基里斯能够同火药和弹丸并存吗？或者，《伊利亚特》能够同活字盘甚至印刷机并存吗？随着印刷机的出现，歌谣、传说和诗神缪斯岂不是必然要绝迹，因而史诗的必要条件岂不是要消失吗？"[1] 浸润德国文化传统的马克思，同歌德、席勒、黑格尔一样，都是古希腊文艺的热情而深沉的崇敬者，都把古希腊的艺术视为楷模，衷心予以礼赞。在此意义上，他对资本主义时代理想、完美艺术的萎缩，其惋惜、痛苦之情和同时代人并无二致，甚至，他的判断比歌德、黑格尔更激烈："资本主义生产就同某些精神生产部门如艺术和诗歌相敌对。"[2] 但是，如果仅以此作为马克思分析、理解资本主义时代与艺术发展间关系的唯一结论，则差之远矣。

我们不能忘记，在马克思学说关注社会历史运动的哲学语境中，其根本的问题意识是人类社会形成、发展的逻辑行程，即不以人的意志为转移的一种必然性规律，以人的自由自在为生命指归的审美设问同样是不可能超越历史发展规律的。因此，马克思在指出资本主义时代与艺术发展间的矛盾现象时，所要阐明的本质问题也就必然是资本主义生产方式是人类历史无法绕开的一种必然形式。从道义上，马克思可以说"我决不用玫瑰色描绘资本家和地主的面貌"[3]，但从科学上，"我们判断一个人不能以他对自己的看法为根据，同样，我们判断这样一个变革时代也不能以它的意识为根据；相反，这个意识必须从物质生活的矛盾中，从社会生产力和生产关系之间的现存冲突中去解释"[4]，这就是说，现时代尽管不利于甚至敌对于古典形态的艺术的发展，但由古典形态艺术熏陶出来的审美意识既无法阻遏古典形态艺术的衰亡，也无法阻遏由现存社会矛盾催生出来的新

---

[1] 马克思：《〈政治经济学批判〉导言》，《马克思恩格斯选集》第 2 卷，人民出版社 1972 年版，第 114 页。

[2] 马克思：《剩余价值理论》，《马克思恩格斯全集》第 26 卷，人民出版社 1974 年版，第 296 页。

[3] 马克思：《资本论》，《马克思恩格斯全集》第 23 卷，人民出版社 1974 年版，第 12 页。

[4] 马克思：《〈政治经济学批判〉导言》，《马克思恩格斯选集》第 2 卷，人民出版社 1972 年版，第 83 页。

的艺术作品及新的审美意识,因为"与资本主义生产方式相适应的精神生产,就和与中世纪生产方式相适应的精神生产不同。如果物质生产本身不从它的特殊的历史的形式来看,那就不可能理解与它相适应的精神生产的特征以及这两种生产的相互作用。从而也就不能超出庸俗的见解"①。换言之,我们可以在审美情感上去钟情古希腊艺术的不朽魅力,可以从人道主义的角度去抨击资本主义物质生产方式造成社会的全面异化和个性自由的全面丧失,但是,我们并不能因此把古今艺术理解为一个模式,更不能把古典艺术形态作为衡量今天艺术形态的唯一标准,并由此全盘否定当下社会艺术发展的可能性,把时代与艺术发展间的关系任意地简单化。

马克思说:"进步这个概念决不能在通常的抽象意义上去理解。"② 在商品化生产方式基础上形成的精神生产有着自身的特殊秉性,新的艺术形态是否进步,必须放在具体的历史背景、关系中加以比较和考察,同时看它与以前的艺术发展相比,是否提供了新东西,而这些新东西又是否同人类艺术发展的基本趋势相一致。柏拉威尔似乎更准确地阐述了马克思的观点:"马克思既不同意那种进步是一帆风顺、整齐划一,普及于各个方面的幼稚的看法,也反对颂古非今的观点。他在《政治经济学批判大纲》中预见到这样一个未来,这种未来能把生产借助于现代生产方式而达到的丰满充实与历史早期的简单纯朴的世界的和谐融睦结合为一。"③ 商品经济时代固然窒息了古典审美理想的艺术发展,但不断扩大的商品生产在刺激人们物质需求的同时,也必然刺激人们的精神需求,同时,物质生产过程中的技术发明不仅增强了生产者的生产能力,而且也增强了生产者感知对象的能力,其中当然包括审美感知能力。"生产不仅为需要提供材料,而且也为材料提供需要。……消费对于对象所感到的需要,是对于对象的知觉所创造的。艺术对象创造出懂得艺术和能够欣赏美的大众,——任何其他产品也都是这样。因此,生产不仅为主体生产对象,而且也为对象生

---

① 马克思:《剩余价值理论》,《马克思恩格斯全集》第 26 卷,人民出版社 1974 年版,第 295—296 页。
② 马克思:《〈政治经济学批判〉导言》,《马克思恩格斯选集》第 2 卷,人民出版社 1972 年版,第 112 页。
③ [英]柏拉威尔:《马克思和世界文学》,梅绍武等译,三联书店 1980 年版,第 393 页。

产主体。"① 客观地看，在商品经济时代，说劳动者在劳动过程和闲暇时间中都全然被异化，完全丧失了审美情趣，恐怕不合常情。即使是资本主义条件生产出来的迥异于古典艺术的新形态艺术品，也依然能够满足大众的审美需求，只看到商品经济时代对艺术发展带来的负面效应并不符合历史事实。本雅明与阿多诺关于大众文化的争论，从一个侧面反映出此问题的复杂性。

阿多诺对资本主义条件下的艺术发展状况予以彻底批判和全盘否定，他认为技术理性通过机械性组织体制，一方面使人类生产力得到空前的解放，但另一方面，人们在精神生产领域又彻底地被奴化，而且，包括艺术在内的精神生产已成为一种失去否定性的文化工业，这种文化工业只会按照同一的模式，批量地生产，以大众传播媒介电影、电视、广播和报纸来生产和传播流行的文艺作品就是其基本机制。在这样的机制下，优雅韵味的古典艺术寿终正寝，以艺术面目出现的文化工业不可能制造出个性张扬的艺术品，而是千物一面的复制品。艺术沦落为单纯的娱乐和消遣，只能给人们提供最简单的精神满足。如通过无线电传播的流行音乐，只有模式化、虚假个性的特点，使听众听觉能力退化，不可能提高大众音乐欣赏的能力，其结果是必然侵蚀以否定现实、救赎人类灵魂为目的的审美文化的品质。本雅明则没有如此悲观。他在《机械复制时代的艺术作品》中提出，尽管现代艺术和大众文化受到商品经济的诱惑，有着畸形的异化成分，但作为一种艺术生产，其借用的现代技术和技术理性同样会制造出有意义的新的艺术形式。以电影为例，本雅明分析了"复制艺术"在现代的革命效果。首先是带来全新的视觉感知方式，缓解了现代人因异化而带来的焦虑，产生出反抗现实的活力。由"复制"而导致的艺术技术革命实现了人类艺术的解放，开启了一个艺术新维度的时代。其实，阿多诺和本雅明从正、反两个方面阐明了一个道理——艺术的衰亡与新生同在。也就是马克思所预见的，当艺术生产真正成为艺术生产的时候，必然会出现有别于古典艺术的新形式。这种新形式作为艺术发展的结果，并不能脱离资本主义的生产方式，其间包含的审美意味还不单纯是审美感知的扩大与革命，而更多的意义在于现实的人的感性本体的确定。对此，马尔库塞在

---

① 马克思：《〈政治经济学批判〉导言》，《马克思恩格斯选集》第 2 卷，人民出版社 1972 年版，第 95 页。

承继席勒、马克思理论的基础上,作出了一个明确的表述:既定的社会文化的表征,总是通过既定的"美学形式"表现出来,从而在现实中通过对语言感觉和理解力的改造,显示出人的真正的本质,释放出人的被压抑的潜能。正是新的美学的形式,"即对感觉和理解具有破坏作用的,都将是对于现成社会的一篇公诉状,是解放形象的显现"①。

从美学角度看,这种立于大众日常审美体验上的美学形式虽然失去了那种欣赏古典艺术的深度感、震撼灵魂的深度感,但媒体与消费的日益扩张、新技术对日常生活方方面面的美化修饰,更加剧了感官审美的力度,无所不在的形象文化形式消解着古典的话语文化形式,传统中滋润心田的审美散入日常生活中的碎片般的片刻感受,乃至每一个欲望的满足。人们审美感受对象及形式的变化,对古典艺术的理想而言,算不上一个福音,然而,有着享乐成分的感官满足,毕竟是大众的合理需求,诚如马克思所说:"并不需要多大的聪明就可以看出,关于人性本善和人们智力平等,关于经验、习惯、教育的万能,关于外部环境对人的影响,关于工业的重大意义,关于享乐的合理性等等的唯物主义学说,同共产主义和社会主义有着必然的联系。"②

所以,时代与艺术发展间的矛盾并非一个纯美学命题,停滞在古典艺术基础上的艺术理念永远无法索解与时俱进的新的艺术形态。要真正言清时代与艺术发展间的矛盾,本文更相信这样的话:"艺术界不需要单纯的艺术哲学,它需要的是自身的历史哲学。"③

原载《文艺研究》2002 年第 2 期

人大复印报刊资料《文艺理论》2002 年第 6 期全文转载

---

① [美]马尔库塞:《现代美学析疑》,绿原译,文化艺术出版社 1987 年版,第 4 页。
② 马克思:《神圣家族》,人民出版社 1982 年版,第 166 页。
③ [美]阿瑟·丹托:《艺术的终结》,欧阳英译,江苏人民出版社 2001 年版,第 5 页。

论商品化时代的文艺自律

什么叫自律？就是自己约束自己，让自己像自己。自律的前提是什么？是自立。在商品化时代之所以要求文艺自律，是因为文艺的自立出了问题，这个问题的表征如下。

第一，文艺的生产性质发生了变化。众所周知，传统的文艺生产属于与物质生产相对立的精神生产的范畴，在政治权力、意识形态、文化机制、社会心理和习俗的保护与约定下，文艺生产者的头上从来都罩着神圣的光环，至少是精神领域里的贵族。我们可以说在前资本主义时代，文艺生产者并没有思想意识上的真正的独立性，所谓文艺生产的自立往往会异化为统治阶级意识形态的附庸，但是，在此状态下，文艺的自立在生产的形式上是确定的，也就是说，在前资本主义时代，文艺生产的社会功能、价值形态是确定的，毋庸置疑的，"诗可以兴、观、群、怨"、"文以载道"与"寓教于乐"的说法在中西文化中绵延数千年，便是明证。有了这种形式上的自立，自律就成为文艺生产过程中的规范和文艺生产者自我确证的金科玉律。柏拉图的《理想国》驱逐荷马，是要求文艺生产者在艺术内容上自律，不得以感性浸淫理性，亚里士多德的《诗学》制定悲剧创作的规范，是要求文艺生产者在艺术形式上自律，不要随心所欲，贺拉斯的《论诗艺》更是具体提出文艺生产者为人为文的规范，要求文艺生产者以此自律。从深层次上看，这种自律固然有总结文艺规律，特别是文艺形式规律的积极意义，但意识形态上的消极保守性和文艺生产的贵族特性又是明显的。古代世界中也有文艺生产者对这种外在于人的个性自由的自律提出过质疑甚至是抗议，然而，他们中的绝大多数人，是认可文艺生产形式上的自立的，并以此自律而换取一顶文艺生产者的桂冠（生产许可证），即所谓身份认同。在商业化时代，精神生产的产品虽然还在一定程度上保存着与物质生产产品不同的特性,但在生产的方式上,文艺生产的性质就是商品生产的性质,其与一般商品一样依赖着市场;换言之,市场的联系、调节、资源配备、信息传递和利润分配的基本功能,已全面消解了文艺生产者古已有之的特权,他们既然不再被人们(至少是大多数人)视为人类灵魂的工程师,他们也就不再拥有肆意推销自己作品的特别通行证。商品化生产"抹去了一切素被尊崇景仰的职业的庄严色彩,它使医生、律师、牧师、诗人和学者变成了受它雇佣的仆役"[1]。文艺生产的产品一旦得不到市场的认可,文艺生产者就会面临生存的危机。在此状况下,文艺生产必然失去形式上的自立,为了得到市场的认可,文艺产品内容上、形式上的标新立异、逆反传统也就成为文艺产品被市场接受的通行证。如此,在创作自由口号的背后,是文艺生产者受制于市场、屈从于市场的不自由,"票房价值"让文艺生产者已找不到自立的基点,自律也就成为无根的呼唤。

第二,文艺消费的性质发生了变化。严格来说,在古代社会,文艺产品的接受并不能称之为消费,而是接受某种社会伦理观念和规范的艺术化的教育。亚里士多德在《政治学》中认为,听音乐除了精神享受外,更重要的是学习,是让听众受教育,勿让自由人(城邦公民)"养成工匠(卑鄙)的习性","劳悴并堕坏意志"[2]。孔子在《论语》中更重视文艺的伦理教育,"迩之事父,远之事君"便是其根本目的。而在商业化时代,文艺接受过程中的教育功能已被严重削弱,接受就是消费,消费就是娱乐,就是满足各种感官欲望的享受。传统文艺的价值体系已被解构,至少,在绝大部分大众文化的场所中,传统文艺生产中视为轴心的道德理念被放逐,作为传统艺术品灵魂的道德属性业已为极度的感官享受所吞噬。当代精神生产的商品化特征很大程度上降低了文艺产品的精神品位,使其成为填充闲暇时间的单纯娱乐方式,躁动替代了宁静,宣泄替代了净化,片刻的感官享受替代了终极的精神追求。文艺产品消费性质的变化使文艺生产者失去了固有的文化定性,在与消费者一起放纵感性的过程中,文艺自立的精神的永恒尺度为感性的变化不定的尺度所替代,时尚、流行既是文艺产品生产和消费的驱动力,更是文艺产品作为商品存在的交换价值之

---

[1] 《马克思恩格斯全集》第 4 卷,人民出版社 1974 年版,第 468—469 页。
[2] [古希腊]亚里士多德:《政治学》,吴寿彭译,商务印书馆 1981 年版,第 408 页。

所在。所以，精通音乐的阿多诺才不无忧虑地说，当代音乐生活已为商品形式所统治，人们对音乐的崇拜已异化为对购买音乐会门票所付出的金钱的崇拜。"由于出现了大量的廉价产品，再加上普遍地进行欺诈，所以艺术本身就更加具有商品的性质，艺术今天明确地承认自己完全具有商品的性质，这并不是什么新奇的事。但是，艺术发誓否认自己的独立自主性，反以自己变为消费品而自豪……"① 在消费观念和流行消费模式的统摄下，文艺生产者的自主性，接受者的自主性，从内容到形式，都被一一消解，文艺生产者和现实、文艺作品和接受者之间的紧张关系如今变成同构和同谋的关系，其结果便是时间中理应包孕的历史深度和广度的感觉的被消解。大部分新写实小说和小说中的身体写作、卡通历史读本、戏说历史的电视剧，包括无所不在且制作越来越精美的广告，都在述说着同一个声音："消费逻辑取消了艺术表现的传统崇高地位。"② 也就是说，艺术特有的批判功能随着文艺自立的消解而基本丧失。《三联生活周刊》2003年第8期上有一篇评论电视剧《铁齿铜牙纪晓岚》续集的文章，其中有一段文字，生动形象地描绘出当下文艺生产主动放弃自立性立场的现状："与第一部中和珅'大坏人'形象不同，在续集中，王刚赋予的这个人物性格更为丰满，还时不时能表现出可爱的一面。人们已经不再在意电视剧是'戏说'还是历史，甚至不在意谁是'好人'谁是'坏人'，这个陈旧的价值判断标准终于让位于本来更重要的娱乐因素。"放弃了独立自主性，屈尊于大众文化的娱乐消费之中，文艺生产和消费只会以市场的"游戏规则"为规则，只会是传媒与大众文化——文化工业的自我复制与相互复制，文艺自律，再无崇高的召唤力。

上述对文艺自立的诘难，似乎杜绝了商业化时代文艺自律的可能性，这种结论颇有时下正流行的"终结"理论的味道。其实，后现代主义语境中对当下文艺生产商品化倾向的否定理论并未超出法兰克福学派"批判理论"的窠臼。马尔库塞早就认为，发达工业国家中的文化艺术已丧失了批判现存社会的活力，蜕化为一种"文化工业"，即成为一种凭借现代科技手段大规模地复制、传播文化产品的娱乐工业体系。它以独特的大

---

① [德] 霍克海默、阿道尔诺：《启蒙辩证法》，洪佩郁等译，重庆出版社1990年版，第148页。

② [法] 波德里亚：《消费社会》，刘成富等译，南京大学出版社2000年版，第121页。

众宣传媒介，如电影、电视、收音机和报纸杂志等，操纵了非自发性的、物化的、虚假的文化，成为束缚意识的工具、独裁主义的帮凶，并以较前更为巧妙有效的方式即通过娱乐来欺骗大众，奴役人。其表现形式是：其一，呈现商品化趋势，具有商品拜物教特性；其二，生产的标准化、齐一化，创作与欣赏的个性成了一种幻想；其三，成为一种具有强制性的支配人的闲暇时间与幸福的力量。马尔库塞把发达资本主义时代文化、艺术的如此异化现象归结为人的"单面性"存在。所以他认为，在现代资本主义社会已经找不到马克思、恩格斯所描述的那种无产阶级的悲惨境地，与今天的异化相比，那种以经济上的贫困为特征的异化只是"低等异化"，现代异化是异化的二次方，即异化的异化。这种异化的现实表现就是人们"在快乐地自由地"生活却没有真正地实现其自由。现代的异化不再表现为一种不合理的经济强制，而是成为一种全面的生活方式，一种渗透于人的精神、骨髓深处的灵魂性困扰，在物质丰富背后、在表面自由掩盖下的文化异化——精神异化。当代资本主义异化的表现是通过"消费控制"把人变为"单面人"。现代工业社会推行的"强制消费"，把本不属于人的本性的物质和享受无限度地刺激起来，使人把这种"虚假的需求"当作"真正的需求"而无止境地追求。因此，人与产品的关系完全颠倒、异化了：不是产品满足人的需求而生产，相反，是人为了使产品能被消费而存在。这就必然造成个人在经济、政治、文化等方面都成为物质的附庸而日趋单面化、畸形化，完全为商品的拜物教所支配。"人们在它们的产品中认识了自己，他们在汽车中，在高保真收录机中，在错层式居室及厨房设施中发现了自己的灵魂。"① 表面上看，现代人摆脱了前工业社会中的人对人的依赖状态，有着前人无法比拟的自由度，但是，马克思的"商品拜物教"和"异化"的概念在发达的工业社会中从未丧失其历史意义，单向度的人已经陷入人对物的依赖和对科学技术的依赖，所以，单向度的人仍然是受奴役、不自由的人，也就是马克思所说的"异化的人"。大众文化"在把美作为当下的东西展示的时候，实质上是宁息了反抗的欲望。与其他文化领域一道，艺术奉献了一种把解放了的个体弄得如此服帖的伟大教育成就，即对个体说，新的自由业已带来新的束缚形式，他还

---

① ［美］马尔库塞：《单面人》，左晓斯等译，湖南人民出版社1988年版，第8页。

不如忍受社会生存的不自由"①。马尔库塞批判理论的指归是与现实彻底决裂的"新人",他们没有商品时代的物欲,"爱欲革命"使他们只有"道德和美学的需要",在批判当下艺术丧失批判功能、丧失自律的同时,"批判理论"和继之而起的种种后现代主义美学理论一样,同样放弃了当下文艺生产的建构性功能和当下文艺自立、自律的可能性。

总之,商品化时代文艺自立、自律的基点不是道德理想主义的回归,不是贵族似的审美"大拒绝",更不是"乌托邦"对未来的承诺,而是传统的"艺术的消失在解放了的人类那里取得了新的意义。没有专门的艺术家、创作者、作曲家、指挥、画家、诗人,新科技新传媒提供了全面提高人的素质的可能,也为每一个普通人提供了创造的可能,只要他愿意就可能成为任何种类的艺术家,创造出美的艺术作品。然而今天我们不能过于沉醉于这种未来的蓝图之中以至忘记美学为现实担负的艰巨使命"②。人类的解放是一个漫长的历史过程,但我们正在解放的途中,我们只能从不合理的现在走向较为合理的未来,社会、人和文艺,莫不如此,所以,和人的全面发展必然是现实性的展开过程一样,当下文艺生产的批判和建构性的功能也在现实性的展开过程之中,只是我们解释现实的理论,往往遮蔽了这一点。

原载《文艺研究》2003 年第 5 期

---

① [美] 马尔库塞:《现代文明与人的困境》,李小兵等译,三联书店 1989 年版,第 157 页。
② 毛崇杰:《颠覆与重建——后批评中的价值体系》,社会科学文献出版社 2002 年版,第 242 页。

中国式文学概论的最早范式

——《奏定大学堂章程》"文学研究法"课程讲授要义评析

反思中国文艺学的百年之路，从课程形成与教材编撰的角度予以探讨，当是一条有趣的路径。近年来，学界对民国以来的"文学概论"教材编撰史的研究颇有收获。笔者在学习过程中，发现晚清的一份文献，即1903年《奏定大学堂章程》[①] 中有关"文学研究法"课程的讲授要义，此文献虽然不是一本完整的文学概论教材，但称得上是近代中国文学概论课程最早的一份讲授大纲，值得给予关注和研究。

一般而言，说"文学概论"成为一门课程是中国高等教育现代化的产物，也是"西化"的产物，是有事实根据的。从1920年至1946年，中国国内大约出版文学理论教材类图书四十多种，其中较有影响的如：刘永济《文学论》（1922）、马宗霍《文学概论》（1925）、潘梓年《文学概论》（1925）、沈天葆《文学概论》（1926）、马仲殊《文学概论》（1930）、老舍《文学概论讲义》（1930—1934）、曹百川《文学概论》（1931）、赵景深《文学概论》（1932）、陈穆如《文学理论》（1934）、谭正璧《文学概论讲话》（1934）、陈君冶《新文学概论讲话》（1935）和张长弓《文学新论》（1946）。这十多部具有代表性的教材，论述的话题、写作的风格各不相同，但其理论框架、写作范式基本上是按西方学术规范运作的，或移植、或翻译、或以西域文学思想重解本土文学现象，思想根底无疑都源于西方文学理论。客观地看，这一现象是西学东渐的必然产

[①] 载舒新城编《中国近代教育史资料》中册，人民教育出版社1961年版。

物，在"别求新声于异邦"的历史大背景下，"文艺理论方面，中国古代感悟式的片言只语或灵思妙语，逐步为西方讲究逻辑分析和综合的理论体系所代替。一些著名的国学大师，如梁启超、王国维、蔡元培等，一个个用西方的美学观点和方法，来研究中国古代的文艺经典著作，并引进了西方大量的文艺理论的名词术语，以至中国传统的一些名词术语，反而不为人知，不为人用。就这样，西方文艺理论基本上改变了中国古代文艺理论的面貌，使之从古代的走向了现代的，从玄学的走向了科学的"[1]。但是，这种走向并没有得到中国学人的真正认可，历史表象上的一致性和连续性并不能代表中国文艺学的过去和未来，具体而言，在"文学理论"课程形成和教材编撰中的"西化"表象之后，实际上潜藏着一个横亘在几代中国学人心头的话题，即中学和西学的关系，从晚清直到当下，中国学界从未停止过反思与讨论。从课程形成和教材编撰的角度反思中国文艺学的百年之路，其中心话题依然是域外思潮和本土文化资源如何融合的问题。从文化史的角度看，我们不要以为这个思路是对历史的反拨，是今人高于前人的地方，历史表象上的一致性和连续性往往遮蔽着我们曾经遗忘、遗漏了的历史的"断裂"——重解与反思历史的入口，就像福柯所说："人们越是接近最深的层次，断裂也就随之越来越大。"[2] 所以，我们在从课程和教材方面反思中国文艺学百年之路的过程中，是否应该找一找与历史表象不一致的"断裂"之处，并弄清这些"断裂"被遮蔽的原因？如此，我们今天的反思和建构方有真正的历史的厚度。

　　清代以前的高等教育只有经学课程，而无西方学科知识分类意义上的文学课程，是康有为辈"远法德国，近采日本，以定学制"[3] 的教育改革思想为"文学概论"这样的课程立足于中国高等教育奠定了基础。就"文学概论"课程在清末民初形成的过程而言，课程内容的"西化"与理科、工科课程是有差别的。在理科、工科课程上，"西化"是无条件的，因为中国传统教育在这些课程的设置和讲授上，几无发言权，但属于文学类的"文学概论"，中国传统教育和文化、中国传统诗学是不会禁言的。

----

[1] 蒋孔阳：《建立具有中国特色的文艺理论》，《蒋孔阳全集》第4卷，安徽教育出版社1990年版，第714页。

[2] ［法］米歇尔·福柯：《知识考古学》，谢强等译，三联书店1998年版，第1页。

[3] 康有为：《请开学校折》，载舒新城编《中国近代教育史资料》上册，人民教育出版社1961年版，第151页。

如 1902 年，在《钦定高等学堂章程》和《钦定京师大学堂章程》中，虽设有"文学科"，但实际讲授的内容还是传统的"词章学"。1903 年，在《奏定高等学堂章程》中，设置了"中国文学"学科。同年，在《奏定大学堂章程》中规定，文学科大学分设中国文学门、英国文学门、法国文学门、俄国文学门、德国文学门和日本国文学门。尤其是在中国文学门中，开设了"文学研究法"课程。关于"文学研究法"，《奏定大学堂章程》似乎特别重视，不惜以诸多文字规定了此课程的讲授要义，以今日的眼光观之，该要义大致包含如下内容：（1）文字、音韵、训诂的历史变迁："古文籀文、小篆、八分、草书、隶书、北朝书、唐以后正书之变迁"，"古今音韵之变迁"，"古今名义训诂之变迁"；（2）文学观念的历史变迁："古以治化为文、今以词章为文关于世运之升降"；（3）文学本体论："修辞立诚、辞达而已二语为文章之本"，"古今言有物、言有序、言有章三语为作文之法"；（4）中国文学文体发展论："群经文体，周秦传记史文体，周秦诸子文体，史汉三国四史文体，诸史文体，汉魏文体，南北朝至隋文体，唐宋至今文体，骈散古合今分之渐，又分汉魏六朝唐宋四体之别"；（5）文学的性质："秦以前文皆有用、汉以后文半有用半无用之变迁"；（6）文学名家论："文章出于经传古子四史者能名家、文章出于文集者不能名家之区别"；（7）文学鉴赏论："古今名家论文之异同，读专集读总集不可偏废之故"；（8）文学的各类文体："辞赋文体，制举文体，公牍文体，语录文体，释道藏文体，小说文体，记事、记行、记地、记山水、记草木、记器物、记礼仪文体，表谱文体，目录文体，图说文体，专门艺术文体"；（9）各国文法："东文文法，泰西各国文法"；（10）文学与世界的关系："文学与人事世道之关系，文学与国家之关系，文学与地理之关系，文学与世界考古之关系，文学与外交之关系，文学与学习新理新法制造新器之关系，文章名家必先通晓世事之关系"；（11）文学盛衰论："开国与末造之文有别"；（12）文学价值论："有德与无德之文有别，有实与无实之别，有学之文与无学之文有别"。就这段文字的内容而言，其对"文学研究法"课程讲授要点的规范显然远远超出了今天的《文学概论》，文字学、写作学的内容大量包容在其间，依此而论，可以说这是"文学概论"课程在中国草创时期的一种"稚嫩"，还没有在学科分类意义上为"文学概论"的课程内容作出准确的定位，但是，这毕竟是我们可以看到的最早的中国"文学概论"的概要，其文献学的价值并不逊于后世任何一本成形的"文学概论"教材。与其他课程（《奏定大学堂章程》在课程表上共设置了 407 个科目）相比较，只有"文学研究法"与"历史研究法"两门课程被《奏定大学堂章程》制定者格外关注，作出了详细的文字说明。值得注意的是，两门课程的文字说明之前均加上一句话："中国文学研究法，略解如下""中国史学研究法，略解如下"，与课程名目相比，多出"中国"二字，缘何如此？颇值玩味。

中国近代兴办大学肇始于 1898 年京师大学堂的筹办，亦是"百日维新"运动的产物，"也是近代中国'中学'与'西学'、旧学与新学、科举与学校之争的产物"①。筹办京师大学堂的管理书局大臣孙家鼐向光绪皇帝奏陈的"立学宗旨"是"以中学为主，西学为辅；中学为体，西学为用；中学有未备者，以西学补之；中学有失传者，以西学还之"，而梁启超代军机处和总理衙门草拟的《京师大学堂章程》之中的办学方针是"一曰中西并重，观其会通，无得偏废；一曰以西文为学堂之一门，不以西文为学堂之全体，以西文为西学发凡，不以西文为西学究竟"。孙家鼐与翁同龢同为光绪皇帝的老师，虽然孙家鼐也亲近帝党，倾向变法，可他的"立学宗旨"依然出自洋务派的"中体西用"，与梁启超的办学方针显然有异。1901 年，在"新政"期间再次兴起的办学热潮中，曾因"滥举康有为"受革职处分的张百熙出任管学大臣，主持制定了《壬寅学制》(1902)。1903 年，清政府认为张百熙"喜用新进"，有改良主义思想，加派荣庆为管学大臣，又派张之洞会同张百熙、荣庆共同重订学堂章程。经修订后共有二十件，其中有十六个学堂章程（《奏定大学堂章程》为其中之一种），合称为《奏定学堂章程》，于光绪二十九年十一月二十六日（公历 1904 年 1 月 13 日）颁布，故称《癸卯学制》。《癸卯学制》的立学宗旨是："无论何等学堂，均以忠孝为本，以中国经史之学为基。俾学生心术壹归于纯正，而后以西学渝其智识，练其艺能，务期他日成材，各适实用，以仰副国家造就通才、慎防流弊之意。"② 这个"立学宗旨"在文化观念和意识形态上，当然是直指梁启超的维新"逆举"，也比孙家鼐奏陈的"立学宗旨"有了更为强烈的意识形态色彩。弄清了这个背景，"文学研究法"和

---

① 郑登元：《中国高等教育史》上册，华东师范大学出版社 1994 年版，第 49 页。
② 张百熙、荣庆、张之洞：《重订学堂章程折》，载舒新城编《中国近代教育史资料》上册，人民教育出版社 1961 年版，第 197 页。

"史学研究法"之前何以加上"中国"二字,其意就不言自明了。

如果把《奏定大学堂章程》中的"中国文学研究法"作为中国"文学概论"的一个教材雏形进行解读,我们已在上面做了相关的背景考察,值得进一步思考的问题是:(1)我们的前辈在思考"文学概论"的具体内容时,确实过多以意识形态的话语钳制了文学话语的发展空间(其实这种倾向并非晚清所独有),这是毋庸置疑的,但是,其对文学的思考还具有学理性的一面,即比较客观地探寻中西文化会通的学术性思路,今天解读"中国文学研究法",重点更应放在这一点上。在《癸卯学制》诸文献中,还包括一份张百熙、荣庆、张之洞进呈的《学务纲要》,其中一段文字,就清楚地表现出了"中国文学研究法"的学术性思路:"学堂不得废弃中国文辞,以便读古来经籍。中国各体文辞,各有所用。古文所以阐理纪事,述德达情,最为可贵。骈文则遇国家典礼制诰,需用之处甚多,亦不可废。古今体诗辞赋,所以涵养性情,发抒怀抱。中国乐学久微,借此亦可稍存古人乐教遗意。中国各种文体,历代相承,实为五大洲文化之精华。且必能中国为各体文辞,然后能通解经史古书,传述圣贤精理。文学既非,则经籍无人能读矣。外国学堂最重保存国粹,此即保存国粹之一大端。"① 用今天的话来说,文学概论课程要关注中国的文学史,关注中国文学赖以生存的"文辞"特性,此番见解,若去掉晚清保守的文化心态,对我们今天在全球化的背景下,重构中国"文学概论"课程的教材体系,不无启迪作用。(2)我们应该看到,"中国文学研究法"并非纯粹愚顽的"卫道"思想的产物。比如,其放弃了文学为"我朝我代"歌功颂德的陈腐思想,不仅看到文学形式(文字、音韵、训诂、文体)的历史变迁,而且承认了文学观念的历史变迁(古以治化为文、今以词章为文关于世运之升降)。另外,以"修辞立诚、辞达而已""言有物、言有序、言有章"为文章(文学)"之本"和"之法",显然在对文学性质的认识上,又保留了中国传统文学观中的某些元素。就前者而言,"文学研究法"的作者把以进化论为理论基础的文学观赫然作为观察、研究古今中外文学的基本方式,这无疑是默认了1894年甲午战争之后中国思想界对西学的重新认识,而在此之前的数十年,中国思想界冥顽者依然视西

---

① 张百熙、荣庆、张之洞:《学务纲要》,载舒新城编《中国近代教育史资料》上册,人民教育出版社1961年版,第198页。

学为妖魔，开化者亦固守中体西用的信条，故梁启超在《清代学术概论》中无限感慨地说，从鸦片战争至甲午战争"数十年间，思想界无丝毫变化"。甲午惨败，中国思想界中的先进者终于认识到"泰西之强，不在军兵炮械之末，而在其士人之学，新法之书"①。文学领域对西方的认识的发展是与整个思想界西学观念的转变相同步的，具体表现为"晚清时期，创作和翻译小说之风极盛"②。1902—1903年，出现了大量的创作小说和翻译小说，根据阿英的统计，达到千种以上，而主要刊载小说的刊物达三十多种。"文学研究法"把历来不登大雅之堂的小说列为文学诸文体之一，且要求注意"与古文不同之处"，足见维新派的文学观念亦得到"文学研究法"编撰者的学理性的认同。由此可见，甲午战事前后中国思想界对西学的重新认识是不能简单以"全盘西化"和"拒绝西化"加以概括的，甲午战争的惨败引发了中国思想界对西学的重新认识。与洋务派相比较，维新派较之他们保守的和开明的前辈不同的是，他们比较充分地利用了西学所提供的关于全球现状的文化知识，形成了一种关于全球的时代观，并得以从全球的时代的角度来重新认识中国的处境与前途，"这使西方思想从中国文化的外围向其中心渗透。这种渗透引起了西方思想和本国思想倾向的大融合，最后产生了19世纪90年代的思想的风云激荡"③。以康有为、梁启超为代表的"新学"的标志之一便是"会通中西"，康梁以今文经学的形态、孔教的形态"会通中西"的尝试是不成功的，但中西文化必须"会通"则是中国文化生存、发展的唯一出路。这种思路在意识形态上固然为"文学研究法"的编撰者所反对，但在学理上，则是晚清思想界一种潜在的共识。我们今天从"文学概论"课程和教材编撰的发展历程中，更应重视研究这种潜在的学理上的共识，方能寻求中西文学思想"会通"的学理性基点。

原载《湖北大学学报》2007年第5期

人大复印报刊资料《文艺理论》2007年第12期全文转载

---

① 梁启超：《读〈日本书目志〉书后》，《分类精校饮冰室文集·教育（上）》，广智书局宣统元年十一月第十版，第64页。

② 马祖毅：《中国翻译简史》，中国对外翻译出版公司2004年版，第405页。

③ 费正清编：《剑桥中国晚清史》下卷，中国社会科学出版社1993年版，第326页。

【附】

《乐记》与《诗学》的比较研究（提纲）

对中西文化、思想的比较研究，已有许多论说。但如何突破以西解中式的话语模式，真正建立科学的比较研究的理论框架，以期探寻中西会通的文化基点，是晚清以来一直未能解决的大问题。这一点应是对《乐记》与《诗学》做比较研究的问题背景。换言之，对《乐记》与《诗学》的美学、文艺理论层面的解读，既要透视出中西文化生成机制中不同演进的历史，又要寻求中西文化的同根性，由此开启未来中西文化走向中西平等、有效会通的可能性空间。

要达到上述目的，对中西经典文本的对比解读是一项基础性的工作。这也是对晚清以来流行至今且大行其道的实用主义式的学术方法——随意假借域外某种思想观念，不做任何其学术源流上的清理，就对中国文化、中西文化的差异作出异想天开的评判和臧否——的反思。

中国文化源远流长，西方文化的源头希腊文化丰富璀璨，中西文化的异同以及异同的原因，只有通过对其源头文化文本的比照研究方能窥其所以然。《乐记》与《诗学》分别是中西美学、文艺理论发展史上具有纲领性意义的文本。因为：

首先，对各自传统的文艺、美学思想进行了系统的总结，既在学术累积的维度上与此前的种种观点、学派有着学理上的互文性，又开创性地对传统的文艺理论、美学思想进行了化繁为简的大整合，为各自文艺、美学理论的新的发展奠定了一系列解释的理论原则。

其次，对各自传统的文艺实践活动进行了范式性的解剖研究，如音乐之于《乐记》、悲剧之于《诗学》。这种范式性的解剖研究对不同艺术样式的选择为我们回答为何中西文艺、美学理论一重"抒情"、一重"叙事"提供了一个历史解读的维度。

最后，高度重视文艺、审美活动的社会功用，以伦理为纲，统摄艺术、审美活动与社会生活多重关系的解释。

从人类文明演进史的角度看，《乐记》与《诗学》两个文本的出现，不仅是对各自传统文艺、美学理论的总结，也是对各自所属文化形态从原始社会到文明社会一个较大历史过程的文化总结。故《乐记》与《诗学》并不是单纯对各自文艺传统做理论归纳的文艺、美学的文本，而是具有共同的、强烈的政治、伦理指向——如何建立一个理想的社会机制，而文艺、美学问题则是从属于这个历史性的总命题的。由此，其间所呈现出来有关艺术、美学理念、旨趣上的差异不能简单地归为中西文化机制、文化观念、思维方式上的差异。中国从三代到西汉，希腊从荷马时代到希腊化时代，都经历了由原始社会机制转型为文明社会机制的漫长的历史阵痛，大一统集权社会机制之于中国，民主城邦制社会机制之于希腊，都不是人为选择的结果，而是历史的给定。这种历史的给定在一定意义上决定了中西文艺、美学实践与思想的差异性，如荷马史诗、希腊悲剧与城邦社会的关系，以及由此概括出来的以模仿概念为核心的哲学化的美学理论体系；诗乐礼教与两周社会机制的关系，以及由此生发出来的以比兴为轴心的感悟式的美学趣味。历史给定的不同社会机制与一定的艺术、美学风貌之间当然有着逻辑联系，但这种逻辑联系，或说中西艺术、美学上的差异仅仅是一种现象上的差异。以艺术、美学的方式去反思历史给定的社会机制的合理性，才真正彰显出人——不管是古代中国人，还是古代希腊人——作为社会主体假借文艺、美学为自身寻求安身立命之处的共通的文化智慧，这也就是中西文化会通的唯一基点——人性与文化的同源同性。

所以，对《乐记》与《诗学》的比照研究，有一个重要的任务是，中西历史上第一次出现的文化学术高峰，是如何从理性上梳理人类历史演进的。这里有一个关键的命题，就是如何看待原始社会的文化传统。混沌和谐的原始社会转化为文明社会，天地人间的混沌和谐质变为政治上个体与社会机制、伦理上个体与他人、心理上个体与自我的重重矛盾和分裂，以艺术、美学的方式调适这种种矛盾，从文化人类学来看，其实是对原始文化遗产的继承和发扬光大，如此，艺术与人类审美心理的起源问题同时进入《乐记》与《诗学》的视野实为历史发展的题中之义。进一步研究的问题是这种继承与顺应中又有着对原始文化的遮蔽——统治阶层的意识形态对人性的规训、对文化精神的利己解释、对文艺、审美的政治工具化的运用，等等。一言以蔽之，《乐记》与《诗学》是从文艺、美学角度对从原始社会到文明社会转型期间社会机制如何有效运行的一种政治、伦理化的诗学理论。其对古典社会的经典性意义、合法性不言自明，同样，我们在今天对它们进行审慎的解读，对它们经典意义和合法性的质疑也是必然的。但不管怎样，在全面反思人类文明未来走向的今天，或说，在人类试图走出历史给定的局限性的今天，《乐记》与《诗学》中体现出来的高度的文化智慧和曾经无法避免的局限性，对于已有智慧选择未来的今天，今天的我们，今天的人类文化，无疑是一份弥足珍贵的学术遗产。

生态美学的问题意识与批判立场
——关于生态美学的对话

甲：生态美学近十年来在学术界很是热闹，有人认为生态美学的提出是中国美学对世界美学的一个贡献，但也有人说，生态美学完全是一个"时髦"的伪命题，是美学家们的杜撰，是当下中国美学理论走向贫乏和困境的表现。

乙：我对这些争论不感兴趣。但是，生态危机是整个世界都不得不面对的头号问题，事关人类生死存亡，作为传统人文学科的美学，对生态问题发表意见，应该是理所当然的。问题在于：说什么和怎么说。

甲：我赞成你的这个提法：说什么和怎么说。我读了国内许多有关生态美学的著作和文章，坦率地说，很让人失望。"天人合一""人的自然回归""诗意栖居"……这些大而化之的抽象概念加上文学的审美幻象，似乎就是当下生态美学的全部家当。这样的生态美学还具有实践品性吗？面对生活中随处可见的生态危机现象，只像和尚一样，闭目念经，在审美想象中去普度众生，有意义吗？

乙：行了，我们不对这些评头论足。你提倡理论面对实际，那我给你看一则关于人与环境的民间文献，你说说生态美学可从中发现什么值得一说的话题，我们再来讨论生态美学说什么和怎么说的问题，好吗？

甲：好，从实际出发，而不是从书本出发。

乙：我们看到的这份民间文献被称之为"杀猪封山契"。2005年，北京、上海、天津几所大学做法学研究的学者在对安徽省南部的休宁、歙县、绩溪、黟县、祁门以及旧属徽州今归江西的婺源县，进行了为期9天的"徽州私约及民商事习惯调查"，在被誉为"婺源第一生态村"的晓起村（已被联合国环保组织列为"世界重点自然生态保护区"）发现了这份弥足珍贵的民间文献：

> 民国二十二年（1933）通济桥会、孙伯仁众等立封山合同（江西，婺源）
>
> 立议禁山合同人通济桥会、孙伯仁众等，缘因源土元东西两培一带山场，向属森林，后被数度焚烧，残害日甚，禁约废弛，两培一空，国课无所出，桥木无所取。似此维艰，岂堪坐视。兹特邀集通济、伯仁以及汪树德堂、孙思本堂、孙思源堂、孙维德堂各众人等公同议决，将此两培山场自源土元口东培随峰直上至下木杓窟湾内。峰顶横迤至大土太峰沿峰脊直下至坟林山顶止。概归四众掌养，严行加禁。四众各户以及金、王两姓，均散胙亥四两，其费四众分认。火路每户一人，迭年正月二十六日桥会结帐后一天以天晴为期，即行举□，偶遇野火临近，在户支丁须要齐出赴救，不得退避。俾早成林，日后桥会取用松木材料，桥会山内概不纳价。将来出拼之日，四众得掌养十成之三，仍七成各户照税分派。所有拿获罚项，悉行归入四众。费用亦照分认。自今加禁之后，无论内外人等，毋许入山侵害。倘有违禁被获者，砍树罚洋陆元，砍柴罚洋三元，赏获见半，不得徇私。空口无凭，特立合同一样三张，各执一张存照。此合同共计三张，存桥会、伯仁、树德堂各一张。
>
> 中华民国二十二年岁在癸酉二月日
>
> （按，签字画押诸多人名略去）

甲：关于徽州田野调查的报告我看过。所谓"杀猪封山"是徽州地区长期流传的禁山护林的习惯，每年由村民一起确定封山的具体日期，每逢此日，各户村民一起出资买一头猪，宰杀后大家一起分吃猪肉。此日过后，如果发现有违反禁令，盗伐山场林木者，则按大家共同的约定把他家的猪拖出来杀掉，全村农户一起分吃猪肉。"杀猪封山"曾被认为是一种落后的习惯，国家法律是不认可的。可在传统的乡村社会里，国家法律并不认可的村规民约（民间法）却有很大的作用，往往具有较大的权威性和稳定性。我去过晓起村，那儿参天的百年樟树随处可见，一棵棵繁茂的大樟树仿佛在告诉人们，晓起村一代代的先民如何与它们生息与共，使它们虽历经百年的风霜而依然傲然挺立的动人故事。看来在晓起村发现

"杀猪封山"这一珍贵的契约,绝非偶然。不过,这份民间文献似乎只涉及了生态保护问题,与美学的关系还真得请教你。

乙:这份文献有三个要点:第一,山林资源,对于每个契约签押者来说,不是私人所有物,它是公共的资源;第二,每个契约签押者必须无条件地遵守这份公共"契约";第三,每个契约签押者将从山林——公共资源——中公平地获得利益。显然,这里权、责、利一清二楚,人人在公正受益的同时又最大限度维持了人与环境之间的生态和谐。这样一份充分体现传统文化智慧的文献对生态美学的启示,我想应该有这么几条:

首先,生态美学不能仅仅抽象地讨论人与环境之间的关系,更不能把生态和谐的环境简单地诗意化为所谓"精神"的家园。对于每一个徽州山民而言,他和环境的关系首先是生存的关系,山林虽非私有财产,却是他得以生存的家园,这种家园认同感才是建构人与环境和谐关系的基础。

其次,这种家园认同感是通过一种公正的"契约"(在"契约"面前,人人享有平等的责、权、利)而成为一种共识,进而转化为一种积极的维护生态和谐的责任意识和行为准则。

最后,这种"契约"不同于外在强加的规定,而是那种"田土相连,守望相依"的乡土社会环境内在的秩序,是每一个契约签押者基于血缘、地缘自发形成的群体组织催生出来的内在的生活秩序,所以,"杀猪封山"契约既保证了人与环境之间的生态平衡,同时也加强了乡土社会内部的生态平衡。

你说,如此现实版的《桃花源记》算不算"诗意的栖居"?生态美学不能仅仅从理论上想象生态和谐的"海市蜃楼",而应像费孝通先生一样,走向"田野",从人类实践生活中获取解决当下生态危机的智慧。

甲:我赞成你的说法。人和世界的关系是多重的,审美关系必然和其它的关系——经济、政治、伦理等——纠缠在一起,生态危机形成的原因涉及人类生活各个领域,但就你对"杀猪封山契"文献的解读,我有一个疑问。

乙:请说。

甲:"杀猪封山契"发挥效应的环境实际上是一个相对封闭的"世外桃源",基本处于一种原生态的农业社会,生产方式、消费观念,特别是你说的基于血缘、地缘自发形成的"内在生活秩序",还没有受到商品经济的浸染，所以，这份文献是否具有现实的普泛意义，恐怕得打上一个问号。从美学角度说，现代社会审美感受的出发点是"我"，而不是"我们"，"杀猪封山契"中体现出来的"家园"共识，不管是生存意义上的，还是精神意义上的，在物欲横流的商业化都市里，早已是明日黄花。比如电视剧《蜗居》里的诸多人物，在他们的生命感受里，除了"我"，哪里还寻找得到一丝一毫的"我们"呢？后现代主义美学之所以反对康德美学的"共通感"，其道理不也就在于此吗？你应该读过美国生态学家哈丁的《公地的悲剧》，你说说，哈丁解决生态危机的思路和传统美学孜孜以求的"共同美"还有什么关系呢？

乙：说得好。在我论说生态美学的思路里，《公地的悲剧》恰好和"杀猪封山契"构成一个鲜明的对比。哈丁在《公地的悲剧》中预设了一个公共草场的问题：如果草场是公共的，为了增加收入，每个牧民都希望增加自己的牲畜，这将带来过度放牧的问题，并导致草场退化，结论是生态危机最终给所有的放牧人带来悲剧。在自由主义经济学家看来，"公地的悲剧"发生的根源在于，个人在决策时只考虑个人的边际收益大于个人的边际成本，而不考虑他们行动所造成的社会成本，最终造成一个给予他们无限放牧权的经济系统的崩溃。因而，"公地的悲剧"是"公地"的产权不明晰，是公地产权的"公有制"性质导致了公地的悲剧，解决问题的办法当然早在古典经济学家那里就已明确：公共资源私有化才是最有利于社会大众的。结论似乎是必然的：产权的私有化是解决生态危机的有效途径。

甲：是的，有人就以英国为例说，看，"圈地运动"的阵痛过后，由于土地产权的确立，公地变为私人的领地，土地拥有者对土地的管理更高效了，为了长远利益，土地所有者会尽力保持草场的质量，避免过度放牧。这样，英国人惊奇地发现，英国人作为整体的经济收益提高了，草场变好了，又恢复了昔日恬静的自然风光。

乙：英国（发达国家）的草场是变好了，但全球的"公地的悲剧"却日益严重，发达国家不断把生态危机转嫁给发展中国家，他们将一些高能耗、高污染、劳动密集型的企业迁移到发展中国家，甚至把垃圾场建立在这些国家。典型的事例是美国作为世界上最大的温室气体排放国，在2001年，布什政府为了维护本国经济利益，拒绝批准《京都议定书》。所以，以私有制为基础的资本主义生产方式、消费方式才是产生生态危机的总根源。中国草原退化的问题也曾被认为是草原产权不清导致的结果,改革开放后,将解决产权不清作为草原管理的首要任务。然而,与政策制定者的初衷相反,在草原地区开始实施家庭承包制后,问题不仅没有得到解决,草原地区"公地的悲剧"反而进一步恶化。目前我国严重退化草原近1.8亿公顷,且以每年200万公顷的速度继续扩张。虽然近年来国家加大了投入,实施了一系列草原生态治理和保护建设项目,但草原生态恶化的局面并没有得到有效的遏制。今年初开始的遍及全国的"雾霾"天气已经向我们敲响了警钟。值得关注的是,国内许多理论家竟把"公地的悲剧"这样一个哲学化的寓言作为经济改革的理论基石,在他们看来,"公地的悲剧"就是"公有制的悲剧",这恐怕是极大的误读。

利益最大化是资本永远的逻辑,运用与他人共同享有的资源(公地)以谋求个人眼前最大利益的行为,必然有害于全社会的整体利益。更何况在人生活的世界上,有许多资源,而且是对人的生存最重要的资源(如阳光、空气等自然资源和良好的社会治安、社会道德氛围、文化资源)往往是难以确定产权的。在利用这些看似免费的资源时,我们如何才能避免"公地的悲剧"?个体如何在利用产权不可能明晰的资源时避免资源的衰竭,从而导致公共利益的丧失?这才是生态美学应该面对的现实问题,让资本在聆听"天人合一""诗意栖居"的美妙音乐中放弃利润的追逐,可能吗?

甲:你对哈丁《公地的悲剧》的评说,不正是我所要表达的观点吗?激烈的生存竞争,小到个人,大到国家,其实都是利益的博弈,在弱肉强食的铁律面前,美学太可怜了,宛如水中月、镜中花。早在1720年,荷兰人曼德维尔就出版了一本书,书名叫作《蜜蜂的寓言,或私人的恶行,公共的利益》。他把人类社会比喻为一个蜂巢:"这些昆虫生活于斯,宛如人类,微缩地表演人类的一切行为。"在"这个蜜蜂的国度"里,每只蜜蜂都在近乎疯狂地追求自己的利益,虚荣、伪善、欺诈、享乐、嫉妒、好色等恶德在每只蜜蜂身上表露无遗。令人惊异的是,当每只蜜蜂在疯狂追逐自己的利益时,整个蜂巢却呈现出一派繁荣的景象。后来,邪恶的蜜蜂突然觉悟了,向天神要求让他们变得善良、正直、诚实起来。"主神终于愤怒地发出誓言:使那个抱怨的蜂巢全无欺诈。"结果,神的誓言实现了,整个蜜蜂王国欣欣向荣的景象却结束了:一镑贬值为一文,昔日繁忙的酒店渺无人迹,不再有人订货,全国一片萧条景象。这就是说,私欲的

"恶之花"结出的是公共利益的善果。这就是著名的"曼德维尔悖论"。从道德的角度看，以自利驱动的行为是应该受到谴责的，但如果想以"公共精神"的道德情怀来建立一种充满美德的繁荣社会，那只是一种"浪漫的奇想"，历史的发展残酷地证明：私欲支配的个人恶行恰恰是社会繁荣的动力，马克思在《资本论》中不也承认这一点吗？依此而言，"杀猪封山契"的效应一旦离开相对封闭的古老乡村环境，也就必然会失效。我从内心赞成、赞誉"杀猪封山契"里所包孕的精神和生活秩序是美轮美奂的，可面对历史的巨大发展，你认为徽州山民的生活是幸福的吗？你问过"他们"，特别是"他们"中的年轻人的梦想吗？我告诉你，走出大山，告别封闭的乡村生活，绝对是他们最大的梦想。《红与黑》中的于连，《蜗居》中的海藻姐妹，相隔近二百年的时空，做的却是同样的梦：义无反顾地走向并不生态的都市生活。

乙：他们幸福了吗？

甲：不幸福，但他们有过幸福的梦。

乙：你说这种"梦"和"桃源梦"相同吗？

甲：我知道你会说出许多不同，我认为最大的相同就是：梦就是梦，它不可能变成现实，只能成为文学艺术家的题材，所谓生态美学的虚幻性和政治上的乌托邦也就是这样的梦。如果你想把徽州山民的生活方式变成所有中国人的生活方式，或者说把"杀猪封山契"视为解决生态危机的灵丹妙药，那更是白日做梦。我也给你看一段文献，1983年9月，湖北省黄石矿务局矿史办公室编辑出版了《湖北黄石煤矿史》。书内辑录了清嘉庆四年（1799）时大冶地区一煤窑穿水淹死18名矿工后，县府于嘉庆五年（1800）封井并禁止挖煤的碑文。石碑是矿史办的人员在一座山头的荒坟蔓草间发现的。全文如下：

  古人云：死生亦大矣。岂不痛哉！然人有生之日，岂无死殁之期？为我兄弟，协力掘煤，命运不济，惨遭煤垅（窿）淹毙之厄，殁于嘉庆四年（1799）十一月二十三日夜子时。在于竹墩宕，淹毙一十八名。报明县主陈勘明，见集水浩大，尸首难捞，详明上宪，宪谕做坟立碑，惨痛不忍！何思日月推迁，手足之情难割；骨肉山上，县宪谕封，永垂万古。官山竹墩宕一面，甘结封禁，永远不得开挖取煤。冯姓人等，不得以山没坟；众性（姓）人等，不得以坟占山。

呜呼痛哉！今立石碑，永垂万亿，不得朽坏云。（按，死者姓名从略）

你说，这位二百年前的县太爷做得绝吧，"现代工业""经济发展"在他眼里，肯定没有任何地位，相反，人之"死生亦大矣"，为此，他可封山为坟，并下禁令"永远不得开挖取煤"。看看今天已满目疮痍的大冶河山，他这一绝对生态化的禁令真不知是历史的悲剧还是历史的笑料。张之洞在京城时，以恪守道统博得清流美名，可他主政两湖期间，不也一反清流本色，为了大清江山而大办洋务，又得"中国重工业之父"之称谓。下令在大冶建矿时的张之洞想必是没有看见这块正好百年前的"禁令碑"的，不过，就是听闻了此事，作为一心力挽"千年未有之危局"的"远东第一能臣"，他会为了生态放弃其"图强"大业吗？

乙：我承认你的诘问具有不可辩驳的"历史必然性"。我不否认历史进程的逻辑性，也不反对作为个体的社会成员随着社会发展追求高质量生活水平的合理性，问题在于：人类以牺牲生态环境的代价换取高水平生活的模式应该终结了，竭尽地球资源的资本主义生产方式和享乐式的消费主义生活方式给人类的幸福承诺才是"黄粱一梦"，而在《理想国》《乌托邦》《桃花源记》（包括"杀猪封山契"）这些凝结人类生存经验的文献里，却有着指引我们走出生态困境、创造和谐社会的文化智慧。所以，这位立下"禁令碑"的七品芝麻官虽没有立下张之洞那样的"赫赫功勋"，但是，他的所作所为，今人看来近乎荒唐，倘若像陈寅恪一样，对古人抱以"同情"理解之心，我们就会发现，这位县令的"禁令碑"，对于今天生态的治理而言，包括对生态美学，其实有着许多值得玩味的意义。

甲：你说的意义何在呢？

乙：我们可以对这份文献作出如下分析：县令是权力的执掌者，煤矿是公共资源，矿工是人（而不是纯粹经济学意义上的生产者或消费者，如哈丁的"公地"上的"放牧者"；曼德维尔的"疯狂追逐自己的利益"的"蜜蜂"），矿工的生命价值就是人的生命价值，这是考量一切活动价值的终极标准，故"死生亦大矣"。显然，在这位二百年前的县令的心里，"煤矿"只是一种生存的资源，但其存在的价值不能超越生命的价值而变成一架纯粹生钱的机器，他手中的权力是确保治下百姓有一个让生命得以安宁的家园。所以，他不会为了矿主的私利进行权钱交易（看看今天人们早已司空见惯的形形色色的"隐瞒矿难""暴力强拆"等事件的背后，哪一件不是资本与权力在联手肆无忌惮地剥夺公共财产成为私人或利益集团的私产），也不允许生命在财富面前失去应有的价值而"惨痛不忍"，什么叫"绿色政治"，这就是。当然，今天的社会已不是古典的乡村社会，经济发展已成为时代的主旋律，徽州山民走出封闭的生活方式也是必然的，只是权力的执掌者既不能把自己变成私欲化的"经济人"，也不能把百姓当成单一的"经济人"，权力应是所有生命"家园感"的守护者，是确保公共资源为每一个公民平等享用的制度保障，而不是相反。今天的中国，数以亿计的农民离开了他们世世代代居住的乡村，可都市是他们的"家园"吗？他们原本的"家园"还在吗？我们今天一浪高过一浪的相互攀比的城市开发，硕大的广场、成片的楼房、奇异的人造景观……或许我们生活的环境有了视觉上的"美"，可"家园感"却离我们越来越远。故有人说："席卷中国的城市美化运动与其说是经济的推动，不如说是权力的产物。权力所导致的视觉焦虑在我们生活中的无处不在，经常吃不上早点，因为小摊贩被撵光了；生活费用不断地提高，因为城中村没有了，小贩只好租住高级公寓；自己的家被推土机围起来，因为你的房子太旧太难看了；自行车电动车不让上街了……照这个样子发展下去，每个人要出门必须打扮得跟'领导'或者'妓女'一般隆重才行，否则就不许出门，免得破坏视觉形象。"我想，生态美学当下的第一要务就是要向各种冠冕堂皇的"权力美学"及其实践进行宣战，如此，生态美学本应具有的政治学、社会学、伦理学的研究维度和批判精神才能确立，也只有如此，"杀猪封山契"和"禁令碑"中所包孕的文化智慧才能在当下显示出实践的意义。

甲：你关于"权力美学"的议论我赞成。"权力美学"往往打着文明与美化的名义，打着大众的旗号，可是，"权力美学"的标尺是权力，而不是人，它以讨好权力为出发点，以满足权力的成就感为归旨，与以人为尺度的目标经常不一致，甚至错置，故而无视个人的审美偏好，甚至无视基本生存、生活权利，个人最终成为"权力美学"的埋单人。

乙：更严重的是，在权力的强制之下，人们的生存空间往往成为权力任意涂改的调色板，居民多样化的审美趣味遭到蔑视，公共资源的开发利用得不到充分的民意协商，外在的和谐秩序掩盖着内在的不和谐，可以说，这是最大的生态危机。

甲：照你这么谈论生态美学，倒还真是有一点走出书斋、面向当下问题的味道。

乙：回到我们开头的话，大概可以这么归结：生态问题不单单是人和自然的问题，首先是一个社会问题、文化问题，生态危机的表征是自然环境的恶化，但根由在于人类社会、文化的危机，所以，生态美学必须关注人类自身社会组织和文化系统出现的生态危机，协同诸多社会人文学科，面对实际问题，在尘封的历史、民间中发掘文化智慧，为解决人类生态危机作出具有实践意义的回应。

原载《文艺新观察》2013年第3期

【附记】2012年下半年，湖北省文艺理论家协会主办多年的《文艺新观察》酝酿改版，主编李建华约我参与了杂志改版后的栏目设计和编审事宜，"生态文明与艺术"作为杂志特别策划的专栏由此产生。为了不断提高栏目的质量，笔者对中国生态美学研究的发展做了粗略的系统阅读，阅读过程中自然有了一些想法，但并没有形之于文的打算。《文艺新观察》2013年第3期编稿时，"生态文明与艺术"栏目一时没有合适的稿子，于是就有了"急就章"式的本文，又因《文艺新观察》并非纯学术化的刊物，不宜在学术思想层面多费笔墨，故采用了一个虚拟对话的文本形式。

20世纪90年代开始，生态美学、生态文艺学、生态批评的研究迅速成为中国美学、文论研究中广受关注的前沿和热点问题之一。比较乐观的评价者认为："在经过了萌发和草创阶段之后，目前已进入了学理的探索、丰富和深化阶段。尽管中国生态批评及其理论形态的生态文艺学、生态美学目前尚未完全发展成熟，但理论上的尝试和建设及争鸣已开启了学科建构的新视角、新观点，极大地推动了学科的发展，中国的生态批评和生态美学研究已初见规模，并必将在新世纪中国文论建设中承担起自己的责任。"（党圣元：《新世纪中国生态批评与生态美学的发展及其问题域》，《中国社会科学院研究生院学报》2010年第3期）作为国内生态美学研究大力推动者的曾繁仁认为："生态美学是1994年由中国学者首次提出来的一种崭新的审美观"（曾繁仁：《生态美学——一种具有中国特色的当代美学观念》,《文化研究》2005年第4期);"生态美学的产生不仅是一种时代与现实的需要,而且还是当代美学学科全方位的突破,具有崭新的革命意义"(曾繁仁:《生态美学在当代美学学科中的新突破》,《中国文化报》2010年10月27日)。但决然相反的意见也随之而起,如有人指责"生态美学"是"一个时髦的伪命题"(王梦湖:《生态美学——一个时髦的伪命题》,《西北师范大学学报》2010年第2期),有的学者认为表面繁荣的生态美学研究之后,实际上潜藏着中国当下美学的"危机":"近年来,随着国内生态美学在历史文献方面的深度开掘,这种'首创论'在某种程度上受到了冲击","最近数年,国内的生态美学研究虽然维持着表面的繁荣,但理论上已经疲态渐显。主要原因在于它长期停滞于对人与自然关系的一般讨论,对如何从美学角度切入生态问题一直缺乏有效的手段。"(刘成纪:《生态美学的理论危机与再造路径》,《陕西师范大学学报》2011年第2期)

笔者以为,围绕生态美学展开的争论确实暴露出中国当下美学发展的潜在危机,张法在《思之未思——中国百年美学之思》(美学研究网,2006年6月21日)中就一针见血地指出:中国美学患有"不敢思想"的软骨病,这种"不敢思想"的软骨病导致美学面对中国社会的现状,整体(当然不是全部)呈现出一种令人担忧的"失语"状态。"清华大学社会学系社会发展研究课题组"的系列研究报告才真正展现出人文社会学科应有的发展方向:从事人文社会科学研究的知识分子应该责无旁贷地承担起建立中国社会公共性的责任,用自己的知识参入社会实践之中。正是有了这样的研究理念,他们才可能在社会学的专业领域里,发出警醒之言:中国的当务之急是"制约权力,驾驭资本,制止社会溃败"("清华大学社会学系社会发展研究课题组"的系列研究报告之二:《走向社会重建》,2011年11月19日,《战略与管理》2010年第9/10期合编本)。费孝通先生在晚年总结自己对中国社会结构的研究时,就已指出:在中国社会重建的过程中,知识分子既不能屈从权力话语和权力意志,也不能为知识而知识,脱离社会,而是要有"文化自觉""文化自决"的主体性,规范和引导权力中心,使社会控制走向法治,而不是人治。(费孝通:《个人·群体·社会》,《费孝通文集》第12卷,群言出版社1999年版)

2004年和2005年,朱大可在《中国新闻周刊》和《学术探索》先后发表《中国建筑的头号敌人权力美学》《权力美学的三种标本》，就充分体现出作者作为一个思想者的批判意识。朱文不仅从历史的角度勾勒出中国"权力美学"的谱系，而且逻辑地包含着如下推论：资本和权力的联姻不仅解构了"差序格局"（费孝通在《江村经济》中提出的概念，类似于一种基于血缘伦理的狭隘的公共性），而且在中国社会城市化的进程中，又收购了本应由知识分子坚守的公共性立场。时下中国，失去制约的权力引发的贪腐愈演愈烈，一方面成为全民共愤、千夫所指的大弊；另一方面，"风尚所至，贪腐不得已而为之""骂贪腐实为羡贪腐"等为贪腐张目的观念甚嚣尘上。如被朱大可先生批得体无完肤的权力美学依然源源不断地制造出各种超大尺度的"景观"……诸多现象说明，我们生活在其中的社会结构不仅在经济、政治层面滋生着权力的贪欲，而且在道德和审美层面容忍甚至欣赏着权力的贪欲，铁道部官员千万元贿选院士的现象，在中国学界其实早已泛滥成灾。2002 年南翔的小说《博士点》就生动展现出"跑（科研）项目"、"跑（博士、硕士）点"的奇观。我曾经纳闷，这部小说为何没有引起评论界的高度关注？十年过去了，我也想明白了，借用一篇评论文章的标题，就是："精神的沦丧与欲望的舞蹈"（潘晓声：《精神的沦丧与欲望的舞蹈》，《济南大学学报》第 16 卷第 4 期，2006 年）。所以柏杨激愤地把中国文化视为浑浑噩噩、善恶不辨的"酱缸文化"。（［补注］"批项目，是导致腐败的根源。即使你是非常成熟的企业家，你也不得不去贿赂官员。而且这个官员可能就希望你贿赂，他就一直刁难你，因为他有这个权力。我觉得应该从根本上取消这些行政机关不应该有的权力。""首先是批项目的权力，全世界只有中国才有这东西。比如你做一个投资，开一个厂，或者说开一个服务性的公司，都有很多行政部门的审批，这就是最大的社会资源浪费，非常低效率，挫伤人创业的积极性，这个必须改。"经济学家胡祖六 2013 年 11 月 2 日接受凤凰财经采访时如此说。）

"近些年来，一种在市场经济基础上重建总体性权力的趋势已经清晰可见：以权力重组市场因素，以权力配置经济资源；以权力的扩张占领社会领域，包括在社会建设的名义下强化权力；以行政权力控制意识形态和舆论，压制正当的舆论监督。其背后的思路和逻辑是，权力要强大到足以全面掌控日益复杂的经济社会生活；而其前景，则是在市场经济条件下重蹈总体性社会与总体性权力的覆辙。"（见"清华大学社会学系社会发展研究课题组"的系列研究报告之二：《走向社会重建》，2011 年 11 月 19 日，《战略与管理》2010 年第 9/10 期合编本）一个简要的结论：当下中国美学，再也不能躲在学院化的体制内自说自话了。

论全球化进程中精神生产的价值属性

就人类文化的延续和文明的发展而言，如何估价全球化进程中精神生产的价值，几成百余年来各人文学科共同关注的一个话题。从思想史的角度看，自卢梭起，康德、席勒、黑格尔、施勒格尔、尼采、波德莱尔、本雅明、阿多诺、福科等思想家在哲学、美学、社会学、文化学、心理学、伦理学等领域中全面反思过现代性的思想传统，其现实指向就是从不同的理论角度诊断全球化进程中精神生产的危机性，并从人类文化价值的高度把这种危机性视为人类文明全面危机的突出表征，从而对商品经济时代精神生产的合理性提出了深刻质疑与批判。客观地看，一方面，全球化态势下各民族精神生产的机制、手段及产品的文化内涵的趋同倾向加快了不同文化之间精神产品的交流和沟通；另一方面，各民族精神生产个性的消失又给人以一种危机的感觉，故精神生产的民族历史性和对民族传统文化价值的传承性，的确是当下精神生产研究中值得注意的一个重点。但是，精神生产在信息/全球经济时代所具有的"危机性"的价值属性并不能仅从理论上加以概定。时下许多论述把马克思也归为上述思想家序列，笔者认为这是值得商榷的。问题的症结在于，我们在认可上述思想家的某些结论的时候，在对全球化进程中的精神生产作总体观照与评判时，不能陷入浪漫主义美学的唯心史观，把商品经济时代的物质生产与精神生产描述为全然对立的矛盾关系。换言之，全球化进程中的精神生产，作为一定历史阶段的产物，必然具有价值上的二重属性，具体而言，其在解构人类传统文化某些价值的同时，又为人类文化的发展提供了某些新的价值基因。

依照马克思唯物史观的观点看来，精神生产的形成、发展根本上依赖于人类社会的物质生产，随着社会物质生产的历史形式的变更，精神生产的历史形式会或快或慢地发生变更。众所周知，马克思在 1857 年写的《〈政治经济学批判〉导言》中提出了"物质生产的发展同艺术生产的不平衡关系"的著名论断，许多学者把这个论断与马克思唯物史观的基本原则分离开来，似乎马克思是在简单重复黑格尔关于市民社会不利于艺术发展的悲观话语。的确，马克思对资本主义生产方式下精神生产的危机性，说过比黑格尔更为激烈的话，"资本主义生产就同某些精神生产部门如艺术和诗歌相敌对"①。但是，马克思同样说过："与资本主义生产方式相适应的精神生产，就和与中世纪生产方式相适应的精神生产不同。如果物质生产本身不从它的特殊的历史的形式来看，那就不可能理解与它相适应的精神生产的特征以及这两种生产的相互作用。从而也就不能超出庸俗的见解。"② 马克思的意思很清楚，所谓精神生产的危机首先是指资本主义社会之前的精神生产的危机，在《〈政治经济学批判〉导言》中，马克思就认为在现代生产和生活方式的条件下，神话、史诗的衰亡是无法避免的，与新的生产、生活方式相适应，也就必然产生具有新的审美意识的艺术形式。而且，随着商品生产的全球化，人类传统精神生产的危机又预示着一个光明的前景，即"由于开拓了世界市场，使一切国家的生产和消费都成为世界性的了。……物质的生产是如此，精神的生产也是如此。各民族的精神产品成了公共的财产。民族的片面性和局限性日益成为不可能，于是有许多种民族的和地方的文学形成了一种世界的文学"③。在马克思看来，这是历史发展的必然趋势。

毋庸置疑，在全球一体化、经济全球化的背景下，几乎所有的行业和部门都受到了市场、利润的制约，精神生产也不例外。至少，在绝大部分大众文化的场所中，传统精神文化的价值体系确已被解构，传统精神生产中视为轴心的道德理念被放逐，作为传统精神产品灵魂的道德属性业已为极度的感官享受所吞噬。与传统精神生产相比较，新的精神生产方式已不再是单一的进行道德说教的工具，其从构成机制、运转体制到目标设置，每一环节生成、展开的内在层面都与当今社会的生产、生活的方式、结构

---

① 马克思：《剩余价值理论》，《马克思恩格斯全集》第 26 卷，人民出版社 1974 年版，第 296 页。

② 同上书，第 295—296 页。

③ 马克思、恩格斯：《共产党宣言》，《马克思恩格斯选集》第 1 卷，人民出版社 1972 年版，第 254—255 页。

息息相关，如法兰克福学派就认为，科技合理性的对象化成果在物质层面上表现为不断发展的生产力，而在精神层面上的成果就是生成一种文化工业。科技理性所提供的技术性前提，保证了大众文化以一种产业化的方式大规模批量生产，从而与前资本主义时代建立在脑力劳动与体力劳动分工基础上的个体精神劳动方式明显区分开来，大众文化产品的形成是一种彻头彻尾的工业化、商业化制作，精神产品已彻底世俗化、均质化、商业化。精通音乐的阿多诺不无忧虑地说，当代音乐生活已为商品形式所统治，人们对音乐的崇拜已异化为对购买音乐会门票所付出的金钱的崇拜。"由于出现了大量的廉价产品，再加上普遍地进行欺诈，所以艺术本身就更加具有商品的性质，艺术今天明确地承认自己完全具有商品的性质，这并不是什么新奇的事。但是，艺术发誓否认自己的独立自主性，反以自己变为消费品而自豪，这却是令人惊奇的现象。"[①]

德国前总理施密特在其近著《全球化与道德重建》中认为，当下精神生产如"文学、戏剧、哲学、音乐、绘画、雕塑、建筑"所面临的危机有两个表征，一是"全球化正危害各国的文化传统"，二是精神生产的日趋商业化使得精神产品成为"追求大众效应的低水准伪文化的牺牲品"[②]。施密特对精神生产危机的概括的理论前提就是对现代性的全面批判和否定，在他看来，经济全球化对民族文化的毁灭性影响，无孔不入的商业化色彩对传统精神生产的全面覆盖，根源就在于现代性价值观的世界性渗透和扩张。2001年"9·11"事件后，这种危机变得更为尖锐，更为现实，"9·11"事件中所包含的经济、政治、文化、民族、宗教等冲突都无疑向我们提出一个无法回避的全球性问题：经济（物质生产）的全球化能否带来精神生产的全球化？或者说，以经济全球化为基础的全球化，是人类文明的一场灾难，抑或是人类文明发展的一个必然的趋势？

与传统以文化精英为主体的精神生产相比较，当下精神生产确实制造出许多"低水准""伪文化"的大众化产品，但把大众化全然等同于反文化、反艺术和反美学，显然是一种贵族式的傲慢态度，若以此全盘否定当下精神生产的历史合理性，只会重蹈德国浪漫主义哲学家们以审美性对抗现代性的覆辙。商品经济时代固然终结了古典审美理想的艺术显现，但不

---

① ［德］霍克海默、阿道尔诺：《启蒙辩证法》，洪佩郁等译，重庆出版社1990年版，第148页。
② ［德］施密特：《全球化与道德重建》，柴方国译，社会科学文献出版社2001年版，第62页。

断扩大的商品生产在刺激人们物质需求的同时，也必然刺激人们的精神需求，按照马克思的理解，当艺术生产真正成为艺术生产的时候，必然会出现有别于古典艺术的新形式，以满足大众的审美需求。本雅明在《机械复制时代的艺术作品》中也认为，尽管现代艺术和大众文化受到商品经济的诱惑，有着畸形的异化成分，但作为艺术生产，比如电影，其借用的现代技术和技术理性同样会制造出有意义的新的艺术形式。应该说，这种立足于大众日常审美体验上的艺术新形式，对物质生产和精神生产由对立走向统一，对大众被压抑的潜能的自由解放，无疑是有意义的。当然，在这样一个亘古未有的历史过程中，艺术生产中民族性与世界性的关系，因政治、经济、文化、意识形态等因素的影响，的确有许多危机性的表征，如艺术生产中的"信息殖民"，就表现出世界范围内艺术交流事实上的不平等，美国电影产量仅占全球电影产量的7%，却占据了全球电影总放映时间的一半以上。在如此严峻的态势下，如何在世界精神生产的殿堂中保持民族精神生产的"身份证"，对世界各国各民族特别是经济、文化相对落后的国家、民族来说，都是一个亟待解决的问题。但是，我们不能面对危机重新闭关自守，并以狭隘的文化理论支撑狭隘的民族性，走向极端的原教旨主义为伊斯兰民族带来的灾难性后果，尤其值得中国思想界注意和反思，因为"21世纪是一个个分裂的文化集团联合起来，形成一个文化共同体，一个多元一体的国际社会"[1]，所以，当下中国精神生产的主旋律就是现代化、全球化，这是趋势，是目标，是我们民族文化复兴的伟大历程，在这个历程中，我们要有与各种文化碰撞的自信心，要有"与狼共舞"的勇气和能力，要有与各民族文化互补兼容的博大胸襟，在精神生产多样化的格局中不断超越本民族文化形态的特殊性，不断提升本民族精神生产模式的普遍性，不断突破本民族精神生产地域的局限性，使中国当下精神生产以多元统一的崭新面貌立足于新世纪。中国加入WTO后，在经济全球化的带动下，精神生产的全球化进程势必进一步加快，同时，这又是一个有喜有忧的充满矛盾的进程。我们的精神生产在中国百余年追赶世界文明发展主潮、实现民族复兴的历程中，主旋律就是现代化（世界性、全球化）。从时段上分析，在改革开放之前，我们文化生产的目的重在改造民族心理的痼疾，激发整个民族向上的勇气和自信，塑造适应现

---

[1] 费孝通：《从反思到文化自觉和交流》，《读书》1998年第11期。

代化要求的新的民族心理。改革开放之后,我们文化生产的产品开始面向世界,走向世界,"生产和消费都成为世界性的了"。有资料表明:"到1999年底,中国已与世界上121个国家签订了文化合作协定,与160多个国家和地区有图书馆、文物、文学、艺术等不同形式的文化艺术往来,与数千个外国和国际文化组织保持着各种形式的联系。改革开放20多年来,仅文化部派出和接待的外国政府文化代表团和文化官员代表团就达630多个,与外国签订的文化合作协定100多个。1998年,经文化部办理的交流项目高达2152起,20791人次。"[1] 显然,加入WTO后,中国精神生产的世界化水平将急遽提升,但是,我们应该清醒地认识到,加入WTO后,我们观念性的现代化势必转化成为WTO所认同的具有可操作性的生产法规,或者说,精神生产的主旋律不再是行政部门对创作提出的一种意识形态的口号,而是由全球化精神生产的市场化规则提供的一个实实在在的空间,使中国文化得以在世界舞台上尽情展现中华民族的风采。在这里,精神生产的主旋律与多样化在全球化的基础上获得了内在的统一性,也得到了确切的界定,即主旋律不仅体现为精神产品内容上的现代化(民族文化立足当今世界的包容性、开放性、创造性),而且体现为精神生产机制、文化市场建立的现代化水平,按照马克思主义的观点,后者是前者的基础;多样化就是中国精神生产在遵循、利用WTO规则的前提下,与其他民族的精神生产进行自由竞争。两者间的关系是目的与手段的关系,我们承认当今精神生产中价值观念、生产方式、产品形态的多元存在、多元竞争,目的仍在于使中国精神生产的主旋律能够在全球化的精神生产的大合唱中由弱渐强,直至奏出最强音。

要实现这样一个目标,我们就必须对全球化进程中精神生产的价值属性作出科学的分析。

第一,对精神生产的性质、功能和作用进行再认识。在当下社会中,精神生产已然是一种高度社会化的生产,其产品也就必然具有商品的交换性质,而交换又得依赖市场的形成,从功能方面看,完善的精神产品市场应具有一般商品市场的联系、调节、资源配置、信息传递和利润分配的基本功能,当下中国精神生产的诸多混乱现象均与精神产品市场的不完善有密切的关系。比如近些年电视剧制作中的大投入,小效益,甚至无效益、

---

[1] 刘小敏、李振连:《WTO与中国文化》,广东经济出版社2000年版,第174页。

相同题材的盲目撞车、权力意志（包括地方主义）对剧作拍摄、播映的干预等，不仅造成了精神生产资源的极大浪费，而且助长了粗制滥造的歪风，以致产品在国际市场上缺乏竞争力，如此，关起门来空喊"弘扬主旋律"无疑是一句空话。另外，我们对外交流的文化产品，往往是经过千锤百炼的传统精品，受众范围小，文化层次高。事实上，若没有大批进入国外大众文化市场的文化产品，如电影、电视剧等，我们民族文化精神的现代化的主旋律就难以在域外广大民众的心里扎下根。就像很多中国的儿童一样，他们对美国文化的最初印象，来自市场化中的肯德基、好莱坞电影、NBA、摇滚乐、迪斯尼乐园，而非美国政府派出的文化交流项目。所以，建立和完善精神产品市场，对内可以使精神生产摆脱计划经济时期完全依靠国家财政拨款而形成的懒散习气，强化竞争意识，激活精神生产的内在动力，增强精神生产现代化主旋律的生产力基础；对外则可以与国外精神产品市场全面对接，拓宽精神产品输出的渠道，扩大民族文化的影响。在WTO"游戏规则"GATS（即与文化产业密切相关的《服务贸易总协定》(General Agreement on Trade in Service，GATS) 中，文化交流、文化演出、图书馆等文化服务及娱乐服务等，均属于服务贸易的范畴，故加入WTO后我们与WTO成员的文化交流将获得广阔的市场空间，十分有利于我们深层次地扩大对外文化交流。

　　第二，当下精神生产的价值属性是由一整套制度化的"游戏规则"确定的。WTO是致力于监督世界贸易和使世界贸易自由化的国际组织，WTO的所有文件，都遵循非歧视贸易、可预见的不断扩大的市场准入、促进公平竞争、鼓励发展与经济改革等基本原则。这些原则是全体成员共同认可的。中国加入WTO意味着中国将遵循这些原则，将遵循自己对WTO的所有承诺，包括在文化艺术产业发展方面的承诺。这就意味着我们将对一切与WTO"游戏规则"相抵触的"游戏规则"进行修改和调整，从而使中国文化产业更加符合国际惯例，更好地融入世界精神生产发展的大潮。就此而言，当下精神生产所具有的价值属性已完全超出传统精神价值的范围，更多地介入当下社会生产、社会生活的结构转换的过程。就中国而言，它是一个新制度的建设过程，是一个破旧立新的过程。在旧的体制下，非歧视性原则、公平竞争的原则往往成为一纸空谈，以报业和出版业为例，计划经济体制下的权力意志依然很大程度上决定着一家报社、一家出版社的命运，强迫基层单位订阅报刊、强迫中小学生订购出版物的事之所以屡见不鲜，无一不是大大小小的权力对精神生产和文化市场的蛮横干预。这种干预的实质是以人代法、以权代法，其结果是让刚刚起步的文化市场失去了现代化的基础——非歧视性原则、公平竞争的原则，导致文化市场的失范和失序。更为严重的是，旧体制下的管理、运行机制、经营人才、管理水平、法规建设、产品结构、质量上的种种弊端与不足都会在权力的庇护下继续存在，甚至恶性发展，实为近些年来文化产业中普遍存在的粗制滥造、唯利是图的风气的总根源。显然，一个由权力意志左右的精神生产和文化市场是无法与世界接轨的，也无法生产出真正体现我们民族文化现代化主旋律的产品。

当然，我们应该清醒地认识到，精神生产和文化生产机制的现代化、全球化虽然是精神产品全面向世界展现民族文化现代化主旋律的根本出路，但是，全球化精神生产中的价值的多元性存在和相互激烈竞争的态势表明，中国进入 WTO 并不意味着从此踏入天堂之门，而是"与狼共舞"。多种文化观念的交汇、碰撞，多种经济成分的介入，多种文化产品的涌入，都会使精神生产的多样化出现前所未有的复杂局面，所以，我们应该坚持一个基本原则，即所谓精神生产的多样化，必须是为民族文化现代化主旋律服务的，是实现民族文化现代化目的的手段。只有这样，进入WTO 后的中国精神生产，才能保持自己的独立性。具体而言，我们的应对原则应该是：进入 WTO，驾驭 WTO。也就是说，我们在遵循 WTO 游戏规则的同时，要充分利用 WTO 的游戏规则进行自我保护。

从规则上看，WTO 为不同文化创造了一个平等交流、公平竞争的空间，但人类文化交流史的经验告诉我们，不同民族之间的文化交流事实上是不平等的，发达的民族、国家的文化输出、文化影响必然大于落后的民族、国家。许多西方学者都指出，全球化语境不是一个中立或中性的概念，像最先明确提出"全球化"这一词语的布热津斯基，其本意是将美国作为完美的国家范型予以兜售，同时要让人放弃对"帝国主义"的批判。更进一步的事实是，经济领域中的全球化不是大致对等的依赖，而是呈明显的偏斜性特征：在全球经济体系中，发展中国家过多地依赖西方发达国家，如资金的依赖、技术的依赖、产品的依赖等。这种偏斜性特征同样表现在文化生产领域，甚至更突出，如西方大国的报纸、广播、电视以及通讯社垄断了绝大部分的信息传播资源，二十多个富有的工业化国家仍然在媒体资源和传播能力方面遥遥领先，而许多贫困国家则是媒体资源匮乏、传播能力低下。再比如在国际电影市场中，美国的影片出口量一直居高不下，雄居世界电影市场的龙头老大的地位，相比较而言，世界各国年进口影片在 100 部以上的国家达 83%，而且，各国对进口影片的依存度高，国内生产量与国内放映总片数之比超过 10% 的国家也仅有 30 个，可见，大部分国家严重依赖进口电影市场。面对如此不平衡状态，就连英国、法国、德国等发达国家都不得不采取措施，限制美国电影的进口量。由此观之，我们的电影市场在对 WTO 成员全面开放的同时，就应该利用 GATT1994 第四条"有关电影片的特殊规定"中"国产电影片的放映应在各国的电影片商业性放映所实际使用的总时间内占一定最低比例"的条款，以保护国产影片的市场份额。这并不是一个单纯的经济问题，因为文化产品不同于物质性的消费品，其内含的文化观、价值观都直接影响着民族文化的独立性、延续性。在文化生产全球化的过程中，各民族、各国家都在努力发掘自己传统文化的现代意义和人类价值，力求走向世界，并试图使自己的民族文化成为未来人类文化的主导、主体、主流文化，所以，在文化生产的多样化中坚持民族文化的独立性，又是民族文化现代化的一个必要保障和发展目标。美国著名的未来学家阿尔温·托夫勒在 1990 年出版的《权力的转移》说："全球化不等于同一化。我们可能看到的不是已故加拿大传播学者马歇尔·麦克卢汉所预言的单个地球村落，而是大量不同的地球村——它们都被纳入到新的传播系统，同时又努力保持或加强各自的文化、种族、国家或政治个性。"[1]

总之，全球化进程中的精神生产始终是整个社会生产的一个有机组成部分，其尽管在审美形态上迥异于传统艺术的审美范式，并集中展示了当下社会中人类精神的异化现象，但是，全球化进程中的精神生产是了解人类精神史的"钥匙"，在其危机性的表征之后，又历史地显现出人类精神运动的本质、规律及生产机制的性质，并显现出精神生产与物质生产一体化的进程和趋势。所以，我们既要看到当下精神生产的危机性，又要从理论上科学地阐释其所包含的丰富内涵，不能简单地重复西方反现代性语境中的话语，如此，我们才能客观分析全球化进程中精神生产的特点及性质，正确把握精神生产在人类文化发展史上的独特内涵，其既有生产的经

---

[1] 阿尔温·托夫勒:《权力的转移》，刘红等译，中共中央党校出版社 1991 年版，第 318—319 页。

济学含义、精神的审美含义，又有完善现代社会结构，调节现代人类心理情绪的社会学、心理学功能，如此，我们才能更客观地探讨全球化进程中精神生产的新的价值属性。

原载湖北大学哲学研究所、国际价值学会编《价值论与伦理学论丛》第 2 辑，湖北人民出版社 2002 年版

第二辑
文化问题

模仿与原始社会中的伦理道德

模仿，在人类原始文化中有着重要的意义，如达尔文说："就人说，模仿的原则是强有力的……野蛮人尤其如此。"① 但学界对模仿的研究往往侧重于美学和文艺学领域②，相比之下，汤因比在《历史研究》中对模仿的论述则别有新意，他说："在原始社会和文明社会里，模仿都是社会生活里的一种普遍特征，但是它在这两种社会里发生作用的方式却不相同。在静止的原始社会里，模仿的对象是当时活着的老一辈的人和已经死了的祖先，因为他们代表着'习惯的堡垒'，而在文明仍在生长的社会里，模仿的对象却是那些打破了常规的富有创造性的人物。本能虽然一样，但是模仿的方向却相反。"③ 笔者无意赞同汤因比的历史观，但汤因比所说的原始社会和文明社会中模仿的不同性质和功能却值得我们注意；换言之，原始社会中的模仿是为了保存"传统习惯"，是为了维系群体的公共意志，这种功能本质上决定了原始社会中模仿的伦理性。

---

① [英]达尔文：《人类的由来》上册，潘光旦等译，商务印书馆1986年版，第109页。

② 如古代的亚里士多德把模仿视为诗的起源，他说："从童年时代起，人就具有模仿的禀赋。人是最富有模仿能力的动物，通过模仿，人类可以获得最初的经验，正是在这一点上，人与其他动物区别开来，而且人类还具有一种来自模仿的快感。"（苗力田：《亚里士多德全集》第9卷，中国人民大学出版社1994年版，第645页。）当代的美国文艺批评家 M. H. 艾布拉姆斯亦说："模仿倾向——将艺术解释为基本上是对世间万物的模仿——很可能是最原始的美学理论。"（M. H. 艾布拉姆斯：《镜与灯——浪漫主义文论及批评传统》，郦稚牛译，北京大学出版社1989年版，第7页。）

③ [英]汤因比：《历史研究》上册，曹未风等译，上海人民出版社1986年版，第273页。

我们知道，原始社会中的伦理道德是一种由诸多代代沿袭、约定俗成的具体禁忌（如食物禁忌、性禁忌）、礼仪（如诞生礼、成年礼、葬礼）所构成的生活实践方式，这些禁忌、礼仪很可能因时因地而异，但其核心主旨却是相通的，即维护群体存在、促进群体发展是每个群体成员最高的责任和义务，每个个体成员的思想、情感、行为都必须无条件地服从群体的公共意志。由此而论，伦理道德意识是人类最早的社会意识。由于人类早期语言的简陋性还无法将社会化的意识系统地物化出来，因而，在生产、禁忌和礼仪中扮演重要角色的模仿，便成为原始社会中传承伦理道德意识的工具和手段，或者说，当时的现实生活语言还无法准确传递和有效交流社会伦理和道德的信息，故早期人类的模仿活动实际上是"与人们的物质交往，与现实生活的语言交织在一起"①的意识活动，与高等动物的模仿行为相比较，早期人类的模仿活动已是一种高度意义化、集体化的社会行为，所以，其在原始社会伦理道德意识的起源、形成和传承中，应该有着重要的作用。

一

模仿活动与生存活动的同一性。原始的模仿本身就是原始初民适应、改造环境的一种生存手段，加之彼时活动的群体（社会）性质，可以说模仿渗透在一切活动和一切活动样式之中，既是物质生产的要素，又是精神——集体心理表象——生产的要素。

我们知道，"非人类灵长目动物会学，但不会教，它们通过模仿、尝试、游戏来学习"②。在人类形成之前，模仿作为一种行为方式，已在高等动物中广泛存在，但还不具有精神和社会意识的品性。因为在高等动物那里，尽管也有复杂的群体结构，甚至有着合作狩猎的例证，但是，不能制造工具的群体只能是动物性的群体，它们依然直接依赖自然界，包括使用天然工具在内，也就是说，非人类灵长目动物还没有把自己与自然界从根本上区分开来，其群体结构也是由自然环境决定的。由此，群体内个体

---

① 《马克思恩格斯选集》第1卷，人民出版社1972年版，第30页。
② ［美］M. R. 基辛：《当代文化人类学概要》，北晨译，浙江人民出版社1986年版，第17页。

与个体间的差异仅仅是生物性的自然差异，彼此的活动方式仍是一种简单的同一和重复，即使是远远高出低等动物的使用天然工具的行为，同样只需要简单的模仿、尝试便可一代一代地沿袭。只有当人类的祖先能够自觉制造工具时，早先动物性的群体结构才质变为全新的社会结构。工具制造不仅使人类正在形成的社会结构突破了旧有的生物性束缚，依照生产方式——如完整的制造生产工具的技术工艺结构、从计划到实施的狩猎技术工艺结构、狩猎集团和非狩猎集团的划分——来重新构建，而且在此基础上形成了人与人之间的社会交往关系。如此复杂的生产方式显然对每个个体提出了全新的能力要求，日新月异的生产经验、新的社会生活原则已不是简单的模仿、尝试——动物性的学习方式——能掌握的了，生物性的模仿活动必定要嬗变为社会性的活动，因为"生产活动的产生意味着一种崭新的、动物界所没有的活动形式的出现，这种形式把生产活动的经验固定下来。已经制造出来的工具，从实质上说就是物质化了的，由于建造它而对象化在其中的活动。每当新的一代走向生活，他们都通过工具这一形式接受上一代凝固在物质对象上的活动经验，然后他们又加上自己的经验，并以这种丰富了的形态传给下一代"①。在这一过程中，工具的活动亿万次重复，使不同类型的活动中共有的、相似的成分显露出来，最终积淀为动作技能得以模仿的心理学基础。皮亚杰关于思维结构来源于动作结果的思想表明，动作技能的形成以及通过模仿而代代传承、发展是外部活动内化为早期人类集体心理表象的关键，它说明早期人类的模仿活动已超出直接的生物性目的，集体心理表象的形成集中体现了早期人类模仿活动与生存活动同一的社会性，由此，人类祖先使用工具的模仿活动，不仅具有生产的功能，而且内在地包含着交往的功能。在有声语言产生以前，即在早期人类的直观动作思维阶段，其面部表情、身体姿态和声音信号一起构成群体信息交流的基本手段，而且由于生产技能的普及，群体中每个成员借助于特定的技能动作，就能引起其他成员的有关活动的表象，由于人们的实践活动和观念活动，具有类似的动作原理和相似的结构，所以，在原始社会中，模仿的"活动及其动作不仅是观念活动的深厚基础，而且

---

① ［苏］谢苗诺夫：《婚姻和家庭的起源》，蔡俊生译，中国社会科学出版社 1983 年版，第 123 页。

它也是由外部向内部转化的途径和手段"①。有了这种内化,才真正形成了人类对道德规范的内在需求。

如北美印第安人在举行成年礼时,即将成年的部落成员,一边模仿操练各种生产技术,一边模仿各种图腾舞蹈和仪式,使成年者在头脑中构成一幅精神的图像,以正式确定其与图腾的关系。有些氏族在举行成年礼时,必须模仿图腾形象。如狼氏族的少年,便用狼皮裹着身体,与其他同样装束的伙伴混在一起,两手按地,装作四足行走,并模仿狼的叫声,然后学习战斗、杀戮、吞噬。不同民族行成年礼时的方式当有种种不同,但在仪式过程中,借生产知识和图腾观念的传承而唤起个体对集体心理表象的认同、渲染集体意志的神圣性却是相同的。

总之,在人的生产方式中扮演重要角色的模仿,既是早期人类群体生存的社会经验、知识传承的载体,又是在群体生活意志和规范的框架里整合、建构人类社会性心理的实践过程。

二

模仿与模仿对象的同一性。在原始集体中,并不存在个体的自觉意识,自觉意识只是在集体的共同心理层次上以神秘、互渗的方式表现出来,集体把个体联合为一体,以集体意识的形式和神秘情感来把握这一点。以图腾崇拜为例,当原始人用舞蹈、图画模仿出图腾象征物并用之于仪式时,图腾象征物与图腾部族成员之间就在神秘的想象中达到一体化的状态,至少在庄严的仪式氛围中,原始人全身心都被诸如认同、祈望、恐惧等情绪所震撼,图腾被生命化,人也与图腾同化了,以至于原始人在心理感受上达到了与图腾象征物的交互感应:"自我将其全部能量全部精力统统倾注在这个唯一的对象上,生活在这个唯一的对象中,沉迷于这个唯一的对象。……聚集所有的各种力量于唯一的一点,这一行动正是全部神话运思和神话表达的前提。"② 模仿活动的这种沉迷状态,正是原始社会中伦理道德意识独特的文化功能:公共意志是群体生存中每个成员的最高律令,模仿的每一种形式都是为了强化和渲染公共意志的权威性。从

---

① 张浩:《思维发生学》,中国社会科学出版社1994年版,第197页。
② [德]恩斯特·卡西尔:《语言与神话》,于晓等译,三联书店1988年版,第59页。

内容上看，原始社会精神生产的核心就是要每一个成员从小就树立起与集体同在的意识，一切生产知识、社会习俗的传授，一切模仿的仪式活动，都是在无意识地灌输公共意志。在形式上，由于原始社会的公共意志是不可言说也无法言说的一套习俗、规范、禁忌和仪式，其充满着神秘、敬畏、严肃、怪诞甚至令人恐惧的意味，就结果而言，这种神秘性恰是原始人类有效灌输公共意志的手段。故有学者说，在原始社会，"我们发现自我感与一定的神话——宗教群体感直接融为一体。只有当自我把自身认作某群体的一员，懂得自己与其他人组成家庭、部落、社会组织之统一体时，他才感受和认识到自身。只有处身于和通过这样的社会组织，他才拥有自身；他本身的个人生存和生命的每一体现都关联着环绕他的整体生命，尽管这种关联要凭借若干不可见的神秘纽带。"①亨利·柏格森在《道德与宗教的两个来源》中对原始社会中模仿的神秘性的道德底蕴做了更清晰的分析，他认为，对人的道德意志的"训练"有两种方式，一种是文明时代的诉诸人的理性——认知和反思——的训练；另一种则是原始社会中的"神秘的方式"，即通过"对某个人甚至某个精神团体的模仿"，从而到达"对群体习惯的采纳"，"这是一种自动的训练，这种训练自发地发生在个人感到他自己的一半已融入集体之中的那些场合……毫无疑问，如果这种类型的道德是完整的，则它在紧要关头就能顶用"②。

　　以马克思主义的观点来看，图腾模仿活动中的神秘性并非不可理喻，图腾意识的形成不是个别人孤立进行的，也不是原始人纯粹的精神活动，而是同一个生产集体的人生产生活实践过程中共同完成的。其伦理学的意义在于：人与图腾对象的神秘的同一性，就恰恰导致了同一个生产集体的人们之间的现实的同一性，既然大家都把自身的灵性等同于同一个图腾对象，那么，在这个图腾对象身上不是就恰恰显现出所有这些人的现实的同一吗？这种认识成果推行到社会行为规范方面，就形成了同一个生产集体的人们之间的平等原则。对于原始人来说，具有同一个图腾就意味着社会

---

① [德] 恩斯特·卡西尔：《语言与神话》，于晓等译，三联书店1988年版，第195—196页。
② [法] 亨利·柏格森：《道德与宗教的两个来源》，王作虹等译，贵州人民出版社2000年版，第87页。

地位的平等，而平等的根据正是具有同一个图腾。所以，有学者认为："图腾意识的形成和平等原则的出现是同步行进的，前者正是后者的认识论基础。"①

三

模仿手段和目的的同一性。在原始社会中伦理道德意识的生产和传承过程中，模仿既是手段，又是目的，也就是说，内含公共意志道德品性的模仿是一种内在式的手段，即不是外在于目的的、前目的的纯粹手段，而是自身构成目的之必要组成成分的"手段"。一方面，种种模仿行为皆有助于群体的生存目的；另一方面，个体生命的"完满"和"幸福"感也全有赖于此。所以，原始社会中的模仿并非个人或少数人独有的技艺，它首先是群体生存的手段，表达的是群体的意志，调动的是群体的情绪和力量，它只能也必须是群体的情绪、意志和行为，在模仿活动体现公共意志这一点上，原始社会中伦理道德意识达到了手段和目的的相对统一。

与文明时代伦理道德规范的制定与实践间的普遍矛盾相比较，公共意志使群体生存的每个成员都是模仿活动的参与者和享有者，这种特点调动了每一个成员最大的参与热情，个体与群体达到了最大限度内的谐振，并由此催化出人类生产终于超越动物般存在的社会性情感动力，考察原始部落模拟性舞蹈的学者留下的文字记录生动地体现了这个特点："狩猎民族的舞蹈一律是群体的舞蹈。通常是本部落的男子，也有许多次是几个部落的人民联合演习，全集团于是按照一样的法则和一样的拍子动作。凡记述舞蹈的人们都再三指陈这种'令人惊叹的'动作的整齐一致。在跳舞的白热中，许多参与者都混合而成一个，好像是被一种感情所激动而动作的单一体。在跳舞期间他们是在完全统一的社会态度之下，舞蹈的感觉和动作正像一个单一的有机体。原始舞蹈的社会意义全在乎统一社会的感应力。"② 由原始社会精神生产的全民性激发出来的巨大的创造性的生产力，

---

① 蔡俊生：《人类社会的形成和原始社会形态》，中国社会科学出版社1988年版，第170页。

② ［英］格罗塞：《艺术的起源》，蔡慕晖译，商务印书馆1984年版，第170页。

是令人无法想象的。如在中国旧石器中期的许家窑文化遗址中，发现各类石器 14000 多件，其中最引人注目的是多达 1500 个的石球，这些石球小型的重 90—500 克，中型的重 500—1000 克，大型的重达 1500—2000 克。这些石球的用途是什么，学者们对此有不同的解释，或物质性的，或精神性的，令考古学家们大感不解的是这些石球的滚圆程度，若是单纯的生产工具，似乎没有必要花费如此大的精力和大量的时间，其用途可能包含着精神性的因素。这些石球不是天然形态，考古学家贾兰坡认为这种石球的制作分三步："1. 先把砾石打击成粗略的球型；2. 再反转打击去掉边棱使它成为荒坯；3. 最后，左、右手各持一个荒坯对敲，把打击时出现的坑疤磕掉，即成滚圆的石球。"① 如此复杂的制作程序说明，制造如此多的石球该需多少懂得制作技艺的生产者！有人觉得依当时的群体生活人数来看，完成这些石球实在是不可思议，但依笔者之见，在物质生产和精神生产之间的分工还没有出现的当时，制作石球的技艺在生存群体中肯定相当普及，绝非少数人专有，其过程应是一个知者示范教学、不知者模仿实践的滚动过程，也就是说，如果没有每一个集体成员充满激情的参与，就不可能有制作许家窑石球的奇迹，这些石球是不是今天意义上的精神生产的产品并不重要，其中凝聚着的某种精神和文化品性也许告诉我们，在这里，集体生存的目的与萌芽状态中精神生产的目的达到了一种原始而高度和谐的状态，精神生产激发出来的创造力几乎毫无损耗地用之于集体生存的活动。

早期人类模仿活动中诸多原始的同一性，有着一个让现代文明无法企及的伦理指向，即人的全面与和谐的发展，既有实践技能，又有精神创造性；既有个体的自由天地，又须臾不离开集体，一句话，早期人类的物质需求与精神需求、灵与肉的原始的完满统一，可以说在模仿活动中得到充分的展示。在某种意义上，我们可以说，伴随工具制造而形成的社会性模仿活动，当是促进人类进化和社会发展的重要动力之一。我们知道，直立人及其旧石器早期文化存在了一百多万年，早期智人和旧石器中期的文化只在不到 10 万年的时间就进入到下一阶段，而晚期智人的旧石器晚期文化不过 2 万—3 万年，人类即发生农业革命。进入新石器时代后，文化演进速度更是先以千年后则以百年计。人类文化演进过程中突然出现加

---

① 贾兰坡：《中国大陆上的远古居民》，天津人民出版社 1978 年版，第 97 页。

速度，原因自然非常复杂，但原始模仿活动的特殊功能，是值得我们深入研究的，仅就原始模仿活动中潜藏的人的全面、和谐发展的伦理指向而言，在诸多困境中挣扎的现代文明，回眸原始模仿活动的伦理真谛，不无意义。

原载《伦理学研究》2004 年第 2 期

论肉类食物在人类原始文化形成中的作用

人们常用"茹毛饮血"来形容人类祖先的原始状态,其实,从人类食物对象的演化与人类文化形成的相互关系来看,茹毛饮血,即从专门食用植物转为兼食肉类,并进一步发展为以肉食为主,实在是人类原始文化形成、发展的基本前提。恩格斯在《自然辩证法》一书中论及"劳动在从猿到人转变过程中的作用"时,就明确指出食用肉类是人类劳动形成的必要前提。他说:"劳动是从制造工具开始的。我们所发现的最古老的工具是些什么东西呢?根据所发现的史前时期的人的遗物来判断,根据最早历史时期的人和现在最不开化的野蛮人的生活方式来判断,最古老的工具是些什么东西呢?是打猎的工具和捕鱼的工具,而前者同时又是武器。但是打猎和捕鱼的前提,是从只吃植物转变到同时也吃肉,而这又是转变到人的重要的一步。"[①] 显然,作为人类最初劳动对象的肉类食物,究竟对原始文化的形成有哪些重要的影响,理应成为研究的对象。本文拟从三个方面探讨肉类食物在人类原始文化形成中的作用。

一 肉类食物对人类体质进化的影响

古人类学材料证明,灵长类基本食素,猿猴甚至害怕肉的腥味。在人类进化过程中,食素时间比食荤时间长得多,这一点可以从人体内酶的组成比例中看出。人体内淀粉酶的数量超过实际需要量的十倍;蛋白酶数量同实际需要量相比略有多余;而人体内脂肪酶的数量同实际需要量相比,只勉强够用。但是,人类的远古祖先是在自然环境的逼迫下开始食用肉类

[①] 恩格斯:《自然辩证法》,《马克思恩格斯选集》第3卷,人民出版社1972年版,第513页。

食物的。由于第三纪中新世的地壳运动，从树上下到地面活动的腊玛古猿，在植物性食物对象减少的情况下，开始了以天然工具袭击小型动物的活动，肉食逐渐成为新的食源。在肯尼亚特南堡腊玛古猿化石的地层中，就发现了几百件被砸碎的哺乳动物的化石头骨、小腿骨。南方古猿生存的年代，非洲平原上有着非常丰富的动物群，一些弱小的缺乏进攻力的哺乳动物便成为南猿的食物来源。如在南非马卡潘斯盖德发现，与南猿共生的同一地层中，狒狒头骨化石，百分之八十都被敲击过或被砸破，可以想象，食肉已成南猿经常性的生理需求。到直立人阶段，工具制造与火的广泛使用，促使最初人类的狩猎规模进一步扩大，肉类食物随即成为食物来源中的主体部分。在周口店北京直立人居住过的山洞中，就既有被火烧过的朴树子，也有大量砸碎的动物骨头。对非洲直立人遗址的考察证明，生活在当时非洲草原上的刺猬、箭猪、鼠类、野兔、狒狒、蜥蜴、龟、蛇等小型动物及各类昆虫，都已成为直立人的猎取对象。在某种意义上说，是人类食物对象的改变才使火的使用变得重要起来，而火的利用反过来又使富有营养的肉类消除了异味和细菌，真正成为可口、有益的食品。于是，人类的食物对象从单一的植物变为杂食与熟食肉类，便在人类体质演化史显示出重大作用。一般来说，动物蛋白质的质量高于植物，如酪蛋白、肌凝蛋白、卵清蛋白等，植物所含的量远远不如动物所含的多。人体需要的八种氨基酸，如赖氨酸等，不能在体内自行合成，只能从植物或动物那里去吸收。但除大豆外，一般植物中缺乏多种氨基酸，人类要吃许多不同的植物，才能满足体内合成八种氨基酸的需要。可是在动物身上，八种氨基酸则几乎是现成的，含量亦丰富，人类可从动物身上直接摄取。从素食转为杂食、荤食，无疑促成了人类体质的飞跃和形态的巨大改观。如南方古猿的寿命不过三十来岁，而北京直立人的寿命已延长到50—60岁。故恩格斯说："食物愈来愈复杂，因而输入身体内的材料也愈来愈复杂，而这些材料就是这种猿转变为人的化学条件。"[①] 除为狩猎导致直立行走、发音器官的完善外，杂食与熟食最主要的作用是促进了脑的发展。人脑主要是在劳动和语言推动下发展起来的，但也离不开一定的物质条件。人脑细胞活动的方式与结构比猿脑复杂得多，而脑细胞活动需要补充大量的蛋白

---

① 恩格斯：《自然辩证法》，《马克思恩格斯选集》第3卷，人民出版社1972年版，第513页。

质。考古学资料表明，从南方古猿到爪哇直立人，两百万年中脑容量仅从700立方厘米增加到855立方厘米，平均一万年增加不到1立方厘米，可到"北京直立人"，则迅速增加到1043立方厘米，平均一万年增加10立方厘米。由此可见，"既吃植物也吃肉的习惯，大大地促进了正在形成中的人的体力和独立性。但是最重要的还是肉类食物对于脑髓的影响；脑髓因此得到了比过去多得多的为本身的营养和发展所必需的材料，因此它就能够一代一代更迅速完善地发展起来"[1]。我们完全可以说，因食用肉类食物而引起的人脑变化，为人类思维活动的发展、语言表现能力的提高奠定了坚实的物质基础。没有这个基础，人类文化中丰富多彩的创造将是无法想象的。

二 肉类食物对人类生产方式的影响

肉类食物对人类生产方式的影响主要有以下几方面。

其一，肉类食物的需求直接促进了原始时代最基本的生产资料——劳动工具的飞速发展。在素食阶段，最初的猿人仅使用天然工具，如石块、树枝，就可挖掘植物的根茎或吓退猛兽，狩猎经济的发展使肉食成为主要食物对象后，人类工具革命的序幕便拉开了。以历经数百万年的旧石器文化中打制石器为例，为不断适应日趋复杂的狩猎生产方式，石器的打制技法也就逐渐趋向精密熟巧。器型的规范化和品种的多样化，以及打制成形前对石料的事先加工和成形后的多种再加工，到旧石器晚期较之早期，工效和技艺之精良提高不啻千百倍。据近人研究，以一磅重的砾石原料能提供的工具使用面积——刃缘的长度来看，在能人阶段的砾石工具文化中只有5厘米，直立人阶段的手斧提高到20厘米，早期智人的旧石器时代中期文化则达100厘米，而晚期智人的旧石器时代晚期文化则可高达300—1200厘米，以最高值计，较能人的原始阶段提高240倍。

其二，拓展了生存空间。在素食阶段，早期猿人的活动范围极其有限，植物食源的相对充分无法刺激出迁移、拓展的欲望。而当肉类食物成为主要食物后，人类与自然环境间的平衡状态就被打破了。美国人类学家

---

[1] 恩格斯：《自然辩证法》，《马克思恩格斯选集》第3卷，人民出版社1972年版，第514页。

马文·哈里斯曾做过如下推测:"让我们以加拿大埃德蒙顿的 100 名旧石器时代的印第安人为例。狩猎者们每年每人平均猎取 13 只野兽。四口之家中有一个人以每周一只野兽的平均速度杀害野兽……对野兽的捕获并不难,在地区的兽群捕杀殆尽,必须寻找新的地域之前,这群猎手每 20 年翻一番。在 120 年中,埃德蒙顿的人口增 5409 人。这些人以每平方英里 0.37 人的密度集中于纵深 59 英里的战线地带。在战线之后,巨兽已经绝迹了。到了 220 年,这条战线将到达北科罗拉多,在 73 年内,这条战线越过剩下的 1000 英里,前行至(墨西哥湾),该战线纵深将达 76 英里,人口超过 10 万人的高峰。这条战线一年的前进里程不超过 20 英里。在 293 年内,猎手们将消灭 9300 万只大野兽。"① 这种推测当然未必精确,但它生动地说明了早期人类是如何在肉类食物的诱惑下,一步步走出自然的生物圈,从而建立起崭新的社会生活空间。

其三,逐步提高了生产活动的社会化程度。获取肉类食物的狩猎活动是异常复杂的社会活动,石器制造的一整套工艺流程,狩猎活动从周详计划到具体实施,捕获食品的分配与消费,都使早期人类不得不告别本能、有限的生物性协作方式,代之以大规模、有意识的分工协作的方式。关于这一点,澳大利亚土著居民为我们提供了活生生的证明。在集体围猎袋鼠过程中,他们"将参加的人分成两组:一组是追逐的人,其中包括妇女和儿童;发现袋鼠以后,追逐的人就叫喊和吆喝起来,把它们赶到最熟练和最有经验的猎人已预先设下埋伏的那一边去,这时猎人们突然从掩蔽物的后面跳出来,用长矛击中向他们跑来的袋鼠。比较复杂的一种方法是用树枝或特制的网筑一道栅栏。用栅栏从三面将某一地区围起来,袋鼠群就从敞开的那一面被赶进来。有时栅栏筑得弯弯曲曲的,在角落里留些空地,空地上挖了一些深的陷阱,陷阱上用枯草和泥土做了伪装;被追迫的袋鼠在被围地区寻找出路的时候,必然会掉进陷阱中去"②。在这里,从掌握动物的活动规律,熟悉地形地貌,制订狩猎计划,到组织适当的人力物力,形成严密的协作力量和灵活机动的群体行为体制从事狩猎,不仅已是一个完整的技术工艺结构,而且也表明人类劳动的社会组织形式正是在

---

① [美] 马文·哈里斯:《文化的起源》,黄晴译,华夏出版社 1988 年版,第 514 页。
② [苏] C. A. 托卡列夫、C. H. 托尔斯托夫主编:《澳大利亚和大洋洲各族人民》,李毅夫等译,三联书店 1980 年版,第 138 页。

猎取肉类食物的活动中发展起来的。

其四，导致人本身生产的社会结构的形成。在动物那里，即使在从猿到人的进化过程中，两性间的关系只有生物学意义，只知其母，不知其父的状况长期束缚着人类自身生产的发展。只是在狩猎生产发展后，两性间的混乱状态才开始具有了一些社会性规范。如狩猎集团从采集集团分开，成年男子和不带小孩的成年女子主要从事狩猎，带小孩的妇女和其他老弱成员主要从事采集，两个集团的生产分工导致原始混沌的两性关系开始向习俗化、制度化的群婚制过渡。因为追踪动物，成年人集团常远离居所，不同辈分间的性关系慢慢疏远，故天长日久，不同辈分的祖父母与孙子女和父母与子女间的性生活就被排除了。人类自身生产的结构的形成显然迅速提高了人类人口生产的质量，同时，狩猎生产所需要的智力与体力又进一步促成了人类逐步意识到提高人口生产质量的必要性，于是，人类自身生产的结构和方式才在获取肉类食物的狩猎生产的刺激下，以不断适应物质生产方式变革而变革着自身。

三 肉类食物对人类文化心理的影响

肉类食物不仅从生物学上改变了人类的体质，而且，为获得肉类食物而展开的一系列人类活动在很大程度上塑造了人类的文化心理。

其一，狩猎活动的发展逐渐改观了人与自然环境的关系，人类开始以一种强烈的主体意识直观大自然，昔日对自然的盲目依赖与本能顺从为多种多样的创造性活动所代替。当然，原始人尚不能把自身与自然界间的区别从理论上区分开来，也还没有发展到把自身特化出来的程度。但是，考古学证明，在狩猎经济得到长足发展的旧石器中期，远古人类就萌发出原始宗教的意念。他们无法解释自身所独有的灵性——精神现象，于是就以类比的方式，把自身的灵性等同于，确切地说对象化为个别的自然对象，反过来又在对象身上感应到自身的灵性，图腾崇拜由此产生出来了。在某种意义上，图腾崇拜即人类最初的自我崇拜，是人类主体意识的原初显现。

其二，狩猎活动所必需的严密组织性导致社会意识的产生。在动物那里，虽也存在一定的群体结构，但其间除生物学联系，如获取食物、繁衍后代等行为中的低水平协同外，很难产生出广泛复杂的社会性交往。与动物相比，人类狩猎活动有意识性决定了其间个体成员相互协调的高水平，既有机体行为上的配合，更得认知、情感上的共鸣，这样才能充分保障人类群体的稳定性。所以，当动物协同取得食物后，食物分配上也就盛行恃强凌弱的原则，相反，人类从狩猎生产中诞生出的群体意识则催化出平均分配的原则。从此角度看，原始图腾观念中至关重要的血缘意识正是初民强化群体中社会关系的反映。每个个体成员都与图腾有血缘关系，故在图腾面前，人人平等。

其三，狩猎活动的技巧性刺激了人类的自我意识。当人类以整体力量获得抗衡自然环境的主体性后，个体的发展水平也跃进到一个崭新的阶段。无疑，复杂且充满技巧的狩猎活动为每个个体充分表现自我能力提供了舞台，而能力高超的个体成员虽不会享有物质上的特权，但是，他可获得整个群体精神的奖励，或者成为群体活动中的领袖。如在狩猎中有突出表现的战士，常常可得到兽角、兽骨制成的装饰品，以此作为勇敢、灵巧的象征，并得到群体内女性的青睐。个体自我意识的发展不仅进一步深化了人类的主体意识，而且极大地丰富了社会意识的内涵。

其四，狩猎活动诱发出人类的生命意识。狩猎活动使人类对动物的生理学感性知识空前提高，而这一点正是人类认识生命的前提。狩猎中被捕获的动物的生命终结形态无疑促使人类开始关注自身的生命现象，宰杀动物中的解剖常识很容易使早期人类意识到自身与动物的类似性。所以，图腾多以动物形态表现出来。在这点上，原始人对图腾灵性的崇拜实际上透露出渴求生命永存的精神信息，而万物有灵、灵魂不死等原始宗教的内容无非是人类生命意识的虚幻表现。

总之，在人类文化学的视野中，人类从食素到食荤，应是一个复杂而重要的课题。

原载《湖北大学学报》（哲学社会科学版）1994 年第 6 期

试论原始社会中的教育问题

人类文化的发展，须臾不可离开教育。文明时代的教育原则、方式虽是一定时空条件下的特定反映，但从人类文化的延续性来看，文明时代的教育原则、方式应有一个形成、发展的根基，这个根基不仅彰显出文化与教育的共生的关系，同时也是衡量人类社会诸阶段中教育原则、方法的一个基本尺度。所以，认真研究原始社会中的教育问题，是一个极其重要的课题。尽管作为一种特定的文化行为方式，原始时代的教育问题已在很大程度上无法作出实证性的研究，但只要我们全面、深入地把握原始文化的整体概貌，原始时代的教育问题就应该可以得到一种逻辑性的阐释。另外，人类学家对近代以来仍处在原始社会阶段的一些部落的研究，也可帮助我们推测人类原始社会教育的一般情况。有鉴于此，本文不揣简陋，谈谈对原始社会中教育问题的几点看法。

一

教育的起源除去劳动、思维和语言等基本条件之外，还有着生物学与社会学的前提。我们知道，"在灵长类进化中，胎盘的效率逐渐增大，增加了供给胎儿的营养，使怀孕期的延长成为可能，这样有利于减少生产的次数和子代的数目。许多哺乳动物一次生产大量的幼仔，由环境作出选择，而高等灵长类通常是一产一仔，子体得到亲体的悉心照顾，有长时间学习的机会，能更好地生存下来"[①]。据人类学家对黑猩猩的实地考察发现：黑猩猩的婴儿有 4—6 个月完全离不开母亲，幼儿要母亲喂养 4—5

---

① 吴汝康：《古人类学》，文物出版社 1989 年版，第 52—53 页。

年，继之还要在母亲的窝里住 3 年，因此一直到 8 岁左右才独立。黑猩猩漫长的依赖期说明，当动物演化至高等灵长类，学习已是生存的必要条件。特别值得注意的是，黑猩猩是灵长类中除了人以外能够使用工具的最出色的代表。它们能够站立着使用棍棒和投掷石块，也能用两只脚站立起来，边跑动边使用棍棒和投掷石块。"黑猩猩还会把咀嚼过的树叶当海绵使用，它会用这种'海绵'把树洼洞中的积水给吸出来。黑猩猩每年在一定的时期内吃食白蚂蚁。它们能用'钓鱼式'的办法把白蚁钓到手……黑猩猩能够在这类活动中仔细地选择适合的器材，把器材准备得长短合适，而且每当要出发去钓白蚁时，还会事先准备好几根备用的小树棍。黑猩猩的这种行为是通过观察而学会的，幼小的黑猩猩常常注意地观看它的母亲或者兄弟姐妹如何钓白蚁，而且自己也要求试一试。所以这种行为是后天学习所获得的一种本领，而不是先天所固有的本能。"[①]尽管黑猩猩还不能制造工具，其使用工具的行为本质上仍是一种适应环境变迁的生物性行为，但使用工具又非生物学的遗传本能，而需要后天长期的观察、模仿、尝试。一句话，黑猩猩的生活方式告诉我们，在人类祖先由猿到人的漫长转变过程中，学习已成为一种新的需要，一种必备的生存手段，人类个体成熟的较长依赖期又为学习必须花费的时间提供了可靠的保证。同时，人类制造工具之前的使用工具行为又加剧了人体形态、大脑结构的改变，由此引起的思维的发展、语言能力的萌发等，一并成为教育起源的生物学前提。

有的学者认为："非人类灵长目动物会学，但不会教，它们通过模仿、尝试、游戏来学习。"[②] 这个见解很深刻。在人类形成之前，学习作为一种行为方式已在高等动物中广泛存在，但为何没有出现相应的教育活动呢？除思维、语言能力的障碍外，有一个重要的因素，即教育只能是一种社会性活动。在任何高等动物那儿，尽管也有复杂的群体结构，甚至有着合作狩猎的例证，但是，不能制造工具的群体只能是动物性的群体，它们依然直接依赖自然界，包括使用天然工具在内。也就是说，非人类灵长

---

① [美] D. 匹尔比姆：《人类的兴起》，周明镇等译，科学出版社 1983 年版，第 49—50 页。

② [美] R.M. 基辛：《当代文化人类学概要》，北晨译，浙江人民出版社 1986 年版，第 17 页。

目动物还没有把自己与自然界从根本上区分开来，群体结构也是由自然环境决定的。由此，群体内个体与个体间的差异仅仅是生物性的自然差异，如年龄、性别等，彼此的活动方式仍是一种简单的同一、重复，即使是远远高出低等动物的使用天然工具的行为，同样只需简单的模仿、尝试便可一代一代地沿袭。只有当人类的祖先能够自觉制造工具时，早先动物性的群体结构才质变为全新的社会结构。工具制造不仅使社会结构突破旧有的生物性束缚，依照生产方式——如完整的制造生产工具的技术工艺结构、从计划到实施的狩猎的技术工艺结构、狩猎集团与非狩猎集团的划分——来重新构建，而且在此基础上形成了人与人之间的社会交往关系。如此复杂的生产方式显然对每个个体提出了全新的能力要求，日新月异的生产经验、新的社会生活原则已不是简单的模仿、尝试——动物性的学习方式——能掌握的了。因为"生产活动的产生意味着一种崭新的、动物界所没有的活动形式的出现，这种形式把生产活动的经验固定下来。已经制造出来的工具，从实质上说就是物质化了的、由于建造它而对象化在其中的活动。每当新的一代走向生活，他们都通过工具这一形式接受上一代凝固在物质对象上的活动经验，然后他们又加上自己的经验，并以这种丰富了的形态传给下一代"[1]，由此观之，社会化生产方式的出现便历史地加速了教育的起源，或者说，从人类诞生的第一天起，教育便成为人类文化延续、发展的不可或缺的部分。同时，原始教育得以实现的物质条件——思想和语言——也终于在社会化生产方式的作用下，由一种生物学上的潜能演化为一种社会学上的现实，"最简单的有意识制造的劳动工具的产生，已经意味着最简单的概念的产生，而这些概念或者应当由集体的一个成员传递给另一个成员，或者应当作为既得经验的总和传给下一代。这样，在产生最简单的概念的同时，也就产生了最简单的传递信息的形式——声音信号"[2]。所以，教育的需要、目的以及教育的形式都是人类社会的产物。

---

[1] [苏]谢苗诺夫：《婚姻和家庭的起源》，蔡俊生译，中国社会科学出版社1983年版，第123页。

[2] [苏]阿列克谢耶夫等：《世界原始社会史》，汪连新等译，云南人民出版社1987年版，第99页。

二

从人类教育的起源来看，原始教育的最高准则及最终目的只能是一个尺度：生存。我们知道，原始初民的生存方式首先得依赖社会集体的存在，面对严酷的生存环境，任何游离于集体之外的个体都将无法生存。所以，由新的生产方式催生出来的原始教育并非单纯的知识传授体系，所谓生产技艺、社会规范的传授均服从于对集体意识的强化。[①] 在当时的条件下，知识（生产技艺）和文化（社会规范）仅属于每一个生存的集体，也是群体内共同的生活资料，每一个个体都有权利接受知识传授，亦有义务去学习遵守社会规范。诚如马克思所说："在生活资料由社会共同生产和共同分配的原始公社里，共同的产品直接满足公社每个社员、每个生产者的生活需要，产品或使用价值的社会性质这里正是在于其共同的性质。"[②] 原始社会的这种"共同的性质"从本质上决定了原始教育的基本特征。

第一，教育活动与生存活动的同一性。前面我们已说过，原始教育本身就是原始初民适应、改造环境的一种生存手段，加之彼时活动的群体性质，可说教育活动渗透在一切活动及一切活动样式之中。就知识（生产技艺）传授而言，每个石器工具制造场地，每次狩猎活动过程，都是教与学的场地，都是对教与学的检验。不难推测，石器打制技法的逐渐趋向精密熟巧，器型的规范化和品种的多样化，以至打制成形前对石料的事先加工和成形后的多种再加工，如此复杂、完整的技术工艺结构若想一代一代地延续，进而发展、丰富，没有随时随地的精心教育和认真的学习，就不可能有知识的延续和发展。比如："近现代处于原始社会阶段的许多部落的儿童们尤其是男孩，从很小的时候起就被训练做各种工作。三四岁的孩子就学习打猎，敷设捕机捕鱼，驾驶小船等，七八岁就进行更复杂的狩猎、捕鱼等活动。"[③] 与黑猩猩相比，原始时代的人类似乎缩短了成熟期，

---

① 参见拙作《原始社会伦理规范初探》，《湖北大学学报》（哲学社会科学版）1993年第5期。

② 马克思：《评阿·瓦格纳的〈政治经济学教科书〉》，《马克思恩格斯全集》第19卷，人民出版社1974年版，第413页。

③ 林耀华：《原始社会史》，中华书局1984年版，第387页。

很早就步入生产领域，这种现象也从一个侧面说明，人类的生存活动方式较之非人类高等灵长目的生存活动方式更为复杂，非简单的模仿、尝试就可获得生存能力，相反，需要长期的学习、刻苦的训练，方能适应人类不断发展、变化、完善的生存方式。因此，原始时代的人类儿童之所以提前进入生产领域，完全是教育活动与生存活动相统一的产物。在此统一性中，原始教育自然而然地体现出知识教育与生产实践相结合的教学原则。尽管此时的知识缺乏严密的逻辑体系，更无自觉的教育体制、完备的教学设施，甚至没有现代文明传授知识所必备的明确语言与交流传播知识信息的文字，但也正是在这种原始条件下，文明社会中书本知识与生产实践相分离的现象才得到天然的遏制。知识直接为生产实践服务，生产实践又直接检验知识的有效性。

第二，教育者与受教育者的同一性。在原始教育中，并无专职的教育者，或者说，生存群体中的每一个个体在社会角色上，具有相同的文化含义，即每个人，不论男女老少，都是生产劳动者。能传授知识的人首先就是能在生产实践中熟练运用知识的人，能在仪式活动中演示社会规范的人，同时就是崇敬社会规范的人。为了集体的生存，向后代悉心传授生产技艺，动情讲解社会规范，可以说是原始时代每个成年人的责任与义务。值得注意的是，这里的教育者与被教育者，尽管有传播知识文化和接受知识文化的区别，但这种区别仅仅是由实用、有效的经验所决定的，而不是文明时代的教育所崇拜的逻辑、观念形态的真理体系。如此，原始时代的被教育者很容易直观地理解教育者传授的经验，并且能很快与教育者在共同的生存活动方式中达到实践的同一性。在原始人那里，实用、有效的生产技艺、社会规范正是以极强的实践功能激发起教育和受教育的双重热情以及两者之间和谐的认同感。在原始壁画、神话传说中，在近现代一些原始部落的种种神秘仪式中，我们都可找到证明上述同一性的根据。与此相比，文明时代的教育者，面对分裂、矛盾的社会，他所传递的多半代表统治阶级意识形态的知识体系、社会规范，即使有多么严密的逻辑性，也必将与社会现实相冲突。由此，文明时代的教育者与被教育者，本质上缺乏达到同一性的社会基础。

第三，教育手段与目的的同一性。原始时代共同生产、共同消费的生活方式不仅决定了教育双方实践上的同一性，即直接目的就是维持集体的生存，而且在集体的生存中，任何手段（包括教育），都与此直接目的相一致。今天我们已很难考证原始时代具体的教育手段,但从人类学家对高等灵长目动物行为的研究和近现代原始部落提供的资料来看,这一点可以得到较为充分的说明。

我们知道,低等动物一经出世就要自谋生路,高等动物自幼却得到长时期的哺育,而它们迅速发育的肌体又需要足够的运动量,因此便常在行为上表现出一种无实际功利目的的好奇好动。随着年龄增长,这种好奇好动又发展为对成年动物行为的戏剧性模仿,这样的游戏活动有着对未来需要的本领事先训练的意义。如果说高等动物幼时的游戏活动已具有学习的意义,那么,在人类教育活动的原初阶段,以游戏为教育手段,应是非常自然的事情。比如,"解放前鄂温克人没有学校,对儿童的教育由父母担任。从孩子们记事起,就通过讲故事、说谜语给他们传授知识、带领他们到森林中去打猎,培养他们独立参加生产和社会活动的能力"[①]。从现在文化人类学的研究成果来看,繁多的原始社会中的游戏活动无一不包含着教育内容,儿童游戏是这样,成人游戏也如此。在此状况下,学习本身不仅有着符合人的天性的趣味,而且没有任何外在于生存目的之外的目的。

三

从表面上看,原始教育的功能是很简陋的,仅仅在于维持生存。但从人与文化的关系角度看,原始教育中所体现出的功能性法则却是今日教育学理应继承的宝贵遗产。

首先,原始教育维系生存的目的是集体的生存,而非个体的生存。生产方式、生产工具、生产果实的集体所有性质,从根本上决定了原始教育内容与形式的集体性,也在最大限度上保证了教育过程中知识与实践的统一性。尽管这种集体性有着狭隘的地域性,知识与实践的统一性还仅是原始的直接同一性,我们仍然可以看到,正是为了维系集体的生存,原始教育才获得了调动每一个集体成员创造性的文化品性。

其次,原始教育既是初民生存活动中有机的组成部分,那么,原始教育便和文明时代的教育在功能上有一个很大的区别,即原始教育中,生产技艺的传授和文化规范的传授合而为一,或者说,彼时通过教育掌握了生

---

① 林耀华:《原始社会史》,中华书局1984年版,第387—388页。

产技艺的人,也就同时掌握了集体生活中必须掌握的文化规范,两者并无矛盾之处。而在文明时代,知识教育不仅往往与实践相脱离,更严重的是,知识教育并不能确保受教育者不与社会文化规范相冲突、矛盾。结果是,原始时代的教育让每个人都自觉自愿地融进集体,而文明时代的教育,尽管有着集体主义的教学内容,却无法保证每个受教育者能在分裂的社会中真正找到一个安身立命的"家",充满歧义、矛盾的文明时代的文化规范注定现代人的灵魂无家可归。究其原因固然很多,但从教育学上看,知识教育与文化规范的脱节当是一个重大原因,而在原始教育中,分开这两者是无法想象的。如北美印第安人在举行成年礼时,既要操练各种生产技术,又必须熟悉对图腾(实则集体意志)的各种权利和义务,以及各种图腾舞蹈和仪节,使成年者在头脑中构成一幅精神的图像,以确定其与图腾的关系。[1] 再如:"澳大利亚人的成丁礼延续数年之久,男孩子在这期间要接受各种教育甚至是痛苦的磨炼。他们被长期隔离在另外一个住宿地,不许接近妇女,要遵守许多饮食上和其他方面的禁忌;要听老人们讲部落的古老传说、信仰、习俗,学习狩猎和掌握武器的技能。"[2] 经过如此磨炼,才确保了集体的下一代既有高超的生产技能,同时又绝对对集体忠心耿耿。

最后,原始教育中诸多原始的同一性,有一个最大的文化功能,就是让人成为全面、和谐发展的人。倘无原始教育的特殊功能,人类进化断无如此速度。同时,原始教育让人成为全面、和谐发展的人的文化功能已成为人类社会的终极目标,仅就此而言,不管原始教育有着多么大的局限性,也应在现代文明教育的诸多困窘中,认真地向原始教育叩问一下人类教育的真谛。

原载《湖北大学学报》(哲学社会科学版) 1995 年第 3 期

---

[1] [法] 倍松:《图腾主义》,开明书店 1932 年版,第 36—37 页。
[2] 林耀华:《原始社会史》,中华书局 1984 年版,第 388 页。

论原始社会中的精神生产

"精神生产"的概念是马克思首次在《德意志意识形态》中以唯物史观为依据而提出的。他说:"思想、观念、意识的生产最初是直接与人们的物质活动,与人们的物质交往,与现实生活的语言交织在一起的。观念、思维、人们的精神交往在这里还是人们物质关系的直接产物。表现在某一民族的政治、法律、道德、宗教、形而上学等等的语言中的精神生产也是这样。"[①] 按照马克思的理解,在人类历史的发展过程中,精神生产是伴随物质生产发展而发展的,原始社会的精神生产还只是一种初级形式,尽管此时在物质生产和日常生活中,逐渐产生了原始形态的宗教、神话和艺术等,但由于当时生产力水平的低下,社会分工还未出现,社会意识尚未分化,所以,萌芽状态的原始社会的精神生产有着许多值得深入研究的问题。

一

原始社会中精神生产的第一个特点,是"与人们的物质交往、与现实生活的语言交织在一起"的,是人类精神生产的初级形式。原始社会中的图腾观念、巫术仪式、禁忌、神话和艺术遗迹是我们今天探讨人类精神生产初级形式的主要资料。

从起源意义上讲,说原始社会中的精神生产是原始人类生产实践活动的产物,现在有大量的考古学、民族学材料可以证明。以洞穴壁画为例,距今10万年至5万年的新人阶段,即考古学上的旧石器时代晚期,原始

---

① 《马克思恩格斯选集》第1卷,人民出版社1972年版,第30页。

艺术已开始萌芽，新人居住的洞穴里发现了不少壁画，如西班牙阿尔塔米拉洞中的野牛、野马、鹿及其他动物的画像，内容大都与狩猎活动有关，并且所有"狩猎部落的艺术作品都显出极度的一致性"①，正如美国人类学家罗伯特·路威所说："那些荒古的画家需要食物，为求出猎有获起见才画出他心目中的兽类的图形。"② 除此之外，从近代原始部落那里，也可以看到大量的音乐、舞蹈和诗歌以及它们之间组合的艺术形式，都有一个共同的显著特征，就是同生产劳动、实用目的的密切联系。所以说，理解原始社会的精神生产具有"与人们的物质交往"在一起，甚至就是物质生产的一个有机组成部分的特点并不困难，问题在于，如何理解原始社会精神生产与"现实生活的语言交织在一起"的特点？这种"交织"的形式又是什么？

我们知道，在文字产生之前，尽管人类已有了用语言进行交流的漫长历史，但人类早期语言的简陋性还无法把社会化的意识系统地物化出来；再者，面对强大的自然界，还不能以科学手段去利用、改造自然界的早期人类，也必须寻求与异于自己的世界进行沟通、交流的手段，于是，模仿便成为原始社会精神生产"与现实生活语言交织在一起"的物化形式产生出来了。或者说，现实生活语言无法传递的社会信息和无法承担的社会功能，只能由模仿来实现。就此而言，模仿是原始社会精神生产种种形式的灵魂。

在中西古代文献中，对模仿的记载有很多，如古希腊哲学家德谟克利特说：人由于模仿鸟鸣而学会歌唱。中国古代文献说："凡听征，如负猪豕觉而骇。凡听羽，如鸟在树。凡听宫，如牛鸣窌中。凡听商，如离群羊。凡听角，如雉登木以鸣。""帝尧立，乃命质为乐，质乃效山林溪谷音以歌，乃以麋骼置缶而鼓之；乃拊石击石，以象上帝玉磬之音，以致舞百兽。"（《吕氏春秋·仲夏记》）严格地说，这些记载只是描述了一种现象，即原始人类普遍具有模仿的嗜好，但人类为何喜爱模仿，后世的解释则五花八门。如古希腊的亚里士多德在《诗学》中就认为，模仿是人的天性，更多的学者则把模仿视为艺术起源、艺术创造的原因和手段。

从历史进化而言，模仿有着自然的倾向和生物性的基础，高级的动物

---

① [德] 格罗塞：《艺术的起源》，蔡慕晖译，商务印书馆1984年版，第236页。
② [美] 罗伯特·路威：《文明与野蛮》，吕叔湘译，三联书店1984年版，第186页。

已有这种能力,即模仿比自己更聪明的对象,例如猿猴不会去模仿狗熊而只模仿人。史前精神生产的种种痕迹告诉我们,在用文字(诗)模仿世界之前,人类已经有了几万年的模仿历史,人最初的模仿则比动物复杂得多,他们既模仿想象中的比自己更聪明更强大的"神",又模仿未必比自己聪明和强大的动物。显然,与高等动物的模仿行为相比较,人的模仿已是一种高度意义化、集体化的社会行为,虽然它那神秘的外衣,直至今天也还没有完全为我们所揭开。

随着文化人类学研究的深入,学术界开始有人从不同角度对模仿的传统解释发出了疑问:在原始初民那里,模仿并不是简单的技术性的再现,其包含复杂甚至神秘的成分。"今天,摹仿或多或少同义于抄录;而在古希腊,其最初的含义却是相当不同的……正如语言学家所主张的,它的词源是不清楚的。这个词很可能起源于第俄尼修时代祭奠的那种仪式与神秘性活动,就其最初含义而言,摹仿所指的是巫师所表演的祭祀节目舞蹈、音乐与唱诗……这个词在当时只用于舞蹈、动作摹仿与音乐之中,而后来才表示雕塑与戏剧艺术中的现实再造……摹仿并不是指外在现实的再造,而是指内在现实的表现。它并不用于视觉艺术。"① "虽然这种原始的模仿忠实于原始人所看到的事物,但它永远也不可能是普通意义上的复制或仿制。它本质上是一种具有偏见的解释,他摹写下的东西仅仅是那些使原始艺术家觉得有意味的东西……"② 这就是说,原始人的模仿不是机械性的,而是他们活动、活力的表现,最初并非静止地描画一个对象,而是模仿一种具有神奇力量的对象,模仿的对象是原始人想象中的"神",这种模仿具有相当浓厚的原始宗教的色彩,也就必然和原始的巫术、仪式有密切的关系。总而言之,作为原始社会精神生产的物化形式的模仿,具有如下特征。

第一,模仿活动与生存活动的同一性。原始的模仿本身就是原始初民适应、改造环境的一种生存手段,加之彼时活动的群体性质,可说模仿渗透在一切活动和一切活动样式之中,既是物质生产的要素,又是精神生产

---

① [波] 符·塔达基维奇:《西方美学概念史》,褚朔维译,学苑出版社1990年版,第361—362页。

② [美] 苏珊·朗格:《艺术问题》,滕守尧等译,中国社会科学出版社1983年版,第91页。

的要素。如北美印第安人在举行成年礼时，即将成年的部落成员，一边模仿操练各种生产技能，一边模仿各种图腾舞蹈和仪式，使成年者在头脑中构成一幅精神的图像，以正式确定其与图腾的关系。而生产知识和图腾观念，恰是每个原始社会成员立足于群体的必备条件。

第二，模仿与模仿对象的同一性。以图腾崇拜为例，当原始人用舞蹈、图画模仿出图腾象征物并用之于仪式时，图腾象征物与图腾部族成员之间就在神秘的想象中达到一体化的状态，至少在庄严的仪式氛围中，原始人全身心都被诸如认同、祈望、恐惧等情绪所震撼，图腾被生命化，人也与图腾同化了，以至于原始人在心理感受上达到了与图腾象征物的交互感应："自我将其全部能量全部精力统统倾注在这个唯一的对象上，生活在这个唯一的对象中，沉迷于这个唯一的对象。……聚集所有的各种力量于唯一的一点，这一行动正是全部神话运思和神话表达的前提。"[1] 模仿活动的这种沉迷状态，正是原始社会精神生产独特的文化功能。

第三，模仿手段和目的的同一性。在原始社会的精神生产中，模仿既是手段，又是目的，也就是说，模仿并非个人或少数人独有的技艺，它首先是群体生存的手段，但它表达的是群体的意志，调动的是群体的情绪和力量，它只能也必须是群体的情绪、意志和行为。所以，在公共意志这一点上，原始社会精神生产达到了手段和目的的绝对统一，于此，我们才可理解原始社会精神生产的全民性，原始艺术的不同模仿形式如歌、舞、乐之所以会融为一体，原因也在于此。

二

原始社会中精神生产的第二个特点是，因生产力水平很低，分工仅限于自然分工，所以还没有形成独立的精神生产部门，萌芽状态的精神生产泛化在原始人类日常生活的各个方面。

人类是有意识的动物，自从人类社会出现，就存在着意识活动或精神劳动。但在原始社会，人类精神生产的主要功能与文明社会中精神生产的功能有着本质上的差异。我们知道，精神生产与物质生产的分工，是由社会的阶级性质和生产力发展水平决定的。首先，统治阶级需要一个专业的

---

[1] ［德］恩斯特·卡西尔：《语言与神话》，于晓等译，三联书店1988年版，第60页。

精神生产部门为自己服务,马克思说:"既然他们正是作为一个阶级而进行统治,并且决定着某一历史时代的整个面貌,不言而喻,他们在这个历史时代的一切领域中也会这样做,就是说,他们还作为思维着的人,作为思想的生产者进行统治,他们调节着自己时代的思想的生产和分配。"① 在阶级社会中,统治阶级除了负担实际的公共职能和统治职能外,还需要从理论上论证经济地位和政治统治的"合理性",并将这种"合理性"灌输给被统治阶级,实行愚民政策。此外,在物质生产水平很低的社会阶段,只有统治阶级才摆脱了谋取生活资料的重担,有条件、有时间在精神方面获得发展,奴隶劳动是统治阶级有闲的立足基石,有了这块基石,他们才可能在支配物质生产资料的同时,也支配精神生产的资料。

与此相反,原始社会中精神生产的核心功能是维护群体存在,促进、保护群体的发展是每个成员最高的责任和义务,每个人的思想、情感、行为都必须无条件地做到这一点。换言之,公共意志是我们理解、阐释原始社会精神生产的钥匙。正如马克思所说:"在生活资料由社会共同生产和共同分配的原始公社里,共同的产品直接满足公社每个成员、每个生产者的生活需要,产品或使用价值的社会性质这里正是在于其共同的性质。"② 这种"共同的性质",本质上决定了原始社会精神生产的深度和广度。

原始社会精神生产的深度集中表现为:公共意志是群体中每个成员的最高律令,精神生产的每一种形式都是为了强化和渲染公共意志的权威性。从内容上看,原始社会精神生产的核心就是要每一个成员从小就树立起与集体同在的意识,一切生产知识、社会习俗的传授,一切模仿的仪式活动,都是在无意识地灌输公共意志。在形式上,由于原始社会的公共意志是不可言说也无法言说的一套习俗、规范、禁忌和仪式,其充满着神秘、敬畏、严肃、怪诞甚至令人恐惧的意味,就结果而言,这种神秘性恰是原始人类有效灌输公共意志的手段。故有学者说,在原始社会,"我们发现自我感与一定的'神话—宗教'群体感直接融为一体。只有当自我把自身认作某群体的一员,懂得自己与其他人组成家庭、部落、社会组织

---

① 《马克思恩格斯选集》第1卷,人民出版社1972年版,第52页。
② 《马克思恩格斯全集》第19卷,人民出版社1974年版,第413页。

之统一体时，他才感受和认识到自身。只有处身于和通过这样的社会组织，他才拥有自身；他本身的个人生存和生命的每一体现都关联着环绕他的整体生命，尽管这种关联要凭借若干不可见的神秘纽带"①。原始社会盛行的人生仪礼，即每一个人在一生中都有必经的几个生活阶段，每进入一个阶段都必须进行相应的仪式，如诞生礼、成年礼、葬礼等。这些礼仪常常无比怪诞、神秘甚至残忍，如在澳洲原始土著部落中，成年礼的仪式往往持续数年，领受此礼者不仅要恪守严格的禁忌和斋戒，接受种种生产技艺和习俗规范的教育，而且还要承受肉体上的痛苦磨砺：切痕、毁门齿、薅发、施行割礼、置于篝火上熏炙。在马达加斯加，有些信奉牛为图腾的原始部落，为检验新生命能否为部落神接受，竟采用一种无比残忍的方式："当小孩初生时，便放在牛群经过的路上，藉以征验此小孩是否有利于部族；如此小孩被牛践踏过了，则必弄死他，因为这是表明部族的祖先不许小孩加入部族。"② 显然，这些有着神秘意味的仪式，其根本目的就是把个体彻底纳入集体意志的范畴，在神圣而无所不在的公共意志面前，个人意志没有表现的时间和空间，因为，"原逻辑的和神秘的集体思维在社会集体中还占很大优势。在集体的成员之间或者在一定的人类群体与本质上是动物或植物的群体之间实现的共生感，则由制度和仪式直接体现出来。"③

原始社会精神生产的广度则表现为：公共意志使群体生存的每个成员都是精神生产的参入者和享有者。与文明时代精神生产的生产与消费在很大程度上是分离的状态相比较，原始人类的每一个成员都是精神生产的参入者和享有者，而不是脱离生产之外的单纯的消费者或是脱离消费之外的单纯的生产者，这种特点调动了每一个成员最大的参入热情，个体与群体达到了最大程度的谐振，并由此催化出人类生产终于超越动物般存在的社会性情感动力，考察原始部落舞蹈的学者们留下的文字记录生动地体现了这个特点："狩猎民族的舞蹈一律是群众的舞蹈。通常是本部落的男子，也有许多次是几个部落的人民联合演习，全集团于是按照一样的法则和一样的拍子动作。凡记述舞蹈的人们都再三指陈这种'令人惊叹的'动作

---

① [德] 恩斯特·卡西尔：《神话思维》，黄龙保、周振选译，中国社会科学出版社1992年版，第195—196页。

② [法] 倍松：《图腾主义》，胡愈之译，开明书店1932年版，第50页。

③ [法] 列维-布留尔：《原始思维》，丁由译，商务印书馆1981年版，第430页。

的整齐一致。在跳舞的白热中,许多参与者都混合而成一个,好像是被一种感情所激动而动作的单一体。在跳舞期间他们是在完全统一的社会态度之下,舞蹈的感觉和动作正像一个单一的有机体。原始舞蹈的社会意义全在乎统一社会的感应力。"① 由原始社会精神生产的全民性激发出来的巨大的创造性的生产力,是今人无法想象的。就此而言,后世的精神生产不论有多大的成就,但在精神生产的目的和社会理想的实现之关系上,它永远只是原始时代精神生产的小学生。

三

自19世纪以来,以神话为核心的原始时代的精神生产在欧洲得到了学术界的高度重视,并直接影响到欧洲文学、艺术、哲学、心理学、社会学等精神文化领域的诸多变革。"从1880年到1910年的那个年代,是探索原始的人类、人类的内心、人类的深层知识的年代,也是从神话中发掘人类原始观念层的年代。这不是回归到自然,而是由于批判专门的科学而转向了被人们完全忘却的、被无意识完全压抑了的人类内心的发现。"②西方思想界对原始时代精神生产研究中显现出来的一种"寻根意识"带有强烈的反叛现实的情绪,也是对自启蒙时代以来理性精神君临一切的怀疑和批判。人类在快速走向现代化的过程中,在用先进科技征服、改造自然的同时,又破坏了自然界和社会的生态平衡,环境污染、高科技战争的毁灭性……人凭借自身的理性力量创造了无与伦比的物质、技术文明,但这种文明却反过来成为压迫人、毁灭人的异己力量,严重地压抑、窒息、吞噬异化着人们的心灵,高度的技术文明与深刻的精神危机形成巨大的反差。人类向外开拓已进入计算机、宇宙飞船的时代,但人们返观自身时,却发现自己陷身于技术统治和工具理性之中,沉沦于日常生活而遭致人性的残缺和生命欲望的焦虑,丧失了生命的诗意光辉和本真形态。"人类开始不再以对外在的无限追求来自我标榜,而是面对处身的世界去反省现代人的灵魂拯救。他们开始转向那些曾被理性嘲笑的远古神话、仪式、梦和

---

① [波]符·塔达基维奇:《西方美学概念史》,褚朔维译,学苑出版社1990年版,第170页。

② [日]上山安敏:《神话与理性》,安传钊译,上海人民出版社1992年版,第272页。

幻觉，试图在意识与无意识的混沌未开之源中，重新发现救治现代人类社会痼疾的希望。"① 现代人本主义正是把目光从传统的理性方面转向这些长期被忽视或被遗忘的非理性方面，企图突破传统理性的狭窄、僵硬的思维模式，把人类精神活动的非理性要素解放出来，由此，原始社会精神生产的诸多方面便成了20世纪人文学科的一个重要的资源库。克罗齐、柏格森对直觉的推崇，弗洛伊德、荣格对无意识领域的开拓，卡西尔对神话（隐喻）思维的重视，苏珊·朗格对作为"前逻辑"方式情感和生命形式的注意，胡塞尔对逻辑理性的"悬置"、海德格尔对"前结构"的强调和要用"思"与"诗"把语言从"逻辑"与"语法"中拯救出来的努力，伽达默尔"合法的偏见"的提出，尧斯对"审美期待视野"的解释，德里达要"涂去"概念的逻辑表达方式，等等，都试图从不同角度吸收原始社会精神生产的某些要素建立新的理论，以之与单一的科学、逻辑思维相对抗。有趣的是，存在主义的一代宗师萨特在临终前竟把原始的图腾观念作为人类社会重构的一个尺度："兄弟关系的观念是人类成员中间的关系……我的意思是说，广义的氏族观念，氏族的持久的团结，是随着氏族成员认为他们的祖先是某种动物的信念而俱来的，这就是今天必须加以恢复的东西，因为这是一种真正的兄弟关系；也许在某种意义上是一种神话，但它也是一个真理。"②

与西方对原始社会精神生产的理论研究不同，第三世界民族、国家对原始社会精神生产的关注则带有强烈的民族主义的情绪。当下的世界，几乎所有第三世界的民族和国家都面临着一个严峻的现实：一方面，由于现代西方文明的巨大冲击，处于落后文明中的民族与国家再也不能固守落后挨打的状态，都在以不同的方式实现开放，引进和借鉴西方文化，加快本国本民族的现代化进程。但另一方面，泛西方文化又对民族文化的存在构成了严重的威胁。在此背景下，不少第三世界的文化学家、思想家、批评家，以一种深广的民族精神和对人类文化远景的思考促成了持久的国际性的后殖民主义问题的讨论，在非洲、拉丁美洲还有亚洲的印度、日本、韩国、中国、新加坡，都有一大批从事文化、文学、哲学研究的学者在探讨

---

① 王岳川：《二十世纪西方哲性诗学》，北京大学出版社2000年版，第193页。
② ［法］萨特：《存在主义是一种人道主义》，周煦良等译，上海译文出版社1988年版，第193页。

后殖民主义的问题，检视殖民主义与后殖民主义的区别和联系，弄清"非边缘化"和"重建中心"的可能性和现实性，分析因传统流失而失语的尴尬处境，寻找自我的文化身份和在世界多元文化中的位置。

总之，原始社会精神生产的内核应该是人类文明走向未来的重要的思想资源。

原载《湖北大学学报》（哲学社会科学版）2003年第4期

论希腊文化中的青春崇拜

古希腊文化是西方文化的摇篮。歌德曾在巨著《浮士德》中，假借浮士德之口，代表西方后代文化向古希腊文化鞠了无比虔诚、万分敬仰的一躬：

> 这里！我凭借奇迹来到希腊这里！
> 顿时间感觉到我已是脚踏实地；
> 我这个梦中人，有新的精神发扬，
> 象安特乌斯触地而生新力一样。

诗人雪莱说得更动听："我们全是希腊人的；我们的法律，我们的文学，我们的宗教，我们的艺术，根源都在希腊。"

可是，摇篮中的希腊文化虽如同巨人，但心理上仍然是个孩子。马克思在赞誉希腊文化"永久魅力"时，也强调说："希腊人是正常的儿童。""如果和东方人想象中的华丽壮美弘大相比，和埃及的建筑、东方诸国的宏富相比，希腊人的清妙作品（美丽的神、雕像、庙宇）以及他们的严肃作品（制度与事迹），可能都像是一些渺小的儿童的游戏。"就连藐视一切传统的尼采，也无不忧伤地凭吊着古希腊文化："希腊人永远是小孩子，在悲剧艺术方面，他们也是小孩子，在他们手上，不知培植了一种多么高尚的玩物而现在将被粉碎了。"

确实，没有纯真的童心，哪来人类文化童年时期的辉煌篇章？我们崇尚、喜爱古希腊文化，不正是为流淌其间的青春活力而陶醉、钟情？唯此，我们当撩开古希腊文化中"青春崇拜"的面纱，品尝一下希腊人的生活情趣。

什么是"青春崇拜"？就是生命崇拜。青春是初升的太阳，是常青的绿叶。对于怀有童心的古希腊人来说，热爱生命、厌恶死亡，实在是天经地义的事情。古希腊抒情诗人米姆奈尔摩斯在《我们都是绿叶》一诗里吟诵道：

> 我们都是绿叶，在遍地鲜花的春日萌发，／太阳照耀着，转瞬间成长壮大，／在百花盛开的短促青年时代自在玩耍，／哪管它诸神降下来的是祸是福。／那两位阴森的命运女神始终站在旁边，／一位手中拿着"老年"这苦果，／另一位掌握着"死亡"。青春花期短暂，／最多只象太阳照在地上那样长。

诗人对青春的赞誉、崇拜更形象地体现在古希腊的人体艺术中。从古希腊遗存的人体雕塑来看，古希腊人无限崇尚人体的青春美，而不大乐于表现过于成熟乃至衰老的形象。女神无论是否生育过，大都制作成少女的形态：坚挺的乳房，浑圆适中的臀部，没有阴毛；男性神祇中最美的阿波罗神像的体形轮廓也带有青春期少年的圆润柔和感。裸体男像中的阴茎往往虽竖直却很小，就像青春期前的男孩子一样。

从公元前7世纪至公元前5世纪初这段时间，在希腊雕刻发展中被称为"古风时期"。这时雕刻的形象已冲破神祇的范围，现实生活中的英雄人物与战士也被塑造成朝气蓬勃的裸体形象。美术史家们把这些直立男青年雕像统称为库罗斯（Kouros）。库罗斯雕像率先抛弃了希腊早期雕像中人物表情的呆板，反复出现一种"古风时期的微笑"。在女性形象方面，流传至今的《穿无袖上衣的少女》和《卫城出土的柯拉》，更饱含青春的气息：微笑的脸部潇洒而优雅，头发、服饰的褶折飘拂得抑扬顿挫、流淌出欢快的青春颂歌。在希腊艺术的古典时期（公元前5世纪初至4世纪中叶），青春崇拜的主题更是肆意扩张，无所不在。在《画有燕子的陶瓶（两耳瓶）》上，一只飞翔的燕子、一个孩子、一个青年、一个成年人组成一幅优美的迎春图。从题字中可看出，第一个看见燕子的青年人说："瞧，这是燕子"；成年人说："我以赫克里斯的名义起誓，这是真的"；而孩子则用欢乐的欢呼结束了谈话："啊，春天到了！"雕像《拔刺的男孩》《赛跑优胜者》表现着少男少女活泼可爱的生命情趣。前者描绘一个男孩在赛跑中被尖锐的刺扎进了脚，可他依然第一个到达目的地，再悠然自得、专心致志地审视脚板，清除尖刺；后者展现一个少女结束赛跑前的瞬间形态，匀称结实的两脚正要轻快地舒缓下来，短短外衣上袒露着的右胸正在微微侧转，欲展欲收的双手和仍在轻轻摆动的衣角宛如清澈的小溪，无声地汩动着。在此时的神祇雕像中，同样荡漾着青春的旋律。

公元前4世纪，大雕刻家普拉西特列斯雕塑了一件名作《尼多斯的阿芙罗蒂德》：完全裸体的爱与美之神把脱下的衣服放在身旁的石瓶上，举步走向海中去洗浴。据说雕像完成后曾轰动一时，许多远地的人都纷纷来此一睹女神的丰采。虽然这一座雕像预定供祭祀之用，却已没有任何神祇的气息，她纯粹是个娇媚的人间少女。要知道，在此之前，女神的裸体雕像还从未出现过，所以，这座雕像不仅反映出古希腊人把神祇世俗化的人本主义倾向，而且更直接坦陈出古希腊人留恋青春、欢娱青春的心态。到希腊化时期，以阿芙罗蒂德为对象的雕塑不计其数，如那不勒斯的《阿芙罗蒂德像身》《卡乌曼的阿芙罗蒂德》《赫沃辛的阿芙罗蒂德》《贝壳中的阿芙罗蒂德》等，直到《米洛斯的维纳斯》（按希腊名称应叫作《米洛斯的阿芙罗蒂德》），可以说把古希腊人的青春崇拜推到了人的感官所能达到的极致。

古希腊人的青春崇拜同对生命的执着紧密相连，他们把死亡看成是最坏的事，同时也不能接受恹恹无生气的生活。古希腊神话中有个女巫西比尔被阿波罗（日神）赐以永生，但阿波罗忘了赐予她永恒的青春。结果西比尔日渐憔悴萎缩，想死而不可得。这种害怕青春丧失和衰老无生气的生涯，完全是一种青春期少年的恐惧心理。在雅典考古博物馆保存着一件相当完好的少女墓碑，这是一件高浮雕的三人群像。死者是一个尚未成年的女子，她站着正和父母告别，母亲坐在一边，右手握着女儿的手，两人的眼睛互相深情地凝视着，充满依依惜别之情。后面站着少女的父亲，一手支着下巴默默地注视着即将离去的爱女。这种告别青春、亲人离别的哀伤气氛实在是催人泪下。无怪乎古希腊著名女抒情诗人萨福吟出这样的诗句：

死是灾难。这是天神如此判断。否则他们早已死去。

也正是因青春崇拜，古希腊文化中才呈现出许多奇异的风貌。希腊人为了体形的美采用和接受了大自然和人工赐予的、从诞生到健康成长阶段所必需的一切可能条件；它们教会希腊人保存和保证健康的全面发展。

出于同样的理由，延续至今的奥林匹克运动会实际上也是古希腊展示人体青春美的盛大节日。古希腊法律甚至要求所有青年人必须参加体育锻炼，斯巴达城邦的青年每十天必须全身裸露地接受检查，若有发胖迹象，就得节制饮食。甚至在毕达哥拉斯的法典中，也有条文要求防止身体发胖。躯体的任何缺陷都得小心翼翼地予以防备，传说雅典政治家和军事统帅阿尔基维阿达斯在青年时不愿学习吹笛，因为怕脸形扭曲，雅典人纷纷以此为例。为了不让衣服对身体的发育有丝毫限制，希腊人的服饰都宽松无比，或者整幅布由肩披下，任其自然。由此，裸露身体的某一部分直至全裸才在希腊人心中成为一种审美对象。如最美丽的青年才可在舞台上裸体舞蹈，曾以美貌闻名的艺伎弗里娜在埃琉西斯竞技会上，当着所有在场的希腊人的面洗澡，据说，这就是尔后艺术家们创造爱与美之神阿芙罗蒂德的原型。

为了获得理想的青春形体，古希腊还有一种惊世骇俗的方式，即阉割人体（主要是男性）而获得一种有女性意味的美少年。德国著名古希腊学者温克尔曼在《论古代艺术》中说："当希腊的艺术家开始专心于美的观照时，已经在男性青年中知道两性的混合现象。亚洲民族的腐化生活促使他们采用在美少年身上切除睾丸的方法以延长他们的青春期来达到两性的混合。在居住在小亚细亚的伊奥尼亚的希腊人当中，这种双重的两性美变成一种祭神和宗教的习俗，以守护基贝拉（即希腊神话中的土地女神瑞亚）女神的阉割了的祭司的形式出现。"

"理想的青春美的第二种类型是从阉割过的人们身上汲取过来的，在巴克斯（酒神狄奥尼索斯的里底亚文名称）的雕像中，它和刚勇的青春美相结合。这种形象见于巴克斯从少年到成年的各种雕像，在其最优秀的雕像中，他的娇嫩和圆形的四肢，肥胖和宽厚的大腿，具有女性特征。他的形体柔和，有曲线美，象充满着温和的气流；在双膝上几乎没有刻出关节和软骨，这在最美的少年与阉人中是常见的。巴克斯被刻画成刚刚进入青春发育期的少年，在他身上最初的性欲标志开始显露于外表，象冒出来的植物的娇嫩的尖端。"

如果说青春崇拜导致了希腊艺术中阴阳糅合的气质，那么，在现实生活中，青春崇拜则滋生出古希腊人的同性恋趣味。从柏拉图在《会饮篇》中对同性恋的描述来看，可以推想到，同性恋在古希腊该是多么的时髦。

按柏拉图的说法，从前人类本分为三种，在男人和女人之外，还有一种人不男不女，亦男亦女，即所谓"阴阳人"。男人为太阳所生，女人由大地孕育，而"阴阳人"则是月亮的后代。因为月亮同时具有太阳和大地的性格，所以"阴阳人"体力强健，精神旺盛，并自高自大，乃至于图谋反抗神界。宙斯一怒之下，就把"阴阳人"截成两半。"凡是由上文所说的阴阳人截开的男人就成为女人的追求者，男情人大半是这样起来的，至于截开的女人也就成为女情人，男人的追求者。凡是由原始女人截开的女人对于男人就没有多大兴趣，只眷念和自己同性的女人，于是有女子同性爱者。凡是由原始男人截开的男人在少年时代都还是原始男人的一截面，爱和男人做朋友，睡在一起，乃至于互相拥抱。这就是'娈童'和'象姑'们。他们在少年男子中大半是最优秀的，因为具有最强烈的男性。有人骂他们为无耻之徒，其实这是错误的，因为他们的行为并非由于无耻，而是由于强健勇敢，富于男性，急于追求同声同气的人。最好的证明是只有这批少年到了成年之后，才能在政治上显出是男子汉大丈夫。一旦到了壮年，他们所爱的也就是少年男子，对于娶妻生养子女没有自然的愿望，只是随着习俗去做；他们自己倒宁愿不结婚，常和爱人相守。总之，这种人的本性就是只爱同性男子，原因是要'同声相应，同气相求'。"今天来看，柏拉图对同性恋起源的解释当然是无稽之谈，但他毕竟描绘出古希腊人对青春梦境的着魔心态，为延续青春的梦想而宁愿违背自然规律，选择出逃避因生育而衰老的自然之路的荒唐方式——只要开花不要结果的同性恋。所以，从文化学角度看，古希腊人的青春崇拜虽孕育出灿烂的精神文化，但毕竟是一种幼稚而不成熟的文化心理。在某种意义上，古希腊文明终究没有成熟到理智地联合成一个真正的健全的国家就衰亡了，恐怕与其幼稚的文化心理不无关系。

原载《青年探索》1993年第3期

第三辑

学术访谈

"路漫漫其修远兮,吾将上下而求索"
——刘纲纪先生访谈录

编者按 刘纲纪先生,武汉大学哲学学院教授、博士生导师,前中华美学学会副会长,1933年出生于贵州。1956年北京大学哲学系毕业,分配到武汉大学,一直从事哲学、美学的教学和研究,在马克思主义哲学、马克思主义美学、中国美学史、中国书画史论、中国传统思想文化及西方现代美学方面,均有深入独到的研究成果。其代表性著作有《中国美学史》第一、二卷及《艺术哲学》《〈周易〉美学》《"六法"初步研究》《龚贤》《书法美学简论》《文徵明》;代表性论文有《关于马克思论美》《实践本体论》《马克思主义美学研究与阐释的三种基本形态》《毛泽东〈在延安文艺座谈会上的讲话〉解读》等。本刊特委托湖北大学文学院聂运伟先生,就中国当代美学问题求教于刘纲纪先生,并整理出这篇访谈录,以飨读者。

安顺 未名湖 珞珈山

聂运伟:刘先生,您是中国当代著名的美学家,亲历了半个世纪以来中国美学界的风风雨雨,所以,我想这次采访一定是一次有趣的人生和美学巡礼。据说您一生有三个地理坐标:贵州安顺、北京大学、武汉大学,它们是您生命旅程中的三个驿站,其间的生命感受肯定各具特色,若把它们作为三个纯粹审美对象,不知您是否会作出等量齐观的评价?

刘纲纪:(笑)纯粹美只存在于康德的想象中。坦率地说,我钟爱北大,钟爱未名湖。今年北大哲学系出了一本系友回忆录,名为《苦乐年华》,我也写了一篇,题目是《说不尽的感谢》,就两个意思:一是"逝者如斯夫，不舍昼夜"，时光过得太快太快；二是谢谢北大的老师和同学们，他们永远是我记忆中最瑰丽的珍宝。

聂运伟：我很理解您对北大的一片深情。在中国现代历史上，北大代表着理想的开端和归宿。当您从偏僻的贵州奔向北大的时候，是否就有了研究美学的志向？

聂运伟：我对美学的喜爱说来话长。小时候，我喜欢书画、诗歌、音乐，13岁时，还拜了一个私塾老师学绘画，老师叫胡楚渔，贵州遵义人，他的画很有创造性。在他的影响下，我有了当画家的想法。父亲不赞成，因为当时的艺校收费很贵，又得不断购置绘画材料，家里的经济承受不了。学不成绘画，又摆脱不了对绘画的喜爱，我就在课余的时候跑到县图书馆里去，找来一些绘画史和绘画理论的书，囫囵吞枣地读起来，如《石涛画语录》等。由绘画理论到一般艺术理论再到美学理论，这个兴趣的发展过程是自然的，也是逻辑的结果。我读初二的时候，班主任很赏识我的读书兴趣，常常借书给我看，并在贵阳买了本朱光潜先生的《谈美》送给我，这本书是我接触美学的启蒙读物。进入高中后，我又对哲学产生了兴趣，开始了解和崇敬美学、哲学方面的名人和学者。

聂运伟：从您的成长经历看，当年的贵州在文化上看来并不封闭。

刘纲纪：我青少年时期恰逢抗战，许多文化人逃难到贵州安顺，把进步的新文化传播到我的家乡。巴金的《家》、艾青的诗，给了我走出封闭的最初冲动，对美学、哲学的兴趣又强化了"五四"启蒙思想对我的影响。新中国成立前夕，我开始接触马克思主义读物，如艾思奇的《大众哲学》，对现实怀疑、不满，算是一个思想"左"倾的学生吧。

聂运伟：您为什么要将北大作为高考的首选学校呢？

刘纲纪：1952年，我高中毕业之时，全国高校正在大搞院系调整，原来全国高校各个哲学系的著名学者大都集中到了北大，从当年的招生目录上看，只有北大哲学系招生。我当时的想法其实很简单，要研究美学，就得学哲学，考上北大哲学系，我就到了北京，就可以看到我所崇敬的哲学、美学方面的名流学者，也可以有机会到故宫博物院去看我非常喜爱的中国历代书画原作了。所以，我决心为考上北大而奋力拼搏，结果真的考上了。这自然是我个人人生道路上的一大转折，一大幸事。

聂运伟：前不久，我读了台湾学者傅伟勋从1988年至1995年间给您写的27封信札，其中有对您学术造诣的高度评价，也有对您书画兴趣的生动描述:"刘纲纪是今日大陆美学界的佼佼者……他又擅长书法,他在我面前当场挥毫,书下柳宗元的一首《江雪》:'千山鸟飞绝,万径人踪灭;孤舟蓑笠翁,独钓寒江雪。'并赠我留念,至今挂在我的客厅门上。他的书法有独特的个性,有'天马行空'之势,颇富奇才之气。"您到北大学哲学,是否依然没有放弃对中国书画的兴趣?

刘纲纪:就兴趣而言,对中国书画的喜爱,我是终生未改,在我家里,书案远大于书桌。就美学研究而言,西方的传统偏重哲学,中国的传统更强调敏锐的、丰富的艺术感染力和艺术感受力。在关注文学艺术现象这一点上,我确实深受中国传统的影响。在北大读书时,我还参与创办"北大诗社"的工作,邀请丁玲、艾青、田间、臧克家来讲演,我们自己也写诗、出诗刊,还让外文系的同学翻译外文诗歌,搞得很红火。记得谢冕的诗歌处女作就是在我主持的"北大诗社"的诗刊上发表的。中国老一辈研究美学的学者,其实都精通某些艺术门类,有很高的艺术品位。像邓以蛰、宗白华、马采、王朝闻等先生,都可谓艺术鉴赏大家。从他们的言传身教中,我受益匪浅,也正是因为书画,我得以更多地接触了这些著名学者。

聂运伟:您从北大毕业后到武大,一开始就讲授美学吗?

刘纲纪:我是当时的武汉大学校长李达要到武大的,他要我跟他搞辩证唯物主义,我说我想研究美学。李达很开明,他说武大哲学系也是要开美学课的,你干脆回北大再进修美学吧。这样,我在武大只待了两个月,1956年下半年重返北大进修美学,直至1958年上半年才又回到武大。回来后,我就自编美学讲义,开办美学讲座。1962年,又到北京参加王朝闻先生主持的《美学概论》一书的编写工作。"文化大革命"结束之前,因极"左"思潮的影响,我的美学研究无法系统展开,"文化大革命"结束后的二十余年,中国学术研究迎来了春天,我也在珞珈山下为中国的美学事业贡献了绵薄之力。

薪火相传

聂运伟:刘先生,在汉语文献中,尽管早在1904年,王国维就在《〈红楼梦〉评论》一文里使用了"美学"这个概念,其后几十年,虽有少数学者研究美学,但大学里却一直没有开设美学课。您在北大念书时,上过美学课吗？

刘纲纪：没有。在我毕业之前，北大哲学系始终没有开过美学课，连讲座也没有。

聂运伟：为什么会如此呢？"五四"以来，中国美学界的前辈学者当时都在北京，邓以蛰、宗白华、马采在北大哲学系，朱光潜在北大西语系，王朝闻、蔡仪也在北京工作，北大不开美学课的原因究竟何在呢？

刘纲纪：要说原因，我想一是当时还不认为美学有什么特别的重要性，二是因为即使想开美学课也还没有苏联专家的著作为范本。后一个原因可能更重要。在向苏联"一边倒"的背景下，除了中国哲学史课程外，其他的课程基本上是在当时苏联哲学的框架下讲的。虽然这时北大哲学系集中了许多曾留学海外专攻西方哲学的著名学者，但这门课自始至终没有中国学者参与。所以，我认为当时没开美学课的原因，不是因为没人授课，而是谁来讲、怎么讲的问题一时难以解决。现在回想起来，邓以蛰、宗白华、马采先生之所以从不因我的叩门打扰而厌烦、不快，相反，总是热情接待我这样一个热爱美学和中国书画的青年学生，这说明他们关心呵护年青一代的成长，同时也折射出他们内心的焦虑，他们一生从事的美学研究已被弃置一边，他们是在默默地瞩望着中国美学的后继者。

聂运伟：20世纪五六十年代，中国哲学研究在诸多领域都是在"克隆"苏联的哲学话语，相比之下，1949年后的中国美学，情况很有些特别，虽然确立了马克思主义的主导地位，但在对美的本质的讨论和美学方法论上，中国美学显然有自己的相对独立性，如50年代的美学大讨论，以实践为本体的审美本质论就历史性地超越了苏联人以认识为本体的反映论美学；在美学方法论上，中国传统哲学、美学的方法至少也是一种潜在的存在。具体地说，"五四"以来美学研究的传统在新的历史条件下仍在延续，这也是80年代中国美学大繁荣的学理性基础和知识学背景。

刘纲纪：中国马克思主义美学的产生直接受到苏联的马克思主义美学的强烈影响，但实际上，中国当代美学的主流是建立在马克思主义实践观基础上的，大不同于苏联忽视实践、只强调精神是物质反映的那种美学观。苏联马克思主义美学有其不可否认的合理性，但它并未能够正确深入地理解审美与艺术区别于一般哲学认识论所谓"认识"的根本特征。在整个苏联美学中，"反映"始终被看作比"实践"更重要、更根本的东西，因此它也就不可能越出本质主义的反映论、认识论美学的理论框架和对"现实主义"的片面理解与推崇。

中国传统的美学是艺术家的美学，不同于西方哲学家的美学。"五四"以后，西方哲学家的美学理念和方法引进国内，朱光潜先生的美学研究和马克思主义美学的引进开启了中国哲学美学研究的新天地。但是，就像西方也有诗性哲学一样，中国艺术家美学的理念和方法在"五四"之后依然有着顽强的生命力，如宗白华、王朝闻的美学研究。在某种意义上，这两种传统的融合，不仅是美学课题，更是马克思主义中国化、中国文化世界化的大课题。

聂运伟： 就美学研究而言，您对上述两种美学理念和方法都有所承继，这一点在您众多研究中是很明显的，这也体现在您和上一辈的美学家的交往方面，请您谈谈这方面的情况。

刘纲纪： 我主要谈谈和宗白华、朱光潜、王朝闻三位先生的交往。我在北大念书的时候，宗先生住在未名湖畔健斋的二楼，那是我常去的地方，有时晚上九十点钟，兴头来了，也跑去拜访。他收藏有许多珍贵的书画，对我有极大的吸引力，现在想来，在交谈中，我得到了知识的熏陶，当时无课可上的先生或许也得到一种快慰。我感到宗先生虽然不是一个喜欢交际的人，但却是一个热情而健谈的人。他对康德、歌德有深入独到的研究，对中国传统哲学也有深刻的思考，特别是对《周易》的研究颇深。他原是诗人，喜欢用散文的形式表达思想。研究宗先生的美学思想，看似容易，其实很难，对传统文化、对宗先生的思想缺乏深度的了解，就很难将他的言简意赅的思想讲透。我觉得，在对中国美学特征的体悟上，他比朱光潜先生要深入一些。

在北大的时候，我没有拜访过朱光潜先生，当时有一个很简单的想法，宗先生是哲学系的老师，我作为哲学系的学生去拜访，先生不会拒绝，朱先生是西语系的，他是否乐于接待我呢？直到1958年看到朱先生翻译的黑格尔《美学》第一卷，觉得黑格尔《美学》的翻译出版是中国美学界不可小视的一件事情，我给朱先生写了一封信，向他表示祝贺与感谢，他也回信给予我鼓励。1962年，我到北京参加王朝闻主编的《美学概论》的撰写工作，王先生请朱先生为编写组的同志专门讲美感问题，这是我第一次见到朱先生。我感到他的论述十分精到，且是一位可亲可敬的老师。随后，我去燕东园拜访他。我记得朱先生很热情，很关心我，和我谈了不少事情，还希望我努力学习外语。但说来惭愧，我学了英、德、俄三种语言，没有一种是坚持学通了的，只能借助字典吃力地阅读。现在我还保留着他给我的几封信。朱先生在介绍西方美学方面做了很多的工作，对中国美学学科的建立起到重要的作用。他的思维和表达方式都是西方分析性的，这一点和宗先生不同。另外，就对西方美学的吸收来看，朱先生接受维柯、克罗齐的东西较多，宗先生主要是承继了德国美学的传统。20世纪50年代，朱先生的美学思想转向马克思主义的实践观，这是一个了不起的自我超越。

我与王朝闻先生认识得较早，读书期间，我开始发表一些美术理论的文章，引起了他的注意。他常常让我参加一些学术活动，从编美学教材看，他是主编，是我的上级，从年龄上讲，他是我的前辈，但我们又是"忘年交"，直到现在还经常联系。王先生本来是搞雕塑的，《毛泽东选集》上毛主席的雕像就是他的杰作，我以为在所有毛泽东的画像中，这个是最成功的。他是一个完全中国化的美学家，善于从平凡的现象中看出美的东西来，作品美还是不美，他往往能讲出许多道理来。有人以西方哲学家的美学来评判王朝闻先生的美学思想，这是隔靴搔痒。他继承的是中国艺术家美学的传统，他的艺术评论不同于一般的艺术评论，能在具象化的评论中提出带有普遍性的美学观点。"文化大革命"结束后，我提议将他的论文编成集子，后来，上海文艺出版社出版的他的三卷本的论文集，就是我帮助编的。

聂运伟： 听了您的这么多回忆，我想，可用"薪火相传"一词来描述中国当代美学的发展过程，其中某些内在的东西，既充满矛盾，又充满张力，推动了当代中国美学的发展，但怎样从理论上说清这一点呢？

刘纲纪： 说简单一点，如何接受、消化西方美学资源，使之本土化和如何发掘、阐释中国传统美学资源，并使之世界化，这是一个完整命题的两个方面，我的立场就是以马克思主义的实践美学对此加以研究。

关于实践美学

聂运伟： 1995年，在答《中华美学学会通讯》记者问的时候，您说自己的美学研究思路是："首先是作一些哲学研究，把马克思主义哲学搞清楚。只有搞清了马克思主义哲学，美学研究才能有科学的理论基础。在马克思主义哲学的本质问题上，我是主张实践本体论的。更准确地说，应称为社会实践本体论。近期内的目标就是争取对社会实践本体论作一些论证。然后，在此基础上，尝试整合中西美学，对现当代美学问题的解决提出一些看法。"您的研究思路有什么变化吗？

刘纲纪： 这一点是永远不会变的。我理想中的美学需要符合五个条件：（1）它是以马克思主义的实践观为指导的；（2）它是为人生，为人民群众的；（3）它是批判地吸取改造了西方19世纪以来现当代美学的研究成果，回答和解决了它提出的种种问题的；（4）它是继承了中国当代美学的优秀传统，具有中国民族特色的；（5）它是以社会主义、共产主义的实现为根本目的的。其中，第一条最重要。没有它，其余各条就做不到或很难做到。我在20世纪70年代末、80年代初曾致力于毛泽东哲学的研究。毛泽东以《实践论》为他的整个哲学的根本，这比斯大林的哲学要高明得多，和列宁的《唯物主义与经验批判主义》相比也有重要的继承和发展，更符合马克思哲学的精神。80年代后期至90年代初，我从本体论角度研究了马克思主义哲学，1988年发表了《实践本体论》一文，之后又发表了相关的一系列论文。我提出马克思主义哲学的实践观点具有本体论意义，不同意苏联许多哲学家把马克思主义哲学的本体论仅仅理解为物质本体论。我认为马克思主义哲学既批判继承了过去的唯物主义的自然物质本体论，以之为前提、基础，同时又从自然物质本体论进展到社会实践本体论，并使两者内在地、有机地统一起来，这就是马克思主义哲学在本体论上的划时代的贡献。这一基本观点虽然已包含在马克思的哲学中，但过去没有人如此明确地提出和论证过，也许可以算是一个新观点、新看法吧。与此同时，我还从马克思对人的本质问题的解决的角度提出马克思主义哲学是"以物质的自然界为前提的实践的人本主义"。我的观点发表后引起了我国哲学界的广泛关注，还意想不到地引起了日本《唯物论研究季刊》的强烈反响。

聂运伟： 是否可以这样说，只有以马克思主义哲学的实践观为基础，才能构建起真正的马克思主义美学大厦？您能描述这个大厦的基本框架吗？

刘纲纪： 我最初学习研究美学，深受毛泽东的《在延安文艺座谈会上的讲话》、周扬译的车尔尼雪夫斯基的《生活与美学》、王朝闻的《新艺术创作论》的影响。到北大哲学系之后，我认识到马克思主义哲学是从批判继承德国古典哲学而来的，而美学在德国古典哲学中又占有很重要的地位。由此可以推想，马克思主义的美学也是从批判继承德国古典美学而来的。依据这样的思路，我对马克思主义美学的研究，经历了一个从马克思上溯到黑格尔、席勒、康德，再返回马克思的过程。经过翻来覆去的思考，也不知写了多少笔记，最后终于形成了我对马克思主义美学的理解，并确立了一个基本的理论构架：实践（首先是物质生产劳动）——创造——自由（在实践创造的基础上，作为一个漫长历史过程来看的人类从"必然王国"向"自由王国"的飞跃）——自由的感性表现——广义的美与审美——艺术。这一理论构架不同于卢卡奇忽视实践的作用和本体论意义，仅以物质本体论为前提的反映论、认识论美学，也不同于李泽厚忽视黑格尔对马克思思想形成的重大影响，而以康德为主要依据的"人类学本体论的美学"。"马克思主义实践观的美学"，这是我在马克思主义研究上的一家之言，自以为或许有助于对马克思主义美学的实质的理解和马克思主义美学理论体系的建立。我在1986年出版的《艺术哲学》一书中对此做了系统详细的论证。我写过许多关于马克思主义美学的文章，但我自己比较满意，认为最能集中代表我的观点的就是《艺术哲学》。

我想在这里顺带说一下20世纪50年代开始的美学大讨论。在这次讨论中，李泽厚较早提出要以马克思主义的实践观来解决美的本质问题。可能在时间上差不多，朱光潜先生也很明确地转到实践的观点方面来了。尽管追溯起来，周扬在1937年发表的《我们需要新的美学》一文中已明确提出了要从马克思主义的实践观点出发来解决美学问题，把它看作新美学区别于旧美学的根本，后来毛泽东的《在延安文艺座谈会上的讲话》也是以他的《实践论》为基础的；但在50年代开始的美学大讨论再次提出和明确地强调和坚持这一观点，我认为仍然功不可没，并且可以说是中国学者对美学研究的一大贡献。这只要和苏联的马克思主义美学和西方马克思主义美学一加比较就会明白。20世纪50年代至60年代，苏联也开始了对美的问题的大讨论，争论的中心问题是：美是自然的产物还是社会的产物？由此形成了所谓"自然派"与"社会派"的对峙。从马克思的实践观点来看，自然与社会既是有区别的，又是不可分地统一在一起的，统一的基础就是实践，因此不可能单从自然或单从社会去说明美的产生。其中属于"社会派"的某些学者（如万斯洛夫）也讲到了马克思的实践观点，但只是为了证明美是社会的产物，而没有认识到不论是社会生活还是自然界的美最终都是人类改变世界、创造自身生活的实践活动的产物，没有明确地把马克思的实践观确立为马克思主义美学的根本观点，以消解"自然派"与"社会派"的对立。再看西方马克思主义的美学家，据我所知，没有哪一位学者是从马克思的实践观点出发来解决美学问题的（也许有，但我还不知道）。这是因为他们在哲学上本来就是对马克思的实践观点采取否定或很大的保留态度的，如英国的伊格尔顿主张从"身体"或"肉体"（body）出发来解决美学问题，但和美或审美相关的"身体"或"肉体"显然不是单纯动物性的，而是马克思早就指出的，在人类社会实践中"人化"了的。我们虽然不能脱离人的自然欲求的满足来讲美，但作为马克思主义美学的根本出发点的东西不是自然的"身体"或"肉体"，而是人类社会实践。更何况在西方19世纪后期，我们就已经看到了许多从"身体"或"肉体"出发来讲美学的流派，如生理学的美学、生物学的美学、进化论的美学，以"性"为中心的弗洛伊德的美学，等等。我绝不认为这些美学流派毫无可取之处，但能说它们已合理地、科学地解决了美的问题吗？总之，从20世纪50年代开始，世界各国的美学，有哪一个国家的美学像中国的美学这样强调马克思主义实践观点的重要性？没有。我认为这并不是一件小事情。确立了实践的观点，就找到了解决美学中各种争论不休的问题的根本途径，同时也使我们能够批判地认识和理解美学史上一切流派中包含的合理的东西，将它吸收和改造过来，以建立马克思主义的科学的美学。但是，在确立了实践观点之后，随之而来的一大问题是：怎样用实践的观点来解释美的产生和美的本质？这在不同的研究者之间是有不同的想法和看法的。20世纪80年代之前，李泽厚的看法主要集中表现在1962年发表的《美学三题议》一文中。当时我们正在一起参加王朝闻同志主编的《美学概论》一书的编写工作。我感到他的这篇文章虽有新意和创造性，但在理论和逻辑上又经不起推敲。他在此文中提出美是真与善的统一，但实际上并不是所有既真又善的东西都是美的。他又把"善"理解为人的实践活动，这样一来，美作为真与善的统一又成了真与人类实践的统一，美与不美就决定于人类的实践活动是否与真相符合。既然如此，又如何能说美是产生和决定于人类的实践活动的呢？此外，他把"善"理解为实践，看来是以列宁的《哲学笔记》为依据的，但他所引述的话只是列宁对黑格尔《逻辑学》的解读，目的是要从中剥取黑格尔接近实践的思想，并不意味着列宁自己也认为"善"就是实践。实际上，不论是马克思、恩格斯或列宁，当他们论到"善"（不论道德意义上的或一般功利意义上的"善"）的时候，都把"善"和与之相反的"恶"的观念的产生看作人类社会实践（首先是物质生产实践）的产物，因而也是随着人类社会实践的变化而变化的。人类对"真"的认识也同样是如此。因此，只有首先承认马克思主义认为人类对真与善的认识和依据这种认识而采取的行动都是由人类社会实践的发展决定的，这样才能从实践出发来解决真、善与美的关系问题，并找到美产生的实践的根源。当人类意识到他能通过自己的创造性的活动克服各种困难，掌握客观必然规律以取得自由时，这种自由在人类实践的过程和结果上的感性表现就会引起一种既同功利的满足有关，又与由功利的满足而产生的愉快不同的精神的愉快。这就是原初意义上的美感，也就是康德首先提出，以后又由席勒、黑格尔进一步加以阐明的"自由的愉快"即美的愉快的真正的实质所在，而引起这种愉快的对象，就是人类在语言中称之为"美"的对象。所以我把美定义为"人类在自身生活的实践创造中取得的自由的感性表现"。李泽厚在《美学三题议》中提出的理论框架，主张美是真与善的统一，虽然也是从马克思主义来讲的，但在我看来已很受康德哲学、美学的影响，也是后来他从 80 年代初起，不断走向"康德加马克思"的理论思路的最初表现。

聂运伟： 近些年来，美学界有了"后实践美学"的提法，其矛头所指的正是实践论美学，您对此作何评论？

刘纲纪： 我对"后实践美学"的出现是完全真诚地持欢迎态度的，因为它对实践美学的批评可以推动持实践美学观的人想一想，实践美学有哪些弱点？哪些东西还没有讲清楚？或者我们自以为讲清楚了，可别人还是不清楚。这都有利于实践美学的发展。但是直到目前为止，从读到的"后实践美学"的文章（包含直接点名批评我的文章）来看，我感到其理论缺少学术价值。一是它的理论的建立缺乏对西方哲学史的比较系统准确的理解；二是它没有细读和正确理解与实践美学相关的马克思主义的经典文本；三是以西方现当代哲学（主要是生命哲学和存在主义哲学）作为立论的根据，但却没有比较仔细地研究这些哲学，更不必说以科学的批判的态度去对待这些哲学了；四是对所批评的对象的著作、观点没有如实的、仔细的理解；五是回避由上述各点而产生的问题，滔滔不绝地讲自己主张的观点如何正确，对方的观点如何错误，但却没有理论上和逻辑上的比较周密的论证。给我造成的印象是：作者写文章的目的不是为了进行一种探求真理的学术讨论，而是为了大力宣扬"后实践美学"，以取代实践美学。因此，我除了曾应约在《光明日报》上发表过一篇对"后实践美学"作了概略性的评论文章之外，以后就没有再写和"后实践美学"进行讨论的文章。有时觉得应当回应一下别人对我的批评，但总是下不了决心提笔写。今天你问到我如何回答"后实践美学"的问题，我想完全撇开它对实践美学的批评，如认为马克思主义是一种理性主义之类不谈，单来说它的正面的主张。如它认为审美属于超理性活动，超理性指超经验的形而上领域，这样一来审美活动就是超经验的活动了。我不否认审美可以使人得到某种哲理上的感悟，但离开了对对象的感觉经验怎么可能有审美活动呢？如果审美活动是超经验的，为什么西方20世纪会有那么多以"审美经验"为研究中心的美学呢？再说到"理性"，我认为世界上只有人才有"理性"，离开了人就没有什么"理性"可言。而且这种理性不论看起来如何抽象，如何"形而上"，最终都是发源于人的以实践为基础的感觉经验的。既然如此，"超理性""超经验"是什么意思？是否说世界上存在着一种与人和人的实践经验无关的"理性"？我认为只要我们愿意面对事实，答案就只能是否定的。再如它认为超理性就是自由精神，只有通过超理性才能通向自由，这也是很奇怪的。我们的"神舟五号"上天无疑是我们在航天上取得了自由的表现，但它是不是"超理性"的结果？那么多的研究航天的科学家夜以继日地进行测量、设计、试验，生怕哪一个最小的数据出了差错，他们的活动是一种"超理性"的活动吗？就人的生存来说，能说只要"超理性"就能获得自由吗？诸如此类的理论，都是从西方现当代哲学中搬过来的，但在西方，它还或多或少包含了反抗由资本主义发展而来的理性对人的自由的压制的意思，并且有较系统严整的论证；在今天的中国，则不过表现了市场经济条件下的一部分人想追求一种不受任何理性约束的绝对自由，这当然是一种幻想，从这样一种"自由"里是产生不出真正有意义、有价值的美来的。

聂运伟：一个学者的生命力就在于他是否留下了值得人们不断讨论、争论的问题。在许多学术会议上，每每看见年轻学者与您讨论不休，我都会联想到马克思笔下那个无法被彻底打倒的"黑格尔"的形象。

刘纲纪：我从事学术研究是以追求客观真理为最高目的，我一向强烈反对在学术上搞宗派，而且从不考虑自己怎样才能在理论上"独树一帜",只考虑我的看法是否合乎真理,是否能经得起反驳。因此,我乐于听取各种不同的批评意见,如果我认识到自己的看法的确错了,我就改正,绝不为了能"自成一家"而继续坚持已被证明是错误的观点。对于别人的观点,包括我自己多年的老朋友的观点,如果我觉得是错的,而且事关重大,我也同样会公开地提出批评。你提到黑格尔,在西方哲学史上,除马克思以外,我最崇拜的哲学家就是黑格尔,受他的影响最深。我常在马克思与黑格尔之间来回运动,有时为了理解马克思而读黑格尔,有时又为了理解黑格尔而读马克思。黑格尔是古今罕见的大思想家,我是远远不能同马克思笔下的那个永远打不倒的黑格尔相比的。在学术上,从青年时代开始,我的最高目标就是做马克思主义的一个忠实的阐释者,我努力要做的阐释,是一种我认为有深度的、有独到之见的阐释。

关于中国美学

聂运伟: 对中国古代美学的研究,您花的气力最大,成果的影响也最大,对此,您作何评价呢?

刘纲纪: 最早比较系统地思考研究中国美学史,要追溯到我在1962年参加王朝闻同志主编的《美学概论》的编写。那时这书的绪论设有一节讲"美学史上的唯物主义与唯心主义的斗争",西方美学部分是由刘宁同志写的,中国美学部分则分给我来写。由于中国美学和中国哲学史是密切相关的,所以稿子写出来后我还请我在北大时的老师任继愈先生审定,得到他的认可,以后又在编写组内传阅修改和经王朝闻同志审核同意,印入了《美学概论》(讨论稿)。"文化大革命"后我参加修改此书时,考虑到种种情况,绪论中的"美学史上唯物主义与唯心主义的斗争"这一节全部删去了。

1980年,我参加李泽厚主编的《中国美学史》的写作,开始我只承诺写某些部分,以后他极热情地要我和他一起主编,实际上全书都是我独立撰写而成的,他只负责通读、审阅我写的稿子,并且只做了极个别的文字上的更动。即使我的观点与他的观点不同的地方,他也不作改动。全书只有绪论的最末一段是由他加上去的。此书之所以能较快地写成,和他对我的热情的鼓励和不断的催促分不开。我写完一章就寄一章给他,当时他自己正在写收入《中国古代思想史论》中的文章,后来我感到在某些文章中他参考吸收了我写的稿子中的一些看法和材料。讲到对这部书的评价，我认为它的意义主要在于不仅填补了"五四"以来还没有一部系统的《中国美学史》的空白，并且注意尽可能作一种较深入的哲学解剖和贯彻马克思、恩格斯提出的历史与逻辑相统一的原则。在写这部书时，我还多次翻阅黑格尔的《哲学史讲演录》，因为黑格尔此书的写法也是以历史与逻辑的统一为原则的，尽管它的哲学基础是唯心主义的。在体例上，我参考了冯友兰先生的《中国哲学史》，即先大量引用原始的文献资料，然后再加评说。在这个过程中，我发掘出了不少过去被忽视的资料，而且凡是我觉得与美学有关的人物的思想，我都写进去了。如东晋的佛学家慧远，我认为他的思想也与美学有重要的关系，所以就用一个专章的篇幅来讲他。我当时有一种想法，要趁写这本书的机会，尽可能详细地把和中国美学史有关的文献资料集中起来。这样，即使读者不同意我的分析，我总还为他提供了资料。除《中国美学史》外，我还写了一系列关于中国美学的文章和《〈周易〉美学》这本书。从文章来说，值得一提的是我把中国古代美学划分为六大思潮：儒家美学、道家美学、楚骚美学、玄学美学、佛学美学（主要为华严宗与禅宗，特别是后者）、明中叶后已具有近代人文主义气息的自然人性论美学，并对每一思潮的基本特征做了阐明，指出它们既各不相同，又相互影响，相互渗透，由此形成中国古代美学多样的变化与发展，这对分析把握中国美学的整体发展也许可供参考。《〈周易〉美学》一书，我尽可能详细地分析了《周易》一书所蕴含的重要的美学思想，包括卦象的构成在美学上的意义。但从大的方面看，主要有两点，一是指出中国美学是一种以天地阴阳变化为本的生命美学，二是指出中国美学对艺术创造与现实的看法不是古希腊的"模仿说"或西方现代的"表现说"，而是主体与客体"交感说"。

聂运伟：在对马克思主义美学中国化的思考中，毛泽东的《讲话》似乎是您特别看重的一个理论文本，在《马克思主义美学研究》第 6 辑（2002）、第 7 辑（2003）上，您连续发表了两篇文章《〈讲话〉解读（上）》和《〈讲话〉解读（下）》，有七八万字吧，花了这么多的精力，想必您有什么深层次的考虑？

刘纲纪：我的考虑是，一是《讲话》看似好懂，没有什么艰深难解之处，但其中又包含着深刻而丰富的、至今仍有重大理论意义和实践意义的思想，非常需要作深入的解读；二是因为《讲话》发表以来，中国和世界的情况都发生了巨大变化，因此需要作出新的解读，使《讲话》包含的极为深刻而丰富的思想不至于湮没在五花八门的各种思想中，而能在新的历史条件下得到坚持和发展。

但要对《讲话》作出新的解读绝不是一件容易的事，因为它必然要涉及与文艺相关的众多问题，而所有这些问题在现在又都是充满争论的。所以，我从以下几个方面进行了解读。第一，从《讲话》与马克思主义的联系来解读；第二，从《讲话》发表的历史背景来解读；第三，从《讲话》的发表对解放区和国统区的文艺的影响来解读；第四，从《讲话》与当时苏联的文艺理论、美学的比较中来解读；第五，从《讲话》与西方马克思主义的文艺理论、美学的比较中来解读；第六，从《讲话》与西方马克思主义之外，其他现当代文艺理论、美学的对比中来解读；第七，从《讲话》与中国传统的文艺理论、美学的联系中来解读。总之，这种解读要直面当代的各种思想，绝不回避任何问题。此外，这种解读绝不否认过去所作的解读已取得的成绩，特别是王朝闻同志的解读包含了许多很深刻、很精彩的思想，所以我近来又在阅读他的著作，希望把他的这些思想吸取融会到我的解读中来。

聂运伟： 我觉得您对《讲话》的阐释还有一个目的，就是想把以毛泽东思想为代表的中国马克思主义美学与苏联马克思主义美学、西方马克思主义美学之间的原则性区别从理论上讲清楚，能具体谈谈吗？

刘纲纪： 我在《马克思主义美学研究与阐释的三种基本形态》一文中把马克思、恩格斯去世之后马克思美学研究与阐释的基本形态区分为苏联的、西方的、中国的三种，并论述了它们之间的区别。尽管我的这种论述还是纲要式的，不少问题只简略地说了个大概，但我自己觉得这三种基本形态的区分是有根据的，能够成立的。我并不否认苏联的、西方的马克思主义美学都各有它们的贡献，但以毛泽东的《讲话》为代表的中国的马克思主义美学确实又与它们不同，它有优于苏联的和西方的马克思主义美学的地方。以毛泽东的《讲话》为代表的中国马克思主义美学的产生，是毛泽东所说的马克思主义的普遍真理与"五四"以来中国文艺发展的具体实践相结合的产物。它不同于苏联和西方的马克思主义美学的特征，集中到一点，就是我已说过的，鲜明地确立和深刻地论述了以人民大众为本位的马克思主义实践观的美学。毛泽东不论讲文艺的源泉、文艺对生活的反映、文艺的功能等问题，都是以他的《实践论》为基础来讲的。而他所说的"实践"的中心又是指人民群众改造旧世界、创造新世界的革命实践。因此，在他的思想中，实践观点和文艺为人民大众服务的观点是不可分地统一在一起的。他的这种美学也可表述为以马克思主义实践观为基础的人民大众的美学。当然，《讲话》也有它的不可避免的局限性。但就是它的那些有历史局限性的观点，也包含有值得我们继续进行研究的思想。如《讲话》提出的文艺服从于政治、为政治服务的思想，今天看来是不够科学的。但与此同时，它又极其鲜明地提出了文艺与政治的关系这个我们至今仍然需要予以深入研究的重要问题。把文艺与政治互不相容地对立起来，视政治为文艺的死敌，我认为这是不符合从古至今中外文艺史上的事实的。在这个问题上，我倒是赞赏属于西方马克思主义美学的一些学者，他们不仅不讳言这一问题，而且还把它作为一个重要问题来加以研究，尽管我对他们研究所得的结论并不完全赞同。就在这个问题上，我认为毛泽东的理论也有比西方马克思主义的讲法更合理、更深刻的地方。如他不把"政治"简单等同于"权力"，强调马克思主义所讲的政治不是少数人的政治，而是集中反映千千万万群众利益的政治，因此，文艺的政治性与真实性能够统一。这在今天看来，也仍然是正确的。

聂运伟：您认为毛泽东建立的以实践论为基础的人民大众的美学在今天需要大力坚持和发展，但对于怎样发展，你有些什么看法和设想？

刘纲纪：我很乐于比较详细地谈谈这个问题。这个问题显然和我们今天讲的理论创新密切相关。对于马克思主义，我们既要坚持又要发展。但我认为这种发展应当坚持理论联系实际，从实际出发的原则，不是脱离实际地去生造一些新名词、新概念，或作一些抽象晦涩的概念上的推论。这里可以附带说一下我的一次写作经历。记不得是哪一年了，人民出版社的程亚明同志约我为她主持策划的"大学哲学丛书"写一本美学，我答应了，并且决心要对我自己过去已经建立的理论框架有所突破。于是我就大量阅读西方现当代的各种哲学、美学著作，又重读马克思主义的经典文本，写了许多笔记，在理论的建构上拟出大纲、方案，并动手写作。一稿又一稿，加起来我想恐怕至少有二十多万字了，但始终感到不满意，觉得还是跳不出我原先已有的理论构架，实际上也就是觉得原先的构架还是有道理的，难以突破。写作时间整整延续了十年（其中自然也还做了一些别的事），最后只有不了了之。现在回想起来，如果不是一个劲儿地想搞什么新的理论构架，而是把注意力放在多多研究思考当代社会历史条件下审美与艺术的实际所发生的种种新变化，努力来从理论上说明这些新变化，解决实际生活所提出的各种新问题，也许就能写出一部较好的著作，原先自己的理论构架也可能在基本不变的情况下，更完善、清晰和有血有肉一些。这次写作的流产说明我受黑格尔的影响太深，把理论体系的建立看得比对现实的实际问题的思考解决更重要。有了这次教训，所以你现在问我今天要怎样来发展马克思主义实践观的人民大众的美学，我首先想到的就是要坚持从实际生活所发生的重大变化，以及由这种变化引起的审美与艺术的变化出发来解决这个问题。据我看来，我们过去讲的实践美学是革命战争年代及其后以阶级斗争为中心、实行计划经济体制下的美学，现在我们所讲的实践美学，则是以经济建设为中心、实行社会主义市场经济条件下的美学。如何既继承前者已取得的成果，又向前推进它，使之与建设中国特色社会主义的新的历史时代相适应，我认为就是实践美学在当代发展的关键、根本。在邓小平提出改革开放、发展社会主义市场经济之后，中国社会发生了巨大深刻的变化，相应地人们的审美观念和艺术也发生了巨大深刻的变化。我认为最大的变化就是个体摆脱了过去对国家、"单位"的依赖而取得了独立，这确实是中国近代以来走向现代化的过程中所发生的一个空前巨大的变化，没有这个变化，中国就不能成为一个富强、文明、民主的现代化国家。但是，市场经济的实行使个体摆脱了对国家、"单位"的依赖而取得了独立，这又使人们产生了种种困惑。这是因为，从一方面看，市场经济的发展和个体的独立为每一个人的发展打开了广阔的天地，使每一个人都能发挥自己的聪明才智去创造富裕优越的生活；但从另一方面看，上述个体的独立化又是与市场经济下劳动力（包含体力与脑力）的商品化分不开的。就业不再像过去那样由国家的"分配"包下来，而是通过"人才市场"来解决，因此，和过去相比，每一个个体虽然获得充分发挥自己的聪明才智的广阔天地，但人与人之间的生存竞争加剧了，人的生存的机遇性、偶然性增长了，不同的人所从事的职业和拥有的财富对各自生存状态的影响空前地凸显出来了，由上述变化引起的，是令人感到深为困惑的审美意识与艺术的变化。这种变化的最引人注目之处，就是相当多的人把拥有金钱，使个人的物质消费和感官生理欲望获得最好的满足视为"美"。这样一来，过去那种把个体为群体、阶级、国家、民族、人类的解放而献身视为最高的美的观念发生了动摇，甚至遭到嘲笑，"消费主义"和弗洛伊德式的"快乐主义"膨胀起来，使审美与艺术出现了种种庸俗化、低级化的现象，过去实践派美学自以为至少已在基本上作出了科学回答的"什么是美"这个问题也成了一个令人深感困惑的问题。去年出版的《健康与美容》杂志上的一篇文章写道："美如今已成一种说不清、道不明的东西。"从美学界来说，"后实践美学"应运而生，它对市场经济条件下"美"被大幅度地个性化、感官化看来是很欢迎的，所以它指责实践派美学是"理性主义美学"，否定了人的感性、生命，不能说明美的本质。但另一方面，它也看到了美的大幅度的个性化、感官化带来了人的价值与尊严的丧失，因此它又提出要从"超经验的形而上的领域"中去寻找美，并借用黑格尔美学的概念，宣称要为保持个体的"独立自主性"而"战斗"；或主张要"为美学补'神性'（爱心）"，认为"只有悲悯、仁慈、爱心才是美学的温床"，也只有它"才能使平庸的美学论坛重获尊严"，等等。说法各有不同，解决的方案也不一样。其实，归结到一点就是：如何看待和解决在个体已取得独立的市场经济条件下审美与艺术问题？"后实践美学"直面这一问题是对的，但它宣称实践派美学根本无法解决这一问题是错误的。此外，从世界范围看，西方19世纪的美学早已提出并试图解决这一问题，到了"后现代"时期更是闹得沸沸扬扬。所以，"后实践美学"很难说是什么特别"新"的美学。从中国来看，被认为是实践派美学最重要的代表人物李泽厚，在20世纪80年代初期就已提出黑格尔是否定个体的，继承了黑格尔的马克思也是这样，因此必须回到康德，从康德出发来重新解决马克思所说的美的问题。李泽厚实际上是"后实践美学"的先驱。这里，我不想来辨明黑格尔是否真的完全否定了个体，更不想来证明马克思从来就没有否认个体，也不想再次重复我过去对马克思实践观美学已做过的种种论证，只想说一下今天马克思实践观将如何来解决市场经济条件下，即整个社会不断趋于个体化的条件下的美的问题。

聂运伟：佛教从印度传入中国，而后与中国本土文化相融合，形成了完全中国化的佛教哲学和艺术、美学形态，从时间上看，这是一个相当漫长的历史过程。建立在马克思主义基础上的实践论美学，如何与本土的学术资源融会贯通，如何解释现实的艺术实践和审美经验，恐怕还有许多问题要解决。

刘纲纪：我在研究中国美学史以及中国书画史论时就常常在想这个问题。我在写《〈讲话〉解读》时，这个问题更是时时浮上心来。我想，马克思主义实践观的美学与中国本土的美学学术资源是完全能够融会贯通的。你讲到印度佛教传入中国后与中国本土文化相融合的问题，这从东汉末年开始，经历了很长的时间才做到的。这就是说，在一个很长的时间内，中国人总觉得印度佛教与中国本土文化是格格不入的，两者之间发生过多次的摩擦以至斗争。马克思主义则不同，它在传入中国后，"五四"前后几年间很快就为中国不少进步的知识分子所接受，以后又很快地发展起来，成为中国最进步的、占主导地位的思想。这是为什么？我想不只是它符合中国革命的需要，还因为它与中国传统的思想文化本来就存在着能够融会贯通的地方，不像历史上从印度传入的佛教与中国本土文化之间那样存在着诸多格格难入之处。从历史和社会的背景看，我以为中国的原始氏族社会存在的时间很长，发展到了很成熟的程度。因此，在进入文明社会（阶级社会）之后，原始氏族社会的思想与风习被大量地保存下来，其中许多思想都可与马克思主义相通，如儒家的仁爱、民本、大同的思想，道家对"耕而食，织而衣，人人无有相害之心"的社会的歌颂，对阶级社会中统治阶级所讲的仁义道德的虚伪性的无情揭露与批判，都有与马克思主义的相通之处。从哲学的层面看，我过去多次指出，充分肯定人与自然、个体与群体、主体与客体、有限与无限、感性与理性是必须统一、应当统一和能够统一的，两者之间不存在什么无法跨越的鸿沟，这是中国哲学的精华所在。此外，如大量丰富深刻的朴素辩证法思想，相信一切危难最终都是可以克服的思想，高度重视人自身的作为与努力的思想，认为"行"高于"知"、重事功而反空谈的思想，也都是十分宝贵的。上述这些古代哲学特有的精华与宝贵的思想，显然又都可以和马克思主义的哲学相通。从美学的层面说，既然整个中国传统思想文化包含着许多能通向马克思主义的东西，中国传统的美学又是传统思想文化的一个重要组成部分，那么它当然也是能通向马克思主义美学的。也就是说，马克思主义美学能够通过批判地继承中国传统美学而实现中国化。这不是一种仅仅从逻辑上的推论得出的看法，毛泽东的《讲话》中的美学就是鲜明地中国化了的。毛泽东对文艺中各个重大问题的看法，与中国古代对美与文艺的看法有一种很深的、内在的渊源关系。这里只说毛泽东讲文艺是生活的"反映"，这"反映"一要能表现工农兵的思想感情，二要比生活"更高"，而这两点都与中国古代美学传统有内在的联系。在中国自古以来的"诗言志"的传统中，从来就是把文艺家对生活的反映同时看作就是文艺家思想感情的表现，这也就是刘勰《文心雕龙》"感物咏志"，"感物"与"咏志"是统一而不可分的。中国古代美学还高度强调文艺对生活的反映的能动性，如陆机《文赋》说"笼天地于形内，挫万物于笔端"，清代画家石涛说以"一画"而"贯山川之形神""搜尽奇峰打草稿"，等等。前面说过，我国从20世纪50年代开始的美学大讨论提出实践的观点是一大贡献，但现在看来，中国化的程度很不够，并且忽视了毛泽东的《讲话》，误以为它与苏联的反映论美学是一样的，没有联系《讲话》来阐发马克思《手稿》的思想，没有把《讲话》中强调的"生活"的观点和马克思《手稿》的实践观点统一起来讲。美不可能脱离"生活"而存在，"实践"之所以成为美产生的根源，就因为人类的"生活"是由人类的"实践"创造出来的。所以，我虽然主张实践派的观点，但不直接地说实践创造了美，而说"人类生活的实践创造"产生了美。讲"劳动创造了美"也必须同"人类生活的实践创造"联系起来讲，这样才能讲清。和《讲话》发表的时代相比，今天的中国和世界已发生了巨大的变化，因此马克思主义实践观美学已被看作需要消解并且必然会被消解的理论，当然也就完全不必谈什么中国化的问题了。但是，马克思主义实践观的美学是消解不了的。从理论的层面说，马克思主义有充分的理论装备，完全能够有理有据地将消解论所持的理由一一驳倒。从现实社会的层面说，不仅在中国，而且在全世界，我认为只有马克思主义实践观的美学才能符合实际地、科学地解决当代社会中的审美与艺术问题。今天西方的美学，除了某些应用性的研究之外，有哪家哪派的美学真的解决了当代人在审美与艺术领域所碰到的种种问题与困惑？又有哪家哪派的美学在理论的深刻性和论证的严密性上足以同历史上的康德、席勒、黑格尔、尼采、海德格尔、杜威等人相比？我认为今天马克思实践观美学的中国问题，同时就是美学在中国以至在世界的发展问题。这里我只能提出几点很粗略的看法：第一，要紧紧抓住当今世界的前沿问题，即由于"后现代"和消费社会的出现而引起的人的存在的意义与价值的消解问题，当代审美与艺术的问题是和这个问题直接相联的。我们要在马克思主义指导下去找到解决这个问题的现实道路，这同时也就是对马克思主义及其美学的发展。第二，要继承中国古代美学从人与自然、个体与群体、主观与客观、有限与无限、感性与理性的统一中去寻找美的优秀传统，同时又要看到古代所追求的这种统一在长时期内是建立在封建的小农经济基础之上的，因此就不可避免地具有压抑以至否定个体发展的一面。近代以来，由于各种原因，中国没有经历西方那样长时期的摧毁封建主义、发展资本主义的历史阶段，这就使得马克思主义在传入中国后，一方面从总体上说成功地实现了中国化，另一方面又产生了对马克思主义（包含美学）的某些不正确的理解，以致犯了像"文化大革命"这样严重的错误。因此，我认为对以上所说中国古代哲学与美学所追求的统一，既要充分肯定它的合理性和深刻性，同时又要在当代科技和生产力发展中重建这种统一。所以，我对那种非历史的、无条件歌颂古代的"天人合一"，并且把它讲得十分神秘的说法，总是感到难以接受。古代的那种田园牧歌式的生活有它令人欣赏的地方，但黑格尔在《美学》中就已经尖锐地批判了把这种生活看作人类的理想状态的观点。马克思批判继承了黑格尔的看法，从历史唯物主义出发肯定了古代的美与崇高的价值，同时又指出了一切想回到古代去的看法，都是一种反历史的浪漫幻想。马克思主义意义下的"天人合一"，不是使人沉没到自然中去，进入一种人与自然混沌不分的状态，而是既意识到自己是区别于自然的主体，同时又意识到自己是自然的一部分，并且意识到自己的自然的本质同时也就是生活的人的本质。第三，马克思主义实践观美学的中国化还牵涉到一个如何将中国古代美学的一系列概念、范畴、定义、命题加以改造，以应用于对马克思主义实践观美学的阐述问题。这问题的解决需要做长期的努力，需要"打通中、西、马"。限于时间和篇幅，这个问题看来无法详谈了，就到此为止吧。

聂运伟：感谢您接受我的采访。

刘纲纪：我也感谢在你的推动下，使我对自己目前的想法做了一些反思和清理。对马克思主义实践观美学的探索永无止境。借用屈原的话说："路漫漫其修远兮，吾将上下而求索。"但这里所说的"吾"，我认为不仅是指某一个人，而应指过去、现在、未来一切在探索马克思主义实践观美学的路上前行的人。

原载《文艺研究》2004 年第 6 期

刘纲纪与中国马克思主义实践美学

从 20 世纪 50 年代开始，刘纲纪是中国马克思主义实践美学研究从起步、兴盛直至深入发展的全程参与者，其半个世纪的丰富著述也是研究中国马克思主义实践美学的重要文本与宝贵的学术史料。恰逢先生八十诞辰，特撰此文，以表一个后学的敬意。

一 实践美学中的中国元素

2001 年，在桂林广西师范大学召开的"马克思主义美学研究的现状与未来国际学术讨论会"上，刘纲纪提交了一篇论文，名为《马克思主义美学研究与阐释的三种基本形态》。在这篇文章中，刘纲纪认为，恩格斯去世后，马克思主义美学在世界范围内的发展可分为三种基本形态：苏联马克思主义美学、西方马克思主义美学、中国马克思主义美学，并认为毛泽东《在延安文艺座谈会上的讲话》的发表标志着中国马克思主义美学的产生与形成。把中国马克思主义美学提到与苏联马克思主义美学、西方马克思主义美学并肩而立的地位，无疑是刘纲纪的一个创造性的提法。笔者以为，刘纲纪之所以这样说，并不是因为一种狭隘的民族主义的情绪，也不是夜郎自大，而是因为刘纲纪在马克思主义哲学和美学的研究中，始终提倡、遵循着一条"反对脱离中国的具体实践，将马克思主义看作是万古不变的教条"[①] 的研究思路。

20 世纪五六十年代，中国哲学研究在诸多领域都是在"克隆"苏联

[①] 《马克思主义美学研究与阐释的三种基本形态》，载刘纲纪《美学与哲学》（新版），武汉大学出版社 2006 年版，第 465 页。

的哲学话语，相比之下，1949年后的中国美学，情况很有些特别，虽然确立了马克思主义的主导地位，但在对美的本质的讨论和美学方法论上，中国美学显然有自己的相对独立性，如50年代的美学大讨论，以实践为本体的审美本质论就历史性地超越了苏联人以认识为本体的反映论美学；在美学方法论上，中国传统哲学、美学的方法至少也是一种潜在的存在。具体地说，"五四"以来美学研究的传统在新的历史条件下仍在延续，这是80年代中国美学大繁荣的学理性基础和知识学背景，也是刘纲纪展开自己美学研究的背景。

毋庸讳言，中国马克思主义美学的产生直接受到苏联的马克思主义美学的强烈影响，但是，中国当代美学的主流是建立在马克思主义实践观基础上的，大不同于苏联忽视实践、只强调精神是物质反映的那种美学观。苏联马克思主义美学有其不可否认的合理性，但它并未能够正确深入地理解审美与艺术区别于一般哲学认识论所谓"认识"的根本特征。在整个苏联美学中，"反映"始终被看作比"实践"更重要、更根本的东西，因此它也就不可能越出本质主义的反映论、认识论美学的理论框架和对"现实主义"的片面理解与推崇。20世纪70年代末、80年代初，刘纲纪曾致力于毛泽东哲学的研究。他认为："毛泽东以《实践论》为他的整个哲学的根本，这比斯大林的哲学要高明得多，和列宁的《唯物主义与经验批判主义》相比也有重要的继承和发展，更符合马克思哲学的精神。""并且可以说是中国学者对美学研究的一大贡献。"[①]

在对马克思主义美学中国化的思考中，刘纲纪特别关注毛泽东《在延安文艺座谈会上的讲话》这一理论文本，在《马克思主义美学研究》第6辑（2002）、第7辑（2003）上，刘纲纪连续发表了两篇文章《〈讲话〉解读（上）》和《〈讲话〉解读（下）》，其深层次的考虑就是：把以毛泽东思想为代表的中国马克思主义美学与苏联马克思主义美学、西方马克思主义美学之间的原则性区别从理论上讲清楚。

在《马克思主义美学研究与阐释的三种基本形态》一文中，刘纲纪认为，苏联的、西方的马克思主义美学都各有它们的贡献，但以毛泽东

---

① 参见拙作《"路漫漫其修远兮，吾将上下而求索"——刘纲纪先生访谈录》，《文艺研究》2004年第6期。

的《讲话》为代表的中国的马克思主义美学确实又与它们不同，它有优于苏联的和西方的马克思主义美学的地方。以毛泽东的《讲话》为代表的中国马克思主义美学的产生，就是毛泽东所说的马克思主义的普遍真理与"五四"以来中国文艺发展的具体实践相结合的产物。它不同于苏联和西方的马克思主义美学的特征，集中到一点，就是鲜明地确立和深刻地论述了"以人民大众为本位的马克思主义实践观的美学"。毛泽东不论讲文艺的源泉、文艺对生活的反映、文艺的功能等问题，都是以他的《实践论》为基础来讲的。而他所说的"实践"的中心又是指人民群众改造旧世界、创造新世界的革命实践。因此，在他的思想中，实践观点和文艺为人民大众服务的观点是不可分地统一在一起的。他的这种美学也可表述为以马克思主义实践观为基础的人民大众的美学。

在刘纲纪的视野中，毛泽东建立的以实践论为基础的人民大众的美学还有一个重要的意义，这就是说：马克思主义实践观的美学与中国本土的美学学术资源是完全能够融会贯通的。马克思主义传入中国后，"五四"前后几年间很快就为中国不少进步的知识分子所接受，成为中国最进步的、占主导地位的思想，这说明它一方面符合中国革命的需要，一方面与中国传统的思想文化存在着能够融会贯通的地方。个中原因何在？刘纲纪的分析是，从历史和社会的背景看，中国的原始氏族社会存在的时间很长，发展到了很成熟的程度。因此，在进入文明社会（阶级社会）之后，原始氏族社会的思想与风习被大量地保存下来，其中许多思想都可与马克思主义相通，如儒家的仁爱、民本、大同的思想，道家对"耕而食，织而衣，人人无有相害之心"的社会的歌颂，对阶级社会中统治阶级所讲的仁义道德的虚伪性的无情揭露与批判，都有与马克思主义的相通之处。从哲学的层面看，充分肯定人与自然、个体与群体、主体与客体、有限与无限、感性与理性是必须统一、应当统一和能够统一的，两者之间不存在什么无法跨越的鸿沟，这是中国哲学的精华所在。此外，如大量丰富深刻的朴素辩证法思想，相信一切危难最终都是可以克服的思想，高度重视人自身的作为与努力的思想，认为"行"高于"知"、重事功而反空谈的思想，也都是十分宝贵的。上述这些古代哲学特有的精华与宝贵的思想，显然又都可以和马克思主义的哲学相通。从美学的层面说，既然整个中国传统思想文化包含着许多能通向马克思主义的东西，中国传统的美学又是传统思想文化的一个重要组成部分，那么它当然也是能通向马克思主义美学的。也就是说，马克思主义美学能够通过批判地继承中国传统美学而实现中国化。这不是一种仅仅从逻辑上的推论得出的看法，毛泽东的《讲话》中的美学就是鲜明地中国化了的。毛泽东对文艺中各个重大问题的看法，与中国古代对美与文艺的看法有一种很深的、内在的渊源关系。如毛泽东讲文艺是生活的"反映"，这"反映"一要能表现工农兵的思想感情，二要比生活"更高"，就与中国古代美学传统有内在的联系。在中国自古以来的"诗言志"的传统中，从来就是把文艺家对生活的反映同时看作就是文艺家思想感情的表现，这也就是刘勰《文心雕龙》"感物咏志"，"感物"与"咏志"是统一而不可分的。中国古代美学还高度强调文艺对生活的反映的能动性，如陆机《文赋》说"笼天地于形内，挫万物于笔端"，清代画家石涛说以"一画"而"贯山川之形神"，"搜尽奇峰打草稿"，等等。刘纲纪还认为，我国从20世纪50年代开始的美学大讨论提出实践的观点是一大贡献。

二　哲学美学中的艺术元素

　　刘纲纪的美学研究一方面有很浓的哲学气息，他甚至说过："我对美学的研究主要是一种哲学的探讨。我对哲学的兴趣实际超过了对美学的兴趣"[1]，另一方面，又有很浓的艺术气息，"就兴趣而言，对中国书画的喜爱，我是终生未改，在我家里，书案远大于书桌。就美学研究而言，西方的传统偏重哲学，中国的传统更强调敏锐的、丰富的艺术感染力和艺术感受力。在关注文学艺术现象这一点上，我确实深受中国传统的影响。在北大读书时，我还参与创办'北大诗社'的工作，邀请丁玲、艾青、田间、臧克家来讲演，我们自己也写诗，出诗刊，还让外文系的同学翻译外文诗歌，搞得很红火。记得谢冕的诗歌处女作就是在我主持的'北大诗社'的诗刊上发表的。中国老一辈研究美学的学者，其实都精通某些艺术门类，有很高的艺术品位。像邓以蛰、宗白华、马采、王朝闻等先生，都可

---

[1]《传统文化、哲学与美学》，载刘纲纪《传统文化、哲学与美学》（新版），武汉大学出版社2006年版，第240页。

谓艺术鉴赏大家。从他们的言传身教中，我受益匪浅，也正是因为书画，我得以更多地接触了这些著名学者。"① 从前者看，所谓"哲学的兴趣"是刘纲纪全部学术研究的根基和出发点，他对从康德、黑格尔直至马克思的德国哲学的研究与阐释，构成了其研究美学的知识学背景，"我对美学的研究经历了一个从马克思到黑格尔、席勒、康德，又从康德回到马克思的过程"②。从后者看，所谓"对中国书画的喜爱"，既有个人的兴趣成分，但也包含着刘纲纪对美与艺术、西方美学与中国美学的深刻思考。

关于美与艺术的关系，在刘纲纪看来，美是艺术的本质，对美的分析也就是对艺术的哲学分析，所以他把自己80年代出版的一部美学著作称为《艺术哲学》。《艺术哲学》2006年再版时，作者在《新版序》中归纳了当代艺术哲学的四个重要命题。第一，艺术是不是现实的反映？刘纲纪认为，艺术是对现实的反映，这是全部艺术哲学必须坚守的一个正确的出发点，但这仅仅是一个出发点，还必须进一步讨论反映的对象和反映形式的问题，这才是艺术哲学的主体，也只有解决了这个问题，才可能对艺术的本质作出完整的回答。而且，这个回答不能离开当下的艺术实践，"我认为从马克思主义实践观的艺术哲学来看，重要的是通过对当代艺术的分析，更为具体深入地说明艺术确实是现实的反映"③。第二，"艺术"和"美"的关系是怎样的？"美"是不是艺术必然具有的本质特征？回答这个问题，显然必须回答美的本质的问题。刘纲纪的回答是："美属于'自由王国'的领域，它是以实践为基础的，超出了生存需要满足的，人的

---

① 参见拙作《"路漫漫其修远兮，吾将上下而求索"——刘纲纪先生访谈录》，《文艺研究》2004年第6期。
② 《传统文化、哲学与美学》，载刘纲纪《传统文化、哲学与美学》（新版），武汉大学出版社2006年版，第240页。
③ 《〈艺术哲学〉新版序》，载刘纲纪《艺术哲学》（新版），武汉大学出版社2006年版，第3页。在《走向现代——湖北省首届青年美术节部分作品观后》一文中，刘纲纪亦说："不论我们过去对艺术与社会生活的关系有多少简单化的、错误的理解，艺术在根本上是不能脱离社会生活的。而且，我以为西方现代艺术的发展，其趋势不是越来越脱离生活，回到'自我'的内心世界去，而将越来越接近生活。这正是后现代主义的一个重要特点。"见刘纲纪《中国书画、美术与美学》，武汉大学出版社2006年版，第853页。

个性自由发展的感性显现。"① 美属于"自由王国",是美使"艺术处在自由的最高的位置上","美"也就必然是"艺术"的本质特征。更为重要的是,人的个性自由发展的阶段不同,"随着人类实践的新变化,美在当代生活中也发生了新变化,马克思主义的美学和艺术哲学必须全力以赴地去研究这种新变化及其在艺术中的表现"②。第三,艺术与非艺术的界限是否已经消灭?针对西方现代派取消艺术与非艺术界限的论调,刘纲纪认为,艺术与非艺术的区分决不是由某些人或某个人对某种活动和活动的产品授予"艺术"的称谓的结果,而是人类整个社会历史发展的结果。所以,艺术与非艺术的区分决定于两个根本性的条件:首先,"某一活动及其产品要成为艺术,就必须是与艺术的本质及社会功能相一致的。尽管艺术的本质及社会功能是历史地变化着的,不是一成不变的,对此要不断进行追踪研究,但艺术只要还是艺术,它就必然具有使它成为艺术必不可少的本质特征",其次,"艺术作品是艺术家对现实的创造性反映的产物,因此它既来自现实,又不等于现实本身。这就是说,不能把现实生活中存在的各种东西看作就是艺术作品,与艺术作品混为一谈"③。第四,人类的艺术发展到今天,是否已经"终结"?这是一个自黑格尔就已提出了的艺术的消亡问题,在20世纪艺术常常成为随意涂鸦或不堪入目的东西的情景下,艺术"终结"的悲观理论甚嚣尘上。对此,刘纲纪的分析是:"从马克思主义观点来看,我认为艺术作为人类生活的实践创造的产物,将永远与人类生活的实践创造同在。只要人类生活的实践创造没有终结,艺术就不会终结。西方当代的艺术终结论,不过是西方资本主义社会中艺术的发展所遭遇的危机在理论上的表现。这危机将会在人类生活的实践创造的发展中得到克服,人类的艺术决不会灭亡,一切悲观主义的想法都是没有根据的。"④

---

① 《艺术哲学》,载刘纲纪《艺术哲学》(新版),武汉大学出版社2006年版,第343页。在《艺术哲学》(新版)中,刘纲纪为这个论断做了一个笔者以为很重要的注释,值得关注:"这个说法我觉得比我过去一般地说美是人在实践的基础上所取得的自由的感性表现要更为确切一些。因为它指出了美作为自由的表现,是超出了生存需要满足范围的,和人的个性才能的自由发展相联。我认为对于美的本质来说,这是两个带有关键性的规定。"

② 《〈艺术哲学〉新版序》,载刘纲纪《艺术哲学》(新版),武汉大学出版社2006年版,第4页。

③ 同上书,第5—6页。

④ 同上书,第6页。

关于西方美学与中国美学的关系。对中国古代美学的系统研究，是20世纪80年代以来刘纲纪用力最勤、耗时最多、收获也最大的一个领域。刘纲纪对自己的中国古典美学的研究有一个简明的自述："我把中国古代美学划分为六大思潮：儒家美学、道家美学、楚骚美学、玄学美学、佛学美学（主要为华严宗与禅宗，特别是后者）、明中叶后已具有近代人文主义气息的自然人性论美学，并对每一思潮的基本特征作了阐明，指出它们既各不相同，又相互影响，相互渗透，由此形成中国古代美学多样的变化与发展，这对分析把握中国美学的整体发展也许可供参考。《〈周易〉美学》一书，我尽可能详细地分析了《周易》一书所蕴含的重要的美学思想，包括卦象的构成在美学上的意义。但从大的方面看，主要有两点，一是指出中国美学是一种以天地阴阳变化为本的生命美学，二是指出中国美学对艺术创造与现实的看法不是古希腊的'摹仿说'或西方现代的'表现说'，而是主体与客体'交感说'。"[1] 本文不拟具体评论刘纲纪关于中国美学的基本观点，而只是想指出，刘纲纪的中国美学的研究有一个很大的特点，就是既在马克思主义实践美学的理论框架里探讨中国古代美学的发生与发展，又历史地寻求中华美学的特质（而不是以西方美学的发展思路来牵强地解释中国古代美学），并以此与西方美学进行平等的、有效的对话，以期为人类文明的新发展作出应有的贡献。按照这个思路，刘纲纪认为，中国古典美学的不同流派虽然各有不同的观点，"但又有一个明显的共同点，即都是在肯定人与自然、人与社会、自然与精神、必然与自由、主观与客观的统一这个根本前提上来观察美与艺术问题的。像西方美学中那种或主张美只在物、在客观，或只在心、在主观，把两者互不相容地对立起来的看法，在中国美学史上是没有的。即令是最强调'心'的作用的禅宗，也仍然认为美是人生的一种境界，不是仅仅存在于观念中的东西，也不是存在于彼岸世界中的东西。不单从物，也不单从心之中去找美，而从物与心、主观与客观的统一中去找美，这是中国美学的一大特点，也是一大优点"[2]。为什么会如此？刘纲纪在许多著作和文章中做了

---

[1] 参见拙作《"路漫漫其修远兮，吾将上下而求索"——刘纲纪先生访谈录》，《文艺研究》2004年第6期。

[2] 《中国古典美学概观》，载刘纲纪《美学与哲学》（新版），武汉大学出版社2006年版，第794页。

深入的历史、文化、哲学的分析,如《艺术哲学》的第五章"中国古代艺术哲学概观",以及《略论炎黄文化与现代文明》《中华人文精神的基本特征》、《东方美学的历史背景和哲学根基》等。(本文因篇幅问题,无法对此做出评析,有些命题颇值得深入研究①)与西方美学相比,"中国美学常讲的情理交融、'言有尽而意无穷'、尽善尽美等说法,深刻地把握住了艺术的根本特征,把艺术同理智的认识和道德的教训明确地区分开来了。西方美学关于艺术有许多大部头的著作,但在根本观点的深刻性上,常不及中国美学"②。基于这样的认识,刘纲纪对众多中国艺术实践的研究与考察才不仅有着饱满的热情,而且有着一般理论家难以达到的哲学高度。总之,"中国传统的美学是艺术家的美学,不同于西方哲学家的美学。'五四'以后,西方哲学家的美学理念和方法引进国内,朱光潜先生的美学研究和马克思主义美学的引进开启了中国哲学美学研究的新天地。但是,就像西方也有诗性哲学一样,中国艺术家美学的理念和方法在'五四'之后依然有着顽强的生命力,如宗白华、王朝闻的美学研究。在某种意义上,这两种传统的融合,不仅是美学课题,更是马克思主义中国化、中国文化世界化的大课题"③。

三 理论美学中的现实元素

刘纲纪的美学研究,从话题范围和话题形式来看,的确带有很强的理论色彩。但是,刘纲纪绝不是传统书斋中的美学家,他对人生和现实的强烈关注,特别是对中国社会与文化的现实走向的强烈关注,又使得他的美

---

① 如刘纲纪说:"中国古代思想中优秀的东西都渊源于尚未产生阶级、等级分裂对抗的中国原始氏族社会,中国古代思想家常常把这个远古的社会视为人类应有的理想社会。因此,在中国古代思想传统中,包含着有利于中国人接受马克思的社会主义的思想因素,这是一个值得深入研究的问题。"(《孔子思想的世界意义》,载刘纲纪《传统文化、哲学与美学》(新版),武汉大学出版社 2006 年版,第 42 页。)这个提法体现了刘纲纪尝试会通中学、西学、马克思主义(即刘纲纪常说的"打通中、西、马")的思想,笔者以为这是一个极具创建性的命题,为思考全球化背景下中国文化的走向提供了一个很好的理论视角。

② 《中国古典美学概观》,载刘纲纪《美学与哲学》(新版),武汉大学出版社 2006 年版,第 796 页。

③ 参见拙作《"路漫漫其修远兮,吾将上下而求索"——刘纲纪先生访谈录》,《文艺研究》2004 年第 6 期。

学研究有着切实的现实针对性。笔者以为这种现实针对性具体表现在四个方面。

第一，坚持社会主义理想。作为一个自觉的马克思主义美学家，坚持社会主义的理想是刘纲纪美学研究的灵魂。"马克思主义美学的产生是与马克思主义的社会主义理想的提出分不开的。没有马克思主义的社会主义理论，就不会有马克思主义的美学。"[①] 关于这一点，刘纲纪的论证思路是：（1）从历史发展的宏观的角度看，只有继承启蒙又超越启蒙的马克思主义的社会主义才能最终解决西方资本主义社会的问题；（2）马克思主义的社会主义者是以历史发展的客观规律为依据的真正的历史乐观主义者，他是与一切的历史的虚无主义、悲观主义相对立的；（3）社会主义的理想没有也不可能灭亡，今天我们面临的任务是在变化了的历史条件下来探求走向社会主义的道路。理解了这一思路，我们才可以理解刘纲纪如下的美学研究的路径："首先是作一些哲学研究，把马克思主义哲学搞清楚。只有搞清了马克思主义哲学，美学研究才能有科学的理论基础。在马克思主义哲学的本质问题上，我是主张实践本体论的。更准确地说，应称为社会实践本体论。近期内的目标就是争取对社会实践本体论作一些论证。然后，在此基础上，尝试整合中西美学，对现当代美学问题的解决提出一些看法。"[②]

第二，肯定和揭示世界和人的存在的意义和价值，以对人的社会性的深刻揭示去对抗人的异化，建立新时代的理想主义与英雄主义。无可讳言，自20世纪80年代改革开放以来，西方现代主义、后现代主义思潮对中国的思想界、文化界、文学艺术界产生了极大的影响，世界与人的存在的意义及价值均遭逢到普遍的怀疑和否定，并由此否定马克思主义美学所强调的理想主义与英雄主义。对此，刘纲纪的分析是：首先，"现代主义作品对人的异化现象的深刻反映以及后现代主义作品对世界与人的存在的无意义、无价值的宣告，决非意味着人类历史的末日已经到来，而仅仅意味着资本主义已陷入深刻的精神危机之中"；其次，这种现象"是资本主

[①]《马克思主义美学在当代的发展问题》，载刘纲纪《美学与哲学》（新版），武汉大学出版社2006年版，第432页。

[②]《答〈中华美学学会通讯〉记者问》，载刘纲纪《传统文化、哲学与美学》（新版），武汉大学出版社2006年版，第647页。

义在精神文化上解体不可避免的一个历史过程";再次,"作为这个过程最终结果的东西,将是在社会主义的理想下改造世界,重建世界和人的存在的意义与价值"①。在刘纲纪看来,马克思主义美学在文艺上应当立足于社会主义,充分肯定和历史地揭示世界和人的存在的意义与价值,深刻揭示人的相互依存的社会性以对抗人的孤立化、异化,建立新时代的理想主义与英雄主义以对抗极端个人主义、虚无主义、悲观主义。

第三,促进大众文艺的健康发展,并推动它们与处于较高层次的文艺的接近与融合。刘纲纪认为:"大众化的文艺的出现,审美与文艺活动的日趋社会化、群众化,是当代马克思主义美学必须深入研究的重要问题,它会引起整个美学的重大变化。"② 在这一点上,刘纲纪以为要注意两种错误的倾向,一是把大众文艺当作一种单纯消极有害的现象来加以批判,二是让大众文艺走向粗俗化、完全的商品化,追求低级的感官享乐。前者的错误之处是没有看到,在现代的条件下,审美与文艺已成为广大社会群众日常精神生活和社会交往的一个重要方面,不再是为少数"天才""精英"所独占的东西。往日审美与文艺的那种高高凌驾于群众日常生活之上的神圣性、神秘性被打破了,这是历史发展的必然趋势。后者的错误则在于丧失了社会主义的理想性,在商业利润的刺激下,任意放纵大众文艺因历史的局限性而存在的某些缺陷。殊不知,在社会主义条件下,随着物质生产的发展和广大社会群众文化素质的提高,大众文艺终将朝着高级的方向发展,逐渐接近目前我们称之为"高雅"的文艺,并与之融合。

第四,充分重视与研究现当代物质生产、科学技术对审美与艺术活动的重要影响。和那种认为审美与艺术和物质生产无关的想法相反,刘纲纪认为,科学技术越是发展和广泛直接地渗入人们日常生活的各个方面,物质生产对人们的审美与艺术活动的影响也将越来越广泛、密切。"在西方,原来互相轻蔑、讽刺、嘲骂的科学哲学和人文哲学已出现了互相接近、融合的趋势。科学哲学已不能不考虑社会的人的本质问题,人文哲学也不能再把自然科学的巨大发展置之不理,而仅仅作形而上的抽象思辨

---

① 《马克思主义美学在当代的发展问题》,载刘纲纪《美学与哲学》(新版),武汉大学出版社 2006 年版,第 434 页。

② 同上书,第 435 页。

了。这种情况也必将影响到美学、艺术的发展。有关审美和艺术的种种问题将不断与自然科学相联系而得到实证的考察和研究。哲学的考察和思辨不会被取消，但它将同自然科学的实证的研究紧密地结合起来。艺术的创造也将因自然科学的发展所提供的材料，所发现的规律、形式而发生种种变化。美与艺术的发展本来就离不开人与自然的统一，从而也离不开自然科学的发展。现代科学技术的发展已把人与自然的统一推进到了一个前所未见的新阶段，因此它也将把审美艺术的发展推进到一个新阶段。"[1] 刘纲纪的这个观点源于马克思"按照美的规律来建造"的论断，且结合人类生活的新发展、新变化，作出了新的阐明。

综上所述，"刘纲纪对中国马克思主义美学所作的开拓意义的贡献是必须予以肯定的"，"他以自己的学术成果证明，中国马克思主义美学的确具有了与世界上一切重要的美学对话的地位和资格"[2]。

原载邹元江、陈祖亮主编《中国当代美学的回顾与展望暨刘纲纪先生八十华诞学术研讨会文集》，武汉大学出版社2013年版

---

[1] 《论美学理论的更新》，载刘纲纪《美学与哲学》（新版），武汉大学出版社2006年版，第161—162页。

[2] 阎国忠：《实践美学的经典文本——评刘纲纪的美学思想》，《文艺研究》2005年第11期。

《邹贤敏学术文集》编辑前言

作为邹贤敏先生的学生，在先生从教四十五周年暨七十寿辰纪念之际，受先生诸多好友和学生之托，协助先生编辑了《邹贤敏学术文集》。一年来，在阅读先生文稿和反思先生这一代学者学术历程的过程中，对近年来困扰自己的何为学术之道的问题略有感悟，所思所得，一并写出，既是阅读先生文稿的心得，亦为编辑前言。

刘梦溪先生在《中国文化》创刊词《文化比政治更永久》中说："学术乃天下之公器，只求其是，不标其异。新，固然是人心所想往；旧，亦为人情所依恋。关键是一切从学术出发，提倡独立的自由的学术研究。自由才能独立。即使物境不自由，学者的心境也应获得自由。"我很喜欢这段话，也以为这段话恰好概括了邹老师的学术之路和学术之道。所谓"学术乃天下之公器"，首要的意义是指哈贝马斯所说的公共空间，或者说，从事学术研究的知识分子应该是社会的良心和坚守人类文化价值的中流砥柱，而绝不是有些人所理解的"学术是天下人所共有的工具，任何人都可以用来作为达到目的的工具"。"公器"更不是中国传统文化中所解释的功名利禄。[①] 是梁启超在《论不变法之害》一文里为"公器"一词赋予了现代含义，他说"法者天下之公器也，变者天下之公理也"，这里，"法"不再是专权者的私人意志，而是世人认可的普世的公正之道。所以，只有不唯上、不媚俗、不为一己之私利，才有真正的"独立的自由的学术研究"。邹先生的学术之路起步于 20 世纪 50 年代末期，众所周知，那不是一个"独立的自由的学术研究"的时代，但他仍然在人云亦

---

① 《辞源》里有这样的解释："公器"指的是王侯的东西，或者是名位和爵禄。比如，《庄子·天运》里说"名，公器也，不可多取。"《旧唐书·张九龄传》里说："官爵者，天下之公器。"

云的大语境中寻觅和表现着自己的研究个性,其至不惧被戴上"白专道路"的大帽子。这样一种追求理性自由的潜质,在"文化大革命"结束后的学术研究中,在无尽的困惑、彷徨中,终凝定为一种执着的学术信念——"独立的自由的学术研究"。可以说,先生不同类型的文章都从不同的侧面体现出这种执着的学术信念,并由此形成了自己学术研究的几个特点。

一是历史的使命感和社会责任感。历史的使命感和社会责任感,是中国传统知识分子的优良品格。特别是晚清以来,在民族生存危机的大背景下,几代学人无不人在书斋,心忧现实,他们学术活动的目的已不再是个人的兴趣和功利,而是一次又一次地吹响思想解放的号角。"文化大革命"结束后,被极"左"思潮掌控已久的文艺理论领域满目疮痍,拨乱反正在即,却又雷区、禁区重重,此时的理论研究不仅要有回归学术的严谨,更要有解放思想的勇气。正是此时,邹先生写了大量的文章,主旨就是批判文艺领域中的极"左"思潮,同时在理论上正本清源。写于1980年的《文艺的歧路——关于"文艺从属于政治"的考察和辨析》一文,就是一篇深挖极"左"文艺思潮思想根源的战斗檄文,文章从历史的角度(中外革命文艺运动)阐明:"从属论"是怎样提出来的?"左"倾教条是怎样并且为什么会违背艺术规律?新中国成立后"从属论"造成什么样的危害?由此得出备受学界关注的结论:"过去被我们当作'马克思主义文艺思想'"的"从属论","实质上是带有封建性的小资产阶级文艺思想"。这篇文章后收入《中国新文艺大系 1976—1982》(理论集)。《"写中心"与"写心中"——从艺术规律谈开去》更是强调作家要有历史的使命感和批判社会黑暗的责任感,要敢于表现心中的真情实感,而不能异化为只会歌功颂德的御用文人。

在与根深蒂固的极"左"思潮交锋的过程中,邹先生始终是湖北文艺理论界思想解放运动的一员战将。1980年,青年诗人熊召政的诗歌《请举起森林一般的手,制止!》发表后,反响十分强烈,出现"好得很"和"糟得很"两种根本对立的意见。有人说是真实的,鞭挞了"四人帮"的极"左"路线,有人认为是"暴露黑暗","歪曲了生活的本质"。面对重重政治上的压力,邹先生仍然以强烈的忧患意识撰写了《大胆的揭露,悲愤的控告——读〈请举起森林一般的手,制止!〉》一文,旗帜鲜明地表达了自己对熊召政诗歌的支持,引起很大反响。为此，再加上《文艺的歧路——关于"文艺从属于政治"的考察和辨析》一文，邹先生受过一些有形和无形的不公正的待遇，但每说起此事，他都非常平静地说："这，是一个有良知的知识分子应该做的事。"

90年代初、中期，邹先生任《中学语文》杂志主编期间，花费了极大的精力，调查研究中国当下中学语文教育的现状，并再次以一个战士的身份发出了批判应试教育的呐喊。他写了一系列文章，呼唤素质教育，为语文教改鼓与呼。《回归本体，走出困境——谈深化语文教学改革》一文提出："应试教育扭曲了语文学科的根本性质与任务，使语文教学的本体在相当大的程度上被异化了，成了'应试工具'。"并尖锐指出，"绑在'应试教育'战车上的语文教学对学生个性的压抑，主要表现在言语的一体化或规范化"。他认为，必须"把学生理解和运用祖国语言文字的个性化程度作为个性发展目标的不可替代的内容"。应该说，邹先生的呐喊已得到教育界许多有识之士的回应。如北京大学的钱理群教授就说："我终于明白，这样的标准化的试题，实际上已经规定了一种所要培养的'人才标准'。这将是怎样的一种人才呢？他们有一种很强的能力，能够正确〔无误〕、准确〔无偏差〕地理解'他者'〔在学校里是老师、校长，在考试中是考官，以后在社会上就是上级、长官〕的意图、要求；自觉地压抑自己的不同于他者要求的一切想法，然后正确、准确、周密地，甚至是机械、死板地贯彻执行，所谓一切'照章〔规定、社会规范〕办事'，做到恰当而有效率，并且能够以明确、准确，逻辑性很强而又简洁的语言文字，作出总结，并及时向'他者'汇报。这样的人才正是循规蹈矩的标准化、规范化的官员、技术人员与职员。"

二是"唯陈言之务去"，对所研究的对象不人云亦云。《关于形象思维》是"文化大革命"后学界第一批关于形象思维的论文之一，对"文化大革命"中竭力否定形象思维的极"左"理论予以了尖锐的批判，在学术界产生了一定的影响。邹先生的文章没有简单地去论证形象思维存在的合理性，而是另辟蹊径，批评了别林斯基的观点，指出艺术的反映有不同于科学的内容，艺术是"理性和直觉、思想和情感结合在一起而显现出来的生活面貌和生活本质的统一体"，反对把艺术创作手法给某种抽象的思想穿上形象的外衣等曾经流行的说法。《文艺的歧路——关于"文艺从属于政治"的考察和辨析》一文认为关于外来的"从属论""工具论"得以迅速在中国生根滋蔓的社会环境和历史条件的分析，以及这一理论在特殊条件下与中国封建文艺观的残余的结合等，更是精辟之论，被胡经之先生誉为"独到之见"。《论报告文学的真实性》《一种独立的文学样式——谈报告文学兼与黄钢同志商榷》等文，是邹先生80年代初和郁源先生一道发起、参与有关报告文学真实性讨论的结晶，他所提出的"报告文学是一种独立的文学样式"的观点，是从文体特征的角度讨论报告文学的真实性，这对要么把报告文学归为新闻，要么归为散文的传统观念，是一次有益的突破。1983年，邹先生参加高校文科教材《西方文艺理论名著教程》的编写工作，分工撰写柏拉图、亚里士多德两章。怎么写？首先碰到的是如何评价的问题。当时中文的西方美学史著作仅有朱光潜的《西方美学史》，论著亦只有"文化大革命"前出版的汝信的《西方美学论丛》。朱光潜、汝信对柏拉图的评价基本上是否定的，他们认为，柏拉图是亚里士多德的对立面，根本原因是柏的哲学思想是客观唯心主义，政治上又是站在保守的贵族立场，反对民主政治，所以他的美学、文艺思想逃不脱"唯心""反动"的帽子。邹先生以为，这是长期以来在学术思想与哲学观、政治观之间画等号的结果，也应该拨乱反正，他以列宁"聪明的唯心主义比愚蠢的唯物主义更接近唯物主义"一语为理论根据（这在那时是不可缺少的），在教材编写中，突破了极"左"年代的理论束缚，充分肯定了柏拉图《文艺对话集》中不少有价值的观点，并强调从柏拉图的"灵感说"和辩证思想来看，说明柏拉图是懂得艺术规律的。这在当时可说是相当大胆的见解。蒋孔阳先生对此评价说："我们过去受了'左'的影响，一谈到柏拉图，总是加上许多贬的形容词，如象什么唯心主义、希腊奴隶主贵族的代言人，以至反动的等等。我们似乎从来不肯想一想，为什么柏拉图会在希腊占有那样显著的地位？他在西方又为什么会具有那样巨大而又深远的影响？如果他的东西，全是一些胡说八道，这可能吗？贤敏同志在党的十一届三中全会以来强调实事求是的精神的指引下，对柏拉图作了全面的分析，发掘出了柏拉图美学思想中许多积极的因素，合理的内核，从而给予了应给的肯定。我认为这样做，是符合马克思主义历史唯物主义的精神的。"

《"闲暇"与"觉识"——亚里士多德美学思想拾遗》一文，受到蒋孔阳先生更多的赞许："他从亚里士多德的著作中，拈出'闲暇'与'觉识'两个范畴,来探讨亚里士多德的美学思想,这更是别具只眼,从古人的著作中,读出了别人视而不见或者见而不以为意的新的含义。亚里士多德的著作,我读过一些,也曾经见到过'闲暇'与'觉识'两个概念,但我就从来没有想到过这是亚里士多德美学思想中的两个重要范畴。对于贤敏同志的敏感,对于他的善于学而有得,我不能不表示佩服。更重要的是,他不仅看出了这两个概念在亚里士多德美学思想中的重要意义,而且善于从马克思主义的观点,加以分析和评价:一方面,说明这是希腊奴隶主贵族非功利观点美学思想的反映;另一方面,则从人的本质力量方面,分析了只有当人从外物的实用的束缚中解放出来,取得了闲暇,对自身有了自由、自觉的觉识,这时,才谈得上美。这一点,我认为也是颇有见地的。"

邹先生一直在做撰写西方美学史的准备工作,现已写出一个详细的写作提纲。在这个提纲中,有几点看法凝聚了邹先生长期的独立思考,我认为有几点是颇有理论价值的。一是对西方美学整体发展的内在逻辑的探讨。邹先生认为,唯此,我们才能理解马克思美学思想在西方美学史中承上启下的历史地位,也才能理解后现代主义美学反传统面貌中所蕴含的与传统的同质性。二是关于马克思与恩格斯美学思想的比较研究,这一点是学界相对忽视的,邹先生以为对此如有深层次的研究,就可发现马克思逝世后关于马克思美学思想的阐述实际上有着两种倾向,而我们长期以列宁的思路遮蔽了马克思美学思想阐述史上的复杂性,从而形成了一个学术断层,所造成的严重后果就是把斯大林僵化的美学思想看作马克思美学思想的必然产物。所以,要全面、深入研究马克思的学说,这是一个无法回避的问题。三是"政党美学"的提法,在认真总结、检讨国际共产主义运动经验教训的大背景下,反思苏联美学的发展历程以及其中的历史得失,邹先生的思考不仅具有学术的创造性,更重要的是,他对抚育自己学术生涯的苏联理论的反思既有情感上的挥之不去的联系,又有强烈的历史和现实的责任感。每每看到眼前邹老师一丝不苟的一摞摞手稿,我多么期待着这一部极有学术价值的著作的早日面世。

为文必追求新见、新义的特点并未随先生年岁的增加而消退。邹先生退休后,喜爱收集奇石,赏玩之余,他也在思考其中的美学理论问题,并写了《漫谈奇石美的本质——从建立奇石美学谈起》《〈石道漫步〉序》,

指出:"我们要建构的奇石美学既不隶属于哲学美学,也不隶属于通俗美学,它应当比哲学美学更贴近广泛的大众审美实践,又比通俗美学有更多可供提升的理论空间,因此,奇石美学的建构既要走出哲学美学的'象牙之塔',面向大众,为大众所接受,又要保持一定的理论思维水平,提高大众,引导大众,使群众性的赏石文化活动向美的境界和美学的高度上升。"这个见解对我们如何对待日益兴盛的大众文化不无裨益。近年来,邹先生还参与了《中华邹氏族谱》的编修活动,对传统的谱牒学观念进行扬弃,写出了《世系·文化·历史观——参修〈中华邹氏族谱〉的思考》一文。冯天瑜先生评价为是"颇有新意和分量的族谱论","突破了传统的修谱理念,对家谱的性质与功能有了新的认识与把握","其中提出的'世系为本,文化是魂'、'家谱既是姓氏历史读本,又是姓氏文化读本'等理念,是从邹姓长期的修谱实践中总结出来,又加以提升的认识",以此为指导,使邹先生主编的《中华邹氏族谱》第一卷"呈现出新的面貌"。

三是马列文论研究的拓展与突破。马克思主义是邹先生这代学人的学理根基,先生对此用功尤勤,成果也颇具特色。用刘纲纪先生的话来说,就是"始终旗帜鲜明地坚持马克思主义,从不退缩含糊,但观察解决问题的方法又不是教条的、狭隘的、浮夸的,而是求实的、历史的、辩证的"。

20世纪80年代以后,如何在新形势下深入研究马克思主义的美学、文艺学问题,先生不仅撰写了一系列专题研究文章,或具体辨析经典之精义,如《马克思论"掌握世界的方式"》《马克思论艺术的形式美》《对资本主义的深刻批判——"物质生产的发展和艺术生产的不平衡关系"的精神实质》;或总体评说马克思主义美学、文艺学研究的现代走向,如《马克思恩格斯论文艺遗产的批判继承》《加强马列文论研究的现代意识——建设马克思主义文艺学中的一个重要问题》《反映论、认识论与文艺学》《制高点·出发点·立足点——建构马克思主义文艺学体系的前提》,同时也以自己的研究和写作方式对曾经流行的教条主义的研究方式进行了深刻的反思和批判。先生认为,极"左"年代对经典著作中有关美学、文学问题的文字的解读,除"四人帮"恶意歪曲外,还有一股文风上的毛病,即望文生义、断章取义者相当普遍。当时的学术论文,一般都要到经典的作家那里找依据,作为"理论后盾"使自己立于不败之地,因之以经注我、以意逆志的现象较普遍。与此相反，先生每写一篇有关经典的解读文章，为力求完整、准确，常常是逐字逐句逐段地反复阅读十几遍原著，把握其内在的逻辑联系，找到其原意，尽量贴近马克思的思想。先生把这种研究方法概括为：一是要把经典作家关于美学、文论的片段论述放到全句、全段、全篇，乃至经典作家的整个哲学、经济学著作的"系统"中去观察；二是要从思想渊源上去解读，特别是马恩同德国古典哲学的关系，同康德、黑格尔、费尔巴哈的关系，在不同性质的"系统"中去找来龙去脉，找到其理论资源，看他继承了什么，扬弃了什么，发展了什么。先生曾戏称这是一种"笨方法"，但也许只有运用这样的"笨方法"，才有学术上的真见卓识。先生对马克思《巴黎手稿》的文本分析也较充分地体现了这个方法的价值。

加强马列文论研究的现代意识和开展"整体性"研究，是邹先生关于马克思主义美学、文艺学研究的另一大特色。

邹先生所言的"加强马列文论研究的现代意识"，其实是对1949年后中国马克思主义美学、文艺学研究中的某些痼疾的反思。先生认为，"由于斯大林、日丹诺夫错误思想的影响"，20世纪50、60年代，"对毛泽东文艺思想的大力宣传同对马恩列斯的文论、苏联学者的有关论著的译介和宣传紧密结合，中国传统经学的规范同苏联研究模式紧密结合，形成了我们的马列文论研究的格局"。"然而苏联旧有的研究模式在斯大林逝世以后已经发生了重要变革，对中国传统经学规范的反思和批判也正在深入，我们的马列文论研究的老规范、老模式、老格局面临严重挑战，已到了非改革不可的地步。"一些研究者在论著中常常"把与当前文艺实践相矛盾的内容硬要论证成是不矛盾的，似乎这才能捍卫马列文论的'纯洁性'、'科学性'、'权威性'，显示它是'普遍真理'，关于异化、人性和人道主义、悲剧、现实主义和浪漫主义等问题的讨论，明显表现出（这种倾向）"。先生还认为，"要挖掘出马列文论的全部理论内涵，就必须突出马列作为文论家的主体意识"，而过去的马列文论研究"只是从社会历史的角度去歌颂马列的阶级立场、思想倾向，而没有从审美的、心理的角度去打开他们各自的心灵世界，他们独特的主体意识被千篇一律的分析和综合剥离了、深化了，被一个个概念、判断、推理淹没了。结果马列文论成了模式化的理论，失去了真实的内容，失去了个性的支架"；先生指出，"马列文论的局限性是不能抹煞的客观存在，在当时的历史条件下是难以突破的，但今天却必须而且能够突破它、超越它、发展它"。即使在今天看来，先生的这些见解仍然闪烁着当年思想解放的真理之光。

对马列文论的"整体性"研究，是邹先生的一贯主张，其中有两点至今依然值得学界思考。一是马列文论只能是西方文论整体中的一个有机部分，既不能割裂开来，更不能以马列文论替代西方文论。关于这一点，先生在《马克思与西方美学——重读〈一八四四年经济学哲学手稿〉札记》中有过集中而简明的论述。二是马列文论应是一个既有自身特质而又开放的体系。

邹先生在文集的扉页上写了一个发人深省的《作者题记》："帕斯卡尔说：'人的全部尊严就在于思想。'反思自己的学术之路，使我清醒：懂得不应该怎样思想比懂得应该怎样思想更有人的尊严。"这是从历史中走过来的邹先生的肺腑之言，也是痛定思痛——自我反思的智者之言。这几年我和先生交谈的主要话题就是反思——反思他的学术之路，反思左右他的学术沉浮的历史语境，反思一切应该反思的东西。我想，这是对德国古典哲学情有独钟的邹老师向他的学生传授的最大的学术之道。邓晓芒先生在《德国哲学》复刊时写了一个"复刊词"，其中一段话仿佛是对邹先生《作者题记》的另一种诠释："21世纪的中国也正处于迅速崛起的时代进程中，可以预料，这种崛起不会一帆风顺。中国的崛起将去向何方，是走向更加文明还是堕落到野蛮？这是每个中国知识分子不能不考虑的问题。今天，德意志民族的心路历程对我们比任何时候都具有更加重要的借鉴意义，他的深沉、彻底和认真精神是中国人模糊、随便和浮躁劣习的解毒剂；他的纯理性和严格思辨的特长是将我们的精神生活从日常俗务提升到自由王国的不可缺少的训练；他对人类自我意识的不懈追求和痛苦反思是我们民族重建自己的新型人格的必要参照；他对历史、社会和人性的系统思考及深刻领悟是我们不能无视的人类共同的精神财富。"正是在反思的视野里，未收进文集的一些文章，如邹先生"文化大革命"前的几篇文学评论、"文化大革命"中的大批判文章，退休后整理的关于《在延安文艺座谈会上的讲话》、西方美学史的研究大纲，更有着特别的意义，它们和前面所提及的诸多文章一起构成了邹先生完整的学术之路。（先生多次向我表示，他将在更高的层面上对自己的学术之路做更深层次的反思。）就此而言，《邹贤敏学术文集》的出版，对于我们了解邹先生这一代学人的心路历程和学术背景，理应有着生动的文献学意义。

原载《邹贤敏学术文集》，湖北人民出版社 2008 年版

走不出的历史

——写在邹老师七十寿辰

黑格尔在《历史哲学》中说:"历史必须从中华帝国说起,因为根据史书的记载,中国实在是最古老的国家。"我从未把这话当作恭维话来读。我们的祖先把神话历史化,使中国历史有了骄傲的时间长度,可我们付出的代价却是人类童年时代活泼、明朗的笑声的丢失,历史像沉重的铅块压在一代代中国人的心头。在仔细阅读邹老师年届古稀而写出的学术反思的文字时,上述由来已久的感想又一次涌上心头。十年来,退休后的邹老师多次去美国,在国内也是多半时间在深圳居住。照说,这些远离学校和学术的生活环境理应让人生出鲜活的情趣,哪怕是回忆,也应是海浪、沙滩、仙人掌一类的东西。

舒适的居住环境、惬意的退休生活并没有让邹老师走出沉重的历史。其间,他爱上了收集奇石,也热心过中华邹氏家谱的编撰。但是,读着这沉甸甸的学术反思集,我想,这十年,域外的风光、闲暇的时光在邹老师那里,不过是过眼烟云,萦绕在他心头的依然是历史的块垒——他走过的历史,他毕生珍爱的学术生涯史——他有许多的不解、许多的遗憾、许多的感慨,而这一切,都与并没有成为昨天而可以遗忘的历史血肉相连。刚读了胡经之先生为邹老师写的纪念文章,其中同样弥漫着如此追问历史的情结,看来,这真是中国知识分子不可救药的宿命。

邹老师其实是一个生性开朗、遇事洒脱的人,缠绵于个人得失、恩恩怨怨不是他的个性。在六七年以前,他就对我反复说起要对自己所处时代和自己的学术生涯作深刻的反思,对这个设想,我是赞成的。我之所以赞成,倒不在于让邹老师在相对寂寞的退休生活中找点儿事做,填补空虚,而是觉得邹老师所设想的自我反思既有梳理大陆1949年后文艺学学科发展轨迹的史料学意义,更重要的是,他对自己学术生涯的无情解剖和深度反思,无疑有着思想史的意义。2005年,有幸陪邹老师夫妇去了一次神农架,还去了一次齐鲁大地。行间,我们围绕这个设想做了多方的推敲,大致定下了写作的基调和结构。在来年去美国之前,邹老师又专门征求了黎明、川鄂、建华诸兄的意见,得到大家的共同认可。坦率地说,邹老师的设想能做到什么程度,我当时心里并无多大底。问题的症结在于:这个设想首先是要对自己的学术生涯作出客观、冷静、理智的评判,然后才能上升到思想史的层面对个中的得失作出应有的反思,而这样的反思才是留给后人的宝贵财富。我的担心不能算作空穴来风,近些年回忆录看过许多,文过饰非、诿过于人者大有人在。邹老师不善假言,此为我深知,但直面、否定自己的学术瑕疵,实在是需要大勇气的!多少学术权威打着捍卫真理的旗号维护着早不为世人认可的陈腐观念,其实说穿了,不过是在维护中国文人最怕受到伤害的那张脸面。2006年秋天,从美国回来的邹老师,约我长谈过数次,他的勇气、他的坦诚、他的睿智,全化为深思熟虑的对自己学术生涯的系统梳理、总结和反思。看着邹老师一丝不苟、整齐的手稿,早已不用钢笔写字的我,仿佛一下由电脑时代回复到二十多年前的手写时代。

邹老师是我大学本科的老师,可直到毕业时,邹老师才知道有我这个学生。大学四年,我实在不算一个好学生,除了古代汉语、现代汉语、语言学概论几门课外,其余的课程一学期听不了两三次。我并非特喜欢语言课程,只是觉得学习这些课程,听讲比自学省事,其余的课程倒是自学比上课进度更快、获得的信息更多,所以整天都泡在图书馆里。那时的学习自觉性当然是现在的学生无法想象的。只是当时的资料奇缺,为了借黑格尔的《历史哲学》和荷马的《伊里亚特》,我跑遍了武汉的高校。毕业前几天,同寝室的同学对我说,今天系里开会你又没去,邹老师特地问到你,说你的毕业论文写得不错,又说怎么不认识你,好像从来没见过你上课。听了这话,很想去拜访一下这位在大学四年中唯一表扬了我的先生,但又想,我老逃课,怎么好意思呢?就这样,大学四年,竟没有和邹老师说过一句话。

四年后(1986年),已成家得子的我再次做了邹老师的学生,亦算是真正做了邹老师的学生,邹老师(也是湖大文艺学所招收的)第一届的研究生。三年耳提面命的研究生生活,使我真正了解了邹老师,也真正了解了中国美学、文艺学领域里诸多话题的历史内涵。那是一个不能让人忘怀的年代，中国"五四"以来知识分子的社会良知和文化情怀在被迫消解、自动崩溃的前夜却又达到前所未有的高度。在这种背景下，任何学术选题都有着浓郁的现实指向性和面向苍生的人文关怀的底蕴。我的硕士论文《论马克思学说的美学含义》就是邹老师试图沟通西方文论和马列文论的思路的具体化，其间所论述的马克思对德国浪漫主义美学关于"个人的全面发展"命题的继承和发扬光大，无疑显现出中国社会急切彻底摆脱专制主义的心理诉求。不久之后，中国社会的巨大变革促成了经济的蓬勃发展，却把学术引向急功近利与科层化的深渊。邹老师在反思录中称自己在这一时段的学术苦闷源自无法与新的学术话语接轨而有"落伍"之感。对邹老师的如此感慨，我以前是认可的，可现在却有新的认识。

2003年冬天，我受北京《文艺研究》编辑方宁兄的委托，对武汉大学刘纲纪先生进行一次学术采访，做一个访谈录。刘先生一直视我为忘年之交，经常在一起聊天，聊得最多的就是1949年后中国美学研究的发展历程和马克思主义在中国的命运。为做这个访谈录，我和刘先生数次交谈，几度易稿，终成《"路漫漫其修远兮，吾将上下而求索"——刘纲纪先生访谈录》[①]一文。写完此文，我有颇多感受，也加深了对邹老师这一代学人的认识和理解。

第一，关于马克思主义的问题。邹老师这一代学人的知识学背景无疑是马克思主义，而且无疑是真诚地信仰马克思主义，他们的青春年华、人生的理想和治学的路径全都基于此。现在许多年轻的学者对那个时代信仰的真诚性或怀疑，或轻慢，我以为这是对历史的轻慢。朱光潜先生1949年后认真研读马克思著作的热情是学术史上的佳话，也足以反映那个时代知识分子的心理态势。在马克思主义完全意识形态化的时代，马克思的学说失去了知识的本真性，由苏联全盘搬过来的文科教学模式，训练出一种奇怪的思维方式：分析任何文艺现象的出发点必须去马恩那儿寻找根据，在马克思、恩格斯著作中寻求出来的只言片语又成为文艺领域中政治批判的合法性尺度。20世纪80年代的思想解放运动促成了邹老师对自己学术生涯的反思，他对我说过，他不是先觉者，在历史转型时期，他曾有过很大的苦恼，甚至在学术上陷入困境。但是，邹老师并未放弃深入探讨马克

---

① 载《文艺研究》2004年第6期。

思主义真谛的努力，他经常引用马克思对待黑格尔的例证教育学生：不能在泼掉脏水的时候连同孩子一起泼掉，马克思学说的真理性在当下中国依然有着不可低估的意义，西方现代主义哲学对"文化大革命"后的中国学术界尽管产生了许多积极的作用，可用任何一种西方现代主义哲学取代马克思的学说都是一种历史幻想。在走出教条主义对待马克思学说的历史误区后，邹老师对马克思主义的文艺学、美学的研究不仅别开生面，而且显露出自己的学术个性，这就是既反对继续以教条主义的态度神化马克思的学说，又坚持实事求是地解读经典著作，力求恢复马克思学说的原貌。基于这一点，拨乱反正之后，邹老师写了大量文章，主旨就是批判文艺领域中的极"左"思潮，同时在理论上正本清源。在与根深蒂固的极"左"思潮交锋的过程中，邹老师受过不公正的待遇，但他始终是湖北文艺理论界思想解放运动的一员战将。他对熊召政的诗歌《请举起森林一般的手，制止！》的评论足以让我们看到邹老师面对政治高压的学术勇气。

在对马克思主义美学中国化的思考中，邹老师特别关注毛泽东《在延安文艺座谈会上的讲话》这一理论文本，这一点与刘纲纪先生的思考很接近。他们深层次的考虑就是：把以毛泽东思想为代表的中国马克思主义美学与苏联马克思主义美学、西方马克思主义美学之间的原则性区别从理论上讲清楚。

邹老师认为，苏联的、西方的马克思主义美学都各有它们的贡献，但以毛泽东的《讲话》为代表的中国的马克思主义美学确实又与它们不同，它有优于苏联的和西方的马克思主义美学的地方。以毛泽东的《讲话》为代表的中国马克思主义美学的产生，就是毛泽东所说的马克思主义的普遍真理与"五四"以来中国文艺发展的具体实践相结合的产物。它不同于苏联和西方的马克思主义美学的特征，集中到一点，就是鲜明地确立和深刻地论述了"以人民大众为本位的马克思主义实践观的美学"。毛泽东不论讲文艺的源泉、文艺对生活的反映、文艺的功能等问题都是以他的《实践论》为基础来讲的。而他所说的"实践"的中心又是指人民群众改造旧世界、创造新世界的革命实践。因此，在他的思想中，实践观点和文艺为人民大众服务的观点是不可分地统一在一起的。他的这种美学也可表述为以马克思主义实践观点为基础的人民大众的美学。

在邹老师的视野中，毛泽东建立的以实践论为基础的人民大众的美学还有一个重要的意义，这就是说：马克思主义实践观的美学与中国本土的美学学术资源是完全能够融会贯通的。马克思主义传入中国后,"五四"前后几年间很快就为中国不少进步的知识分子所接受,成为中国最进步的、占主导地位的思想,这说明它一方面符合中国革命的需要,一方面与中国传统的思想文化存在着能够融合会通的地方。① 邹老师还认为,我国从20世纪50年代开始的美学大讨论提出实践的观点是一大贡献,但现在看来,中国化的程度很不够,并且忽视了毛泽东的《讲话》,误以为它与苏联的反映论美学是一样的,没有联系《讲话》来阐发马克思《手稿》的思想,没有把《讲话》中强调的"生活"的观点和马克思《手稿》的实践观点统一起来讲。美不可能脱离"生活"而存在,"实践"之所以成为美产生的根源,就因为人类的"生活"是由人类的"实践"创造出来的。所以,主张实践派的观点,也不能直接地说实践创造了美,而应说"人类生活的实践"产生了美。讲"劳动创造了美"也必须同"人类生活的实践创造"联系起来讲,这样才能讲清。和《讲话》发表的时代相比,今天的中国和世界已发生了巨大的变化,因此马克思主义实践观美学已被看作需要消解并且必然会被消解的理论,当然也就完全不必谈什么中国化的问题了。但是,马克思主义实践观的美学是消解不了的。

第二,马克思的学说在西方思想史上的位置。从跟邹老师读研究生开始,就常常和邹老师讨论马克思学说在西方思想史的地位问题。在过去,这是一个不能探讨的问题,因为在神化马克思的人看来,马克思的学说前无古人,后无来者,是人类思想史上无法逾越的高峰。坦率地说,这种观点对邹老师那一代学人所产生的思想禁锢作用是今天的人们无法理喻的。我记得在20世纪80年代后期,邹老师却对此已有很系统的思考,在邹老

---

① 关于这一点,我以为刘纲纪先生做过很好的分析,即从历史和社会的背景看,中国的原始氏族社会存在的时间很长,发展到了很成熟的程度。因此,在进入文明社会(阶级社会)之后,原始氏族社会的思想与风习被大量地保存了下来,其中许多思想都可与马克思主义相通,如儒家的仁爱、民本、大同的思想,道家对"耕而食,织而衣,人人无有相害之心"的社会的歌颂,对阶级社会中统治阶级所讲的仁义道德的虚伪性的无情揭露与批判,都有与马克思主义的相通之处。从哲学的层面看,充分肯定人与自然、个体与群体、主体与客体、有限与无限、感性与理性是必须统一、应当统一和能够统一的,两者之间不存在什么无法跨越的鸿沟,这是中国哲学的精华所在。此外,如大量丰富深刻的朴素辩证法思想,相信一切危难最终都是可以克服的思想,高度重视人自身的作为与努力的思想,认为"行"高于"知"、重事功而反空谈的思想,也都是十分宝贵的。上述这些古代哲学特有的精华与宝贵的思想,显然又都可以和马克思主义的哲学相通。

师的思考中,有两个观点是很有学术价值的。一是马克思的学说才是德国古典哲学的终结,同时又是西方20世纪哲学的开启;二是马克思的美学、文艺学思想都是西方美学、文艺学思想的一个有机组成部分。关于前者,邹老师虽没有文章详细论证,但我自己在邹老师观点的启发下,曾做过如下思考:(1)马克思学说产生于商品经济在欧洲已经成熟的19世纪,新的社会形态必然产生新的学术形态。我们过去过多地渲染马克思是向资本主义宣战的思想斗士,殊不知,马克思在欧洲学术思想史上的意义就人类文化史而言,意义更为重大。马克思从经济学角度对人类社会历史的重新描绘,不仅仅是提出了历史唯物主义的实践范畴,而且是为人们日常生活的合法性寻找到伦理依据。正是到了马克思,欧洲传统的贵族式的学术形态才真正具有了崭新的平民化色彩,也正是在这一点上,我们才说马克思的学说是集欧洲传统学术之大成的德国古典哲学的终结者。马克思学说之所以在东方社会引起更大的反响,原因就在于马克思学说的平民化底蕴内在地契合了20世纪整个东方社会正处于从专制社会向民主的平民社会的转型。(2)马克思对资本主义时代经济的批判性关注,是20世纪众多西方哲学的出发点。资本主义商品经济对人类文化带来的巨大危机,法兰克福学派可说把马克思的批判发挥到了极致。可问题在于,马克思对资本主义商品经济的正面评价,以及建立在此之上的历史乐观主义,却被20世纪西方现代主义的悲观主义哲学所放弃。所以,马克思的学说本质上是不同于西方20世纪现代主义哲学的,而基于历史乐观主义基础之上的理想主义正是邹老师这一代学人的社会理想和人生理想。(3)马克思关于个人的全面发展是人类社会进步的核心尺度。德国浪漫美学所要求的个人的完整存在的核心命题是马克思学说发生的原初动力,亦即马克思诸组成部分的统一出发点。换言之,个人的完整存在是日益丰富展开的马克思学说的本体论根据,离开这种本体论根据,我们便无法找到马克思学说诸组成部分的内在统一点。与浪漫美学不同的是,马克思不再在纯粹的审美领域去勾勒与现实社会、人的现实感性存在决然对立的完满形象,而是在现实社会的历史发展过程中,在人的现实感性存在日趋丰富性中探求人何以达到完满的存在。所以,马克思对社会经济关系的研究绝不是像他的后世者那样,要把人的个体存在钉死在命定论的社会经济关系之中,相反,马克思所看到的是在一定的社会经济关系孕育、发展、成熟起来的人的个体存在必定冲破社会经济关系的束缚,直到成为一个个完满、独立、自由的个体存在，即《资本论》所言，共产主义不过是以"每个人的全面而自由的发展为基本原则的社会形式"。所以，马克思在提出人类发展的历史是一定的社会经济形态的发展史的时候，也就必然同时指出，"人们的社会历史始终是他们的个体发展的历史，而不管他们是否意识到这一点"，这种"个体发展的历史"即"个人向完整的个人的发展"。总之，源自浪漫美学核心命题的个人的全面发展观点不仅延续在马克思学说的整体发展过程中，而且是马克思理解、阐释人类社会历史的本体性尺度，从表面上看，马克思对"人的全面发展"这一命题的分析与论证越来越离开其出发点的美学含义，但从实质上看，马克思对此命题的经济学、社会学、人类学、哲学等多方面的论述，恰是此命题的内在逻辑之使然。德国浪漫美学的这个核心命题在美学史上第一次把美的本质与人的内在本质欲求沟通起来。但是，这种沟通还仅仅是一种形式上的沟通，因为浪漫美学，特别是席勒，仅把审美作为一种手段、一种形式，并以此消除现实生活内容中的非完善。由此，如何在历史的现实发展中确证"个人的全面发展"的合理性与必然性，便构成马克思学说超越纯美学范围的展开的特征，这种超越并非意味着后来发展起来的马克思学说不再包含一种美学成分。相反，马克思以其非美学形态的理论更加深刻、全面地论证了浪漫美学的核心命题。

近年来，邹老师又潜心研究马克思的《巴黎手稿》，他特别重视马克思对人类感性的历史哲学的分析，他认为感性的确立使浪漫美学核心命题的哲学人类学内涵更深刻地延续到马克思学说之中，其不仅使马克思学说泛美学化的理论出发点嬗变为科学化的历史透视点，而且潜在地构成了马克思学说超越自身而与新时代文化理论共振的交会点，因为纯粹的精神现象，思辨理论仅仅是过去岁月的结晶，其固然也构成人类精神活动进一步发展的基点，但其终将不能见容于随时代变化而更新的人的感性。而只有把握住在人类交往、创造性活动中生成发展并日趋全面丰富起来的感性，人类历史长河中的审美乐章才是可以解读的，唯此，人才可能在现实的政治、经济活动中获得一种自由的审美感受，故人的解放不仅是政治、经济的解放，无产阶级的解放也不可能是自身单独的解放，人的解放必然是一切人的解放，即人的感性的全面解放。所以，马克思确证人的全面解放的感性尺度不再是浪漫美学虚幻的审美尺度，而是一个综合性的既现实又超越历史时空的人类学尺度。我以为，邹老师关于《巴黎手稿》的新解对于我们更全面、深刻地解释马克思的学说（包括马克思的美学思想）不无启迪作用。

在对马克思学说的总体性思考的基础上，邹老师进一步提出，不能把马克思的美学、文艺学思想从西方美学、文艺学思想的发展整体中剥离出来。马克思的美学、文艺学思想是，也只能是西方美学、文艺学思想长河中的一个阶段，而任何把马克思学说绝对化、神化的企图必然会窒息马克思学说的生命力。围绕这一理论构想，邹老师一直在做撰写西方美学史的准备工作，现已写出一个详细的写作提纲。在这个提纲中，有几点看法凝聚了邹老师长期的思考，我且认为是值得我们后学认真思考的，一是西方美学整体发展的内在逻辑观，唯此，我们才能理解马克思美学思想在西方美学史中承上启下的历史地位，也才能理解后现代主义美学反传统面貌中所蕴含的与传统的同质性；二是关于马克思与恩格斯美学思想的比较研究，这一点是学界相对忽视的，我以为对此如有深层次的研究，就可发现马克思逝世后关于马克思美学思想的阐述实际上有着两种倾向，而我们长期以列宁的思路遮蔽了马克思美学思想阐述史上的复杂性，从而形成了一个学术断层，所造成的严重后果就是把斯大林僵化的美学思想看作马克思美学思想的必然产物，所以，要全面、深入研究马克思的学说，这是一个无法回避的问题；三是"政党美学"的提法，在认真总结、检讨国际共产主义运动经验教训的大背景下，反思苏联美学的发展历程以及其中的历史得失，邹老师的思考不仅具有学术的创造性，更重要的是，他对抚育自己学术生涯的苏联理论的反思既有情感上挥之不去的联系，又有强烈的历史和现实的责任感。每每看到眼前邹老师一丝不苟的一摞摞手稿，我多么期待着这一部极有学术价值的著作的早日面世。如今，自己也在带研究生，常常把邹老师的学术生涯讲给他们听，目的在于让学生从邹老师的学术生涯里体会到历史的厚重，希望他们（也包括我自己）理解和学习老一代知识分子的社会责任感。

过去，自己总是站在80年代以来的学术立场去看待1949年至1979年间中国美学、文艺学的问题，不免有轻薄之意。但近几年游离在人世的喧嚣（包括学术的喧嚣）之外，看人阅世的角度发生了一些变化。2001年在上海拜访贾植芳先生，历经人世磨难的老先生说起如烟岁月，竟没有沉重的沧桑，他反复渲染的几件往事不过是儿女情长的小事，给人以温馨和欢悦。先生淡忘了历史吗？读读《狱里狱外》，答案自然是否定的。我现在的体会是：邹老师这一代学人饱经历史沧桑，但他们中的绝大多数人，人品和学问并无世故老人的俗气，而我辈之中，媚俗者多，达观者少，或许，人总是要修炼的。作为先生的学生，当以先生的人品、学品为榜样，争取早日达到先生的治学、做人的境界。

原载《问学·求道·传道》，湖北人民出版社2008年版

走向文化自觉

——冯天瑜先生访谈录

2013年2月14日（壬辰年正月初五）下午，四处依然弥漫着浓郁的节日气息。珞珈山下，却是一片早春的静谧。带着《文艺新观察》委派的采访任务，笔者来到武汉大学资深教授冯天瑜先生的家中，就中国文化的当下状态以及文学艺术诸问题，求教于先生。冯先生节前因病住院一月有余，正在家中静养。对我的造访，先生一如往日的谦和，与我聊天。问及杂志访谈栏目的编辑主旨，又翻阅了《文艺新观察》2013年第一期访谈杨叔子先生的文章样稿后，冯先生向我说起他在病床上刚刚完成的《中国文化生成史》一书的手稿，并把全书的电子文本拷贝给我，其中有很多论述与我们请教的问题相关。在阅读冯先生新作的过程中，笔者把冯先生许多精妙的见解以访谈的形式文本化，以飨读者诸君。

一

聂运伟：冯先生，您在刚刚杀青的《中国文化生成史》的"跋"中提出一连串的问题："中国人在怎样的自然—经济—社会条件综合而成的生态环境中创造文化，以致形成这样的而不是那样的行为方式与思维方式？中国与纷繁多致的外域文化如何发生互动，不断丰富自身，并给世界造成广远深邃的影响？中国文化为什么赢得古代辉煌，却在近代落伍，又以磅礴之势于当代复兴，而复兴间仍深藏忧患？中国文化当下步入一个节点，其发展优势及包蕴危机竞相呈现，应当如何规避风险，使中华航船破浪前行？"拜读您的全书之后，我深切感受到您不仅仅是在纯学术的层面上对中国文化的过去和未来进行知识学意义上的"提问"，而是在中国文化百余年的忧患意识中进行着思想史层面的"追问"。相比较您1990年的《中华文化史》、2006年的《"封建"考论》，我个人以为这种忧患意识在《中国文化生成史》中更为峻急，仿佛李鸿章"处数千年未有之奇局"的警言、国歌中"中华民族到了最危险的时候"的呼号不停地敲击着读者的心扉。

冯天瑜：你说的忧患意识不仅是一种伤时忧民的情怀，更应该是一种清醒的文化追问。在中国近代，人们从社会的政治、经济、文化出发，立足于文明转型和挽救民族危亡的社会实践，选择了中华文化传统里的变通哲学、忧患意识、经世取向、华夷之辩、革命观念和民本思想，并与外来的西学各相关部分彼此激荡交融，从而锻造出在近世中国发挥巨大作用的社会变革论、社会救亡论、民族国家论……使中国文化传统发生了一次"凤凰涅槃"式的飞跃。《中国文化生成史》怀着对于同我们的物质生活、精神生活息息相关的中国文化的深切好奇，穿越时间隧道，从历史纵深处探索中国文化生成的机制。1990年成书的《中华文化史》初涉此题，以后二十余年又注目不辍，今次草拟新的文本，即以该书上编为基础，试作展开：增强问题意识，拓宽视野，逼近当下前沿议题。

聂运伟：您在文化的"时间隧道"里穿行数十年，一定深得费孝通先生所言"文化自觉"的个中三昧。《中国文化生成史》"导论"以"走向文化自觉"为名，是否包含一个潜在的意识，即我们还处在"走向"真正"文化自觉"的路上？

冯天瑜：诚如费孝通所说，"文化自觉是一个艰巨的过程"。人类的文化，有一个逐步从"自在"到"自觉"的发展过程，其关键环节是文化主体——人的自省能力的提升。中国有注重自省的传统，先哲强调"内自省""反躬自省"，这初指个人道德修养上的"内求""反省"，又引申为对社会、文化的反思，以及关于国家大政的求索，著名事例，前有战国时邹忌反省别人对自己貌美的称颂失实，以"讽齐王纳谏"；后有汉武帝刘彻晚年采纳桑弘羊劝谏，颁布《轮台罪己诏》，批评自己的穷兵黩武、苛暴擅赋。但是，古代的文化自觉不能代替现代的文化自觉，更不能代替当代的文化自觉，这是因为，文化自觉赖以产生的对自己文化和外来文化及其相互关系的认识，都因时迁衍，不断更新、提升与深化。我们正在亲历的当代文化自觉，需要借鉴前车，而其直接先导是现代文化自觉，它是在"现代性"这一坐标下展开的。

聂运伟：所以您用"'现代性'拷问下的文化自觉"这样的措辞彰显着我们走向文化自觉过程的"艰巨"。

冯天瑜：在严峻的民族危机挤迫下（空间性压力），在文化现代性的追问下（时间性压力），国人展开关于中国文化的新一轮自省，从而开辟艰难、壮阔的文化自觉历程。19世纪初中叶，中国人囿于锁国状态，从大众到精英皆对自国在全球文明中所处位置懵然不知，陷入盲目性。以下百余年中国人走向文化自觉，经历了打破这种盲目性的过程。近代中国人的文化自觉，是在抛弃自认优胜以后逐步赢得的。

由于近古以降社会发展迟缓并伴之闭关锁国，中国朝野曾经陷于由文化自闭导致的文化虚骄与文化自卑的两极病态之中。从"盛世"皇帝乾隆的自傲，到"衰世"皇帝道光的愚钝，共同点皆在昧于世界大势，沉溺于自认优胜的迷梦，不能为中国文化准确定位，以致举措乖方。从这一意义言之，其时的中国尚处于自在状态，未能赢得文化自觉，也就谈不上理性地决定自己的文明进路。

聂运伟：您还以鲁迅小说《药》为例，指出小说中革命者夏瑜（喻秋瑾）的牺牲并不为大众所理解，贫民华老栓还试图用"人血馒头"救治病重儿子的情节，正是近代中国文化自觉艰难推进的艺术表现。

冯天瑜：从史实来看，近代以来文化自觉历程的"艰巨"，突出表现为先驱者的孤独，他们的觉醒之论往往无人问津，被长期搁置。

文化自觉的前导作品——林则徐的《四洲志》（1839年编译，1841年刊行）、魏源的《海国图志》（1841年编著，1842年刊印五十卷本，1847年刊印六十卷本，1862年刊印一百卷本）提供了开放的世界观念和富于远见的军政谋略，无论就认识水平，还是就时间前导性而言，在东亚都是领先的。然而，这两种世界史地书兼时政书，在第一次鸦片战争至第二次鸦片战争之间（19世纪40年代初至60年代初）这一最应当发挥作用的时期却遭到冷遇，朝野少有应响，诚如蒋廷黻（1895—1965）所言："中国不思改革达20年之久。"这个"20年"，正是指的第一次鸦片战争至第二次鸦片战争（19世纪40年代初至60年代初）这一关键阶段。迟至19世纪60年代中期以后，因洋务大吏曾国藩（1811—1872）、左宗棠（1812—1885）推介，《海国图志》才流播士林。反观日本，自1851年《海国图志》首次输入，立即引起亟欲开国变政的幕府人士注意，除继续进口外，还于1854—1856年间大量翻印，出版选本即达21种。江户末期的开国论者佐久间象山（1811—1864）读《海国图志》后，盛称魏源为"海外同志"。日本幕末维新志士无不受《海国图志》影响。明治维新间，朝野争读、热议《海国图志》，该书更成为日本皇室的御用书。《海国图志》在中国和日本的不同遭遇，反映了近代转型的关键时刻，两国的文化自觉程度形成明显差距，这正埋下此后中日近代化进程迟与速的伏笔。

除林、魏二位之外，冯桂芬、黄遵宪等人也有类似遭际。冯氏的《校邠庐抗议》、黄氏的《日本国志》都有相当先进的思想，所提出的颇具前导性的倡议，都被束之高阁，错过了最佳被采纳、实行的时机。如冯氏的《校邠庐抗议》著于1861年，长期被冷落，20年以后全本方刊印，这已在冯氏辞世后十年。黄遵宪（1848—1905）的《日本国志》，完整介绍日本明治维新学习西方、富国强兵的过程，昭显中国面对的新兴劲敌的历史和现状。是书1879年开始撰写，1882年完成初稿，1887年定稿，1895年方得刊印，其时已在中日甲午战争之后。黄遵宪的朋友袁昶（1846—1900）在《马关条约》签订后不久，责备黄遵宪：《日本国志》若早些刊行流布，可以省去战败输银二万万两。梁启超为黄书作后序，也有类似责难。黄遵宪对人们的责难，隐忍而不解释，以致多年来的流行评议是：《日本国志》延迟行世确系因为黄氏出书过于慎重，以致耽误了国人认识日本。近年中国社会科学院近代史所李长莉研究员访学台湾"中央研究院"，得见相关原始材料，发现《日本国志》的延迟刊印达八年之久，责任不在黄遵宪的"成书十年久谦让不流通"（梁启超语），而在清廷当道的阻滞。（见李长莉《黄遵宪日本国志延迟行世原因解析》，《近代史研究》2006年第2期）李长莉君的此一发现甚有价值，有助于我们认识甲午战争前夜清廷的麻木。

黄遵宪是在出任驻日本公使馆参赞期间着手撰著《日本国志》的，该书为"使官奉职而作"，理当由朝廷刊印，故黄遵宪完稿后于1888年将抄本呈交总署（清政府办理洋务及外交事务的总理各国事务衙门），其时总署的总领大臣是庆亲王奕劻，实际主事的是北洋大臣李鸿章。黄遵宪的稿本和呈文递到李鸿章那里，李氏认为黄遵宪的《日本国志》主张中国效法日本明治维新的看法过于激进，如允其刊印，易犯朝廷之忌，故李氏在《禀批》中说了一些客套性的赞语之后，又对黄遵宪的主张加以批评，且不予推荐该书刊印。黄遵宪在总署碰壁后，于1889年春求助于两广总督张之洞。张氏对《日本国志》给予较积极的评价，但也没有肯定其战略价值，加之远在广州，并未用力促成刊印。这样，《日本国志》的出版便蹉跎下来，直至1894年，黄遵宪将《日本国志》寄给时在巴黎任出使大臣的薛福成，薛福成对该书高度赞扬，称曰："此奇作也！数百年鲜有为者。"然薛氏不久返国病故。《日本国志》终于拖到1895年中国惨败于日本，并签订割地赔款的《马关条约》之后方由民间印行。曾任总署章京的袁昶向黄遵宪透露，《日本国志》1888年呈至总署后，官员们置之不理，"此书稿，送在总署，久束高阁，除余外，无人翻阅"。一部详解劲敌日本、反照自国革新之路的杰作，就这样被打入冷宫，致使耽误军国大政。

聂运伟：读到您对新发现的史料的考证和综合分析，会使每一个读者更深切地认同中国传统史学中所言的良史标准：表征盛衰，殷鉴兴废。但没有睿智的反思和清醒的批判精神，恐怕很难真正体悟到这八个字的真意，也就无法企及您所期待的真正的文化自觉。

冯天瑜：检讨文化的生成机制，既是过去时的回望，也是现在时与未来时的观照，它或许可以使今人更加器重结构与局势持续而强劲的影响力，从地理时间、社会时间、个体时间诸向度的整合上，找到切实的视角，洞悉中华文化从哪里来，将去何方，从而赢得新一轮的文化自觉，既不陶醉于中华一贯优胜的迷梦，也切忌自溺于百不如人的自戕自贱，认识自国的优劣长短，恰如其分地摆正在世界的位置，把握文化复兴波澜起伏的前行方向。

二

聂运伟：冯先生，湖北图书馆百年馆庆时，您特地撰写了《精神的家园：献给湖北图书馆》一文，我也读过许多采访您的文章，您是那么深情地怀念从小学到中学在湖北图书馆度过的快乐的阅读时光。在吴成国写的《"表征盛衰，殷鉴兴废"的文化史家——冯天瑜先生访谈录》[1]中，您说："图书馆的书籍首先让我感兴趣的是令人摇情动魄、行诸舞咏、心驰神往的中外文学名著。例如《水浒传》《三国演义》《说岳全传》《说唐》等中国古典名著小说自然烂熟于心。梁山好汉的绰号和武功

---

[1] 载《中国文化研究》2010年夏之卷。

特长讲来毫不费力；曹操得天时、孙权得地利，刘备得人和，也津津乐道，我最初的'历史观念'大概由此获得。初中二年级，俄罗斯、法兰西、英吉利文学特有的魅力如磁石般吸引了我的注意力，它们展现的是一个又一个广阔、深邃而又新奇的世界，带来无限遐想。"据我所知，您当年除喜爱阅读文学作品外，还钟爱丹青，特别是人物画。

冯天瑜：自少时以来，我即有随手用十分钟描摹人物的习惯，那当然都是业余水平的涂鸦。近30年来，参加各种学术会议，于研讨间隙，曾给不少学界友朋速写，但多被"模特"索取，加之那时复印设备难觅，原本一去，自己手里边无所存留。大约在1995年，有人送我一本写生簿，外出时带上，于是1995年以后几年间的数十幅人物速写得以保留在该簿上。其中有的摹写对象已成古人，如哲学史家张岱年（1909—2004）、历史小说家姚雪垠（1910—1999）、文学史家程千帆（1913—2000）、历史地理学家石泉（1918—2005）……睹物追思，诸先生的音容笑貌宛如眼前，他们的耳提面命，仍鲜明如昨，一种"咫尺天涯""瞬间永恒"的感慨油然而生。之于仍活跃在学界前沿的时贤，其影像、其留言，隽永清新，阅览间不忍释手，心中默念："但愿人长久，千里共婵娟。"

聂运伟：《中国社会科学报》连载过您的这些学界人物速写图绘，一时传为学界美谈。辛亥首义百年纪念前夕，您把这种爱好发展为手绘辛亥人物系列瓷画，成为武汉辛亥首义百年纪念活动中极具视觉冲击力的一道风景线。湖北美术学院院长徐勇民教授高度评价说："先生于庚寅初春手绘之辛亥人物瓷画，孙中山、黄兴、宋教仁、黎元洪、秋瑾、蔡锷、邹容、林觉民、吴兆麟、彭刘杨三烈士之形象，一味放笔，率性写出，又由书画家李寿昆补景题字，堪称璧合，令人叹止。历史旧照常因岁月蒙尘，难以端详，然先生以丰厚学识、史才，兼融艺术深见，依所绘人物身份气质再度创作，辛亥后裔眷属观之惊其先辈神情活现。敷釉色之于陶土见于炉焰，殊为不易。遍览陶瓷艺术，绘系列辛亥人物唯先生一人，品其画格，莫过乎'真情现史'四字。"我还听说您将在《中国文化生成史》中采用大量的历史图片，这在高深的学术著作出版史上，似乎并不多见。

冯天瑜：如今已进入"读图时代"，图片提供的文化信息量有时是文字难以企及的，对于追求哲思与物象考析相结合的文化史著而言，更是如此，即将面世的《中国文化生成史》就尝试"图文互照"，采用各类图片数百幅。这是一个尝试，助成此事的刘建林君诚朴勤奋，于照片摄制、搜集用力甚勤，配图两月间我们的愉快合作，难以忘怀。

聂运伟： 阅读您的著作，我有一个感受，就是您的著作既给人深邃的历史穿透感，又让历史和现实在阅读中产生一种强烈的共鸣。"文化大革命"期间，读巴尔扎克和托尔斯泰的小说，也有这种感受。

冯天瑜： 恩格斯说巴尔扎克的小说提供的法国社会的生活"场景""细节"比一切历史学家、经济学家、统计学家还要多，列宁也说托尔斯泰的小说是俄国社会长达半个世纪的社会变革的"镜子"，这些见解无非说明，文学和历史一样，只要是一流的文学作品，它所描述的生活，必然既是现实的又是历史的，诚如英国史学家柯林武德在《自传》中所说："真正的历史问题从实际问题中产生……最终产生的问题都是'现实'生活中的问题，而他们在寻求解决方法时所参考的就是历史。"

聂运伟： 文学和历史的融合在您的叙述中还经常转化为一种诗意的流淌，让人流连忘返，如您以桥梁架设为例分析中国文化中人文因素的创造性伟力的一整段文字，就如同一片优美的散文：

> 桥梁不仅具有便利交通的实用价值，而且也是景观的有机构成，中国桥文化的一大特色便是对桥梁美学意蕴的关注与深度开掘。
>
> 自古以来，中国人爱桥、颂桥，赋予桥梁灵动的美感。有将其喻为彩虹的——"玉带垂虹"（古建专家陈从周），"架石飞梁尽一虹"（宋人杜德源），李白更有"两水夹明镜，双桥落彩虹"的名句。
>
> 有将其喻为蛟龙的——杜甫赠李白诗云："水深波浪阔，天使蛟龙得。"将桥比拟为舞跃于水深浪阔之中的蛟龙，可谓妙想。
>
> 桥架水上，水映月色，故在诗人笔下，桥、月每每联姻，"二十四桥明月夜，玉人何处教吹箫"（唐人杜牧）何等情致！
>
> 桥是联系的纽带，故为会友处，更是天各一方的情人相聚处，"鹊桥之会"传诵千古。
>
> 桥既然是聚散离合的节点，人们常常因桥怀旧、勾起思故之绪。唐人刘禹锡《杨柳枝》词云："清江一曲柳千条，二十年前旧板桥；曾与情人桥上别，恨无消息到今朝。"明人葛一龙诗曰："桥上飞花桥下水，断肠人是过桥人。"桥畔送别，灞桥折柳，成为惜别的特定场景。宋人柳永词云："参差烟树灞陵桥，风物尽前朝，衰杨古柳，几经攀折，憔悴楚宫腰。"南宋陆游追思唐婉，有"伤心桥下春波

绿，曾是惊鸿照影来"。

桥梁寄寓了或壮丽或悱恻的诗情画意，说明桥梁的美学价值不在实用价值之下。人们的美感诉求，不仅寄托在杭州西湖的"残雪断桥"、北京颐和园的玉带桥等园林桥上，同时对各种交通桥也有美学要求。法国巴黎塞纳河上竞展典雅的多座桥梁被列国游人称颂，正报告着此种消息。

桥梁，衔接江河阻隔，给人类带来交通之便；也与山川融为一体，提供娱目赏心之美，桥梁"能使山河增瑞色，永偕日月赛光华"。

冯天瑜：（一笑）我在少年时也曾做过作家梦。

聂运伟： 在《中国文化生成史》中，随处可见世界各国古今中外的文学艺术家的精妙议论，不仅给人一种阅读的生动感受，而且自然而然地开阔了阅读者的视野。比如，您在谈及人类历史幽深奥秘时引用了奥地利作家斯蒂芬·茨威格在《人类的群星闪耀时——十四篇历史特写》一书中的比喻说法："历史是真正的诗人和戏剧家，任何一个作家都别想超过它。"可换个角度想，历史不也正是一部宏大而依序展开的戏剧吗？读史与观戏，想必是有相通之处的。

冯天瑜： 我曾经说过，我早年从文学名著获得的对中西文化的体悟，颇有益于后来对历史问题的理解，尤其有益于中西文化比较的展开。中国文化生成史，是中华民族在中国及世界范围创造文化的历史。如果将中国文化的生成过程比喻为波澜壮阔、起伏跌宕的多幕戏剧，"中国"（涉及外域）便是演出舞台，"中华民族"（涉及外人）是演出主体，"文化"是演出内容。我们观照中国文化的生成壮剧，应当了解舞台、主体和内容。

聂运伟： 您说过，欧洲启蒙主义时代对中国文化的了解，在很大程度上也得益于中国古代戏剧在欧洲大陆的传播。

冯天瑜： 可以这样说。中国戏剧在欧洲传播的结果，给欧洲思想家提供了新的精神食粮。伏尔泰明白指出："欧洲的贵族及商人凡在东方有所发现，总是只知求得财宝，但哲学家们则在那里寻求得一个新的道德世界。"他依据元曲《赵氏孤儿》改编成《中国孤儿》，形象地说明："统治中国的王朝虽然会灭亡，但中国古老的文明的美德是不朽的。因此，在中国大地上，真正的被征服者，并不是中国人民，而是成吉思汗和鞑靼族。"这种观念，也正是当时法国"百科全书"派的"中国观"。

《中国孤儿》在法兰西剧院公演，由著名演员莱卡（Lekain）扮演成吉思汗，M·克莱朗（M. Clairon）小姐扮演女主角伊达梅。他们穿着西方制作的东方服装——成吉思汗着金光闪烁的长袍，披鬣毛熠熠的狮皮，挂土耳其大刀，戴翎毛红顶的头盔，无比威武；伊达梅穿白裙青绿上衣，衬以金黄网络，肩披波兰式金黄外套。在纪念伏尔泰诞生200周年时，这出戏又重新被搬上巴黎舞台，观众惊奇并赞叹不已。

17、18世纪中国戏剧在欧洲流传，使更多的西方人接触到中国古老的文化，了解中国民族传统的美德。同时，欧洲艺术家从中国古典戏剧中吸收表演手法及舞台要素，丰富其艺术创作。而欧洲的启蒙大师则从中国文化宝库中取得各种各样的思想武器，以批判当时欧洲社会中的陈腐制度。这从一个侧面表现了悠久而灿烂的中国古代文化所具有的世界意义。

在中国戏传入欧洲的同时，中国小说也被介绍到欧洲。种种史料表明，18世纪欧洲各国杰出作家，如法国的伏尔泰，德国的歌德、席勒，英国的艾迪生（J. Addison）、高尔德斯密士（O. Goldsmith）等人都是中国小说的读者。席勒曾在一封信中说："对于一个作家而言……埋头于风行一时的中国小说，可以说是一种恰当的消遣。"歌德从1781年读《今古奇观》起，至1827年为止，读完了《玉娇梨》《花笺记》《好逑传》等中国作品，并对《好逑传》赞不绝口。而当歌德的助手、德国诗人艾克曼问他《好逑传》是不是中国小说中最好的一部作品时，他立即不假思索地答道："绝对不是，中国人有成千上万的这类作品，而且在我们的远祖还生活在野森林里的时代，就有这类作品了。"据说歌德晚年准备根据该书写一篇长诗，因去世而未竟。

三

聂运伟：冯先生，2009年，好莱坞灾难大片《2012》在全球同步上映，影片虚构2012年12月21日，地震、洪水、台风、火山喷发等无数灾难同时袭击了我们这个美丽的蓝色星球，人类文明面临毁灭。其中特效制造出的白宫塌陷、美国海岸线倾覆、海水淹没喜马拉雅山脉等场景都堪称经典。因为《2012》中出现了许多中国元素，特别是最终拯救人类的诺亚方舟是由中国人制造的，于是媒体间盛传一种说法：是中国政府在汶川抗震救灾中表现出来的强大的组织能力以及中国文化内涵的伟大精神鼓舞了全世界，最终使人类获得拯救。面对这种说法，也有很多清醒且尖锐的观点。如在2009年11月17日北京电视台《天下天天谈》播出的"好莱坞，中国面孔华丽转身？"节目中，就有参与节目的嘉宾指出：不能从中西文化优劣的角度对一部电影做过度阐释。《2012》中之所以出现诸多中国元素，而且是正面的，其主要原因是好莱坞已经把中国内地这个飞速发展的电影市场看作未来最有潜力的市场，所以才会如此煞费苦心地用这些中国元素来迎合内地市场。由一部好莱坞大片引发各种各样的评论意见，本属正常。问题在于，在好莱坞百余年的历程中，中国人的形象常常是负面的，也可以说是被刻意歪曲的。从1913年开始，一直到20世纪80年代初，在长达70年的时间里，好莱坞先后拍摄了多达14部以傅满洲为题材的电影。这个名叫傅满洲的中国人，是由英国小说家萨克斯·罗默编造出来的形象，1875年在《福尔摩斯遭遇傅满洲博士》一书中首次问世。他的个子瘦瘦高高，不但留着辫子、穿着长袍马褂，更有两条纤细的胡须，一副阴险奸诈的面孔，让人极度反感。由于好莱坞的推波助澜，傅满洲的形象风靡欧美，被西方媒体称作"世界上最邪恶的角色"，也成为20世纪西方黄祸论的化身，极大影响了西方人对中国人的想象和认知。由此而论，好莱坞在电影《2012》中对中国形象的认同性表现，固然有商业化的策略因素，但其中所蕴含的文化学意味是否也值得我们深入探讨？

冯天瑜：文艺作品是文化的表征和符号，从一个民族、一个时代的文艺作品中研究一个民族、一个时代的文化变迁，是文化学研究常用的方法。你所说的在好莱坞电影《2012》中中国形象的改变，应该不单纯是一个艺术形象的塑造和接受的问题，而是在全球化背景下，西方文化对中国文化更全面、更深入认知和评价的问题。这里，既有当下中国快速崛起的现实原因，也有中国古代文化原本具有的世界性影响的历史原因。应该说，在中西文化源远流长的交流史上，西方学者从来就没有低估而是高度评价中国古代文化智慧。如：欧洲启蒙主义思想家伏尔泰对中国传统史学理性主义的赞誉；莱布尼茨对二进制算术的研究，也受到中国古代《易经》的重大启示，他说：二进制算术是《易经》"伟大的创造者所掌握而在几千年之后由我发现的"；在文学领域，17、18世纪的意大利和法国出现了一种前所未有的新剧种——Théâtre Chinois（中国戏）。所谓"中国戏"，多以中国事物为题材及背景，使用中国剧的服装、道具，甚至有时还夹杂着中欧混合语对白。"中国戏"首先出现在喜剧中，接着在风靡一时的歌剧中也出现。据统计，在1753—1779年，至少有10部用意大利文及法文写成的"中国戏"剧本。

聂运伟：欧洲启蒙主义时代对中国古代戏剧的好评是否从一个侧面印证了您一直坚持的观点：中国古代文化具有"世界意义"？

冯天瑜：在《中国文化生成史》中，我认为中国农耕文明在16世纪以前引领群伦，并从农业、农学居世界前列、工业技术先进、医药、地震及天文观测、科学发现、数学成就、中技西传、"四大发明"的历史性贡献等方面对此做了详细的论证。中华民族在以往数千年的历史中贡献过震惊世界的文化，又没有在近代的挫折中甘于沉沦，顽强地探索复兴之路。中国文化拥有丰厚传统和文化智慧——道法自然、柔弱胜刚强、无为而无不为的道家，仁义礼智信、民贵君轻、讲求修齐治平的儒家，兼爱、非攻（保卫和平）、崇尚科技、乐于践行的墨家，立法执法严峻、勇于变革的法家，农耕文明丰赡的典章制度与游牧文明雄健外拓的精神之交融互摄，儒释道三教共弘传统、丰富的民间文化资源等。这些遗产既具备现代转化的潜质，又与全人类共奉的普世价值声息相通。中古以降，中国文化汲纳佛家的慈悲、基督的博爱；近百余年来，本着海纳百川、厚德载物的精神，中国智慧与西方等外来诸智慧相互砥砺、彼此交融，正在开出以科学与民主为标志的现代文明之花。

聂运伟：近年来，随着"后现代"理论的流行，"中国智慧疗治现代病"这一论题不时出现在海内外。对此，您如何评价？

冯天瑜：这是一个具有前瞻性的论题，但又是一个特别需要以历史主义加以驾驭的论题。在涉及此一题旨时，必须正视一个事实：中国传统文化固然包含深刻的生态智慧，值得今人借鉴，但中国古代历史上，并未创建过人与自然、人与人全面和谐共处的黄金时代。同时，我们必须对一些思想家、科学家有关中国文化的重要发问进行深刻的文化反思。如"马克斯·韦伯的疑问"：工业革命未在中国产生的原因？"李约瑟难题"：古代中国曾是一个"政治和技术都最发达的中心"，"为什么后来的现代科学和技术革命不发生在中国而发生在西方"？还有"钱学森的世纪之问"："没有自己独特的创新的东西，老是'冒'不出杰出人才。这是很大的问题。"

我的基本观点是：其一，以周正的态度认识文化的古今转换与中外对接，看待东亚智慧与西方智慧各自的优长与缺失，把握其同中之异与异中之同，努力谋求二者在各种不同层面的互补互动，达成整合与涵化，方有可能创造健全的新文明，实现中国文化复兴。而进行文化反省，赢得文化自觉、树立文化自信，皆有赖于对中国文化历史进程的真切认识，这正是我们研讨中国文化生成史的出发点与落脚点。其二，从现代文化诸层面观察，当下中国还未能进入先进行列。西方国家现代化进程已历三个世纪，文化三层面（物质—制度—观念）的矛盾还困扰着人们（如2012年1月举行的达沃斯世界经济论坛，讨论20世纪的资本主义不再适合21世纪的问题），而晚近展开现代化的中国，文化的物质—制度—观念三层面协调发展问题的妥善解决，更是尚待时日。体—用、道—器的错位、扞格随处可见，社会矛盾复杂而尖锐，国际环境也相当严峻，可持续发展的"中国模式"并没有成型，我们对于前景宜持谨慎有节的估量。

聂运伟： 那么，随着当下中国的快速发展，加之传统文化曾经拥有的辉煌，我们如何看待海内外开始流传的下述观点呢？即随着中国现代化建设的长足进展，"未来将是'中国时代'"（美国知名投资家吉姆·罗杰斯语）、"'中国时代'将提前到来"（韩国李泰勋语）、"三十年河东，三十年河西。21世纪将是东方文化占主导地位的世纪"（季羡林先生语）之类言论，不断冲击我们的耳膜。有人更如此概括：19世纪是"英国世纪"、20世纪是"美国世纪"、21世纪将是"中国世纪"。美国俄亥俄州立大学菲舍尔商学院教授奥戴德·申卡尔的《中国的世纪》一书为此论的代表作。

冯天瑜： 此类来自国内外的判断，大约基于三个事实：一者，中国的人口和国土面积决定了这是一个超大体量国家，又具有渊深宏博的文化传统，一旦崛起到一定程度，必将引领世界；二者，中国三十多年的发展势头迅猛，21世纪头十年，GDP渐次超过法、英、德、日，时下已经"坐二望一"，循此惯性，GDP达到全球之冠似在指日之间（多以为中国GDP超过美国大约在2030年前）；三者，世界历史进入一个拐点：西方主宰全球的500年行将结束。东方（尤其是东亚）必将重回世界中心舞台。

"21世纪为中国世纪"说，当然是一个令国人欣然的估量，但诉诸理性审度，又颇为可疑。此说的不恰当在于，混淆了"大国"与"强国"的界限。以广土众民、经济总量名列前茅而论，中国当然是世界大国，然而却不能说是名列前茅的世界强国。世界强国必须科学技术领先，占据国际经济链的上游，政治稳定高效，军事实力强大，文化具有世界感召力。时下中国与这些指标皆有明显的距离。建设世界强国是中国文化复兴的愿景，尚不是现实存在。需要提及的还有国际环境严峻（C形包围圈形成、地缘政治风险上升），作为复兴中的大国，中国与老牌大国之间正处于"崛起与遏制"的相持阶段（这一阶段将长期延续）。从第二次世界大战结束后近70年的国际格局看，美国一直处于国力第一的超级大国地位，不容他人窥其神器。虽然先后出现苏联对美国全球霸主地位的挑战、日本对美国世界经济主宰地位的挑战，但这两个"老二"皆在与美国的较量中于20世纪80年代末和90年代末先后败下阵去。苏联1990年解体，是最明显的实例；日本1989年前后GDP达到美国GDP的80%，财大气粗，颇有把美国"买"下来的势头，并声言"日本可以说不"，但语犹未干，日本经济泡沫化，连续两个"失去的十年"，2010年GDP仅为美国的35%左右，重新回到美国"小兄弟"位置上。

21世纪初，中国迅速上升到"老二"位置上。由于人口、国土面积、发展潜力均称巨大，中国这个"老二"特别为美国所看重，受到美国军、政、经、文诸方面愈益增强的压制。加之中国与周边国家的矛盾趋于尖锐化，国际关系不容乐观。面对此种制约发展的外部环境，中国尚待形成"有理、有利、有节"的国际战略，而不应轻言"坐二望一"的前景。

需要切记，中国的基本国情是：当下及未来一个长时期是发展中国家，处于社会主义初级阶段，也即不发达阶段。仅以农业劳动生产率这一衡量现代化水平的重要标志而言，2010年美国、加拿大、澳大利亚等国约为中国的60倍。处在这样较低端的基点上，中国远未完成"追赶"任务，应当扎实做好各项脱困工作，纾解危机，使中国社会走上长期正常发展的坦途，而绝不要自我膨胀，迷惑于"21世纪是中国世纪"说的幻觉之中！

聂运伟：我非常赞同您从文化生成史学角度对上述问题所做的深刻分析和结论，即"21世纪是中国世纪"说是一个不通而且有害的论调。

冯天瑜：就世界文化史而言，自古即是多元并生的。20世纪形成全球现代化大趋势，其间仍显露出纷繁错综的多元走向，20世纪90年代以来，随着苏东社会主义阵营解体、"冷战"结束，世界多极化格局更加清晰地呈现在世人面前，而这种文化的多元走向，绝非诸极间一味对立（或曰"文明冲突"），而是既相矛盾又互为依存的，呈现多元互补的态势，这正是中国先哲所谓"天下同归而殊途，一致而百虑"的"一"与"多"矛盾统一状态。而21世纪为"中国时代""中国世纪"的命题，则有文化一元论之嫌，与古代的"华夏中心论"和19世纪以来的"欧美中心主义"属于同一思维模式。而世界文化是多元并存的，多元要素"和而不同"，在诸文明对话中各美其美、美美与共，这才是真实、合理的发展前景。

　　自工业革命以来的两个多世纪间，西方文化一度发挥主导作用。瞻望21世纪文化大势，西方主导行将终结，这是一个历史性拐点。然而，承接"西方主导"的，并非"中国主导"或"亚洲主导"。从全球文明发展态势言之，"21世纪是太平洋世纪"说庶几合于情势。18—20世纪是"大西洋世纪"或"北大西洋世纪"。刚刚逝去的300年，人类新文明的主要发祥地在北大西洋诸国，那时的前列强国大都属于"北大西洋"国家，太平洋国家日本跻身列强，声言"脱亚入欧"，仿效的也是欧美模式（即北大西洋模式）。至20世纪末叶以降，世界态势发生改变，新兴经济体（如中国、印度、巴西、俄罗斯、南非组成的"金砖五国"，墨西哥、印度尼西亚、韩国、土耳其、尼日利亚、哥伦比亚等组成的"新钻十一国"）长足发展，在全球经济总量所占份额提升，对全球经济进步的贡献度达60%，文明重心已从北大西洋向其他地区弥散，尤其向太平洋沿岸倾斜，至2011年，GDP前列国家（如第1位美国、第2位中国、第3位日本、第9位俄国、第11位加拿大、第13位澳大利亚、第15位韩国、第17位印度尼西亚等），多为太平洋沿岸国家，故称21世纪是"太平洋世纪"合于情势。再放大视野，21世纪将是中国、美国、印度、俄罗斯、日本、巴西及西欧列国竞放光彩的世纪，中国是多极中重要的一极，不可能也并不企求做天下共主。

　　21世纪不宜称"中国世纪"，也不必命名"亚洲世纪"。"亚洲"是一个西方概念，古希腊人把希腊以东的广袤地带（首先指波斯）称"亚细亚"，亚洲在历史上从来没有形成过文明共同体，近现代也没有共同体诉求，不能与欧洲相比。欧洲在中世纪因基督教等要素的连接，曾形成松散的神圣罗马帝国，现代则有"欧盟"等包含实质统一内容的洲内国际联盟。拉丁美洲诸国有相近的语言文字，由19个讲西班牙语和葡萄牙语的国家组成的"伊比利亚美洲"也具有某些真实的统一文化内容。亚洲则不然，从国力言之的亚洲诸强国——中国、日本、印度、印度尼西亚、韩国、土耳其、伊朗、沙特、以色列等（此外，列为欧洲国家的俄罗斯有四分之三领土在亚洲），看不到彼此联合的趋势，所见的多是文明的分立和邻国间的对峙。称如此之"亚洲"将成为21世纪之主导，实在牵强。

总之，我们既不必陶醉于"中国世纪"说，也不宜空论"亚洲世纪"说，而应扎实地做好中国事情（包括处理好国际关系），摆正自己的全球位置。

聂运伟：在您所说的应该"扎实地做好"的"中国事情"里，有一个重要的文化观念的突破，即对几成定式的中国文化是与海洋文化相对立的大陆型文化观点的否定。

冯天瑜：梁启超曾提出一个深沉的历史性问题：为什么"哥伦布以后有无量数之哥伦布"，"而我则郑和以后，竟无第二之郑和"？秦、汉、唐、宋、元、明诸朝，中国的海洋事业并未落后于世界水平，几度曾领先诸国，然而，到明中叶以后则渐入颓势。这与明清两朝采取闭关锁国的国策有关。明清竞相厉行海禁、迁界政策，大大妨碍了海运（尤其是民间海运）的发展。而此间西方海洋事业突飞猛进，中国海洋事业日甚一日地落伍了。15世纪初叶的郑和下西洋，在航海史上如彗星现空，灿烂于一时，又转瞬即逝，而且无以后继，中国人终于失去加入15—16世纪之交的世界性地理大发现行列的机会，也即退出率先进入近代文明的机会，中国在近古以至近代渐次落伍的历史也由此埋下伏笔。造成这种遗憾的原因，当然不能归之于郑和这位旷代英杰，而只能从大陆—海岸民族的生活环境、生产方式、政治制度和观念世界的特征中追寻。究其实质，郑和下西洋是一次由永乐皇帝发动的以向"夷域""宣布纶音"为目标的御用政治远航。

所以，在全球化的今天，从文化地理角度审视，绝不能把中国文化限定为大陆型，而必须如实定位为陆海兼备型。中国不仅有960万平方公里陆上领土，而且有从鸭绿江口到北仑河口的18000公里海岸线、360万平方公里可管辖海域，海洋文化是中国文化的重要因素。中国作为一个三面深入亚欧内陆、一面朝向海洋的国度，其发展大势必须陆海并举：一则沿着张骞、玄奘故迹，打破高山沙漠障壁，谋求陆上开放通道；二则弘扬鉴真、郑和伟业，开辟海上通道，走向蔚蓝大洋。应当看到，中国通向蔚蓝大洋的海道并不顺畅——不同于美国、巴西、秘鲁、澳大利亚、印度、日本等国的直面大洋（美国还面对大西洋、太平洋两个大洋，澳大利亚面对印度洋、太平洋两个大洋），中国面对的是由一系列半岛与岛屿围绕的半封闭内海，必须穿过第一岛链、第二岛链（时任美国国务卿的杜勒斯在 1952 年从围堵中国等社会主义国家的冷战思维出发，提出西太平洋两岛链说，第一岛链从日本列岛、琉球群岛、台湾，南至菲律宾群岛、大巽他群岛，涵盖中国黄海、东海、南海；第二岛链从日本南方群岛、美国关岛，南至加罗林群岛。试图以这两条岛链封闭中国的对外联系）方可进入太平洋；必须经由马六甲海峡等咽喉地段方可进入印度洋。国际环境一旦有事，中国的对外开放路线（包括至关紧要的石油供应线）便有受阻的可能，这对一个开放型经济体而言，是生命攸关的所在。而近现代世界历史告诉人们，国际间、诸文明间既有友好交往的一面，也存在着冲突的凶险。因此，海权的捍卫、健全的周边国际关系的维护具有战略性的意义。

聂运伟：在您的文化视野里，亟待解决的现实问题很多，如逾越"中等收入陷阱"、突破自然资源、经济结构多重"瓶颈"、克服现代文明阻力——"权贵资本"、疗治贪腐、分配不均两大社会痼疾，这些问题集中表明现代中国社会—心理建设存在诸多问题，严重滞后，导致"信任困局""转型困局"。在您看来，我们该如何进行现代中国社会—心理建设呢？

冯天瑜：孙中山很早就指出，仅"用输入物质文明的方法不能改良中国"。孙中山于 1917—1919 年撰《建国方略》，规划中国现代化蓝图，以"心理建设"开篇，次论实业计划（物质建设），三论民权初步，把思想建设提到的首位，力倡"行之非艰，而知之惟艰"。孙氏高度重视精神文明建设的理念，在物质主义甚嚣尘上的今日尤具启迪意义。

现代中国存在"道—器分裂""体—用两橛"的问题，物质文明前行而精神文明的引领及跟进不足，导致某种程度的"灵肉割裂"（物质生活提升，精神生活下沉），陷入伦理缺失、人的心性失范困境。

人的心性培养固然因时而进，却又具有颇为强劲的继承性，传统伦理的许多基本要素理当传袭，在传袭间改良，而不可决然斩断前缘。然而百年来中国社会现代转型过程，相当长时段未能正确处置心理建设的继承与发展问题，其要处有三点。

（1）现代中国曾两次整体抨击与抛弃传统伦理，第一次是20世纪50—70年代的"政治性否定"，传统伦理被作为"封资修"加以扫荡；第二次是20世纪70年代末以来的"经济力排挤"，利益原则大举进入个人生活与公共生活，今人与"礼义廉耻""孝悌忠信"相当隔膜，终极关怀失却传统伦理的滋养。

（2）传统伦理包含丰富的私德内容，公德则相对短缺，而现代中国已从"熟人社会"转变为"陌生人社会"，由熟人社会养育出的传统私德（仁、义、礼、智、信等）本可通过注入新的时代内容，发展为新的私德并增进公德。而以往的教训是，简单化地抛弃传统私德，陌生人社会必需的公德建设失却基础，一些说教式的"大道理"则失之空泛，少有实际成效，从而陷入私德、公德双双缺失的窘境。

（3）前几十年一度支撑精神世界的革命伦理及信仰系统，似与今之物化社会格格不入，加之某些"革命伦理"失之"假、大、空"，其对公众的感召力日渐式微，甚至招致全盘抛弃。

伦理资源的上述三重流失，导致精神财富短缺，社会价值观趋向单一化，逐利丧义的物质主义盛行，伴之以社会心理的极端化、情绪化，出现某种程度的信仰危机，富人也慨叹"穷得只剩下钱"。这正是中国面临的一大"现代性难题"，其规模和复杂程度，都是历史上罕见的。出路当然有，那便是：

发挥"一天人，同真善"的中国智慧的力量，给礼义廉耻、兼爱和平、讲信修睦等伦常传统赋予生命活力；

发挥革命伦理中富于感召力的成分（如克己奉公、献身精神等）；

汲纳外来伦理的普适性内容（如博爱、人道、公德等）。

充分利用上述三方面伦理资源，兼修内外，建构包蕴个人权利和社会责任双重内涵的公民意识。如此，伦理重建、实现人的全面发展，大有希望。

总之，"长风破浪会有时，直挂云帆济沧海"。可以确信，有着强健的生命活力与悠久灿烂的文化传统的中华民族，以"和而不同"精神汲纳古今中外文明英华，一定可以重新赢得原创性动力，"延敷文德"，以自尊而尊人，自强而谦逊的英姿，驾驭巨舟，升起云帆，在无垠的文明海洋中破浪远航。

聂运伟：谢谢冯先生。

原载《文艺新观察》2013 年第 2 期

康德何以永恒

——读曹俊峰老师的康德美学研究

  1990年初夏，邹贤敏老师策划一个西方美学范畴史的研究课题，把曹俊峰老师从哈尔滨请到湖北大学，这是我和曹老师的第一次见面。在学校招待所里，邹老师、曹老师、毛宣国、张首映、冯黎明和我，几人好像讨论了几次，弄出来一个写作提纲，但此事后来并没有做出一个结果，为什么？现在想来，原因在于那时的我们正处在一个特定的历史语境中，难以青灯枯坐，一心研习学问，更喜欢接受五花八门的、能够冲击固有思想模式的理论。曹老师不然。当时的曹老师已年过半百，坎坷的人生经历使他早已读懂了历史的变动，绝无我辈的心绪茫然。他是智者，不相信"城头变幻大王旗"式的历史变革；他是一个极其善良的人，给我讲了许多"文化大革命"中人性惨遭摧残的事情。所以，他醉心于康德，是因为康德对人性良善、人格自由的肯定和坚守，康德言行一致、信念和行为相统一的学术风范和为人之道，正是康德哲学的精华。朴实的曹老师，他是想以康德的思想来疗治世道人心吗？我作如是观。曹老师在《康德美学引论》中说："自1865年奥托·李普曼喊出了'回到康德去'之后，每当人类精神陷入困境之时，这一口号便重新响起。他们把康德哲学视为解救人类精神困惑的灵丹妙药。"[1] 在经济全球化、科学技术高度信息化的背景下，固有的道德——价值体系失衡，生命——技术伦理濒于无效的边缘，风险社会、文明冲突、地区与世界和平的现实压力更是不断地让人们真切地感受到康德关于道德自律、公共理性、永久和平思想的内在价值。

---

[1] 曹俊峰：《康德美学引论》，天津教育出版社1999年版，第2页。

可那时的我，对康德的理解还肤浅得很。

我当时正沉浸在李泽厚先生"康德—席勒—马克思"的思路里，大谈康德的现实政治意义，曹老师没有批评我的夸夸其谈，分手时对我说，你有自己的见解，但康德是很难懂的，你若真要研究清楚康德、席勒与马克思之间的关系，一定要学好德语，阅读原著，一句句读懂，再谈其他，不然一切都是空谈和瞎说。曹老师回哈尔滨后把他阅读过的德语版《共产党宣言》寄给我，其中几乎是每个概念和重要术语都有曹老师的注解，或语法的，或哲学的。二十余年后，曹老师的话和他康德美学研究的成果证明了一个既简单却也无比深奥的道理：学问之事，如同农民种田，工人做工，重要的是以平常之心踏踏实实地做，一分耕耘，一分收获。这个谁都会说的道理，其实有几个人能做到呢？就治西学而言，陈寅恪说"首在通达其言语"，否则就不知西学"文化本原"，终不察西学之"精意"，此乃真言，曹老师做到了，我却辜负了曹老师的希冀，想来真是汗颜。这个教训，我常讲给学生听。好在有个学生（即石若凡，现在中山大学读博士，也志在研究康德）听进去了，正努力通读原版康德著作，受到曹老师的许多教诲，不久前，他写了一篇文章，名为《徜徉美学，与哥尼斯堡的老人同行——读曹俊峰先生的〈康德美学引论〉》，其中一部分谈及曹老师研究康德美学的独到之处首先在于"扎根原文，还原康德美学以原初的面目"，所说所议，皆合我意，故录下一段文字，以之感念曹老师对我、对我的学生的宝贵启迪：

> 在国内，对康德哲学有深厚兴趣者不在少数，但在曹先生之前，专门从事康德美学研究者则屈指可数。虽然曹先生并非中国康德美学研究的第一位吃螃蟹的人，但是，他的康德美学研究，在国内却具有开创性的意义。
>
> 与先于他的诸先生相比，首先，曹先生的康德美学研究完全是立足于康德的德文原著基础之上的。于今天而言，阅读外文原著已成为一种通识的学术规范，但它的意义远不止于技术上的，更重要的是它所负载的现代哲学解释学的重大意义。伽达默尔曾明确提出"不可翻译性"的诠释学原理——"谁真正掌握了一门语言，那就无需翻译，甚至可以说，任何翻译都似乎是不可能的"。洪汉鼎先生亦曾不讳言道："任何翻译都带有翻译者的诠释学'境遇'和理解'视域'，

追求所谓的单一的真正的客观的意义是不可实现的幻想。"不可否认，宗白华、李泽厚等诸先生对康德美学的研究不可不谓精深独到，但从哲学解释学的意义上来看，曹先生放弃《判断力批判》的中、英译本的现成的"坦途"，而宁可多走"弯路"，从德文原著入手，更能准确地理解康德美学。众所周知，康德在运用各种哲学术语时，其意义常与我们今天大相径庭，甚至在他自己的著作之中，同一术语也常在不同的意义上来使用。即使是阅读德文原著，也很难避免误解的产生，更遑论是经过翻译或转译的二手甚至三手资料，与真理隔了两重更多。

其次，从理解"视域"上来看，《引论》亦大不同于前人或前作。譬如，李泽厚先生有感于马克思主义在新中国那段特殊历史时期的"异化"，而有志于从马克思主义学说的源头之一的德国古典哲学，特别是康德哲学那里，正本清源。康德哲学，包括美学，于李泽厚先生而言，并不是一个现代解释学上的"理解"的对象，而是一个可批判地继承的对象；他著立《批判哲学的批判》一书不是为了理解和解释康德哲学、美学，而是要阐发其马克思主义实践美学观。曹先生则完全以康德的本文为其视域的中心，以问题为其开启康德美学宝库的钥匙，摒弃一切先见和偏私，返回到康德美学本身。以美的量的契机——"无概念的普遍性"这一命题为例，它本身就包含着这样一个问题：无概念何以有普遍性？曹先生分析指出，康德是从审美的无利害性——即美的质的契机推绎出这一特征来的："鉴赏判断既然没有利害感，主体对客体就没有任何偏爱，没有任何依赖，不受对象存在的约束，因而是'完全自由的'。"① 既然这种完全自由的美的愉快是毫无偏私的，既不同于基于个人偏爱的感官的快适，也不同于基于概念的善的愉快，我们就有理由推断，美的愉快既是普遍的，又是主观的。在回答这一问题之后，新的问题必然产生：主观的普遍性如何可能？从而进一步将我们引向康德美学的一个重要范畴——"共通感"。《引论》全书或显或隐地提出和回答了康德美学的几乎全部重要问题，通过这种问与答的逻辑，引领我们达到对《判断力批判》

---

① 曹俊峰：《康德美学引论》，天津教育出版社1996年版，第188页。

本文的理解。"理解一个本文，就是理解这个问题"；反之亦然。①

我对石若凡的评述加上一点自己的感想，就是曹老师的康德美学研究非常注重康德美学的人类学起点及归宿，在《美，以及美的反思》的《再版序》中，他再次强调这一点，并指出马克思《1844年经济学—哲学手稿》中的美学思想实际上也是人类学的路径。我个人以为，曹老师对康德美学中人类学路径的解读有着很重要的意义，其不仅涉及康德美学思想的发端、演进的内在逻辑，更重要的是，不说清这一点，康德美学如何通过席勒、马克思而持续影响到今天的原因就难以把握，所以，这是值得专文予以阐释的话题。近年来，国内美学界已有学者关注人类学美学的研究，但在他们的研究视野里，人类学美学是从马克思开始的，康德美学思想因不具有人类学的学理背景，"割断了美与孕育美的社会文化母体之间的脐带"，从而"失掉了与现实相联系的可能性"②。从曹老师对康德美学的解读来看，实际上也是从康德美学思想的出发点来看，这种判断是不周全的。

曹老师研究康德的特点，早就受到其师蒋孔阳先生的好评。《康德美学引论》出版时，蒋先生在"序"里说："以我推测，俊峰恐怕是国内掌握康德美学资料最齐备的学者之一"，"为了写作此书，他对康德的《判断力批判》根据德文版，对照英文版，参考宗白华先生的中译本，逐字逐句进行了重译，本书中所有康德美学原著的引文，基本上都是经他独立重译的。因此，本书资料之翔实、准确、可靠，是无可置疑的，也是本书学术质量的基本保障。仅从这点，亦可看出俊峰治学的严谨、扎实，重科学、实证的精神，这在当今学界浮躁功利之风盛行之际，尤其难能可贵。"③ 蒋先生这段文字写于1997年，他在病榻上对曹老师"严谨、扎实，重科学、实证的精神"的赞许，其实就是对"学界浮躁功利之风"的批判。近20年过去了，学界的浮躁功利不仅没有消歇，反而变本加厉，成为一种"很忙"的学术生态："忙于著书立说，忙于晋升职称，忙于获

---

① 石若凡：《徜徉美学，与哥尼斯堡的老人同行——读曹俊峰先生的〈康德美学引论〉》，《文艺新观察》2013年第6期。

② 王杰、海里波：《审美人类学与马克思主义美学的当代发展》，《文艺研究》2002年第2期。

③ 曹俊峰：《康德哲学引论·序》，天津教育出版社1999年版，第1—2页。

大奖，忙于拿课题项目，忙于成名成家，忙于四处讲学。这种忙碌本无可厚非，但由此形成、催生的浮躁心态就很值得关注、警醒：坐不了'冷板凳'，耐不住寂寞。可以说，学术浮躁是当前学术界存在的突出问题，是危害学术生态的痼疾。学术浮躁是急功近利之风在学术界的'映像'，扭曲了学术的本真面貌，是对学术本质属性的亵渎。"① 贺麟先生早在20世纪的40年代的《五十年来的中国哲学》一书中就这样说过："我们学习西方哲学的经过，仍然是先从外表、边缘、实用方面着手。功利主义、实证主义、实验主义、生机主义、尼采的超人主义、马克思的辩证法唯物论、英美新实在论、维也纳学派，等等，五花八门，皆已应有尽有，然而代表西方哲学最高潮，须要高度的精神努力才可以把握的哲学，从苏格拉底到亚里士多德，从康德到黑格尔两时期的哲学，却仍寂然少人问津。"若考察近30年来的美学研究，情况依然如此。"上个世纪七十年代末八十年代初，史称'初春解冻时节'。可事实上，究竟如何解冻，或者从哪一块冰层破起，当时真叫人颇费周章。社会民情是压抑的盲目宣泄，三大'呕吐痰盂'——'萨特'、'弗洛伊德'、'尼采'轮番使用；再加上西方二战后兴起的'荒诞派'等现代剧，几乎如数搬到中国的生活舞台上来浇众民心中的块垒；场面虽然热闹，而真正的思想突破，还在试探中。社会意识就像一股汹涌的潜流，它按照自然的天性找到了适合自己的缺口，那就是'美学热'兴起——以审美代启蒙。"② 审美能够替代启蒙吗？80年代的美学热催生出什么样的思想？张法在《思之未思——百年中国美学之思》中对此做了一个很好的分析，他认为一方面"80年代初的美学热带动和反映了从学界到社会的多方面的观念更新"，但另一方面，我们依然是"思之未思"，"不敢思想而又表现为勇于思想，就升华为一种集体话语"，这种"集体型思想掉进了对时代的依赖之中，只感受到自己站在时代的高度，看不到自己受到的时代局限，甚至把一种高度的受局限认为是超越局限的高度"③。尼采以"虚无主义"命名的时代——价值虚无主义穿着各种时髦思潮的外衣鼓噪着精神的浮躁，亦夹带着学术的功利

---

① 康晓强：《学术浮躁的症结》，《学习时报》2014年3月17日。
② 张志扬：《李泽厚与"审美代启蒙"》，《文艺争鸣》2011年第5期。
③ 张法：《思之未思——百年中国美学之思》，2006年6月，美学研究网（http：//www.aesthetics.com.cn/s41c690.aspx）。

在中国知识界出场了,其结果自然是思想的依旧贫乏。

二十多年来,和曹老师见面也就寥寥几次,一次在东北,两次在上海,都是开会。记得有次开会时,听了一次大会发言后,好像是围绕主体间性概念,争得很激烈。中午临吃饭时,曹老师找到我,说:"走,我们去买一副围棋,下午手谈如何?"我说:"不开会吗?"我知道曹老师对那些似是而非的学术空谈从不感兴趣,说:"你为什么不说说你的想法呢?"曹老师说:"有必要吗?他们连基本概念都没有弄清楚,就在那儿自说自话,听着难受。"我说"他们连基本概念都没有弄清,他们肯定难受,他们难受,我又更难受,算了,下棋吧。"喧闹中觅清静之处,明事理而不张扬,知识与德性浑然一体,这就是曹老师。他不爱和人争辩,喜欢独处,一人静静地一句一句地去读解康德的美学,用自己的生命感悟与康德对话。所以,我以为曹俊峰老师把康德美学研究作为自己半生的事业,除个人学术兴趣之外,其实有着非常厚重的人文关怀和深沉的生命意识,他以康德式的哲思在美的王国里"寻幽探微""窥骊得珠",自得其乐,这个乐趣就是"康德所说的'形而上学天性',即总是要探索感性直观所达不到的'彼岸世界',总是热心地窥视经验的背后是什么在起作用,各种现象的本质到底是什么。而且,越是神秘难解的事物,人们了解它认识它的愿望也越强烈。因而,'美的本质是什么','人类为什么会有审美需要'这类几乎同'哥德巴赫猜想'一样困难的问题,尽管一时还看不出在实践上有什么重大意义,但人类也仍然要顽强地去探寻这个神秘领域,不揭开这个秘密不会罢休。人类精神的一个突出特点,就是一定要占领未知领域,这是人类的一种痛苦(Leiden),照马克思的说法,也就是人的一种'自我享受'(Selbstgenub),是人的自我实现,是人类深层需要的满足,在表面的无意义中,包含着极其深刻的意义"[1]。对美的思考,即对人的思考,康德的美学,亦即人学,人性之学,故"从人类学入手,以人的本质规定为根基,才有希望弄清审美问题"[2]。康德的美学研究是从主体出发,又回归主体,他讨论的是主体的审美趣味、主体感知美的内在心理机制、主体自由本性在审美过程中的显现与溢出,而不是美的客观

---

[1] 曹俊峰:《未来的世界是审美的世界》,《学习与探索》1986年第1期。
[2] 曹俊峰编译:《美,以及美的反思——康德美学全集·再版序》,金城出版社2013年版,第3页。

性知识,一句话,有限的认识能力、不自由的欲求,都不是人的本质规定,人安身立命之处不是有限的知识,不是功利性的欲求满足,而是"自己构成自己"的"生命感"。读曹老师对康德美学的研究,总联想到《中庸》里的一段话:"自诚明,谓之性;自明诚,谓之教。诚则明矣,明则诚矣。唯天下至诚,为能尽其性。能尽其性,则能尽人之性;能尽人之性,则能尽物之性;能尽物之性,则能赞天地之化育;可以赞天地之化育,则可以与天地参矣!"是康德的思想还是曹老师的治学与为人使我产生了这样的联想?我至今说不清楚。2013年11月,在复旦大学纪念蒋孔阳先生诞辰90周年的会议上,两天里和曹老师朝夕相处,看着他安静的神情,听着他永恒的康德的话题,心里默想,眼前的曹老师,一派陈寅恪先生所说的"义命自持、坚卧不动"的操守人格,他以中国哲人式的践行方式和康德进行着一场关于人类、关于生命的持久对话,用牟宗三先生在《现象与物自身》一书序言里的话说,"我们由中国哲学传统与康德哲学之相会合激出一个浪花来",这个"浪花"是什么呢?是康德墓碑上镌刻的那段话:"有两种东西,我对它们的思考越是深沉和持久,它们在我心灵中唤起的赞叹和敬畏就会越来越历久弥新,一是我们头顶浩瀚灿烂的星空,一是我们心中崇高的道德法则。它们向我印证,上帝在我头顶,亦在我心中",还是《中庸》中的"诚"呢?抑或是牟宗三先生所言的"良知坎陷"?或许,这一切无非是有思想能力的个体生命寻求精神原点的一个过程,"步步学思,步步纠正,步步比对,步步参透,必透至此,而后始觉得洒然。"[①] 我们很习惯把这些思想的"浪花"斥之为唯心主义,可海德格尔在《形而上学导论》中说:"并非德国唯心主义破产了,而是时代不再有力量来承受这一精神世界的伟大、宽广和原始",在精神全面物欲化、功利化、失重且无根的当下,曹老师和他的康德美学研究,皆应成为我们走出精神困窘的路标。

邓晓芒先生在《德国哲学》2007年复刊时写了一个"复刊词",其中一段话很全面地说明了康德的思想对中国文化重建所具有的重大意义:"21世纪的中国也正处于迅速崛起的时代进程中,可以预料,这种崛起不会一帆风顺。中国的崛起将去向何方,是走向更加文明还是堕落到野蛮?这是每个中国知识分子不能不考虑的问题。今天,德意志民族的心路历程

---

① 牟宗三:《现象与物自身》,台北:学生书局1976年版。

对我们比任何时候都具有更加重要的借鉴意义，他的深沉、彻底和认真精神是中国人模糊、随便和浮躁劣习的解毒剂；他的纯理性和严格思辨的特长是将我们的精神生活从日常俗务提升到自由王国的不可缺少的训练；他对人类自我意识的不懈追求和痛苦反思是我们民族重建自己的新型人格的必要参照；他对历史、社会和人性的系统思考及深刻领悟是我们不能无视的人类共同的精神财富。"我很赞同邓晓芒先生这段对康德思想的评说，因为在读曹老师康德美学研究的过程中，我亦有着这样的体会。

　　昨天，曹老师来电话，让我在德国的儿子帮他寻求《康德全集》第21、22卷的电子版。我说："曹老师，您已75岁了，要多休息了。"他说："没关系，读康德，就是最好的休息。"多好的回答，多让人敬爱的曹老师，我祝他和康德一样永恒。

写于 2014 年 3 月，4 月 3 日修改

生命与艺术的对话

——忆余虹

> 哈姆莱特倒下了，但毕竟倒在了还乡的路上，这使我想起一个人的寓言……
>
> ——余虹

大概是1986年冬天某日，去武大参加一个活动。那时，正是一个思想解放、激情四射的时代，武汉高校的研究生经常在一起搞学术活动，纵论天下。离开武大的时候，龙泉明（泉明兄2004年1月因病去世，离开朋友们已十年了，实在令人唏嘘不已）对我说：有一个四川来的朋友，叫余虹，明天想去汉口找一个地方，你是武汉人，陪他去一趟吧。明早8点钟，你们在武汉关轮渡码头见面。我说此公面相好认吗，早上8点，正是人头攒动之时，还是定个接头暗号吧。泉明兄看见我手上拿着一本《1844年哲学—经济学手稿》，说："好，你就拿着这本书站在码头入口处，我相信在码头上不会有第二个人拿这本书的，让余虹来认你吧，他的特点是瘦，眼神有点儿忧郁。"

这是我和余虹的第一次见面。在过江轮渡上，他告诉我要去找一幢老房子，地点在汉口曾经最繁华的六渡桥一带，我陪他转了整整一个上午，并无一个明确的结果，我问他究竟要找什么？有确切的门牌号码或建筑的特征吗？他只是摇了摇头。在决定结束这漫无边际的寻找之后，他告诉我，他要寻找的只是一个关于家的记忆，他知道他无法找到。面对如此天马行空、不知所云的回答，我愕然，但因为第一次相识，不便过多询问，只是从他的眼神中似乎感觉到：他好像有了一种心理上的释然，也许，他要的就是一个寻找的过程。以后熟悉了，见面也多了，但第一次见面留下的印象却定格在我的心底：余虹，一个终生都在寻求关于"家"的记忆、寻求回"家"路径的人。余虹离开大家后，我一直在读他留下的各种文字，我有一个很强烈的读后感，即他对人生、艺术的学术研究，尽管又博又大，成就非常人可比，但是，他的一切文字，尽管许多话题表面上看风马牛不相及，却似乎又都与"家"的回忆、寻找回"家"路径相关，只不过主语经历了从"我"到"我们"——古今中外一切的人——的变化。

余虹去世两周年之际，与余虹生前交往甚密，关系不同寻常的《艺术百家》编辑部，征得家属同意，刊出余虹生前一篇未完成的遗稿《墙·记忆·"家"——论余明的大凉山风物画》，以表达对余虹的纪念。这篇文章陈述、分析的逻辑是把余明画中的"墙"视为文化"记忆"的视觉化表现，而中国人记忆的根基就是"家"。第三部分的标题是"人为什么要记忆及以何种方式记忆？"他的解答是：

在记忆里，尤其是在艺术化的记忆中（实际上，任何记忆本身都是某种程度上的或隐或显的艺术化记忆，它是微妙而富有歧义的，既可能祈向神圣，也可能沉迷堕落），我们的一般体验是完整感、温暖感、美感、崇高感等等。一句话，记忆总是让我们的自我趋向完整，就是让我们每个人的个体趋向光明与饱满，或类似于尼采常说的"日神精神"的光照。对于我们中国人，我们最基本的记忆或记忆的"根"往往是与"家"联系在一起的（不可否认，我们的文学艺术里总有太多的"乡音"与"乡愁"气氛，"家"就是中国人的"光"，是他们的世界之都乃至全部），"家"化的记忆或许是中国人在记忆里进行自我完整的普遍方式。那么，中国人的记忆对其生命里的"阴影"与"黑暗"的驱除的特有的方式就一定具有很强烈的（与"家"直接而紧密地关联）"伦理"意味（即要么我们像西方人那样通过信仰或理性来直面拷问，或者，也许是一种遮蔽命运的逃逸？），我们寻获踏上归家之途的过程也就是一个具有强烈的伦理意味的重大事件。

简而言之，"家"的伦理至少是中国古人"看"世界的起点，它塑造了我们中国人的心灵形态、世界与历史的基本模式。没有这种"伦理"，即使有眼睛我们也很可能是一无所见的，这就可以类比于生活在信仰时代里的西方人，是"基督教导人们如何去看，如何去知。他说的是，如果心中没有信仰，没有记忆，没有祈求，没有感恩，即使有眼睛可能也无所见"。而"家"的伦理就是我们古人的"信仰"，没有这个特别的"信仰"，我们种种的文化之"眼"就是盲目的，就是一些淹没在"阴影"与"黑暗"中的没有真实生命的物件。面对死亡，我们的古人就是手无寸铁、束手待毙的。只有生活在这一"信仰"里，古人才保有了有效可靠的自我完整意识。受"家"的伦理的庇护，我们才有了一种可资依靠的"信仰"，才有了"记忆"、"希望"、"珍惜"、"尊卑""等级"、"感恩"、"节日"与"仪式"等。①

从这些表述中，我省悟到二十多年前陪余虹寻找关于家的记忆的往事，对于索解余虹内心世界、学术研究的发展走向而言，那绝对是一个极具象征意味的开端，而这段他生前没有发表的文字，似乎就是对那个开端展开后的一个结语。在这个"结语"中，我寻觅到解读余虹所有文字的一条路径，并由此走进他的内心世界，走进我和他一起面对的世界。

余虹的自杀让许多人不解，一位可以受到中国诸多高校欢迎的成就斐然的教授，为何选择了自杀？我在网上看到对余虹生平的介绍，多说他的学业之路一直顺畅。在四川大学读完硕士，转入暨南大学读博，然后到复旦大学进行博士后研究，先后辗转于华中师范大学、上海师范大学、海南大学等各院校，2002年进入人民大学文学院。这些介绍并不错，只是遗漏了一段不该忽视的求学经历，他求学的第一个阶梯是1978年进入湖北咸宁师范专科学校中文系（"文化大革命"后恢复高考的第一届，即77级）。余虹是四川人，13岁时（1970年），因为父母政治身份的问题成为政治贱民，被迫来到湖北投靠亲友。1977年恢复高考，余虹是作为"可以教育好的子女"被咸宁师专录取的。在当时的历史背景中，他考分再高也无法进入更好的学校，能被录取已是对他的"恩赐"了。余虹在《命运七七》一文里，记述了这段人生经历，这段经历肯定是刻骨铭心的，是他心中永远无法抹去的伤痕。"'77级'作为一种光荣与幸运的标志在很长一段时期笼罩了我的内心，然而，令人不安的是梦。自77年的

---

① 余虹：《墙·记忆·"家"——论余明的大凉山风物画》，《艺术百家》2010年第1期。

幸运以来,我常常梦到在中学和在农村当知青的情形,梦回那渴望上学与招工而又恐惧政审的日子,那是个永远被政审着、永远也没有上学与招工希望的日子。就这样'我'被'77级'这个符号一分为二了:一个'不幸的我',一个'幸运的我';一个恐惧不安的我,一个侥幸得福的我。侥幸得福的我对我之所得充满感谢,恐惧不安的我对我之所得心存疑虑。前者在白天给我阳光,后者在夜晚给我黑暗;前者让我感到命运发生了改变,后者提醒我命运一如既往。如此双重的生存感使我对'1977'或'77级'怀有非常复杂的感受与体悟。"一个13岁的少年,被迫离家,离开父母,远走他乡,"独在异乡为异客,每逢佳节倍思亲",家,该是少时余虹最大也最沉重的梦。这个梦,对余虹后来的学术之路究竟有多大影响?想想鲁迅少年时因家道中落而过早领悟到世态炎凉,日后阅人阅世之犀利眼光,穿肉透骨、沦肌浃髓的行文风格,还是孟子那句话:知人论世。我们这一辈人中大凡做人文社会科学教育和研究的,"文化大革命"的梦魇是无法消除的,或者说,"文化大革命"所造成的人间悲剧以及对人心的伤害,是我们一切反思性的言说——批判或建构——得以发生的"真正诞生地",如同马克思说黑格尔的《精神现象学》是黑格尔哲学的"真正诞生地"一样,20世纪70年代末80年代初的那几年,弥漫整个社会的反思——对"文化大革命"的反思、对1949年后历史的反思、对1917年后国际共产主义运动史的反思、对1789年法国大革命所引发的世界暴力革命的反思,尽管还是一种抽象的"无批判运动的批判的形式"[①],但反思诱发的精神的本质——自由,随着主体意识的复活,终于开始了证明自身合法性的伟大行程。作为"文化大革命"后恢复高考的第一届大学生,正处在改革开放刚刚开始的历史节点上,反思"文化大革命"和思考未来中国的走向无疑是当时最重要也最吸引人的命题。在这个阶段,西学在晚清"五四"之后又一次形成席卷学界的高潮,特别是曾被苏联马克思主义彻底批判、否定的西方现代主义哲学、美学一时成为大学校园里最时髦的话语方式,可以说,尼采、海德格尔、萨特、弗洛伊德的学说及西方现代主义艺术就是当时年青一代文学艺术创作的理论蓝本。从研究我们这一代人心路历程的角度看,有一份文献特别值得重视。1980年5月,发行量超过200万册的《中国青年》杂志,刊登了一封署名"潘晓"

---

① 马克思:《1844年经济学—哲学手稿》,人民出版社1979年版,第112页。

的长信《人生的路，怎么越走越窄》，信中提出"主观为自己，客观为别人"的伦理命题，最后感叹："人生的路呵，怎么越走越窄……"随即，一场持续了半年多时间的人生观大讨论——人为什么要活着——就此引发，共有六万多人写信参与讨论。人们像触电似的在"潘晓"式的苦闷和疑惑中"发现了自我"，他们最大的苦恼是主流意识形态的价值观念和现实生活距离太远。可以说，对个体人格的自由和独立这样一个全新的价值观的憧憬开始成为一种时代精神，至少是年青一代的心理欲求，也是"潘晓"讨论具有的思想史意义，所以，这个事件后来被称之为"整整一代中国青年的精神初恋"。"潘晓们"对虚妄的谎言发出了石破天惊的断语："我根本不相信！"实在是一个新时代开始的预示。当时兴起的朦胧诗，同样浸透着这样的时代精神：

黑夜给了我黑色的眼睛，我却用它寻找光明。（顾城）

告诉你吧，世界
我——不——相——信！
纵使你脚下有一千名挑战者，
那就把我算作第一千零一名。

我不相信天是蓝的，
我不相信雷的回声，
我不相信梦是假的，
我不相信死无报应。（北岛）

朦胧诗反映了从迷惘到觉醒的一代青年的心声，十年动乱的荒诞现实，造成了诗人独特的"冷抒情"的方式——出奇的冷静和深刻的思辨性。他们在冷静的观察中，发现了"那从蝇眼中分裂的世界"如何造成人的价值的全面崩溃、人性的扭曲和异化。诗人想"通过作品建立一个自己的世界，这是一个真诚而独特的世界，正直的世界，正义和人性的世界"。在这个世界中，诗人建立了自己的"理性法庭"，以理性和人性为准绳，重新确定人的价值，恢复人的本性，嘲讽怪异和异化的世界，反思历史和现实，呼唤人性的高贵与尊严。"那真是诗歌的春天！尤其是那些年轻的诗人，经过漫长的冬天后，终于在这个诗歌的春天里找到了创作激情和创作方向。北岛、舒婷、芒克、江河、顾城和杨炼等诗人在北京创办了民间文学刊物《今天》，在诗歌艺术上进行了探索。我读到了油印的《今天》，很感动，因为其中有着强烈自我意识。70年代末、80年代初，西方18、19世纪的启蒙主义思潮著作开始大规模地译介进入中国，文化艺术思潮也进入一个以反叛和个性解放为主题的创作高潮。朦胧诗是代表。"①

余虹可以成为诗人，也可以成为画家，但他更喜欢孤独的哲学沉思，以哲人的睿智发现人类寄托在文学艺术中的生存意义，是他作为学者的开端，也是他作为思想者的终其一生的劳作。他第一篇学术论文《希腊文学特点探源》是在咸宁师专的毕业论文，全文的主题是："自由，是希腊精神的标志"，尽管"希腊人在实践上是不自由的"，但是，"纵观希腊文学要民主争自由的一条红线贯穿始终"，于是才有"自由与命运（不自由）的文学"，"希腊文学的自由民主因素表现了深刻的人道主义精神，是后世欧洲进步文学的灵魂"。和余虹相识不久后，一次聊到大学毕业论文的选题，我们很惊诧，因为我们都对希腊的精神世界产生了浓厚的兴趣。我大学毕业论文的题目是"和谐——古希腊的审美理想"，论说逻辑和余虹完全一致，和谐的审美理想不过是现实分裂的产物，它把不朽给予了希腊艺术，却把绝望留给了历史："当雅典人的情感狂热到极点而终于疲倦后，雅典落日的余晖也只在天边剩下最后一线。历史的黑夜就要降临了。"② 今天重读余虹和自己的毕业论文，突然产生一个疑问：我们当年为何会去关注遥远的古希腊？与今天相比，当时有关古希腊的文献是何等的稀少！为了借阅《荷马史诗》，我几乎跑遍了武汉的高校图书馆，主要参考资料只有苏联历史学家 B. C. 塞尔格叶夫的《古希腊史》，黑格尔

---

① 李泽厚：《我和八十年代》，《经济观察报》2008年12月11日。
② 科林伍德的《艺术原理》1985年中文版本出版后，当我读到其中这样的文字："《理想国》涉及各种各样的内容，然而它并不是一部百科全书或'总论'，它只集中研究了一个问题……这个问题就是希腊世界的衰落及其症状，原因和可能的挽救办法。在衰落的症状之中……柏拉图对诗歌的讨论根源于他对现实的真实感受……他站在希腊走向衰落的门坎上，先知般地预见到夜幕的降临，他竭尽其英雄心灵的全部精力以防止夜幕降临。"我很惊诧自己当年的表述怎么和柯林伍德如此相似？看来，不同时空中因历史而生出来的思考、感叹往往是同质的，足见人类文化具有内在的同构性。

的《历史哲学》《哲学史讲演录》《美学》，丹纳的《艺术哲学》，罗素的《西方哲学史》，朱光潜的《西方美学史》等。余虹毕业论文的参考资料是：

> 修昔的底斯《伯罗奔尼撒战争史》
> 《现代西方哲学》刘放桐主编
> 黑格尔《历史哲学》
> 琉善《应该如何写历史》见《欧美古典作家论现实主义和浪漫主义》
> 法国浪漫主义大画家德拉克洛瓦《美的多样性》
> 马克思《政治经济学批判导言》
> 马克思《博士论文 序》
> 马克思《德意志意识形态》
> 《西方哲学原著选读》（上）壮大编
> 亚理斯多德《诗学》
> 《古希腊罗马哲学》三联书店
> 《古希腊史》（苏）缪灵珠译
> 黑格尔《美学》第一卷
> 恩格斯《致敏·考茨基》
> 《希腊的生活观》〔英〕彭基相译
> 《马克思列宁主义美学原理》（上）〔英〕陆梅林等译
> 朱光潜《西方美学史》（上）①

从学术上说，就凭如此可怜的文献，我们当时何以确信自己的论证？

王柯平在《〈理想国〉的诗学研究》中对国内希腊美学研究的基本现状有一个清醒而客观的评说，他没有对国内研究古希腊美学的一些代表性人物及著作作出具体评价，而是提出一个研究类型的划分，即一种是"主要参考外文文献来做研究"，另一种则是"基本参考中译文而为"，为什么要这样划分，看看他对陈中梅《柏拉图诗学和艺术思想研究》的评

---

① 余虹：《希腊文学特点探源》，《武汉师院咸宁分院学报》1982年第2期。注：为保持原貌，我对余虹开列的参考书目未做规范化修订。

价，就可以明了其中的深意。他说："迄今，国内真正对柏氏诗学做过系统研究的当推陈中梅。其著《柏拉图诗学和艺术思想研究》（1999）一书，在注重吸纳西方学者研究成果的基础上，从认识论、本体论、神学、心魂学、政治学、语言学、哲学和伦理学等角度，描述和论证了柏氏的诗学和艺术思想。无论是在内容上，还是在学理上，这在国内现有的相关成果中颇为少见。特别是其恪守规范的治学方法，尽管在西方古典研究中是习以为常之事，但在国内则显得难能可贵，而且与仅靠《柏拉图文艺对话集》选译本来研究柏氏诗学和美学思想的做法，形成鲜明的对照"[1]。王柯平对汉语学界中仅凭二手资料研究希腊美学的委婉批评，我完全同意。希腊文化的重要性已不言而喻，不懂希腊文，不能直接阅读希腊文献，能否悟解希腊文化的真髓呢？陈寅恪先生在《高僧传》中围绕"译经传播事者"，发出如下评论："间接传播文化，有利亦有害：利者，如植物移植，因易环境之故，转可发挥其特性而为本土所不能者，如基督教移植欧洲，与希腊哲学接触，而成为欧洲中世纪之神学、哲学及文艺是也。其害，则辗转间接，致失原来精意，如吾国自日本、美国贩运文化中之不良部分，皆其近例。然其所以致此不良后果者，皆在不能直接研究其文化本原。研究本原首在通达其言语。"[2] 陈寅恪先生对晚清至"五四"期间病急乱投医似的引进五花八门的西学显然是不满意的，他所设想研究西学的理想之路是先"通达其语言"，然后再"研究其文化本原"，如此才不会"致失原来精意"。尽管历史不可能按照这样的"学理性"去发展，但我们实用主义地译介、传播的"西学"，往往是丢失了"文化本原"的东西，以此指导实践，其害处之大，无论是从政治层面看，还是从学术层面看，都足以让我们三思。刘小枫在其主编的《西方传统——经典与解释》丛书的"缘起"中回顾了自晚清以来汉语学界翻译西学经典的历程：（1）晚清至 1949 年前，"随意性"；（2）20 世纪 50 年代后期—80 年代中期，有了系统性，亦有教条性；（3）80 年代中期，学界重拟西学名著清单，创设"现代西方学术文库"，"这一学术战略实际基于悉心梳理西学传统流变、逐步重建西方思想汉译典籍系统的长远考虑，翻译之举若非因历史偶然而中断，势必向古典西方学方向迈进"；（4）90 年

---

[1] 王柯平：《〈理想国〉的诗学研究》，北京大学出版社 2005 年版。
[2] 蒋天枢：《陈寅恪先生编年事辑》，上海古籍出版社 1981 年版，第 83 页。

代以来，西学翻译又"蔚成风气"，"但无论学界迻译了多少新兴学科，仍似乎与清末以来汉语思想致力认识西方思想大传统这一未竟事业不大相干"，"晚近十余年来，欧美学界重新翻译和解释古典思想经典成就斐然，汉语学界若仅仅务竞新奇，紧跟时下'主义'流变以求适时，西学研究终不免以支庶续大统"。陈寅恪、王柯平、刘小枫的见解在盛行急功近利的当今学界，应者寥寥也是必然的了。

余虹去世前的那个夏天，我在武汉最后一次见到他。那天晚上应该很晚了，我接到李建中的电话，说余虹来了，要我去他家楼下的咖啡厅一聚。那次就和余虹聊到中国古希腊文化研究的一些新的进展，我说我有一本《英希大辞典》，从国外买回的。他对我说，如果时光倒回去，真该从希腊做起，从学希腊文开始。

我们都感叹，年龄大了，方知陈寅恪治学路径之真谛，若不追本溯源，就不知西学"文化本原"，终不察西学之"精意"。

于是，一个在时代悲剧中背井离乡的人，开始了漫长的精神还乡的旅程。他暂时离开了古希腊，海德格尔出现了。"余虹的学术研究贯穿着一条鲜明的反思现代性的主线，这条主线从他博士生期间研读海德格尔时就深深地烙下了。可以说，海德格尔一直是余虹的思想导师，其影响不仅及于思考的问题、思考的方式，更深入到其表述方式和文风语体。在余虹所有学术乃至社会人生的思考中，都可以发现海德格尔的影子。通过海德格尔，余虹打通了尼采、福柯、德里达等西方后现代或后形而上学思想家，其成果不仅体现在海德格尔、尼采、福柯的专题研究成果《艺术与归家》一书中，同时也体现在他的几乎所有学术论文、艺术评论以及对文学理论的学科反思中。"[①]

我以为，余虹学术研究的底层，或无意识中，依然贯穿着对"家"的寻觅。

"我们寻获踏上归家之途的过程也就是一个具有强烈的伦理意味的重大事件"，"它是微妙而富有歧义的，既可能祈向神圣，也可能沉迷堕落"。在80年代迷茫的时代心理中，年青一代寻求新的精神家园的本能冲动还只能在西方浪漫主义和现代主义的文学读本里找到回应，尽管那些读本里神秘的宗教情绪、抽象的哲学意蕴和中国人的生活实在是隔膜得

---

① 陶东风：《我眼中的余虹——〈余虹文集〉导言》，《福建论坛》2008年第5期。

很，但余虹，却以早熟的生命体验直抵西方现代哲学最深沉的底蕴：精神还乡——"它把杂乱的感觉情绪综合为一种神秘感，化多为一，形成莱布尼兹所指出的那种艺术海啸。从部分上看每个浪花都在发出各自独立的声音，似乎杂乱，但从总体上看则汇成一种统一和谐的海啸，部分混乱而全体和谐、个体朦胧而总体明晰，产生一种形散神不散的艺术效果。长诗中这股神秘的海啸，使表面感觉世界和潜在的神秘世界融和了，作用于人的感官又作用于人的心，引动我们精神飞升，超越物质自然的世界，在心灵深处去体验那种神秘的存在。"[①]

在《哈姆莱特：在还乡之途》一文中，精神还乡开始从神秘——只可意会，不可言传——的生命体验向清晰然而悲观的哲学之思转移："弃家而去的王子，徘徊在四处无门又无处不通的廊柱下，无家可归。一种失落生存之根的情绪弥漫他的整个精神空间"，在存在主义哲学的视野里，余虹笔下的"家"被赋予了"存在"的意义，哈姆莱特只有通过"延宕"才能拆除"虚假的家园"，而踏上真正的"还乡"之途，即"走上了本真的存在之途"。如此，个体的存在与人类的存在勾连起来。"从复仇的选择导向了整个生存与世界的再确立，这是哈姆莱特的纵深处"，"因此，我们说他真正走上了存在之路，回归自己家园的还乡之路。在这个途中，他体验了真正属于人的忧郁，准确地说是忧虑"，"任何真正的忧虑都是一肩挑着自己另一肩挑着人类。这就是历史强加在个人头上的命运。任何真正个人存在的开启就同时意味着为人类开启一个存在之城，使命感使真正的忧虑神圣，哈姆莱特作为一个艺术形象的超越正在于此。""漫漫的还乡之路，一条危险的魔道"，"哈姆莱特倒下了，但毕竟倒在了还乡的路上！这使我看到一个人的寓言……"[②]

经过存在主义哲学的过滤和洗礼，在余虹精神还乡的行囊里只剩下两件东西，一个是艺术，一个是海德格尔。后来，他又把尼采和福柯装了进去。

艺术是余虹的挚爱，他总是通过他心目中神圣而神秘的艺术去观察、理解世界，他对世界的解释就是对艺术的解释，反过来，他对艺术的解释也就是对世界的解释，所以，能在深奥的西方现代哲学迷宫里自由翱翔的

---

① 余虹：《〈老水手之歌〉简论》，《外国文学研究》1984年第2期。
② 余虹：《哈姆莱特：在还乡之途》，《外国文学研究》1988年第2期。

余虹，在真实世界里却又单纯得让人惊讶。他说："在不少当代中国艺术家那里看不到'艺术'，这真是一件叫人莫名其妙又让人悲哀的事情。也许，在经过后现代艺术理论洗礼之后还这样提问过于老旧，因为据说人人都艺术家了，何况那些以艺术为业的艺术家。但我还是觉得艺术是罕见的珍宝，不是随便什么人按社会习俗和权力的要求或者随心所欲就可以搞的东西，也许它是最不能习俗化、权力化和随心所欲化的东西。"①

余虹在尘世里"看不到"的"艺术"是"罕见的珍宝"，是人之为人的本真，没有哲学，它就不会从"隐匿"走向"澄明"，海德格尔开始与余虹结伴而行，余虹也开始了他对海德格尔诗学的研究。

"因为在西方形而上学的历史中，唯有艺术和诗保持了一种本真的观物方式和语言的源始运用"，"十分显然，海氏的摧毁乃是在语言溯源之途上的'归家'方式，一旦归家，就靠近了'存在'，因为，源始的语言就是存在的家园，存在之居于语言就如同家神之居于家中一样"②。

"本真的一直深藏在被语言之思所遗忘的诗性言说中。的确，只有诗人，真正的诗人总在'观察无形，倾听无声'，为寻找那失去的'球'（语言言说）而献身，只有真正的诗人始终不渝地聆听语言言说（存在之召唤），应和语言言说，道出语言言说而创作出伟大的诗篇。写出了正因为有了诗人（每个人都可能成为诗人，并总在某个瞬间是诗人），人才在大地上写出了'存在之诗'。"

"诗之歌吟就是本真之言说。"③

"首先，十分明显的是，诗的活动领域是语言，因此，诗的本质就必得通过语言的本质去理解。尔后，以下情形就了然大白了：诗是给存在的第一次命名，是给万物之本质的第一次命名。诗并不是随便任何一种言说，而是特殊的言说，这种言说第一次将我们日常语言所讨论和与之打交道的一切带入敞开。因此，诗绝非把语言当作手边备用的原始材料，毋宁说，正是诗第一次使语言成为可能。诗是一个历史的民族的源始语言。因此，应该这样颠倒一下：语言的本质必得通过诗的本质来理解。"

---

① 余虹：《"大风景"：尚扬的艺术世界》，《文艺研究》2004 年第 5 期。
② 余虹：《〈农鞋〉：解释与解构之一瞥》，《华中师范大学学报》1993 年第 4 期。
③ 余虹：《诗：源始的语言——海德格尔的诗学启示》，《外国文学研究》1991 年第 1 期。

"在《荷尔德林与诗的本质》一文中,海德格尔指出了一种隐蔽的循环阐释现象:语言＝诗。正是基于语言与诗在本质上的循环阐释性,海德格尔对诗和语言作出了全新的阐释。"

"尤其是当海德格尔以特殊的思之力量将艺术与存在、真、世界、大地、生存、历史、神性、技术、本源等问题联系在一起时,人们感到了艺术问题的真正分量,至少,作为一个根本的问题它会激发我们的思。"①

余虹对海德格尔诗学的解读,在我看来,依然是我们这个"无批判运动的"时代的"批判的形式",高傲而孤独,深刻且悲观,在精神还乡的路上,海德格尔、萨特、尼采、福柯这些哲人,或成为他前行的路标,或陪同他度过漫漫长夜,或与之一起思考生与死……他走得很累很累,他开始在躁动的思想中寻觅一份永恒的安静。希腊世界再次出现了。

"很多人在看完雅典奥运会的开幕式后都惊讶不已。百年来的奥运会开幕式,从表面看千奇百怪,风格各异,但相对于雅典奥运会开幕式,它们都是'人的狂欢'。那些汹涌的人潮、那种流光溢彩的大唱大跳和遮天蔽日的热闹非凡,从来都是历届奥运会开幕式心照不宣的元素与符号。只有雅典奥运会开幕式第一次背离了现代奥运会开幕式的传统,它让我们感到了静,感到了静的力量和心灵的震动,感到了另一种情调、另一种理念、另一种精神。在那里,人的脚步是轻盈、舒缓而从容的,人的姿态是朴素、优雅而自制的,人的喜悦是含蓄、澄明而由衷的。雅典奥运会开幕式不再是'人的狂欢',而是'天地人神的游戏'。'天地人神和谐共在'是一种古希腊式的历史,一种被现代人遗忘和丢弃了的历史,雅典奥运会开幕式以神奇的希腊艺术和希腊心愿重现了这一历史。当开幕式将人的生命还原为最初的水和最后的 DNA 螺旋的时候,当世界的历史被还原为天地人神的游戏的时候,当五彩缤纷被还原为爱琴海纯净的蓝和希腊房屋纯朴的白的时候,古希腊世界那种'高贵的单纯'便远离现代世界的'繁杂'而来到了我们面前;当开幕式以感谢天地自然和敬拜神灵的虔敬姿态迈着舒缓而从容的步伐走来时,它也远离了现代世界的'喧嚣',回到了古希腊世界'静穆的伟大'。"②

---

① 余虹:《海德格尔的艺术沉思》,《暨南学报》1996 年第 1 期。
② 余虹:《天地人神的游戏与人的狂欢》,《读书》2005 年第 4 期。

"这是一个新的余虹,一个敦厚平和,对他人,对世界格外友善、格外热情、格外周到的余虹,曾经有过的自负,以及某些固执,偏激,见不到了。他进入了人生的另一个境界。"① 余虹的老同学龚翰熊如是说。

"通过尼采、海德格尔、德里达、福柯这一系的路径和资源来反思现代性,在大陆学术界十分流行。如果余虹同样也局限于这样一些资源和路径,那么他的反思虽然也会有出色的成果,却可能不会那么独特和深入。但是余虹反思现代性还有一个路径,这就是宗教和神学(广义)。越是到了余虹生命的后期,其现代性反思的这个特点就越发明显,而更加值得注意的是,原先的后学路径似乎也没有因为神学路径的'入侵'而中断。这样,他后期的现代性反思似乎沿着两个看似矛盾的轨迹发展:一条是后学路径的延续,另一条是神学与宗教学路径的探索(在此'神学''宗教'并不局限于某种具体的宗教或神学,而是泛指一切关于'绝对超越者''绝对价值''绝对意义''绝对真理'等的假设)。后者在他去世前几年的学术研究中体现得越来越突出。神学一路的反思成果主要体现在他的论文《虚无主义——我们的深渊与命运?》《有限德行与无限德行》《理论过剩与现代思想的命运》,对于尚扬、丁方等画家的批评,以及随笔(如《有一种爱我们还很陌生》)中。我个人认为,余虹的现代性反思因具备了后学的和神学的两个维度而显得更为厚重和深刻,当然也因此而显露出一些内在的紧张,因为他的学术视野中有一个'上帝'。"②

这个"上帝"就是"家",所以:

"我们寻获踏上归家之途的过程也就是一个具有强烈的伦理意味的重大事件",这是余虹用生命与艺术对话的结论,一个有着永恒意义的结论。

2008年12月5日,余虹在武汉的几个朋友举办了一个"余虹与艺术"的纪念活动,纪念活动的海报上有段话说出了我们纪念余虹的意义,特录下:

> 中国的"正史"书写非常发达,但中国民间的纪念文化相当贫

---

① 龚翰熊:《忆余虹(一)》,2008年3月,网易博客(http://gonghanx.blog.163.com/blog/static/5527241820082283559486/)。

② 陶东风:《我眼中的余虹——〈余虹文集〉导言》,《福建论坛》2008年第5期。

弱。长期以来，除了清明节等极少数场合外，我们的社会习惯依据亡者的身份和地位来安排相应的官方或半官方的纪念活动，组织者关注的是出席人员的座次和官样文章的口径，参与者只是例行公事，没有真诚的思想情感交流。相比较，出于朋友的情感，或者出于道义的担当，以自由的民间方式定期或不定期开展的纪念活动非常欠缺。我们认为，一个健康而多元的现代社会，必须在民间保持精神生活的活力，其中，以民间的方式纪念任何一位已经去世的有杰出思想和突出贡献的学者、教师、文化人、艺术家、企业家、友人……都应该构成我们日常精神生活或记忆的一部分，并让这类精神生活或记忆成为现代社会的积极建构力量。从这个意义上讲，我们想把"余虹与艺术"纪念会视作武汉地区民间纪念文化的一个特殊的"事件"。

写于 2014 年 3 月，4 月 3 日改定

第四辑

《故事新编》研究

痛苦痉挛中新生的神话英雄
——论中国现当代文学中知识者形象的情感特征

"五四"以来的新文学画廊中，数不尽的知识者形象宛如一个个沉重的音符，在漫长而又短暂的历史岁月中，连接成一支凄切而悲凉的回旋曲。在其中，我们可以看到鲁迅笔下打破"举天下无违言，寂寞为政，天地闭矣"的萧条沉闷局面，而又"使人一见就感着不可言喻的悲哀的愉快"（茅盾语）的"狂人"；在颓唐与绝望中咀嚼孤独的吕纬甫、魏连殳，不堪"虚空的重担"而悔恨、悲哀的子君、涓生；冰心笔下报国无门而不得不再次漂洋过海的英士（《去国》）；憧憬崇高理想而又为现实碾碎了青春梦幻的淑平、英云、冰心（《秋雨秋风愁煞人》）；苦苦探索"人生究竟是什么"的何彬（《超人》）；郭沫若笔下烦躁不安和愤世嫉俗的爱牟（《漂流三部曲》），郁达夫笔下不甘沉沦而又无力自拔的"他"（《沉沦》）；蒋光慈笔下忽而狂热浪漫、忽而自暴自弃的王曼英（《冲出云围的月亮》）；柔石笔下感伤、软弱的肖涧秋（《二月》），丁玲笔下负着时代的苦闷创伤而绝叫的莎菲（《莎菲女士的日记》）；茅盾笔下幻灭、动摇、追求的知识者群像（《蚀》）；巴金笔下用凄苦、软弱埋葬自己的觉新（《家》）；叶圣陶笔下充满幻灭的悲凉与孤寂的倪焕之（《倪焕之》）……在当代文学中，上述知识者形象由于众所周知的原因曾一度消失过，但写得成功的知识者形象，如《青春之歌》中的林道静，其魅力仍在于多愁善感、情意绵长。新时期十年，类似现代文学中的知识者形象的情感特征如决堤的洪水，四处泛滥。刘心武、张贤亮、张洁、谌容、茹志鹃、丛维熙、张承志……几乎所有叙述知识者命运的作家都在不厌其烦地刻意描绘相同的形象，渲染相同的情感。

这是为什么？难道这些时代不同、风格各异的作家只要一写知识者，就只有一种感觉、一种心态吗？他们何以为自己笔下的形象所撰写的墓志铭竟是同一类词汇：孤独、惶恐、困惑、寻觅、苦闷、彷徨……更让人费解的是，我们自觉或不自觉地把这种情感特征作为知识者形象成功与否的潜在标准和模式，30年代的左翼文学和五六十年代的当代文学，先后冲击过这种情感表现的模式，但留给文学史的记忆却是失败。

对此，我们看到过两种解释。第一种解释从政治学角度出发，把现当代知识者形象视为具体政治环境中的知识分子，从而界定知识分子因本身的阶级属性而天生患有"软骨症"，因此，知识者形象的情感特征不过是政治上软弱性的病态表现。近年来颇为流行的第二种解释则具有一种比较文化学的味道，把现当代知识分子的文化构成置放在东西方文化激烈碰撞的横向环境中加以考察，从而论定知识者形象的"软骨症"似的情感特征来自新旧夹杂，即在不同历史阶段以不同的域外新思想（如进化论、人道主义、马克思主义）反抗现实，而骨子里又以传统的道德哲学逃避人生或玩弄人生。较之第一种解释所持的严厉批判态度，第二种解释有着更多的同情。但是，两者有着相同的否定性的价值尺度，只不过前者认为知识者形象的情感特征有害于具体的政治斗争，后者则以为这种情感矛盾方式遏制了中国文化嬗变更新的历史进程。

仅就上述两种解释特定的历史性角度而言，未必没有道理。但以历史和美学的标准观之，两者的牵强之处又显而易见。因为如按第一种解释，我们无论如何不能理解现代文学中知识者形象的情感特征何以渗透到当代文学中来的，除非我们继续荒唐地认定当代中国知识分子仍然属于资产阶级、小资产阶级的政治范畴；如按第二种解释，我们同样无论如何不能理解从《诗》《骚》直至《红楼梦》的古典文学，那些与任何现当代域外人文思潮毫不相干的士大夫也何以把孤独、惶恐、寻觅、苦闷、彷徨浅吟低唱。如此反诘固然说明不了问题的实质，但却提醒我们，如果仅仅立足于作家所生活的具体历史环境来阐释文学形象，那么，这种考察的视野无论是窄是宽，都不可避免地把文学形象视为特定文化阶段僵死的同时态现象，从而抹杀掉文学形象跨文化阶段的历时态性质。换言之，我们所面对的"五四"以来知识者形象的情感特征，不仅具有种种创作主体所属时代的政治、道德、文化的印记，而且，更为重要的是，作为一种内含穿越历史时空性质的审美情感，更具有某种超特定历史阶段（不是超历史）、超个体（作家、具体的人物形象）、超认知、意志的特殊基质。只有弄清这种特殊基质，我们才可以从整体上把握现当代知识者形象情感的趋同性及内在的美学意蕴，才可以在把过去、现在、将来一体化的阐释视野中融其相对的历史意义与永恒的美学意义为一个整体。

我们能否找到这样一种"特殊基质"呢？马克思曾有过一个著名的论断，即希腊神话是希腊艺术的前提、土壤和宝库。20世纪西方神话学研究沿着这条思路亦作出了许多有益的探索。如此，我们能否在中国上古神话中发掘出足以决定现当代知识者形象情感表现的特征、方向及强度的"特殊基质"呢？

因为中国现代知识分子是带着拯世救民的英雄呼叫而发动"文学革命"的，如郭沫若的诗"愿将一己命／救彼苍生起"（《棠棣之花》）、"新中华的改造／正赖吾曹"（《浴海》）。因为现当代的知识者形象几乎没有不抱有济世救民的理想的；因为他们在磨难的悲哀中仍埋藏着"天将降大任于斯人也，必先苦其心志，劳其筋骨，饿其体肤"的自我安慰，所以，现当代的知识者形象实质上是一种落拓的英雄形象。由此，我们把探寻的目光投射到上古的英雄神话。

在中国零散不成系统的神话传说中，最为人注目的三个英雄神话是女娲补天、大禹治水和羿射十日。与希腊英雄神话相比较，如普罗米修斯、赫拉克勒斯，中国的神话英雄同样以超凡的本领和惊人的意志完成了救民于苦难的丰功伟绩。就此而言，中国与希腊的英雄神话大同小异，都忠实地记载了远古初民对战胜天灾人祸的英雄的崇拜和赞颂。但一旦当英雄神话从口头传诵转化为文字的文学叙述时，我们便可发现一个惊人的差异。古希腊从荷马史诗直至悲喜剧创作，普罗米修斯、赫拉克勒斯等神话英雄一再成为艺术描绘的对象，成为有血有肉、有胆有识、情感丰富饱满的艺术形象，而中国的英雄神话不仅在文字记载时间上晚于古希腊，在文学化的叙述规模上远逊于古希腊，更为重要的是，中国上古的神话英雄的情感状态在最初的文字记载上竟是一片空白。在埃斯库罗斯的著名悲剧《普罗米修斯》中，普罗米修斯大声斥责专横的宙斯，无比同情弱小的人类，尽情宣泄难忍的痛苦，热烈盼望获救的未来，有着很强力度的情感预示着这位神话英雄已在希腊文化的成型过程中转换成人格英雄。或者说，不是普罗米修斯的非凡业绩，而是其销熔一切的情感之火，才使这位英雄的独立人格成为后世西方文化孜孜以求的精神底线。但丁、莎士比亚、歌德、席勒、拜伦、巴尔扎克、雨果，这些伟大作家留给我们的不朽形象，不正是普罗米修斯那团灼人灵魂的情感之火吗？无怪乎西方美学家、文论家一再强调情感是艺术乃至生命的象征。中国上古神话英雄为何在体现生命活力的情感天地中沉默不语呢？是中国人天生含蓄、不苟喜怒哀乐甚至麻木吗？非也。卡西尔在《语言与神话》一书中认为神话的流传不是随心所欲或漫无目的的。此言极是。神话之所以构成文学艺术乃至文化的原型，其原因正在于神话的文字记载定型过程恰好是一种文化结构氤氲生成的过程。仔细考察一下女娲、大禹、羿三个神话英雄的最初文字记载，便可发现中国文化结构是如何把神话英雄的个人情感给蒸发掉的。

如果说普罗米修斯个性化情感的张扬源自其对天神宙斯的反叛的话，那么，中国上古神话英雄个性情感的空白正源自他们是遵旨下凡救民于苦难的。"……洪水滔天，鲧窃帝之息壤以堙洪水，不待帝命，帝令祝融杀鲧于羽郊，鲧复生禹。帝乃命禹卒布土，以定九州"（《山海经·海内经》）；"帝俊赐羿彤弓素矰，以扶下国，羿是始去恤下地之百艰"（《山海经·海内经》）；关于女娲，虽无其补天是由帝遣的文字记载，但她炼五色石补天之后曾向天帝禀告，《淮南子·览冥篇》就记载她补天后便"登九天，朝帝于灵门，宓穆休于太祖之下"，可见女娲所作所为仍是禀天帝的旨意。既然受命于至高无上的天帝，英雄们就得收敛自己的喜怒哀乐，用外在于自身的伦理规范约束自己的行为。如此，女娲功成之后就应该"不彰其功，不扬其声，隐真人之道，以从天地之固然！"（《淮南子·览冥篇》）；大禹也只应是三过家门而不入，否则就会招致微词："禹之力献功，降省下土四方，焉得彼嵞山女而通之于台桑？闵妃匹合，厥身是继，胡为嗜不同味而快朝饱？"（《楚辞·天问》）；略有纵情酒色嫌疑的羿下场颇为不妙，先遭天帝的疏远，"冯珧利决，封豨是射。何献蒸肉之膏，而后帝不若？"（《楚辞·天问》），继而家破人亡，"羿请不死之药于西王母，姮娥窃以奔月"（《淮南子·览冥篇》），"羿死于桃棓"（《淮南子·诠言篇》），"（羿）将归自田，家众杀而烹之"（《左传·襄公四年》）。显然，中国上古神话英雄之所以在文字定型化过程中被蒸发掉个性情感色彩，是与中国古代文化心理结构——知、情、意三者之间的独特张力关系密切相关的。从古希腊奴隶社会城邦制之中孕育出来的文化心理结构，格外凸出个体情感的作用，也就是说，其认知的深度、广度与意志的力度，往往取决于情感所蕴含的强度，情感愈强烈，即愈个性化，认知的范围也就愈宽愈深，伦理意志力也就愈强。而一旦毫无个性可言的罗马文化以武力肢解了希腊社会，古希腊文明也就顷刻土崩瓦解。中国古代的文化心理结构则有着一种玄奥的张力关系。在其中，情感既不能作纯个性化的张扬，也不能成为刺激认知能力和诱发意志力的催生素。相反，"发乎情止乎礼义"，灼热的情感必须降温，随心所欲的情感必须剪除，情感已不再是鼎足三立的文化心理结构中的中介环节，而是分化为认知范畴中钝化理论思辨的因循守旧之心态、意志范畴中"亲亲尊尊"的模式化礼仪。由此，定型于先秦两汉之际的英雄神话便呈现出情感的空白状态。

但是，这是一种意味深长的空白，是一种蕴积爆发的沉默。因为，尽管中国古代原生的文化心理结构淡化或分化了确证个体独立存在的情感，并由此获得自身相对稳定的内在性。但是，随着整个文化心理结构赖以形成、发展的诸社会条件的演化，最初被淡化或分化的情感也就开始了从知、意两个铁笼中渗透出来的艰难的历史过程。从《诗》、《骚》、汉赋、唐诗、宋词、元曲直至明清小说，我们所看到的不正是个性化情感愈来愈强烈的整体流变过程吗？从"文以载道""怨而不怒"的经典文论到不再"代圣人立言"的明代文论，我们感受到的不正是中国文化心理结构已步入动荡的前夜吗？所以，从上古英雄神话情感状态的空白到贾宝玉经历的情感危机，从中国古代文化结构中情感的分化到情感的重聚，完整地构成了现当代知识者形象情感特征的内在基质，而这种基质既有历史的（源自中国文化心理结构生成、演变的过程）性质，又有美学的（主要相关于中国人的情感生活）性质。又因为情感从分化到重聚的过程是如此漫长、艰难，所以对时代心理最为敏感的古代的士大夫和现代的知识分子才一脉相承地咏叹出中华民族情感的悲凉主旋律。斯诺对毛泽东说，中国人唱《国际歌》比西方人唱得更为悲凉，此为旁观者清。

满清王朝的覆灭预示着中国文化心理重构过程的开始。上古神话英雄情感的沉寂霎时幻变为英雄后代情感的喧哗与骚动。从几千年封建帝制和伦理规范束缚中反叛出来的新一代知识分子，肆意扩张已溶浸个性色彩的情感。"五四"前后风起云涌的文学救国、教育救国、医学救国、实业救国等主张，内容是那么的空泛、幼稚，但其间所包容的正是这种有着强烈主体意识、个性情感色彩的崭新的英雄梦幻。当这种脆弱的英雄梦幻被无情的现实击破后，加之欧风美雨的触通，知识分子心灵中自我膨胀的个性化情感在文学中找到了宣泄的渠道：纷至沓来的人生感触，性的苦闷，爱的欲求，生的烦恼，丑的现实，美的憧憬，对宇宙人生的思索……这是火山爆发后喷出的熔岩，在灼人的热烈之后便是深沉的悲凉。民族文化心理的重构同样是一个漫长而艰难的历程。知、意两个领域的严重滞后使得脱缰的情感野马在狂奔之后终于疲惫不堪，发出孤独的哀鸣。形式上独立了的情感再次回复到民族情感悲凉的主旋律。现代文学史上知识者形象的情感特征恰好经历了这样一个从热情到悲哀的过程。茅盾亦如此评价20年代描写知识者形象的小说："所有的'人物'几乎全是一些'追求人生意义'的热情的然而空想的青年在那里苦闷徘徊，或是一些负荷着几千年传统思想束缚的青年在狂叫着'自我发展'，然而他们的脆弱的心灵却又动辄多所顾忌。这些人物中的一个说：'我心彷徨得很啊！往哪条路上去呢？'……"毋庸讳言，现当代知识者形象的情感中有着西方现代哲学思潮的影响，但从中国文化心理结构的形成、演化及重构过程来看，其仍然是民族审美情感的历史性结果。正如此，中国现当代知识分子的情感始终和整个民族、人民的情感交织在一起，民族的灾难、人民的痛苦往往成为知识者形象坠入孤独、苦闷、彷徨、悲凉情感的直接原因。他们的悲哀不是形而上的人生无意义的绝望，而是寻求具体人生意义又无法实现的悲凉。即使经过极"左"路线对知识分子的无情摧残，当代作家所精心塑造的知识者形象，如许灵均、陆文婷、章永璘等，其情感内容不仍然和现代文学中知识者形象的情感内容一脉相承吗？这种以悲凉为基调的情感既不是软弱的无病呻吟，也不是无力的消极逃遁，而是承受全民族重负的"脊梁骨"，是重塑文化心理结构的"民族魂"。

中国上古神话英雄曾因失去这种情感而成为天帝的仆人，也因此而丧失了独立的人格光辉。今天，一旦有着独立人格的知识者形象的情感泛化为现代的民族情感，中华民族的神话英雄就会在民族文化心理重构的痛苦痉挛中获得新生。由此，现当代知识者形象的情感之意义才能获得融历史与美学为一体的阐明。

原载《文艺争鸣》1990年第4期
人大复印报刊资料《中国现代、当代文学研究》1990年第8期全文转载

《补天》新解

《补天》取材于中国神话传说，仅就故事本身而言，鲁迅并未在典籍记载之外虚构更多的什么，但在故事所蕴含的意义上，《补天》明显有着超出典籍记载之外的意旨。或者说，作为一部小说，《补天》中所描绘的女娲形象已是作者对古老传说进行新的审美体验的结果，其所包孕的审美情感当是我们理解、阐释《补天》的至关重要的对象。唯此，《补天》的内涵才可能不被简单地视为神话传说的现代语言翻版，亦才可能不被浅显地看作借古讽今；也唯此，我们才能在美学和历史的高度，深入地发掘出《补天》丰富的文化内涵。

一

如果把《补天》和历史典籍中所记载的女娲传说作一个细致的比较，我们似乎可以发现许多微妙的差异。

第一，在典籍记载中，女娲造人与补天原是两个没有内在联系的事件。最早提及女娲的史料均泛言女娲具有化育万物的神力，如："娲，古之神圣女，化万物者也。"（《说文》）"传言女娲人头蛇身，一日七十化。"（《楚辞·天问》王逸注）"黄帝生阴阳，上骈生耳目，桑林生臂手，此女娲所以七十化也。"（《淮南子》）只有汉人应邵在《风俗通》中才明言："俗说天地开辟，未有人民，女娲抟黄土造人，剧务力不暇供，乃引绳于泥中，举以为人。"值得注意的是，并未明言女娲造人的《淮南子》却明言了女娲补天之事："往古之时，四极废，九州裂；天不兼覆，地不周载；火爁炎而不灭，水浩洋而不息；猛兽食颛民，鸷鸟攫老弱。于是女娲炼五色石以补苍天，断鳌足以立四极，杀黑龙以济冀州，积芦灰以止淫水。"从神话学角度看，属于神话英雄之列的女娲，造人也好，补天也罢，在原始初民看来，都是他们所崇拜的神话英雄的丰功伟绩，事与事之间有无联系并没有什么意义。由此而论，女娲造人与补天之间没有内在的逻辑联系当属原始神话的本色。随着神话逐渐历史化，中国古代许多学者开始以一种不同于原始初民的文化眼光去寻觅女娲造人、补天之间的内在联系，如汉代王充说："儒书言共工与颛顼争为天子，不胜，怒而触不周之山，使天柱折，地维绝。女娲炼五色石以补苍天，断鳌足以立四极……"（《论衡》），唐代司马贞在《补史记三皇本纪》中亦说："当其（指女娲）末年也，诸侯有共工氏，任智刑以强，霸而不王。以水乘木，乃与祝融战，不胜而怒，乃头触不周山崩，天柱折，地维缺。女娲乃炼五色石以补天……"从表面上看，这些解释是把女娲补天传说与共工祝融之战传说糅而为一，旨在说明女娲补天的起因，即天破的原因是什么。但从更深的文化动机看，其中却潜藏着一个隐蔽的本体性尺度，即人生而有高贵与低贱、正统与非正统之分的等级观念，而这也就必然伸延到对女娲造人的解释之中，故产生于汉代的《风俗通》在记载女娲造人过程后，特别加上"故富贵者，黄土人；贫贱者，引絙人也"。一旦这种纯观念的逻辑关系把原始神话中的女娲传说沟通为一个印证现实生活的文化范例后，女娲造人即成为一种消解个体人格的文化模式，而补天亦是"替天行道"、维护上述文化模式的伦理、政治行为。由此，本应浸透原始初民强烈情感色彩的女娲，始终没能像古希腊的神话英雄普罗米修斯那样，在中国古代文学艺术发展史中，成为后世不断汲取人格意志、情感力量的独立的审美形象。

　　细察《补天》，鲁迅虽然也把女娲造人与补天沟通起来，但是，这种沟通的基点已全然不是那把个体人格意志、情感泛化为普遍伦理规范的文化模式，而恰恰是被这种文化模式所蒸发掉的原始初民的灼热的情感与强烈追求审美人生的意志。如在小说中，女娲从与自然宇宙浑然一体的梦中"惊醒"后，或说她在天地宇宙间获得一种独立的人格意识后，便向整个宇宙衍射出热爱生命与美的情感光辉。在这种内在情感的驱使下，女娲是那么喜爱自己创造出来的会喊会笑的小生命，又是那么讨厌同样是自己创造出来的"呆头呆脑，獐鼠目"的"小东西"。至于补天，也同样源自女娲审美情感的驱使，因为"仰面是歪斜开裂的天，低头是龌龊破烂的地，毫没有一些可以赏心悦目的东西了"。

第二，在典籍记载中，女娲的造人、补天行为被赋予明确的伦理目的。首先，女娲与普罗米修斯不同，普罗米修斯盗火给人类是为了反叛天神宙斯，借以张扬自己独立的人格意志与情感，而女娲却是躬行天道，下凡救民的，很难从文字记载中看出其独立的人格意识。如《淮南子》对女娲化育生命的描述来看，女娲是否独立创造了生命，实为可疑，所谓"黄帝生阴阳，上骈生耳目，桑林生臂手，此女娲所以七十化也"，完全可解为女娲不过是按照更高的神灵所提供的范本来化育生命的。① 而补天之事，女娲是由帝遣就很明确了，因为女娲补天之后就"登九天，朝帝于灵门，宓穆休于太祖之下"（《淮南子》）。其次，既然女娲的行为带有遵旨下凡的伦理性质，那么在其造人、补天的过程中，本应具有的惊天地、泣鬼神的强烈情感却在典籍记载中荡然无存。这正是中国上古神话没能在文学上得到相应铺陈的症结。与典籍记载相反，鲁迅在《补天》中全然扬弃了传统文化赋予女娲传说的伦理色彩，其造人，完全是内在情感驱使下的一种无意识行为，毫无外在的伦理目的；其补天，亦是为了"赏心悦目"，绝无躬行天道的想法。在这独特的审美情感点染下，古老的神话传说在鲁迅的文学铺陈中新意迭出。小说中，女娲从"抟黄土作人"到"引绳于泥中，举以为人"不再是为了完成上天赋予的任务，"剧务力不暇供"而产生的"作人"方式的变化，而是因自身内在的情感的变化而形成的随心所欲的行为，甚至是一种"恶作剧"。再看补天，女娲绝无以"五色石"——浸透等级观念的文化符号——去补天的动机，她追寻的仍是自然状态下的纯净与和谐："当初本想用和天一色的纯青石的，然而地上没有这么多，大山又舍不得用……伊于是只好搀些白石，再不够，便凑上些红黄和灰黑的。"

第三，在典籍记载中，女娲的结局自然是被伦理化、抽象化为一种文化符号。相比之下，《补天》中女娲的结局，特别是女娲体验自身的情感历程，却显然是一出孤独的悲剧。从宇宙自然中惊醒的女娲首先领悟到的就是孤独，"唉唉，我从来没有这样的无聊过！"造人之后，女娲有过短暂的情感满足，但她终于发现自己无法和自己创造的对象进行情感上的沟通，尽管一再尝试，但得到的仍是失败的孤独，乃至在补天时再次发出更为深沉悲凉的孤鸣："唉唉，我从来没有这样的无聊过。"一直到死后，

---

① 在古代神话中，天上有五方上帝，黄帝则位居中央。

女娲仍被自己创造出来的子子孙孙们误解得一塌糊涂。

二

上述比较分析表明，鲁迅之所以能在《补天》中塑造出一个完全不同于典籍记载中的女娲形象，根本在于先生已具有一种新的文化史观，一种重新感知、体验中国历史的能力与方式。鲁迅曾说："我做的《不周山》，原意是在描写性的发动和创造，以至衰亡的"（《南腔北调集》），《补天》是否能被称为精神分析学说的文学范例，大可商榷，但鲁迅超越传统典籍文化而寻求新的解释途径则是不容置疑的。与鲁迅以现代生活为题材的小说相比较，《补天》（包括《故事新编》中的其他小说）不仅以辛辣的笔调讽刺批判了传统文化腐蚀国人魂灵的可悲性，而且在更深层的历史烟云中，细腻地描绘出国人魂灵变迁的过程，尤为重要的是，鲁迅通过重塑女娲形象，极大地扩展了被传统文化模式压缩的情感领域，在审美创造中为重塑新的国人魂灵开创出一条崭新的道路。于此，《补天》中所蕴含的题旨异常复杂，或者说，女娲身上所体现出来的孤独情感既是她从传统文化中冲决出来的独立人格意识的结果，同时又是她死于情感寂寞的原因。这样一个两难命题使得小说在叙述上呈现出首尾相接的奇特景观。

在《补天》主体部分的第一章与第二章的开头，都由"女娲忽然醒来了"（第一章）、"女娲猛然醒来"（第二章）这样的句式开篇。从叙述连贯性角度来看，女娲在第二章的"醒"有着文本自身的根据，即在第一章的结尾，女娲因造人而"不独腰腿痛，连两条臂膊也都乏了力……叹一口气，两眼就合上了"。于此，第二章女娲的"醒"与第一章结尾女娲的休息之间有着可以解释的关系。但反观第一章开篇的"醒"，却无法在小说中找到女娲在"醒"前曾是什么状态的叙述性解释，是因为女娲作为神话人物，自然与天地日月同辉，无所谓生与死吗？似乎说不通。典籍记载以"化育万物"回避了生死问题，《补天》第二章结尾明言女娲因补天而累死，对死的描述——叙述的终点——应该源自对生的解释，故《补天》的内在的叙述起点不是第一章，而是第三章。

历来的评论家多认为《补天》的第一章、第二章是歌颂女娲造人、补天的丰功伟绩，第三章则是借古讽今。这种论点妥否不论，从小说叙述结构看，似乎是把第三章看成为信手拈来而与主干部分无多大关联。第三章的讽刺内容显而易见，但其具有更为重要的文本使命，即是整篇小说的内在的叙述起点。第三章简捷而犀利地揭穿了传统典籍文化"神化"女娲传说的假面具，愤怒抗议着传统文化窒息了上古神话英雄的人格意志。这，便是女娲在鲁迅笔下重新再生的根本原因，也从而构成为小说内在的叙述起点。由此，女娲第一章的"醒"实质上渗透着一种象征独立人格意识重获新生的意味，女娲是从几千年的文化误解中"醒来了"。如此分析不仅使我们看到《补天》结构上的完整性，而且进一步印证了鲁迅与传统文化的根本区别，即是否锻造具有独立人格意志的人。同时，根据这一分析，我们才可能真正解析《补天》中的孤独情感的重大意义。

其一，《补天》中的孤独情感建构出一种独立人格的审美时空，并以此超越了传统典籍文化中的非独立人格的伦理时空。所以，在小说中，女娲为什么造人，为什么补天，我们找不到任何伦理动机的解释。反过来说，小说叙述时序的展开不过是女娲孤独情感的流程，造人、补天亦是孤独至极的结果。由此，叙述时间的展开过程中竟无空间位置的移动。女娲自始至终都独自处在一个超自然的时空的情感空间中，第一章开头与第二章结尾使用了一段几乎相同的文字：

> 天边的血红的云彩里有一个光芒四射的太阳，如流动的金球包在荒古的熔岩中；那一边，却是一个生铁一般的冷而且白的月亮。然而伊并不理会谁是下去，和谁是上来。

第二章结尾的景色描写与上边一字不差，只是最后一句变动为："但不知道谁是下去和谁是上来。"

这段描写景致的文字里，时空交错，甚至空间吞没了时间的流逝，这固然是创造一种符合故事本身的神话氛围，但仔细体味其间的情感色彩及刻意凸显的空间感，似乎可以说，这段描写正是女娲孤独情感的两次曝光。如果说第一次曝光带有强烈的生与创造的欲望，那么其间的孤独便成为女娲傲然立足于天地宇宙之中的生存根基，并促使女娲走出了冷漠的自然空间。"伊在这肉红色的天地间走到海边，全身的曲线都消融在淡玫瑰似的光海里，直到身中央才浓成一段纯白。波涛都惊异，起伏得很有秩序了，然而浪花溅在伊身上。这纯白的影子在海水里动摇，仿佛全体都正在四面八方的迸散。"这段抒情话语,在《补天》中是绝无仅有的,其既明确地表现出女娲唯一的空间位置移动,又无不象征地透示出女娲独立人格意识赖以生成的情感空间。在此情感空间里,造人、补天两事之间也就自然失去传统文化所赋予的伦理时间意义,甚至造人、补天两事的神话含义也由女娲的随心所欲消解掉,仅成为折射女娲体验孤独的物象。与此相比,女娲孤独情感的第二次曝光就带有浓厚的死与毁灭的色彩。"上下四方是死灭以上的寂静",抒情的情感空间再次与冷漠的自然空间相叠合,朦胧苏醒的人格意识还未激发出生命的意志力量,就让过于强烈的孤独体验涵化为难以悟解的审美时空。按鲁迅先生的设想,《补天》应是"结构宏大"的,但阅读小说常觉未及充分展开便戛然中断。究其个中原因,恐怕在于支撑女娲独立人格的审美时空虽在起点上超越了传统的文化时空,但一经展开,却又为我们创作、理解所依赖的传统文化时空所吞噬。故作为内在的叙述起点的第三章也就自然成为小说叙述的终点,只不过那美丽的审美时空已成为女娲独立人格的墓地,仅剩下那份无所依傍的孤独,化为作者笔下指向一切的冷嘲热讽。

所以,其二,《补天》中的孤独情感即作品的主旋律,其不仅潜在地规定了作品的叙述结构(如前所分析),而且从根本上制约着作者叙述情感基调的演变趋向。

一开始,女娲感到莫名的"懊恼",继而觉得"无聊",造人伊始是"愉快",后又"不耐烦""讨厌";在第二章中,女娲"诧异"自己无法与自己所创造的生命进行沟通,加之补天的艰辛,再次感到"无聊"。这些表示女娲心理情绪的词语确切说明,整部小说的叙述基调愈来愈低沉,并且不断回旋到作者一开始就设定的孤独情感上。如果不加审辨地运用鲁迅自己的解释,《补天》是用了弗洛伊德的学说,我们很可能认定《补天》中的孤独情感是一种抽象的、纯主观的先验存在。我以为与其说鲁迅是用精神分析学说来演绎女娲神话故事,倒不如说是鲁迅在用另一种眼光来重新审视传统文化。所以,当我们从《补天》结构上分析了女娲孤独情感的诞生地后,便可从这不断回旋的主旋律中获得一种与传统文化相对抗的情感力量。事实上,鲁迅自言为"油滑"——不断在作品中穿插对传统文化的讽刺与挖苦——的写法正是《补天》中孤独情感所催化出来的愤激之情。由此,界定《补天》的主旋律是孤独情感,实指孤独并非鲁迅生活中某一阶段之思想、情绪的反映,亦非域外人文思潮的必然结果，而是中国传统文化在分解过程中必定滋生出来的为自己送终的人格精神。但由于文化母本的过分强壮，且在漫长的历史过程中有着盘根错节的自我繁衍能力，故其结构上的更新不仅要经过血与火的外在洗礼，更需要一种崭新而且能促成深层结构发生内在自我震荡、自我解体、自我重构的文化人格精神。这无疑是一个漫长而艰难的历程。在其间，孤独的情感才因此而融历史的审美喟叹与现实的文化批判为一体，亦才因此而显现为悲凉而不悲观、愤世而不弃世的人格象征。于此，返回历史的开端去重新审视，复归文化母本去重新体验，势将成为"五四"后新文学以张扬新的独立人格的必然归宿。在这个意义上，《补天》中孤独的情感基调映射出普遍的文化、美学意义。

原载《鲁迅研究月刊》1992 年第 12 期

历史的虚构与艺术的虚构
——《奔月》试析

《奔月》取材于中国上古神话"羿射十日""嫦娥奔月"。与《补天》一样，鲁迅在选材上对典籍记载多有增删，明显表现出不同于典籍文化的旨趣，值得注意的是，与《补天》相比，《奔月》已悄然褪去神话的瑰丽色彩，通篇弥漫着令人窒息的悲愤孤寂的情调。在《补天》中，我们虽已体味到女娲的悲凉心绪，但她毕竟完成了"造人""补天"的壮举，而在《奔月》中，羿射十日的英雄业绩让位于为衣食所忙的日常琐事，神话英雄通常有的气贯长虹的气概也淹没在人生的孤独喟叹之中。鲁迅先生何以把羿改造成如此面目？从创作时间看，把《奔月》视为鲁迅先生1926年左右"荷戟独彷徨"心境的写照，确有一定的道理。但是，鲁迅1935年在《故事新编》结集出版的序言里说道："直到一九二六年的秋天，一个人住在厦门的石屋里，对着大海，翻着古书，四近无生人气，心里空空洞洞。……于是回忆在心里出土了，写了十篇《朝花夕拾》；并且**仍旧拾取古代的传说之类**，预备足成八则《故事新编》。"[①] 这段话说明，其一，鲁迅**至迟写《补天》（1923 年）时，就有了以文学方式"重新"演义中国历史文化的宏大构思**，故《奔月》虽折射出鲁迅在厦门时的苦闷以及对高长虹等人的愤怒，但如果偏离了鲁迅的重新关照、解释中国历史文化的源出动机与总体构思，我们势必会忽视《奔月》的深层内涵；其二，鉴于上述理由，现实的苦闷（"四近无生人气，心里空空洞洞"）仅是鲁迅创作《奔月》的心理契机，而《奔月》中的悲愤孤寂则是鲁迅适时心境与历史文化相互对话、冲突、解释、印证的整合性结果，更准确

---

① 着重号为笔者所加。

地说，这种悲愤孤寂既是被解释者——羿的故事得到鲁迅先生重新阐发的文化依据，又是解释者——鲁迅在写作过程中无法消解笔下人物悲愤孤寂的痛苦感受。

于此，《奔月》以奇特的艺术虚构方式，塑造出全然不同于典籍记载中的羿的形象。

在中国古代典籍记载中，羿射十日的故事虽得以保存，但这种保存是把原始神话中的英雄人物浸泡在统治阶层意识形态的溶液里，让神话英雄成为统治着虚构历史的标本。从身份上看，羿是神界的一员，《山海经·海内经》称："帝俊赐羿彤弓素矰以扶下国，羿是始去恤下地之百艰。"《楚辞·天问》亦说："帝降夷羿，革孽夏民。"但在中国典籍文化化神话为历史的传统中，羿的身份也逐渐历史化。如《汉书》便把羿列之为夏代的有扈氏之后，及后裔，颜师古注云："有穷君也。"人们常以为典籍记载多混淆了羿和后羿的身份，其实不然。《离骚》说："羿淫游以佚畋兮，又好射乎封豨。"《左传·襄公四年》说："昔有夏之方衰也，后羿自鉏于穷石，因夏民以待夏政。恃其射也，不修民事，而淫于原兽。"《淮南子·诠言篇》称"羿死于桃棓"。《左传·襄公四年》称后羿"不悛，将归自田，家众杀而亨（烹）之"。可见，羿和后羿的行为方式与结局何其相似。依此而论，羿之后之所以有后羿，也就是说，羿之所以由"扶下国，恤百艰"的神话人物历史化为一个世俗的荒淫君主，其根本原因在于他的行为方式为改铸神话的上古典籍文化所不容。因为从羿射十日的经过来看，羿显然与统治神界的帝俊产生了尖锐的矛盾。《山海经·大荒南经》曰："东海之外，甘水之间，有羲和之国。有女子名曰羲和，方浴日于甘渊。羲和者，帝俊之妻，是生十日。"十日是帝俊的儿子们，他们突然耍出公子的骄横，一起跑了出来，造成人间的大灾害。在这种情况下，帝俊派羿下凡"扶下国，恤百艰"，也许，帝俊只是让羿"诛凿齿于畴华之野，杀九婴于凶水之上，缴大风于青丘之泽"，以便人类能生存下去。可羿竟然仰天控弦，一气射下九个太阳，然后再"杀猰貐，断修蛇于洞庭，禽封豨于桑林"。羿的行为远远超出了帝俊的旨意。若以神话推测，羿当是希腊神话中的普罗米修斯，敢与中国的宙斯——帝俊抗争到底。但在中国上古记载神话的典籍中，于此叙述小神与主神的分庭抗礼，显然不符以伦理为中心的解释原则。所以，相对于已是十分简单的羿射十日的记载，羿射十日除诸害后的结局干脆是一片空白。从《淮南子·览冥篇》"羿请不死之药于西王母，姮娥窃以奔月"的突兀记述来看，羿射十日后当被帝俊赶出天界，罚作俗人，故《楚辞·天问》中才有这样的疑问："冯珧利决，封豨是射。何献蒸肉之膏，而后帝①不若？"羿射日除害，功昭日月，典籍文化实在是无法否认，可为民除害者反得其祸，又如何说得过去？语焉不详大概就是最好的选择了。或许正是为了弥补这虚构历史中的漏洞，关于后羿荒淫无道的故事才滋生出来，因为羿（或者后羿）既然无德，受天帝惩罚岂不名正言顺了。

  我们现在已无从知道鲁迅先生写作《奔月》时是如何考释有关羿的神话资料的，但从小说的叙述来看，先生显然是把羿与后羿糅为一人。再从先生仅描述羿射日后的困顿情形来看，鲁迅对典籍中渲染羿的荒淫是全然不信的，它不仅以无比同情的笔调叙述着羿的英雄末路的惨状，而且以艺术虚构的方式，重新再现出羿被天帝赶出神界后的状况。坦率地说，如果不能充分体味到鲁迅先生审视中国历史的独特视角，或者说，如果不把《奔月》的视野放大为对中国上古神话的阅读，是很难品尝出《奔月》的真意之所在的。

  从小说情节看，羿与嫦娥、逢蒙的矛盾是情节展开的主线。射技高明的羿失去了自己的黄金时代，"竟射得遍地精光。那时谁料到只剩乌鸦做菜"。面对如此清贫的生活，年轻貌美的嫦娥愤然道："又是乌鸦的炸酱面，又是乌鸦的炸酱面！你去问问去，谁家是一年到头只吃乌鸦肉的炸酱面的？"如果仅以此论定嫦娥的好吃懒做，贪图享受，直至独吞不死之药，撇下羿升天而去，未免过于简单。羿与嫦娥的矛盾其实是羿与帝俊矛盾的延续。最早提及嫦娥的《归藏》言："昔嫦娥以西王母不死之药服之，遂奔月为月精。"这儿既没说嫦娥是羿的妻子，也没说明嫦娥是否天神，就不该有寻"西王母不死之药"的事情，再以《楚辞·天问》"帝降夷羿，革孽夏民。胡射夫河伯，而妻彼雒嫔？"观之，风流倜傥的羿连有夫之妻都敢染指，碰上如花似月的嫦娥，陡生爱慕之心恐为常情。嫦娥若非天神，是否想借羿的神力而升上天界呢？若如此，当羿得罪了帝俊，被逐出天界后，无法升入神界的嫦娥与羿发生龃龉也就无法避免了。这也就才有了晚于《归藏》的《淮南子·览冥篇》的如下记载："羿请不死之药于西王母，嫦娥窃以奔月。"所以《奔月》中的嫦娥弃羿，几乎就是帝俊

---

① 王逸注：后帝，天帝也。

弃羿的翻版,其内在含义绝非一般夫妻间的情感问题。再看羿与逢蒙的矛盾,仅从表面上看,逢蒙完全是个忘恩负义的小人,但与嫦娥一样,逢蒙之所以敢与恩师为敌,其根本原因在于羿失去了天神的地位,致使羿的弟子们作鸟兽散。小说在描述羿与逢蒙相遇前,写了一段羿与一老太太的纠葛,这段描写实为有力的铺垫。在老太太心目中,为民除害的羿早已为虚构历史的尘埃所吞噬:"夷羿?……谁呢?我不知道。"羿不甘心地说:"有些人是一听就知道的。尧爷的时候,我曾经射死过几匹野猪,几条蛇……""哈哈,骗子!那是逢蒙老爷和别人合伙射死的。也许有你在内吧;那你倒说是你自己了,好不识羞!"是老太太误解了羿?是逢蒙品质恶劣,贪天功为己有?其实非也。老太太与逢蒙的举措仍是典籍文化阉割羿的英雄业绩的具体反响。《论衡》一书多次提及射日之事,或曰:"《儒者传书》言:尧之时,十日并出,万物焦枯。尧上射十日,九日去,一日常出。"(《感虚篇》)或曰:"《淮南书》又言:烛十日。尧时十日并出,万物焦枯。尧上射十日,以故不并一日见也。"(《说日篇》)显然,以尧取代羿,这是比虚构羿之后羿更为彻底的虚构,羿能不悲愤孤寂吗?

  值得注意的是,羿被逐出天界后,究竟作何打算呢?是与帝俊抗争到底,还是妥协呢?希腊神话中的普罗米修斯曾大声回答惩罚他的宙斯:"你要知道,我宁肯忍受痛苦,也不愿受人奴役;我宁肯被缚住在崖石上,也不愿做宙斯的忠顺奴仆!"或许是中国上古典籍窒息了中国神话中本应具有的反抗精神,或许中国神祇在与主神抗争时会做出另外的选择,这恐怕都是艰深的神话学、文化学命题。从典籍中透视出的蛛丝马迹来看,羿似乎选择了一条与普罗米修斯不尽相同的道路,即不做不共戴天的殊死搏斗,而是另辟一个仙境,以俗语解之,叫作"此处不留爷,自有留爷处"。羿被逐出帝俊的神界,复向西王母处觅得不死之药,此不死之药可让人升天,只是升天之处亦非帝俊的神界,而是寂寞的月宫,中国神话之外又有仙话,其间是否包含上述文化内涵呢?若如此,鲁迅先生在《奔月》中对羿的塑造,就不仅描述了其被典籍文化所窒息后的悲愤孤寂,而且更深刻地勾画出羿的文化人格,一种自知被扭曲而又无力复原的文化人格。我们读《奔月》,为何一面觉得羿是英雄,一面又觉得他活得窝囊,原因恐在于此。在小说中,被帝俊逐出天界的羿仍是射技高明,"有发必中",可他在嫦娥面前却一派卑下的神情:踌躇、支支吾吾、低声下气、惶恐不安、叹息、惭愧……甚至面对老太太的斥责、逢蒙的剪径，他也一味忍气吞声、息事宁人，至多是觉得"碰到些无聊事，白费功夫"。应该说，这种压抑的精神状态来自他对自身处境的无奈认可。他对嫦娥的百般迁就，更折射出这种无可奈何的心绪，昔日的辉煌已成为遥远的梦幻，未来的不可知徒增添新的烦恼，"想起来，真不知道将来怎么过日子。我呢，倒不要紧，只要将那道士送给我的金丹吃下去，就会飞升。但是我第一先得替你打算……所以我决计明天再走得远一点……"这里，羿对嫦娥的依恋已很少浪漫的爱情，更多的是对精神家园何处有的哀叹。既然他已失去神界的根基，且悲哀地认同了这种丧失，那么，他的人格便只好萎缩到最后的家庭空间。所以，当嫦娥弃他而去，羿才终于将满腔的悲愤孤寂化为充满报复的愤怒："他一手拈弓，一手捏着三支箭，都搭上去，拉了一个满弓，正对着月亮。身子是岩石一般挺立着，眼光直射，闪闪如岩下电，须发开张飘动，像黑色火，这一瞬息，使人仿佛想见他当年射日的雄姿。"这段文字在《奔月》中可说是绝无仅有，其间的力度与豪情和全篇的哀怨萎靡形成鲜明的对比。但是，羿的愤怒仅仅是针对嫦娥的行为，而非针对造成羿自身现状的帝俊，加之嫦娥的选择正是羿自己的选择，故羿不可能将这种愤怒——对环境命运的愤怒——保持到底，射月不下，只得"懒懒的将射日弓靠在堂门上，走进屋里去"。最终也无非是"明天再去找那道士要一服仙药，吃了追上去罢"。

上述分析似乎导出一个令多少人奇怪的结论：鲁迅一方面以艺术虚构的方式塑造出羿的形象，并不无同情地宣泄出羿深受典籍文化历史虚构之害的悲愤孤寂的情感；但另一方面，鲁迅似乎又认定羿终究逃不出典籍文化张开的罗网，悲愤孤寂也好，服仙药升天也罢，毕竟不是与对手的死战，而是逃离战场的遁辞。与《补天》相比，《奔月》中的"油滑"之处，即不断在作品中穿插对传统文化的讽刺与挖苦，突然转化为人物的自嘲与自讽。羿无法给嫦娥提供美味佳肴，自生感叹："我的箭法真是太巧妙了，竟射得遍地精光。"看到嫦娥依然动人的睡态，心里又是一阵苦涩的自我惭愧："唉唉，这样的人，我就整年地指给她吃乌鸦的炸酱面……"嫦娥窃不死药奔月后，羿依然自我解嘲："不过乌老鸦的炸酱面确也不好吃，难怪她忍不住……"如果说女娲是以独立的人格力量、超人的意志完成了造人补天的丰功伟绩，直至献出生命，那么，《奔月》

中的羿已沦为一个不幸的苟活者，而自嘲与自讽，恰是人格精神萎缩的表现。这种变化在更深层次上反映出鲁迅理解、阐释中国文化的复杂动机，即揭穿文化传统的假象仅仅是第一步，而改造由传统文化孵化出来的人格则是更为艰巨的任务。所以，仅对苟活者"哀其不幸，怒其不争"，感叹"梦醒了无路可走"，仍是简单的情感宣泄，只有切实找出中国传统文化侵蚀独立人格精神的源与流，方能为中国文化的更新打下坚实的基础。我以为这就是鲁迅先生以文学"演义"中国历史的宏大构思。依此，我们才可在《故事新编》中《奔月》后的各篇中（《铸剑》应为一反例），看到一条贯穿始终的线索。

原载《鲁迅研究月刊》1993年第12期

《铸剑》之阐释

鲁迅先生说："《故事新编》真是塞责的东西，除《铸剑》外，都不免油滑"[1]，"《故事新编》中的《铸剑》确是写得较为认真"[2]。先生对《铸剑》的评价似乎很明白，但又很难让研究者从上述评价中领会到《铸剑》的独特之所在。据笔者体察，第一句话的关键在于"油滑"一词，先生以此词为尺度，标示出《铸剑》与《故事新编》中其余各篇的不同。如果所谓"油滑"即"不断在作品中穿插对传统文化的讽刺与挖苦"[3]，那么，《铸剑》中的确少有借题发挥式的讽刺与挖苦。在《铸剑》中，先生尽心竭力叙述着一个离奇的故事，塑造着人物形象，至少暂时下意识地切断了叙述中的批判性联想，于此才有第二句话中"写得较为认真"之说。故所谓"认真"当理解为作者写作时与笔下对象的一种契合心境，因为叙述客体若能完整体现作家的意图，任何作品情节的语言机锋（旁敲侧击的挖苦、由此及彼的讽刺）都会显得多余。由此，《铸剑》的独特之处皆在于鲁迅先生描写了一个独特的艺术形象——黑衣人。与《故事新编》其余各篇中的主人公相比，黑衣人虽为《列异传》《搜神记》等古籍所提及，却又丝毫未受传统典籍的浸染，此等状况显然为先生的再创造留下了自由的想象空间，省去了写作《补天》《奔月》时重塑女娲、羿形象的思虑之苦。正是因为无须在浩如烟海的典籍中澄清传统文化的迷雾，所以，讽刺才暂时得以消歇。就此而论，《铸剑》之后各篇中"油滑"手

---

[1] 鲁迅：《致黎烈文》，《鲁迅书信集》下卷，人民文学出版社1976年版，第941页。

[2] 鲁迅：《致增田涉》，《鲁迅书信集》下卷，人民文学出版社1976年版，第1246页。

[3] 见拙文《〈补天〉新解》，《鲁迅研究月刊》1992年第12期。

法的续用才可索解，因为一旦大禹、伯夷、叔齐、老子、墨子、庄子成为叙述对象后，那侵蚀民族魂灵的传统文化中的某些毒素，势必重新激起先生的愤慨，喻古讽今、嬉笑怒骂的"油滑"手法虽不为小说作法的正宗，却也非此不可。进而言之，《铸剑》当是集中体现鲁迅先生创作《故事新编》的主旨——重塑民族魂灵、完善民族文化人格——的一部重要作品，值得细心研究、深入阐释。

一

从取材角度看，《铸剑》依旧是"拾取古代的传说之类"，加以改铸，铺排成文。但与《故事新编》中各篇相比较，鲁迅在《铸剑》中，对古代文字材料的改铸有一个显著的特点，即故事的主角发生错位，"黑衣人"取代"眉间尺"而成为主人公。在《列异传》和《搜神记》中，眉间尺为故事主人公，故事的缘起、发展、结局均围绕眉间尺铺展、点染；相形之下，黑衣人不过是无名无姓之"客"，仅仅作为眉间尺借以向楚王复仇的一种媒介，是眉间尺坚不可摧的复仇意志的化身，本身并无独立的审美意义。可在先生的小说中，这种状况发生了耐人寻味的变化。在小说一开始，读者看到眉间尺复仇故事缘起的同时，更可感知到眉间尺的性格特征——"优柔"。他对淹在水缸中的老鼠的矛盾态度及做法，实为有力的细节描写。眉间尺对老鼠落入水缸先觉得"畅快""活该"，继而怜悯，忽又觉得老鼠可憎，把它踩死，打死老鼠后又顿生哀怜之心，"仿佛自己做了大恶似的，非常难受"。眉间尺如此稚嫩的心态、柔弱的性格，何以担负得复仇的大任？当母亲把复仇大事托付于他时，"他觉得自己已经改变了优柔的性情"，可这种感觉又何尝不是因复仇热情一时激起的心理假象呢？果不其然，柔嫩的眉间尺在复仇行动中依然"善良"得可笑，"他怕那看不见的雄剑伤了人"，不敢占据刺杀楚王的有利位置，以至"只得婉转地退避；面前只看见人们的脊背和伸长的脖子"。待毫无成算的眉间尺欲莽撞行事时，黑衣人出现了。黑衣人巧妙制止了眉间尺毫无希望的行为冲动，随即把眉间尺从不知所措的困境中救出来。如此，一个真正刚毅而老练的复仇者形象便突兀且真实地出现在读者的眼前。在黑衣人面前，眉间尺致命的"优柔"暴露无遗。他已经无法完成复仇的大事，因而不得不把故事的主角让给黑衣人。这种与古代文字材料迥然相异的错位现象颇值玩味。

　　从叙述内容看，属于中国古代小说范畴的"传奇"是以"事"为中心，侧重事件发生的过程，事件越离奇，反而越突出事件所包孕的不以人的意志为转移的必然性。如《列异传》《搜神记》对眉间尺故事的记载，其间重要的是复仇的必然性、合理性；而且这种必然性、合理性常与人的性格、能力没有内在联系，仅是一种不言自明的民间公认的道德准则。合理的就是必然的。不管复仇者，如眉间尺，是否具有复仇的可能性，均不在考虑之内。如此，合理性便滋生出必然性，观念的必然性催化出故事的离奇性。故在传奇中，人物仅仅是故事的符号，是某种社会伦理原则的载体，其人格亦是一种褊狭的伦理化人格，本身没有真正的独立性，更不是黑格尔所说的："一个完满的有生气的人。"相比之下，具有现代人格意识的鲁迅，洞察到定位在传统文化心理中的眉间尺并不能充当《铸剑》的主人公，其身上浸透了传统的文化意味，传说中故事的离奇性恰恰掩盖了人物命运的苍白。在《铸剑》中，传奇中复仇故事本身已大大淡化，黑衣人冷峻的性情、刚毅的性格、老练的行为上升为叙述的主要内容，并由此而获得一种现代小说人物形象的审美内涵。

　　叙述内容的变化必然导致叙述方式的变化。以事件为中心的传奇必然进行荒诞的志异。就眉间尺的状态而言，他几乎没有达到复仇目的的可能性，但在社会心理认可的文化意识内，他的复仇是合理的，因而其目的的实现又是必然的。显然，在这样一种文化心理的制约下，强调传奇的细节真实性并无必要，只要能使传奇中的主人公实现社会心理认可的必然性，细节、情节愈荒唐，结局反而愈具有不需说明的必然性。从表面上看，《铸剑》并没有舍弃古代传奇中的志异成分，反而增加了更多的细节，如《列异传》对眉间尺复仇结果的记载仅寥寥数语，眉间尺在山中"遇客，欲为之极；乃刎首，将以奉楚王。客令镬煮之，头三日三夜跳不烂。王往观之，客之雄剑倚拟王，王头堕镬中；客又自刎。三头悉烂"。如此简练的记录式文体，实为抽象主题的产物。既然楚王必死，眉间尺必达复仇目的，一切合理虚构、自圆其说的细节叙述岂不多余？与此相比，鲁迅先生在《铸剑》的第三章绘声绘色进行了细节描写。先写楚王游山扫兴而归，无聊透顶，群臣惶恐至极，怎么献媚也不能让大王高兴，于是，黑衣人才获得进宫的机会。特别是三颗人头在金鼎中互相追逐、咬啮、搏斗的场面，更是描写得有声有色、扣人心弦，此般精彩的细节描写不仅把传奇中无法理喻的荒诞离奇改造成为合乎情理、真切动人的小说叙述，而且正是得益此般细节描写，黑衣人，作为《铸剑》的真正主人公，才真实地凸显出来。完全可以说，鲁迅先生迥然不同于古代传奇叙述方式酣畅淋漓地表现出向恶势力复仇的审美内涵。表现复仇故事的文学作品，不能单单成为某种道德规范的传声筒，它更应该高扬绝不向恶势力低头的独立的人格意志。就此而言，古代传奇中人物得到符号化的同时也彰显出叙述者的不独立。古代传奇的叙述者完全按照既定的社会心理模式去编撰故事，其主体性质完全为故事的怪异所吞噬；相反，鲁迅对人格独立性的追求，从根本上决定了他必然对细节的真实性和合理性的追求。这种叙述方式不仅使《铸剑》获得现代小说的风范，而且本身就是叙述主体超越古代文本的一种独立性的证明。

二

悲凉，是鲁迅全部创作的总基调。在《铸剑》中，鲁迅先生虽塑造出一个慷慨悲壮的黑衣人形象，也不似《故事新编》中其他的形象，或悲愤、寂寞、困顿，如《补天》中的女娲、《奔月》中的羿；或独来独往，不为人所理解，如《非攻》中的墨子、《理水》中的大禹；或苟且偷生、萎靡不振，如《采薇》中的伯夷叔齐、《出关》中的老子、《起死》中的庄子。但是，《铸剑》中那股刻骨铭心的悲凉之气，依然透入骨彻。黑衣人就是在一团冷气中出场的："前面的人圈子动摇了，挤进一个黑色的人来，黑须黑眼睛，瘦得如铁。他并不言语，只向眉间尺冷冷地一笑，一面举手轻轻地一拨干瘪少年的下巴，并且看定了他的脸。"这里，"黑""铁""不言语""冷冷"等词都传递出阴冷的气息。如此阴冷的气息从何而来？仅从小说而论，这是无法理喻的，正如眉间尺无法理解黑衣人为何要替他复仇一样。"你的就是我的；他也就是我。我的魂灵是有这么多的，人我所加的伤，我已经憎恶了我自己！"研究者们常以前半句话来解释黑衣人替眉间尺复仇的动机，把其释为"一个自觉的，勇于为广大被压迫人民复仇的战士"，是"被压迫者的化身"。但细品后半句话，又总觉得这种解释似是而非。倘若鲁迅先生真是如此设计黑衣人的行为动机，或者说，鲁迅先生一心要把黑衣人塑造为一个崇高的美学形象，就没有多少道理让黑衣人始终裹挟着一团冷气，更不会放过明确阐述黑衣人复仇动机的机会。"我只不过要给你报仇!"来自"汶汶乡"(昏暗不明之处)的黑衣人拒绝接受"义士"的称呼,也憎恶"仗义""同情"的字眼,为什么?黑衣人冷漠无比的回答,实际上潜藏着鲁迅先生勾勒黑衣人魂灵的美学依据,他在彻底斩断黑衣人与传统文化的伦理联系,让其成为一个独立的精神个体。所以,在《铸剑》中,黑衣人一方面是复仇事件的参与者,但另一方面却又是超出事件之外的旁观者。

所谓参与,是指黑衣人自动承担眉间尺的复仇重任,并一手策划、实施了复仇活动;所谓旁观,是指黑衣人在精神内涵上远远有别于眉间尺,即从复仇动机上看,黑衣人断无报父仇的伦理愤激。"我一向认识你的父亲,也如一向认识你一样。但我要报仇,却并不为此。"他来自黑暗的地方,那吞噬一切的黑暗使他滋生出一种强烈的报复欲望,这种欲望非言语所能解,而是一种对恶劣生存环境的透彻审视,一种对人间丑恶争斗的深深憎恶。当眉间尺把自己的头和剑交给黑衣人后,我们可以看到一段意味深长的描写:

>　　"呵呵!"他一手接剑,一手捏着头发,提起眉间尺的头来,对着那热的死掉的嘴唇,接吻两次,并且冷冷地尖厉地笑。
>　　笑声即刻散布在杉树林中,深处随着有一群磷火似的眼光闪动,倏忽临近,听到咻咻的饿狼的喘息。第一口撕尽了眉间尺的青衣,第二口便身体全都不见了,血痕也顷刻舔尽,只微微听得咀嚼骨头的声音。
>　　最先头的一匹大狼就向黑色人扑过来。他用青剑一挥,狼头便坠在地面的青苔上。别的狼们第一口撕尽了它的皮,第二口便身体全都不见了,血痕也顷刻舔尽,只微微听得咀嚼骨头的声音。

狼食人,狼且食狼,如此阴冷惨烈的场景,便是催生黑衣人心中悲凉的温床。在黑衣人"严冷"的眼光中,眉间尺与大王间的恩怨无非是狼与狼之间的自残,并无什么道义可言。他早已看穿了那遮掩黑暗的所谓"义士""同情""仗义"的虚伪,他并非为眉间尺去报杀父之仇,而是要高擎那柄寒光闪闪的利剑,刺向产生一切罪恶的黑暗,并与黑暗一同毁灭。由此,黑衣人才有一种冷漠而清醒的旁观者的态度:

哈哈爱兮爱乎爱乎！
爱青剑兮一个仇人自屠。
夥颐连翩兮多少一夫。
一夫爱青剑兮呜呼不孤。
头换头兮两个仇人自屠。
一夫则无兮爱乎呜呼！
爱乎呜呼兮呜呼阿呼，
阿呼呜呼兮呜呼呜呼！

也正因为黑衣人复杂的精神品性，我们才可理解，《铸剑》很难给人一种崇高感受的原因在于黑衣人的行为失却了褊狭伦理的根基。传统悲剧的要素在这里失去了存在的合理性，其特有的伦理激情化解为小说中解构传奇文本的阴冷。在这种独特的审美氛围中，一场曾被传统文化心理认可的悲剧自然也就转化成为一场令人啼笑皆非的闹剧：鉴定头骨。从叙述角度看，《铸剑》第四章之所以能够铺排成文，其根由全在于必须延续黑衣人否定一切的悲凉心绪。"三个头骨都和王的身体放在金棺里落葬"的结局，可以说是以闹剧的方式彻底解构了传奇中的"正义"与"非正义"相互支撑的文化含义。前述狼食狼的场景又一次在人间重现，剥去伪装的结局猛地凸显出荒唐与滑稽，黑衣人身上那本无法索解的悲凉终于化为一种具体化的憎恶之情。如不体察这一点，恐很难言清黑衣人的悲凉心绪所包孕的意义。

纵观鲁迅先生前期的小说创作，以现实生活为题材的《呐喊》《彷徨》，究其全部意旨，无非是在猛喝一声：中国人不应当这样活！接之而来的问题自然是：中国人为什么会这样？"刨祖坟"的动机油然而生实属理所当然。但鲁迅的伟大也正在这里。他在对传统文化发起猛烈攻击的同时，又试图在中国文化的历史长河中寻求重塑民族魂灵的根基。《故事新编》的"宏大构思"当源于这样一种动机。从《补天》开始，鲁迅就热切企盼着一种冲决传统文化之网的独立的人格精神，他硬把女娲从"替天行道"的传统解释中分离出来，赋予其一种执意追求至善至美境界的浮士德式的精神品性。可是按现代解释视野重新定位的女娲形象，颇有孤魂野鬼的味道，因为一旦女娲以新的面貌复归到已无从改变的原有文化情境中，新的精神品性固然熠熠生辉，但原有的文化情境何能见容之？中国上古典籍文化中并没有产生现代解释视野中女娲形象的基质。所以，正是在重塑女娲形象的过程中，鲁迅感到一种厚重的文化悲凉。对古典文化的理性批判愈尖锐，体味历史主体不得不如此的悲凉情调亦愈深刻。重塑女娲形象的起点终于走向女娲不得不被误解的终点，愤激之下，除了"油滑"的冷嘲热讽，又有何法可求？对于鲁迅先生来说，这恐是一个始料未及的问题。《补天》写于1922年，时至四年后才写《铸剑》与《奔月》，其中的心灵震荡可想而知。

20年代中期的时代巨变再次激起鲁迅先生塑造"真的猛士"的豪情，《铸剑》恰是适时心境的产物。既然重塑女娲形象无法在原有文化情境中找到立足点，那么，在《铸剑》创作过程中，由黑衣人取代眉间尺而成为主人公，便有效地切断了原有文化情境对历史主体的侵袭通道，超越历史文本的黑衣人来了一次酣畅淋漓的文化复仇，让原有的文化情境以及由此滋生的软弱的历史主体同归于尽，甚至包括黑衣人自己。这种激越的情绪在同时期的散文诗集《野草》中已屡见不鲜。可是，寄全新的希望于彻底的毁灭之中，毕竟是一种虚幻的理想。《补天》中女娲被误解的悲凉在《铸剑》中转化为黑衣人不为人理解的悲凉，似乎说明一个道理：谁也无法摆脱历史文化的制约。从《补天》到《铸剑》，虽有两种不同的解构历史文本的方法，但实际上都是以一种现代人格精神向传统文化发起攻击，其结果仿佛瞿秋白的《在荒漠里》（1924）早已预见到："好个荒凉的沙漠，无边无际的！鲁迅先生虽然独自呐喊着，只有空洞里的回音。"古老的历史文化向攻击者还之以巨大的反弹力，让攻击者深深体味到超越自己文化母本的孤独与悲凉。

三

从第二部分对《铸剑》的情感基调的分析来看，鲁迅先生试图从古代材料中发掘出"民族魂灵"的宏大构思已两次受挫。如此，鲁迅一直钟情的以文学锻造"精神界之战士"的"立人"理想再次破灭。黑暗的现实中找不到"善美刚健者"，而古代的文化情境更不能容纳"重独立而爱自由"的理想人格。寻求病根的动机，重塑民族魂灵的愿望，都使鲁迅产生改写民族文化精神的冲动。可越深入到历史文化精神的深处，才越清晰地看到：所谓民族文化的性格，或说国民性，并不能简单地以优劣加以评判，每一种文化性格都有它形成、发展的复杂机制。由此而论，我以为鲁迅在创作了《补天》和《铸剑》后，至少在他的历史文化视野中渗入了一种新的心理因素，即在激烈的批判态度中悄然出现一种温和的理解心态。如果说《呐喊》《彷徨》是先生在叩问：中国人为什么会这样？《补天》与《铸剑》是在试图回答：中国人可以不这样！那么改铸精神历史的受挫实际上为《故事新编》中《铸剑》后的各篇定下了一个新的基调：中国人不得不这样。这未必是一种妥协。彻底的批判固然痛快，但终无法彻底理喻对象的过去、现在与将来。只有把现在时态的批判视野与过去时态的理解心态融合起来，被审视的对象才是一个真实的对象。写完《铸剑》后两个月，鲁迅旋写出《奔月》，对比两篇作品，便可清楚地看出鲁迅参照历史文化的心态的质变。

与黑衣人相比，羿突变为一个不幸的苟活者，断无黑衣人一往无前的勇气。更有趣的是，黑衣人是由一个无名无姓之客演变为惊世骇俗的英雄，而羿则是由一个大名鼎鼎的英雄堕落为不为人知的凡夫俗子。前者的演变根基在于鲁迅荡涤历史文化中污浊的审美理想，但这种超越历史文化母本的审美理想并无还原为民族魂灵的希望；羿的演变，倒更真实地显现出中华民族文化性格的本来面目。尽管在《奔月》中，鲁迅还不像后来的《理水》《非攻》，以充分肯定的方式描写出与环境既对抗又妥协的主人公，但《奔月》中不无同情和理解。这确实预示了鲁迅先生审视历史文化的一种新观点。有此变化，鲁迅先生依然悲凉的文化心态中才生发出并不悲观的冷静与睿智。鲁迅一直视小说为疗救社会的药方，也就是说，在鲁迅的小说创作中，不管是现代题材，还是古代题材，都有着批判的表征。可是，《补天》《铸剑》《奔月》的创作无情地解构了鲁迅小说创作的叙事谋略。批判现实的理性之矛竟无法刺穿历史岁月的铠甲，历史如同一座静默的大山，它对后人只留下一个"理解"的入口。鲁迅先生自己是否这样认为，我们已无从知道，但《故事新编》中的确显示出某种迹象：以重塑历史开始，又以复归历史而结束。

从《铸剑》在《故事新编》中的地位和《故事新编》与《呐喊》《彷徨》不同的叙事谋略来看，我们是否可以说，鲁迅先生1927年前后思想发生变化，除了现实社会的原因外，实际上还存在着一个重新与历史文化对话的原因。如果说这场对话的结果使鲁迅先生发现了历史文化的二重性，发现了中华民族文化传统中被扭曲的人格中依然有着令人击节赞赏的东西，让人悲凉的文化传统中也有着死死支撑"民族的脊梁骨"，那么不再以一种简单的"国民性"来概括中国文化的古往今来，不再信奉简单的进化论理论，恐属一种必然。由此，鲁迅特有的社会批判锋芒也就顺理成章地促成了针砭时事的杂文形式的一枝独秀，一代小说大家终于失去了小说创作的激情。这或许正是晚清以来以小说救国立人之思潮的必然结局。

原载《鲁迅研究月刊》1995 年第 5 期

《故事新编》研究札记

鲁迅《故事新编》结集的时间是 1935 年 12 月,《序言》写于 12 月 26 日。作为巴金主编的《文学丛刊》之一《故事新编》在 1936 年 1 月由上海文化出版社出版。结集出版的《故事新编》共收入 8 篇作品,其排列顺序是按作品中所描写的人物的历史顺序排列的,从上古神话时代到春秋战国时代。结集出版前,《补天》《奔月》《铸剑》和《出关》均在报上发表过。《补天》最初发表于 1922 年 12 月 1 日北京《晨报四周年纪念增刊》,题名《不周山》,曾收入《呐喊》;1930 年 1 月《呐喊》第 13 次印刷时,鲁迅将此篇抽去;收入《故事新编》时,改为现名。《奔月》最初发表于 1927 年 1 月 25 日北京《莽原》半月刊第二卷第 2 期。《铸剑》最初发表于 1927 年 4 月 25 日和 5 月 10 日《莽原》半月刊第二卷第 8 期、第 9 期,原题为《眉间尺》;1932 年编入《自选集》时改为现名。《出关》最初发表于 1936 年 1 月 20 日上海《海燕》月刊第 1 期。其余 4 篇,《非攻》《理水》《采薇》《起死》结集前均未发表过。鲁迅先生可谓写作上的快手,但"这一本很小的集子,从开手写到编成,经过的日子可以算是很久很久了,足足有十三年"[①]。

鲁迅欲以古代题材写出系列小说的构思由来已久,早在 20 年代初就有了大概的构思。《故事新编序言》中说:"那时的意见,是想从古代和现代都采取题材,来做短篇小说,《不周山》便是取了'女娲炼石补天'的神话,动手试作的第一篇。"[②] 但写完第一篇后,鲁迅先生似乎很不满意,以至"笔者决计不再写这样的小说,当编印《呐喊》时,便将它附

[①] 鲁迅:《〈故事新编〉序言》,《鲁迅全集》第 2 卷,人民文学出版社 1956 年版,第 449—451 页。

[②] 同上。着重号为笔者所加。

在卷末，算是一个开始，也就是一个收场"①。

　　1926年秋天，身在厦门的鲁迅再次激起以古代题材写作小说的欲望，且从1926年10月至12月先生连续写出《铸剑》和《奔月》来看，他显然又有了实施此计划的意图，《序言》中所说此时"预备足成八则《故事新编》"的话，这个数目与成书的篇目正好相同，也印证了鲁迅的意图。此后，鲁迅就一直没有放弃这个计划，虽然因从厦门奔向广州，"这事又完全搁起了"，但鲁迅似乎仍在积极地为完成这个计划而做准备，即"偶尔得到一点题材"就"作一段速写"，虽"一向不加整理"。1930年1月《呐喊》第13次印刷时，鲁迅将《不周山》抽出，其原因鲁迅在《序言》中称是为了回击成仿吾，但由这个举动或许也可推测，鲁迅此时业已考虑到，《故事新编》将来终会结集出版，故没有必要继续把《不周山》放在《呐喊》中了。1932年鲁迅在编《自选集》时把收入其中的《眉间尺》改名为《铸剑》，更进一步说明30年代初期，鲁迅已在确确实实地考虑《故事新编》结集出版中的细节问题了。1936年出版的《故事新编》，8篇作品的标题一概以两个字构成，《不周山》也由之改为《补天》，这种变化当在30年代初就已考虑成熟。1934年，鲁迅写出《非攻》；1935年11月，写《理水》；12月，一气写成《采薇》《出关》《起死》，先生完成《故事新编》夙愿的心情历历可见。

　　我想有两个原因：一是先生当时的身体状况日见不好，想抓紧时间完成应当完成的事；二是对《故事新编》的整体构思最终完成，或说对自己延续13年的《故事新编》的创作终有了一个较清晰的认识，即作品的主旨"也许衡时还有存在的余地"，尽管创作形式上"速写居多"，"有时却不过信口开河""仍不免有油滑之处"，甚至"过了十三年，依然并无长进"，但可以肯定《故事新编》结集出版时，鲁迅的心情是坦然的，创作《不周山》后的欲写不能、欲罢亦不能的困惑状态亦由作品的完成——尽管是与最初的主旨多有不合——而消解。

　　与《呐喊》《彷徨》相比，《故事新编》创作的时间的确过长了。如何理解这个问题，或说这个问题中包含着什么值得人们思索研究的东西，对《故事新编》的深入研究或许是很重要的。我们知道，鲁迅以现代题

---

① 鲁迅：《〈故事新编〉序言》，《鲁迅全集》第2卷，人民文学出版社1956年版，第449—451页。

材作小说是一发而不可收，以古代题材作小说却一开始就遇到麻烦，导致创作构思前后发生过很大的变化。这一点可从《故事新编》8 篇作品的实际写作顺序看出来。如果鲁迅的创作构思没有大的变化，按照常理是应该沿着历史时序往下写的，但在《不周山》创作过程中，鲁迅"中途停了笔"，这次"停了笔"不仅使鲁迅没有按原来构思写完小说，且造成"从认真陷入油滑的开端"，即从主旨到形式都背离了原初的创作构思，而且对此"很不满"的鲁迅断然搁置了写作计划。1926 年在厦门重新实施此写作计划的鲁迅，首先写的是什么？是《奔月》还是《眉间尺》？关于《眉间尺》的写作时间，经过学术界的反复研究，现在大致可确定《眉间尺》的一、二节是在厦门写的，三、四节是在广州写的。《奔月》篇末署的日期是 1926 年 12 月，《眉间尺》1927 年发表时未署写作日期。查鲁迅 1927 年 4 月日记："三日，星期。雨，下午浴，作《眉间尺》讫。"但在《故事新编》结集出版时，鲁迅篇末署的日期是"一九二六年十月作"。许多学者认为鲁迅在日记中所载的时间记录是正确的，"而作品的篇末所署的年月则是不可信的，是作者把它收入《故事新编》时，随手凭记忆添上去的。"① 这个判断值得研究。或者说，《奔月》与《眉间尺》写作时间的先后是我们廓清鲁迅写作《故事新编》中构思发生变化的一个关键。

我以为鲁迅在厦门重新开始创作《故事新编》时，构思的第一篇便是《眉间尺》，从考订材料上可提出如下证据：第一，查鲁迅手稿，可见《眉间尺》下有一个副标题："新编的故事之一"。这个副标题是鲁迅在写作《不周山》四年后重新开始写作《故事新编》的有力证据。对照鲁迅 1932 年《自选集》序言和 1935 年《故事新编》序言中的说法，完全可以肯定《眉间尺》是鲁迅在厦门开始续写《故事新编》的第一篇。而且从标题本身来看，《不周山》是三个字，《眉间尺》也是三个字，其间的延续性显而易见。从《奔月》始，后面的几篇才换为两个字的标题。

第二，据俞荻《回忆鲁迅先生在厦门大学》，1926 年"十一月间，草绿色封面的精致可爱的《波艇》月刊创刊号，终于在鲁迅先生的支持下出版了。鲁迅先生的《眉间尺》（即《铸剑》）就是在《波艇》月刊创刊

---

① 孟广来、韩日新：《〈故事新编〉研究资料》，山东文艺出版社 1984 年版，第 29 页。

号上发表的"①。《眉间尺》并未发表在《波艇》上,这点俞获有误,但《波艇》杂志事先刊出的广告目录中,确有鲁迅的《眉间尺》。鲁迅在厦门时非常支持厦门大学文学青年的活动,他很可能答应支持《波艇》月刊,并许诺把《眉间尺》给《波艇》发表,只是因为没有写完,方造成有目录而无作品的事实。从此事可推论,鲁迅写作《眉间尺》的时间应该早于《奔月》,只是鲁迅没有写完《眉间尺》,又在1926年12月写出《奔月》。

第三,上述两点可说明,鲁迅在《故事新编》序言中特地补上写作日期,一是和其他几篇相一致,因为《铸剑》外的7篇篇末均有写作日期;二是鲁迅之所以没用自己日记中记载的《眉间尺》写讫时间,我以为有着真实保留全部创作构思过程的意图。鲁迅是极细心的人,而且又对《铸剑》比较满意,如致黎烈文信:"《故事新编》真是'塞责'的东西,除《铸剑》外,都不免油滑";致增田涉信:"《故事新编》中的《铸剑》,确是写得较为认真"。所以"一九二六年十月"作《眉间尺》,或说在《奔月》前开始构思写作《眉间尺》是完全准确的记忆。仅从史料角度考订《眉间尺》与《奔月》写作时间的先后,其本身并无多大意义。关键在于鲁迅在厦门重新开始创作《故事新编》时为何会打破叙述对象的历史时间顺序呢?按鲁迅自己的评价,"认真"从古代采取题材的第一部小说《不周山》并未成功,甚至"很草率","决不能称为佳作"。先生之所以极为不满成仿吾对《不周山》的评论,是因为成仿吾完全曲解了《不周山》的旨意,并且想当然地把《不周山》与《呐喊》中其他作品对立起来:"《不周山》又是全集中极可注意的一篇作品。作者由这一篇可谓表示了他平生拘受着写实的门户,他要进入纯文艺的宫廷。这种有意识的转变,是我为作者最欣赏的一件事,这篇虽然也还有不能令人满足的地方,总是全集中第一篇杰作。"②成仿吾的确没有理解鲁迅的小说观,他对《不周山》的误解不仅让鲁迅感到不满,而且促使鲁迅以停顿的方式重新反省古代题材的小说创作。综观鲁迅先生以现实生活为题材的小说创作,究其全部意旨,无非是在猛喝一声:中国人不应当这样活!接之而来的问题自然是:中国人为什么会这样?"刨祖坟"的动机油然而生实属

---

① 上海教育出版社编:《回忆鲁迅资料辑录》,上海教育出版社1980年版,第129页。
② 《创造季刊》第2卷第2期,1924年。

理所当然。但鲁迅的伟大正在这里，他在现实题材的小说创作中对侵蚀国人魂灵的传统文化发起了猛烈的进攻，同时，又试图在中国文化的历史长河中寻求重塑民族魂灵的根基。《故事新编》的"宏大构思"当源于这样一种动机。所以，在《不周山》中，鲁迅热烈而浪漫地企盼着一种冲决传统文化之网的独立的人格精神，他硬把女娲从"替天行道"的传统解释中分离出来，赋予其一种执意追求至善至美境界的浮士德式的精神品性。可是，按现代解释视野重新定位的女娲形象，颇有孤魂野鬼的味道，因为一旦女娲以新的面貌复归到已无从改变的原有文化情景中，新的精神品性固然熠熠生辉，但原有的文化情景何能见容之？中国上古典籍文化中并没有产生现代解释视野中女娲形象的基质，所以，正是在重塑女娲形象的过程中，鲁迅先生到一种厚重的文化悲凉。对古典文化的理性批判愈尖锐，体味历史主体不得不如此的悲凉情调亦愈深刻。重塑女娲形象的起点终于走向女娲不得不被误解的终点，激愤之下，除了"油滑的冷嘲热讽"，又有何法可求？对于鲁迅先生来说，这恐是一个始料未及的问题。①

　　鲁迅对《不周山》的结局是不甘心的。时隔四年之后，先生再次借《眉间尺》的创作进行了新的尝试。就重塑民族魂灵的意图而言，《眉间尺》中的黑衣人与《不周山》中的女娲具有类似的人格特征，独立、超凡、雄健。但这个形象能否逃脱女娲被上古典籍文化误解的结局呢？《不周山》草草收场的现象在鲁迅写完《眉间尺》一、二节后肯定又一次出现。替眉间尺复仇后的黑衣人将魂归何处呢？历史文化情境会认可鲁迅精心塑造这个形象吗？沉重的困惑迫使鲁迅中断了《眉间尺》的写作。鲁迅写于1926年10月的《记谈话》，中间有一段论及绥惠略夫的话，明确印证了鲁迅停笔的困惑，"他先是为社会做事，社会倒迫害他，甚至于要杀害他，他于是一变而为向社会复仇了，一切是仇仇，一切都破坏"。显然，这段话既为黑衣人不为人理解的结局以及其阴冷的复仇心理做了创作心理上的诠释，又为鲁迅《眉间尺》停笔后立即写出《奔月》提供了可信的心理依据。中国传统文化背景中实在无法诞生鲁迅心目中神往已久的具有独立人格意识的伟岸英雄，从《不周山》到《眉间尺》，先生试图从古代题材中发掘出民族魂灵的宏大构思均告失败，与女娲、黑衣人相比，羿的英雄业绩全然被隔绝在鲁迅的视野之外，更无一往无前的英雄气概，

---

① 参阅拙作《〈补天〉新解》，《鲁迅研究月刊》1992年第12期。

俨然一个不幸的苟活者。应该说，这种反差与变化彻底改变了鲁迅以文学方式呼唤"真的猛士"的夙愿，为民牺牲的英雄只会像羿一样，无人理解，被人遗忘，遭人抛弃。这种情绪在1926年12月6日给许广平的信中，先生已说得很清楚："虽然'天下兴亡，匹夫有责'，但在位者不讲信用，专责'匹夫'，使几个人挑着重担，未免太任意将人来做无谓的牺牲。"许广平大约没理会到鲁迅此番话的来由，回信说鲁迅的此番话"不通"，还讲了"牺牲"的伟大，等等。12月16日，鲁迅就此又给许广平写道："我先前何尝不出于自愿，在生活的路上，将血一滴一滴地滴过去，以饲别人，虽自觉渐渐瘦弱，以为快活。而现在呢，人们笑我瘦弱了，连饮过我的血的人，也来嘲笑我的瘦弱了。……这实在使我愤怒，怨恨了，有时简直想报复。"由此，本为不足道的高长虹事件才演变为《奔月》中逢蒙剪径的情节，两者共同折射出中国传统文化中的英雄人格无奈且尴尬的结局。鲁迅创作《故事新编》头三部作品的经历使其观照历史文化的视点发生了迁移，也使其对小说的社会作用发出了质疑。首先，"改革最快的还是火与剑"，以小说改造人生，"立人"的想法已是一种无法实现的幻想。1926年12月2日在致许广平信中，先生竟然写道："我现在对于做文章的青年，实在有些失望，我看有希望的青年恐怕大抵打仗去了，至于弄弄笔墨的却还未遇着真有几分为社会的……"结合厦门时期鲁迅小说的创作来看，先生对于自己先前小说观念的否定是隐约可见的。这也正是鲁迅全然失去小说创作激情的根本原因。

其次，从《故事新编》创作本身来看，可以说鲁迅在创作《奔月》的同时也就彻底否定了此前的创作意图：单从人格精神方面催生民族魂灵。历史是无法改变的，无法改变现实的小说同样改变不了历史，"立人"的浪漫激情终究无法消解窒息英雄人格的文化悲凉，中国的民族魂灵注定走着一条令人难以索解却又百味俱生的艰难之路。所以，当鲁迅时隔六年后，重新积聚生命的最后能量来完成《故事新编》时，面对历史文化情境的愤恨心情已悄然为一种坦然静观的态度所替代。有着"硬干"精神的墨子算得上"中国的脊梁"，可他只得到"淋得一身湿，从此鼻子塞了十多天"；埋头治水的大禹功成之后也学会"阔绰"和"漂亮"了，他们难道不伟大吗？当然伟大，只是无法避免的悲凉结局或蜕化结局让人倍感沉重，也正由此，貌似聪明绝伦实为消极遁世的老庄，恪守忠义实为抱残守缺的伯夷、叔齐，才在鲁迅探究那侵蚀民族魂灵人格精神的批判视野中，突然闪现出与女娲、黑衣人、墨子、大禹等形象等量齐观的思想史意义。没有完成重塑民族魂灵宏大构思的《故事新编》，却留下了一代伟人与传统文化对话的心路历程，其意义也许更大。

原载《湖北大学学报》1996 年第 5 期

试论《故事新编》中的结局现象

鲁迅《故事新编》中八篇作品的结局之所以值得研究，是因为《故事新编》的实际结果基本偏离了作者最初的创作意图。要论证这一点，我们可以从《补天》的创作始末（作者自己说明的）开始分析。

鲁迅在1935年为《故事新编》结集出版的《序言》中说得很清楚，他说："那时的意见，是想从古代和现代都采取题材，来做短篇小说，《不周山》（后改名《补天》）便是取了'女娲炼石补天'的神话，动手试作的第一篇。"显然，鲁迅创作《补天》前已有了一个采用古代题材写出系列小说的整体构思与计划，态度自然"是很认真的"，而且欲借小说"来解释创造——人和文学——的缘起"，其间的寓意不可谓不深。但在创造过程中，"不记得怎么一来，中途停了笔"，以至"《不周山》的后半部是很草率的，决不能称为佳作"。这话恐不能简单地理解为鲁迅的"自谦"，更不能理解为鲁迅是在故意与成仿吾对着干。"中途停了笔"，为什么？今天已无法知道，但根据时隔四年后才提笔写《眉间尺》与《奔月》，大概可以推知，鲁迅在《不周山》写作中大约遇到了某种困惑，而且这种困惑应该与结局的"草率"有直接的关系。

鲁迅的小说观念无比鲜明，就是为人生：改良人生和改良社会。如果说在现代题材的小说创作中，鲁迅主要是揭露病态社会中的病态人生的话，那么，在构思古代题材的小说创作计划中，素有以文学"立人"思想的鲁迅是否有着重塑一批民族魂灵的意图呢？我以为可以这样说。鲁迅先生亦有这段话可资做证：

历史上都写着中国的灵魂，指示着将来的命运，只因为涂饰太厚，废话太多，所以很不容易察出底细来。①

这段话虽并非谈及《故事新编》的创作意图，但其间的内涵却是我们洞悉《故事新编》创作意图的重要根据。它戳穿了传统典籍文化的虚假性，因为其不仅孵化出病态的文化人格，而且以种种假象遮掩着中国古代文化中理应具有的英雄的光辉。所以，鲁迅在现代题材的小说中猛烈批判传统文化侵蚀国人魂灵的同时，又力图拨开传统文化的假象，并以崭新的文艺形式来重新发掘、塑造、复原古代世界中值得赞誉的民族魂灵。《故事新编》以"神话、传说及史实的演义"方式重叙女娲、羿、黑衣人、大禹、墨子等英雄的故事，阐发全然超出典籍文化之外的意义，也就具体印证了鲁迅创作《故事新编》的意图。

如果上述分析可以成立，我们大致能设想出，鲁迅先生以一种全新的眼光开始了与历史文化的对话。按照这种构思，鲁迅首先借用弗洛伊德的精神分析学学说——实际上是寻求一种超越传统文化的新的解释原则——重新建构女娲的故事：女娲造人补天的原初动机并非替天行道，毫无典籍文化解释中的社会伦理色彩，而仅仅是一种"性的发动和创造"②。小说一开始，就以较大篇幅描写女娲在弥漫着粉红色——一种性诱惑色彩——的天空笼罩下，在大地嫩绿、花团锦簇以及和风的吹拂中，无端感到"懊恼"，即性冲动，并在性冲动的驱使下创造了人类。如此风流而瑰丽的开端的确赋予了女娲一种崭新的风韵和气质。但是，这般完全现代化的风韵和气质，又怎样见容于历史呢？鲁迅绝非借古典神话兜售无聊艳情的庸俗作家，他欲塑造的独立刚健的民族魂灵当有存在的历史必然性与合理性，不如此，岂有震撼现代人的艺术魅力？故鲁迅说："对于历史小说，则以为博考文献，言必有据者。"现代人可以重新推测、解释历史事件中人物的行为动机，却又无法改变历史的已然结局，女娲虽属神话人物，其故事传说同样已成为已然的文化历史。如此，新的开端与旧的结局势必形成尖锐的矛盾：女娲全然不理解"自己先前所做的小东西"的所说所为，

---

① 鲁迅：《华盖集·忽然想到（四）》，《鲁迅全集》第3卷，人民文学出版社1956年版，第13页。

② 鲁迅：《南腔北调集·我怎么做起小说来》，《鲁迅全集》第5卷，人民文学出版社1956年版，第109页。

而这些小东西尽管也全然不理解女娲，却"说惟有他们是女娲的嫡派，同时也就改换了大纛旗上的科斗字，写道'女娲氏之肠'"。这是典型的文化误解。鲁迅对女娲创造人类的行为动机的解释并不能帮助女娲从文化的误解中逃脱出来。或者说，面对过去时态的历史文化的沉积，现时态的小说，不管自诩多高多强，终不能塑造出改变历史文化结局的英雄人物。这，便是鲁迅先生在创造《不周山》时所遭逢到的困惑，以至不知如何写出女娲的结局。恰在此时，中途停笔的鲁迅在报上看到了胡梦华对汪静之的诗集《蕙的风》的批评。胡文对爱情诗的指责，大概使鲁迅醒悟到，现在的"道学批评家"与阻止女娲新生的历史文化有着共同的血缘关系，女娲既然不可能逃出已定的历史时空，其造人补天的崇高品性也就无法避免令人悲哀与滑稽的结局了。这样，鲁迅创作前的宏大构思不得不以鲁迅自称为"草率"的结局而收场，而其重塑民族魂灵的"认真"激情也顺势转化为一种在作品中穿插对传统文化进行讽刺与挖苦的"油滑"手法。由此观之，"油滑"手法本非鲁迅创作《不周山》前设定的，而是在创作意图受阻后形成的一种批判意识和自我否定的意识。

在《不周山》中，我们看到，由现代观念透视出来的古人应有的人格精神与他们不得不委身的历史结局，两者之间构成一个绝妙的对比，前者崇高，后者滑稽，而且正是通过结局的滑稽、荒唐、无奈、尴尬等现象，真实而艺术地勾画出中国民族魂灵的心路历程。从这一点来看，《不周山》后的各篇当在意图上有异于《不周山》，因为《不周山》对女娲终被误解的结局是始料未及的。故作者说："我决计不再写这样的小说，当编印《呐喊》时，便将它附在卷末，算是一个开始，也就是一个收场。"时隔几年后，于心不甘的鲁迅又开始了《故事新编》的创作。从写于1926年的《眉间尺》与《奔月》的故事结局来分析，鲁迅似乎已相对坦然地接受了黑衣人、羿无法逃脱的悲哀结局，《不周山》后半部中锋芒毕露的嘲弄语言在此更多为冷静的描述所替代。疾恶如仇的黑衣人虽为眉间尺报了杀父之仇，但他崇高的行为终为荒唐的头骨鉴定和乌七八糟的送葬仪式化解得烟消云散。在冷漠观看送葬仪式的百姓眼里，他和眉间尺不过是"两个大逆不道的逆贼的魂灵"。结局的悲凉与黑衣人出场时的阴冷气息相统一、相协调，全不似《不周山》中开篇瑰丽色彩与结局幽暗色彩的强烈反差。与《不周山》《眉间尺》相比，《奔月》通篇都可算是一个结局，一种无奈的结局。羿的众所周知的英雄业绩根本没有进入小说的视野，读者所看到的全是羿的哀怨萎靡的神情：踌躇、支支吾吾、低声下气、惶恐不安、叹息、惭愧……当羿在小说结尾欲展当年雄风而取箭射月时，"'呔！'羿仰天大喝一声，看了片刻；然而月亮不理他。他前进三步，月亮便退了三步；他退了三步，月亮却又照数前进了"。这实在是一派英雄末路的真实写照。显然，此时的鲁迅，既无愤恨侵蚀民族魂灵的传统文化，但又无法为古代英雄设计出悲壮的结局——他们注定要从崇高的开端走向滑稽的结局。或者说，中国传统文化孕育出来的民族魂灵，总不可避免地带着支撑民族生存希望的硬干精神与或为文化传统所"涂饰"，或向文化传统妥协的双重性。这种双重性导致所谓民族魂灵具有复杂的品性，且滋生出种种晦涩的人格意志，乃至无法以绝对的崇高与滑稽作为审美评判的尺度。这当是我们观照鲁迅20世纪30年代中期所创作的《故事新编》中其余五篇作品的一个基本出发点，因为《非攻》《理水》《采薇》《出关》和《起死》，尽管在结局的表现方式上有所不同，但实际上都是在共同阐释中国民族魂灵的复杂品性。

《非攻》明确表现了鲁迅对"硬干"精神的热情赞誉，墨子亦被刻画为古代世界中典型的"中国的脊梁"。他并未受任何人的委托或派遣，只是出于关心民命和反对侵略战争的正义感主动承担起阻止楚国进攻宋国的重任，且不像做了官的学生曹公子那样空喊"民气"，叫嚷着"我们都去死"，而是和居于民间的学生管黔敖、禽滑厘等人切切实实地进行着艰苦的备战工作。"不要弄玄虚；死并不坏，也很难，但要死得于民有利！"墨子这段简朴的话语可视为鲁迅重新界定的民族魂灵的魂灵。《不周山》中曾一度追寻过的完全超越历史时空的浮士德式的人格境界，经历了《眉间尺》《奔月》中的阴冷和无奈后，如今在历史与审美统一的基础上，终于定型为一个实实在在的、可歌可泣的艺术形象。也就是说，过去那种玄虚的独立人格意识如今为"于民有利"的价值标准所取代。由此，我们可以看到，尽管墨子完成止楚攻宋后的结局并不佳："一进宋国界，就被搜检了两回；走近都城，又遇到募捐救国队，募去了破包袱；到了南关外，又遭着大雨，到城门下想避避雨，被两个执戈的巡兵赶开了，淋得一身湿，从此鼻子塞了十多天"，但通观全篇小说，作者对传统文化情境"摧残""抹杀"民族魂灵的愤激之情虽仍潜藏在小说短短的尾声中，可因有了"于民有利"这个新的尺度，墨子为民"劳形苦心、扶危济急"的行为品质也就有了不可被抹杀的伟大光辉，女娲、黑衣人、羿等形象所具有的悲剧意味在《非攻》中也就相对减弱了。

与《非攻》相比，《理水》中塑造的大禹形象也与墨子一样，同属"中国的脊梁"式的人物。他脚踏实地，埋头苦干，不说空话，事事身体力行，为了根除水患，每天孜孜不倦地工作，"走旱路坐车，走水路坐船，走泥路坐橇，走山路坐轿"，终于"放田水入川，放川水入海"，治得天下太平。在治水过程中，大禹不怕来自"文化山"上的诽谤嘲弄，也不惧来自官场的攻讦排挤，一派墨子式的"硬干"品性。但在结尾，小说写道：舜爷"叫百姓都要学禹的行为，倘不然，立刻就算是犯了罪。这使商家首先起了大恐慌。但幸而禹爷自从回京以后，态度也改变一点了：吃喝不考究，但做起祭祀和法事来，是阔绰的；衣服很随便，但上朝和拜客时候的穿着，是要漂亮的。所以市民仍旧不很受影响，不多久，商人们就又说禹爷的行为真该学，皋爷的新法令也很不错；终于太平到连百兽也会跳舞，凤凰也飞来凑热闹了"。

显然，如此结尾方式再次回复到《不周山》《眉间尺》《奔月》中的审美观照：从崇高过渡为滑稽。功成名就的大禹同样挣脱不了传统文化情境的制约。为民治水，他可"衣服破旧""没有仪仗"地"硬干"，可为国为君，他或自觉或不自觉都得迁就上层，迎合世俗。鲁迅先生这般入木三分的结尾描写不仅仅写出了民族魂灵无法避免的阶级影响和历史局限，而且形象地展现出中国古代民族魂灵的复杂品性。小说中描写了与大禹相对立的阵营最终与大禹握手言和，而这种相安无事的基础不是大禹改造了自己的对立面，而是被自己的对立面所同化。这是一种何等可怕的结局！就此而言，《理水》的结局比《非攻》的结局具有更强的历史穿透性和现实震撼力。被"抹杀"的英雄终有熠熠生辉的一天，而心甘情愿被"抹杀"甚至自我"抹杀"的英雄只会变为历史的丑角。至此，鲁迅毕生追求的以文学为武器、改造人生、塑造强健独立的文化人格的理想，可以说既未破灭亦未实现，仅在与历史文化的对话中留下了一个沉重的句号。

综上所述，从重塑民族魂灵角度看，《采薇》《出关》与《起死》，大可视为整部《故事新编》的总结局。"不食周粟"、归隐山林的伯夷、叔齐，无为的"呆木头"老子，"无是非""无生死"的庄子，不过是逃避现实、放弃抗争的伪君子，他们把中国古代民族魂灵复杂品性中的消极因素强化为一种崇高空谈的遁世学说，"一事不做，徒作大言"，正是窒息民族魂灵的毒瘤。从历史文化、自身的体验，鲁迅深切地认识到这一点:"苦于背了古老的鬼魂,摆脱不开,时常感到一种使人气沉重。"① 不破不立,写出《非攻》与《理水》后,鲁迅自然再次举起批判的投枪,嬉笑怒骂,把阉割民族魂灵的种种文化假象撕了个粉碎。当然,就无法实现以文学"立人"的理想而言,鲁迅晚年编完《故事新编》后的心情依然是沉重且悲凉的:"现在才总算是编成了一本书。……过了十三年,依然并无长进,看起来真也是'无非《不周山》之流'。"从女娲、黑衣人、羿、墨子、大禹到伯夷、叔齐、老子、庄子,鲁迅起初憧憬的崇高终不免为滑稽所替代。《故事新编》如此的结局现象实为黑格尔称作的"历史的讽刺":历史文化都曾不可避免地从崇高向滑稽、从悲剧向喜剧转化。不过,这样的结局或许比鲁迅原初的创作意图具有更强烈的历史与美学的意味。

原载《湖北大学学报》1998年第2期

---

① 鲁迅:《坟·写在〈坟〉后面》,《鲁迅全集》第1卷,人民文学出版社1973年版,第264页。

第五辑

艺术评论

论《红楼梦》的意义构成

《红楼梦》真的说不尽吗？鲁迅先生曾说过："单是命意，就因读者的眼光而有种种：经学家看见《易》，道学家看见淫，才子看见缠绵，革命家看见排满，流言家看见宫闱秘事……"但无论如何，一部具有多重含义的作品应该具有一个与特定文化氛围相吻合的确定意义；换言之，一部伟大的作品之所以伟大，全在于其深邃的文化意义泛化为复杂而具体的审美意味，并且，这种泛化的过程及方式即作品内容展开的过程及方式有赖于作品意义的构成。因此，要准确地把握《红楼梦》中决定种种具体审美意味的文化意义，就必须分析《红楼梦》意义构成的方式及特征。

一

如果说新中国成立前对《红楼梦》的意义构成是人言各殊，并且较多地注重身世考证、微言索隐的话，那么，新中国成立后对《红楼梦》意义的发掘则明显带有文化学的倾向。概言之，新中国成立后的研究似乎是以一扬一贬的形式勾画出《红楼梦》文化意义构成的两个方面：一是《红楼梦》通过贾府衰败及宝黛恋爱悲剧而描绘出中国封建社会大厦行将轰然倒塌的情景；二是作者对自己描述的情景作出了不可克服的（或言阶级偏见）宿命的、悲观主义的解释。应该说，这种勾画较之长期盛行的索隐派、考证派更为切中《红楼梦》的文化意义。但是，这种有扬有抑的勾画在方法上与索隐派、考证派仍有共同之处，即凌迟了作为一个艺术整体的《红楼梦》，过于狭隘地理解了《红楼梦》的文化意义，以致完全忽略了曹雪芹色空思想的文化内涵及美学意味，并且不无牵强地给《红楼梦》戴上一顶"批判现实主义杰作"的桂冠。

我们知道，在严格的意义上，所谓批判现实主义，完全是19世纪欧美商品经济文化的产物，其理论基础是以感性个体为基础的人本主义思潮，其刻意描绘的亦是工业化社会的迅猛发展对旧有的文化规范、秩序、心理所造成的巨大震荡。同时，在批判现实主义文学大师巴尔扎克、托尔斯泰等人的作品中，虽然可以看到许多震撼人心的悲剧，但是，批判现实主义大师们对于人的命运似乎从未悲观过，相反，正义、秩序、公正、自由等美好的理想始终是他们观照、描述、剖析人间丑恶现象的透视点，文学上的批判现实主义与哲学上的悲观主义是无缘的，并且欧美文学史上哲学的悲观主义向文学的渗透则是20世纪的现象。于此，把《红楼梦》中的意义构成任意肢解开来，并冠之以不同时空中的文化概念加以褒贬，不能不说有欠妥当。当然，在对日常生活所做的"写实"铺叙手法上，《红楼梦》颇具19世纪欧美批判现实主义的风采，但在作品的意义构成上，《红楼梦》则完全不同于批判现实主义作品。欧美批判现实主义小说的意义构成是一元的，对故事的叙述本身就是小说的意义之所在，超越故事本身的意义是不存在的。所以，即使在最爱作道德沉思的托尔斯泰老人那里，其作品的意义也须臾不能游离于故事情节的起承转合、社会环境的错综复杂、人物性格的千变万化之外。与此相对，《红楼梦》的意义构成宛如一个二元并存的世界，即故事与意义一方面相互辉映，一方面又相互独立。

《红楼梦》意义构成上的二元性具体表现为真实与虚幻的并存。所谓真实，《红楼梦》对贾府日常生活中的衣食住行、一草一木的描述，"俱是按迹循踪，不敢稍加穿凿，至失其真"，甚至连贾宝玉那块来历不明的玉，也唯恐读者不敢相信，竟依样画出形状、字迹，以示其存在之确凿；而所谓虚幻，《红楼梦》又明明白白写出两个来无踪、去无影的一僧一道及子虚乌有的太虚幻境、全知全能的警幻仙姑。用不着细细琢磨便可发现，《红楼梦》意义构成中虚幻的一面对于作品的整体形成举足轻重，曹雪芹自己亦说："更于篇中间用'梦'、'幻'等字，却是此书本旨，兼寓提醒阅者之意。"这段话相当准确地揭示出虚幻成分在《红楼梦》意义构成中的重要作用，其具体表现为整体构思的骨架，叙述节奏的张弛及意义省悟的触媒。从构思上看，全书一开始出现的《好了歌》《好了歌解》及太虚幻境无疑是为整个故事及故事中的每个人物都安排了一个命定的结局，后面依此展开的故事与人物真实与否倒全有赖于这先定的虚幻了。从叙述上看，不时插进写实故事中的疯疯癫癫的一僧一道、若明若暗的太虚幻境，既推动故事情节的叙述发展，又不时中断故事叙述的真实性。这种虚实相生的节奏自然诱导读者无法醉心于写实的故事本身，并且不得不一再返回到虚幻的起点，和作者一起反复咀嚼由虚幻洞照出来的写实故事的本旨。

由此观之，《红楼梦》独特的意义构成实质上是一种寓言式的意义构成模式。

我们知道，寓言的意义构成具有两个层面：一是表层的具象故事，一是深层的抽象省悟。如"守株待兔"，其表层的具象故事叙述着某个人辍耕待食的行为，深层的抽象省悟则透示出坐享其成将坐以待毙的道理。显然，相对于深层的抽象省悟，寓言表层的具象故事仅仅是一个象征的符号，其自身并无独立存在的意义，并且寓言的生命全在于深层的抽象省悟的获得。《红楼梦》在人物性格的定型化、人物活动环境的封闭性、人物活动的受动性上恰好重现出寓言的意义构成特征。

首先，一本《红楼梦》，可以说找不出一个性格有所发展、有所变化的人物，凤姐的辣、宝玉的痴、黛玉的疑、宝钗的伪、袭人的忠、晴雯的烈等，无不贯穿始终。对于一部有着世界声誉的小说来说，这无论如何都是一个诱人的谜。我以为谜底仍在于《红楼梦》独特的意义构成中。因为人物性格的发展必然是人物与环境相互作用的结果，也就是说，人物在受制于环境的同时亦具有对抗环境的勇气与行为，方形成人物性格的变化。很明显，有着寓言式意义构成特征的《红楼梦》不需要，也不可能容纳这样具有自主个性特征的人物性格。曹雪芹把大观园中的人物性格定型化的写法旨在体现命运的必然性，不管是主子，还是奴才，也不管是精明强干的，还是软弱无能的，所谓表层具象故事中的高贵与低贱、富贵与贫穷、聪明与愚昧、多情与无情，一切的一切，终将幻化为"白茫茫的大地"，成为省悟深层虚幻意义的荒唐注脚。于此，表层的故事叙述必定位移到深层的抽象省悟，人与人之间的关系以及在此关系上形成的一切性格冲突在《红楼梦》中都将成为无稽之谈，"茫茫着甚悲愁喜？纷纷说甚亲疏密？从前碌碌却因何？到如今，回头试想真无趣！"在前八十回中，宝玉、黛玉、宝钗之间的感情纠葛、个性冲突明显地愈来愈淡化，只是到了后四十回，高鹗推波助澜，大肆渲染宝玉、黛玉、宝钗之间的婚恋故事，使林黛玉的结局在抽象省悟层次上力度顿减。概言之，《红楼梦》中人物性格的定型化恰如寓言中的象征手法，使整个表象故事中的诸人物构成总体关系上的符号化，唯此，也才能保证深层抽象省悟的实现。

其次，和任何寓言一样，《红楼梦》中表层具象故事所依托的环境是一个封闭性的环境。这里所说的封闭性具有两层含义：一是大观园中的人物与外部环境呈隔绝状态，二是大观园中诸人物之间的精神交往无法沟通。前者表现为具象故事层中贾府人物社会交往的狭隘性，我们所看到的仅仅是宫廷的往来、官场的斡旋、礼节的应酬、领地的供奉，而这一切交往只满足着贾府照祖宗之法继续生存下去的物质需要，贾府人物与外部环境从未有过纯精神性的交往，贾府之外的大千世界亦从未真正影响过贾府人物的精神世界。刘姥姥的愚钝竟引得大观园内欢声笑语，乐不可支，恰恰衬托出大观园内人物精神世界的空虚与苍白，且这种空虚与苍白，方是省悟人生虚幻的绝好温床。后者表现的为抽象省悟中人与人之间无法沟通的隔膜性。曹雪芹在描述大观园中诸人物之间的精神联系时，无不刻意地渲染这种相互无法理喻的痛苦与悲哀。以宝玉为例，其与每个人的精神交往都失败得一塌糊涂。他与黛玉之间的情感交流在前八十回中并非是因爱情受阻方生龃龉，不足挂齿的小小纠纷常常氤氲出情感上的悲痛欲绝，完全是因为他们不过是封闭环境中的一个符号，他们既无认识自身的活生生的参照系，又不得不与相同于自己的一些封闭性符号交往。于此，谁也不理解谁，谁都揣测与之交往的对方，又始终无法与对方达到心灵的沟通。恰如二十二回中宝玉所写的《参禅偈》："你证我证，心证意证。是无可证，斯可云证。无可云证，是立足境。"如此封闭的环境之中，何谓之理解？又何以能理解？唯有放弃相互理解的渴望，嘲弄"什么'大家彼此'"，才能在窒息人的封闭环境与孤独的生命中达到大彻大悟。

最后，寓言中符号化角色的受动性鲜明表现在《红楼梦》中。生死轮回、荣辱浮沉、聚散分合、恩怨报应的虚幻性色空思想既决定了人物性格的符号定型化，又构成了人物活动的封闭性环境。所以，面对大厦将倾的颓势，贾府上下竟弥漫着消极等待、麻木不仁的气息，仅有的一个王熙凤，不管其如何苦苦支撑，在虚幻省悟层次上，终不过是"机关算尽太聪明，反误了卿卿性命"！在很大程度上，这种完全被动性的人物活动预示着中国封建文化在没落的过程中连一首像样的悲歌都演奏不出来。

二

　　《红楼梦》真实与虚幻并存的二元式意义构成尽管具有寓言意义构成的性质，但《红楼梦》毕竟不是一个简单的说教性寓言。作为一部诞生在中国近代社会的优秀小说，虽然不可能像欧美批判现实主义作品那样，在新旧文化方生方死的搏斗中高举批判的大旗，向不合理的社会和不合理的人生呐喊战斗。然而，小说终归是商业都市的产物，也就必然以一种审美的方式来叙述日常生活，以满足日益扩张的感性需要。在此意义上，《红楼梦》则是一部中国封建文化没落中的审美寓言小说。如果说《红楼梦》在意义构成上不同于19世纪欧美批判现实主义小说是因其具有二元并存的寓言式意义构成。那么，在此我们将分析《红楼梦》的意义构成与一般说教性寓言意义构成的差异，由此揭示《红楼梦》确定的文化内涵。

　　首先，一般说教性寓言的阅读终点必然是舍弃表层的具象故事，以求深层的抽象省悟。从寓言角度看，《红楼梦》已把抽象的省悟作为全书整体构思的骨骼，叙述节奏的张弛及意义省悟的触媒；但从小说角度看，具象故事的发生发展及结局虽然受制于抽象省悟，却并不能被舍弃掉。在《红楼梦》中，具象故事与抽象省悟之间的关系特别玄妙。很难想象，万物皆空的曹雪芹何以能把日常生活体味得如此精细而富有韵味。鲁迅说《红楼梦》的优点在于"盖叙述皆存本真，闻见悉所亲历，正因写实，转成新鲜"。此言信然。身处"蓬牖茅椽，绳床瓦灶"之境而写"锦衣纨裤之时，饮甘餍肥之日"，该是一种什么样的心态呢？显然，写作《红楼梦》时的曹雪芹并不想对贾府衰亡的结局作出任何道德判断，也不愿对渗透在自身骨髓中的历史循环论作出什么玄奥的思辨，"离合悲欢，兴衰际遇"既然是不可怀疑、不可违逆的必然性，又何必为已逝的岁月、散失的人情世故抛撒凭吊的眼泪呢？这并非是一种理智上的大彻大悟，而是一种无可奈何的情感上的审美方式。依此，曹雪芹对人生的审美把握，便使得他对已逝的岁月进行细致入微的审美体验，琴棋书画、山水庭院、风花雪月、红衣绿裳、药理烹技、婚丧嫁娶……日常生活中的一切细微末节，统统成为审美体验的对象，这里固然有着不可排遣的哀思，但更多的却是以审美的体验来填充对现实的冷漠之情，正如此，审美体验中的具象故事才既是真实的审美对象，又是虚幻的审美符号。要索解这种审美符号的意义，就必须放弃理智的思辨，而强化审美的顿悟。换言之，对具象故事体验愈细，抽象省悟就愈深。

其次，一般寓言中亦有情感成分，如"农夫与蛇"。但是，在寓言意义完成的同时，具体的情感将立即转化为一种道德上的抽象情感，在严格定向的道德意义上，具象的"冻僵的蛇"必须泛化为"敌人"这个符号，清醒的理智提醒人们必须憎恨"敌人"。与此相比，由于《红楼梦》所具有的审美指向，故其具象故事中的情感对象固然在整体上表现为抽象省悟的符号，但这仍然是一种审美的情感符号，其始终没有转化为一种理智上的道德符号。这一点决定了曹雪芹叙述对象的一种特定的审美态度。一是不醒不醉；一是亦恨亦爱。就前者而言，曹雪芹既没有沉醉于近乎麻木无聊的荣宁二府的生活之中，也没有从大观园的梦幻中彻底惊醒过来。就后者而言，曹雪芹对书中大多数人物的行为很少直接采取道德上的情感态度，在其笔下，贾宝玉几乎对所有的女子都采取一种审美的态度。尽管他对宝钗的道德说教抱有忿恚，但他仍暗自体味宝钗胳膊之白之圆，甚至幻想把它移到黛玉的身上，对湘云、妙玉、晴雯、袭人也莫不如此。这种态度固有肉欲、意淫的成分，但更多的却是审美赏玩，一种化尖锐道德评判为朦胧审美静观的遁世术。

最后，一般说教性寓言常常通过对个体情感、行为的否定而弘扬规范化的社会情感与行为。再如"农夫与蛇"，农夫的个体行为必须随着表层具象故事的舍弃而上升为体现社会性伦理规范的行为模式——不能同情敌人。人们常常津津乐道于贾宝玉颇具封建道德反叛者的精神，但仔细分析一下，我们便可发现，当具体的道德规范与审美发生冲突的时候，贾宝玉往往舍弃前者而选取后者，如去私学念书与在大观园玩耍以及对众多他所钟爱的女仆的态度，都具体地表现出宝玉对具体道德规范的反叛。然而，这种对具体道德规范的审美式反叛并不可能从根本上触及抽象的道德原则，相反，宝玉对具体道德规范的反叛最终亦不得不复归于抽象的道德原则。具体而言，以血缘纽带为基础的荣、宁二府最为恐惧的事情无非是封建大家庭的崩溃、解体，而"喜聚不喜散"的贾宝玉，其最大的审美悲哀则完全吻合上述封建社会赖以生存的最根本的道德原则。依此而推论，明确把林妹妹排在贾母、贾政、王夫人之后的贾宝玉，即使清醒，也未敢反抗贾母、贾政、王夫人的婚事安排。审美式的反抗从来就是最软弱，或者说，是自欺欺人的反抗。

由此，如果我们不清醒地看到《红楼梦》意义构成中表层具象故事与深层抽象省悟既相互确证又相互制约的并存关系，就无法阐明《红楼梦》特定的文化内涵。

三

是什么决定着《红楼梦》意义构成的寓言式特征，并且，是什么决定着《红楼梦》意义构成中两个层面的复杂关系呢？对这些问题的回答实际上正是对《红楼梦》特定文化内涵的回答。

简单地说，《红楼梦》之所以呈现出一种寓言式的意义构成，则完全是中国封建文化在近代日趋没落的必然结果。

近代中国文明的衰败，其明显的文化特征是中国封建文化的内在心理结构日趋紊乱。从美学角度看，长期以抽象伦理道德原则、以具体的社会性行为规范制约个体审美情感的审美模式受到了强有力的挑战，每况愈下的封建王朝已奏不出驰骋疆场的慷慨高歌，亦难以纯粹赏玩修身、齐家、治国、平天下的浅吟低唱，而由商业都市中滋生出来的市民文学，如《喻世明言》《警世通言》《醒世恒言》及初刻二刻《拍案惊奇》，则"极摹人情世态之歧，备写悲欢离合之致"（《今古奇观·序》），尽管其没有博大的思想、深刻的内容，也没有具有真正雄伟抱负的主角形象和突出的个性、激昂的热情，并且不乏小市民的种种庸俗、低级、浅薄、无聊，但却从人们心态的角度淋漓尽致地展示出中国封建文化颓运将至的种种征兆，并且把对人情世故的津津赏玩扩张为与封建文化赖以支撑的伦理原则相对并存的审美趣味。如果说在中国封建文化行将解体的前夜，这种审美趣味还只弥漫在市井细民、放荡文人的生活氛围中，那么，一旦"康乾盛世"这一封建行程的回光返照幻灭后，封建文化的精神代表士大夫阶层终于看到了那种钟鸣鼎食、金玉装潢之后无可救药的败相。刹那间，改朝换代的民族悲哀，升浮不定的个人苦闷，悄然氤氲为人生的虚幻。和封建文化唇齿相依的士大夫在这僵而不死的现实面前，终于自觉自愿地认同了上述玩赏日常生活的审美趣味，并把这种审美趣味中原来的形而下的生活真实性升华为形而上的意义虚幻性。正是基于这一点，《红楼梦》才获得意义构成中虚实相间的寓言式特征，也正是由此论之，《红楼梦》不可称为如 19 世纪欧洲式的批判现实主义作品。曹雪芹似的士大夫，尽管有的显达，有的潦倒，他们都既无从以新的世界观（如进化论）来解释孕育自身的封建文化的灭顶之灾，也无意或不可能以新的哲学（如人道主义）作为文化扬弃过程中的尺度。严酷的社会环境、险恶的人生把他们内在的反抗冲动统统逼进了审美领域，在此领域中，他们才可以肆意放纵、愤世嫉俗、喜怒无常。一俟如此审美地赏玩人生达到极致，生命的虚幻感便成了士大夫妥协现实、聊慰平生的说不尽、道不完的话题。由此观之，贾宝玉始终只可能是封建文化审美上的叛逆者，他并不具备从根本上反叛封建秩序的文化基因。在整部《红楼梦》中，我们除了看到宝玉与女性调笑的胆大妄为之外，剩下的不全是软弱无能吗？所以，高鹗在某种程度上更理解宝玉形象所蕴含的文化意义，让他糊里糊涂地娶宝钗。倘若清醒，大概宝玉也只有乖乖地听贾母、贾政、王夫人的话，不过，那该让读者是多么的尴尬。

　　上述分析表明，《红楼梦》意义构成中的虚实二元性恰是封建文化精神代表——士大夫阶层自身性格裂变的真实写照。基于对封建文化依附性之上的士大夫尽管敏锐体察到封建文化种种金玉其外败絮其中的糜烂、卑劣和腐朽，并以审美的方式详细录下他们遭逢这种溃败的感受。但是，历史为他们安排的现实出路仅是逃遁，从只可赏玩，而无法理喻的日常生活，逃往既可麻痹痛苦又无须理喻的虚幻中去。如此，《红楼梦》在具象故事层次与省悟层次的关系上也就并非是我们常说的创作方法与世界观的矛盾，具体而言，曹雪芹并未陷入故事叙述与意义省悟的矛盾，相反，他所要做的正是千方百计把两者在审美上沟通起来。假若仅从认知或道德的角度去索解《红楼梦》，我们将无法为诸多人物形象的性格特征，如宝玉的呆、黛玉的痴、宝钗的伪、凤姐的泼辣、晴雯的刚烈等，找出一个统一的内在根据，因为曹雪芹完全无意为笔下的人物性格作出任何认知或道德的判断，亦不想通过人物性格的展开而寻求人物性格成因中的认知或道德意义，他对人物命运的叙述，完全是以人生虚幻为焦点，透视出不同层次、不同性格的人物的共同命运。于此，谁也不用为荣、宁二府的衰败承担道义上的责任，因为谁想苦撑将倾的大厦都是枉费心机；谁也不必反省自身，把自己送上道德的审判台，因为谁都会落得个"赤条条来去无牵挂"的结局。一切的一切，都只可赏玩而不可深究，舍弃认知或道德意义时的表层具象故事终于在深层的抽象意义中幻化为一个圆而又圆的审美句号。严格地说，这种审美的逃遁正是封建士大夫面对病态时代而做出的一种病态的选择。因此，《红楼梦》确定的文化内涵并不在于它揭露了封建社会瓦解崩溃的必然性，相反，其寓言式的意义构成却彰显出中国封建文化之所以如"百足之虫，虽死不僵"，正是因为它始终没能自身孕育出自己的掘墓人，而只能孵化出贾宝玉似的"逆子贰臣"——既无动于衷于垂死的"母亲"，又编织着鲜艳夺目的花圈，期待着一个隆重的葬礼。《红楼梦》问世后的历史如是说。

原载《湖北大学学报》1990年第4期

悲剧的流产

——评池莉《烦恼人生》与《不谈爱情》

在当代文坛的躁动与喧嚣中，作家们的感觉如破堤的洪水，肆意流淌。连许多女作家也失去了体味人生的耐性，纷纷脱下温情脉脉的旧时衣装，或尖刻呼号，如张洁；或戏谑调侃，如谌容；或曰奇曰怪，如王安忆。也许，这几位身居北京、上海的女作家，处在文化大潮的浪尖上，纷至沓来的感受稍纵即逝，她们行笔匆匆，虽不乏光怪陆离，但总让人耳目一新。与她们相比，身处中原腹地、成名较晚的池莉则蛰伏在生活的底流之中，细嚼慢咽，自品出平凡人生中的酸甜苦辣，娓娓道来，亦自扬起别具一格的艺术风帆。所以，《烦恼人生》《不谈爱情》一经问世便获得广泛的好评，其原因正在于这两部作品不是在浮光掠影的感觉层次上，而是在细致入微的心灵层次上，悄然拨响了对日常生活进行审美体验的心弦，并且把日常生活中微不足道的悲哀、遗憾、委曲、困惑冶炼为一种悟解生命、人生的悲剧意识。透视这种悲剧意识，我们不仅可以觉察到池莉小说独特的审美魅力，而且可以省悟出中国文化嬗变的艰难性。

仅从故事情节上看，《烦恼人生》与《不谈爱情》并无相通之处。前者近乎白描地叙述了一个普普通通的工人极为平凡的一天的生活，后者则略带夸张地讲述了一个爱情故事。但在叙述的感情基调上，两部作品则在一种无所不在的悲剧意识上沟通起来。在《烦恼人生》中，悲哀，像一条神出鬼没的毒蛇，在夜半时分狭小的居室里，在排队洗漱、上厕所的卫生间里，在拥挤不堪的公共汽车里，在很难碰到舒心事的工作环境里，在儿子探本求源没完没了的提问里，在妻子的泼辣粗野与温存柔顺里……都死命缠绕着主人公印家厚的每一根感觉神经，让人不堪忍受，让人产生出一种逃到什么地方去的欲望；在《不谈爱情》中，悲哀更像一粒裹着糖衣的药丸,当庄建非与吉玲吮完那层薄的爱的甜蜜之后,人生的苦涩立刻浸透他们的整个身心。一次小小的纠纷就彻底击碎了庄建非爱情的海市蜃楼,他刹那间醒悟到"自己的婚姻并非与众不同",也"逃不出今天的时代"。显然,尽管印家厚与庄建非两人在职业、文化教养、人生追求、生活趣味上有着种种不同,但作家却赋予他们同质的人生喟叹。这种现象恰好折射出池莉小说融现实主义写作手法与现代审美意味为一体的特征。不同的题材,不同的故事,不同的人物,最终都统摄到对人生进行审美体验的焦点上。作家本人亦强烈地意识到这一点:"现实是无情的,它不允许一个人带着过多的幻想色彩。'自我设计'这词儿很流行很时髦,但也只有顺应现实才能获得有限的收效。常常是这样:理想还没有形成就被现实所替代。那现实琐碎、浩繁、无边无际,差不多能够淹没销蚀一切。在它面前,你几乎不能说你想干这,或者想干那;你很难和它讲清道理。生活,何止是烦恼的。我也许是过于的悲观了。"①

这段话既是作家创作心态的自白,又是作品中悲剧意识的注脚。在传统的现实主义小说中,作品的张力源自人物与环境的冲突、矛盾,但在《烦恼人生》《不谈爱情》中,尽管人物与现实环境也存在矛盾,如印家厚在衣食住行上的困顿、窘迫;庄建非处在三个家庭——父母家、岳母家、自己小家——挟制下的尴尬、烦恼,可这种矛盾并不是作家叙述的中心。作家已先在地设定这种矛盾是无法消除的,它宛如一个无法逃脱的人生舞台,又宛如一个不由人物自己控制的背景,或者说,它就是现实的无情的生存状态,作家刻意体现的是人物对这种生存状态的体验。这样,小说中的现实生活场景与细节愈琐细、具体,人物的体验也就愈细腻、深刻;小说中的生活描写愈真实,人物的体验也就愈具有感染力。印家厚"竭尽全力去做"一切,精细地计算洗漱、上厕所、烧牛奶、哄醒儿子的时间,热爱自己的工作,真诚教育孩子,一丝不苟地洗衣、刷碗,无穷无尽的家庭琐事,繁复沉重的社会义务,他做了,承担了,可是,他仍然无法让汽车不拥挤,无法让轮渡快一点,也无法免去带儿子跑月票的负担,更无法摆脱住房危机的阴影,他可以用"车到山前必有路,船到桥头自然直"的格言来鼓励自己活下去,但作为一个活生生的人,"他不可能主宰生活中的一切"的悲剧意识已深深烙在他的心灵上。与印家厚相比,

---

① 池莉:《我写〈烦恼人生〉》,《小说选刊》1988 年 2 月。

庄建非优裕的家庭，令人羡慕的职业，使他才高性傲，似乎难以陷入人生的琐碎之中，也难以萌生出自我渺小的现代悲剧意识。他曾藐视一切地和吉玲恋爱、结婚，以初生牛犊的勇气虚构人生理想的圣地，谁知为了一件小事，夫妻吵架，那些他自以为超脱了的人间琐事竟瞬间"滚起了雪球"，把他理想的空间胀破成现实的碎片。在父母居高临下的教训下，在岳母刻薄的淫威里，在同事没完没了的关切里，在同辈人或荒唐或枯燥的生活中，庄建非终于懂得了生活，"你不可能独立自主"，尽管为此他"感到心寒"。

  以传统的悲剧理论观之，池莉小说中的悲剧意识是浓而不烈。说其浓，是因为它以极强的渗透力弥漫在人物细微感受之中；说其不烈，是因为它绝不超出人物的感受范围而转化为导致悲剧的行为。为了房子，印家厚受尽妻子的鄙薄，他和妻子之间的交流不是平庸枯燥的琐事，就是令人难堪的苦恼，但是，女徒弟雅丽的追求，幼儿园阿姨的诱惑，昔日女友的旧情，都不能使印家厚做出有负于妻子的事情来。作者是借此颂扬婚姻道德吗？非也。在《不谈爱情》中，作者就坦然地叙述了庄建非与梅莹的非婚姻关系。但是，庄建非在与妻子吉玲闹得不可开交的时候，作者同样没让庄建非以寻求新的性伙伴来解脱婚姻的烦恼。应该说，这正是作者的高明之处。印家厚、庄建非所体现的悲剧意识远远超出一般婚姻、家庭悲剧的内涵。如果仅仅在故事情节层次上，也就是说仅仅在婚姻、家庭问题上，让印家厚、庄建非以所谓现代的男子汉气概纵横情场，正像时下许多作家津津乐道的，那么，不管对人物的行为作出多少合理的解释，但其悲剧效果必然是有限的，因为一旦读者看到导致悲剧结局的行为，就不可避免地要对行为本身作出自己的道德判断。很显然，在《烦恼人生》与《不谈爱情》中，作家既不想赞誉或批判婚姻家庭问题上的种种道德观点，也不想把现代中国人的情感空间压缩到纯粹的性欲之中。作者就是要逼自己笔下的人物在婚姻的烦恼、家庭的琐事中去忍受现实生活的煎熬，去观照不堪忍受而又不得解脱的沉重悲哀。

  这合理吗？为什么只让人物在浓郁的悲剧意识中活得那么艰难，那么别扭，而不能让人物以轰轰烈烈的悲剧行为显示出人生的酣畅淋漓？这样的诘问固然痛快有力，但它不能说清印家厚、庄建非貌似平庸懦弱的性格为何具有一种审美的力度，也不能说清小说何以在琐碎的日常生活的细节中氤氲生出人生的悲剧意识。对此，作者的解释更耐人寻味：

"哈姆雷特的悲哀在中国有几个人有？我的悲哀，我那邻里孤老太婆的悲哀，我的许多熟人朋友同学同事的悲哀却遍及全中国。这悲哀犹如一声轻微的叹息，在茫茫苍穹里缓缓流动，那么虚幻又那么实在，有时候甚至让人们留意不到，值不得思索，但它总有一刻使人感到不胜重负。我们中华民族是个极能忍辱负重的民族，我们的悲哀只是积蕴在心底，也许，这悲哀来得更深重更深刻一些。"①

这是艺术的感叹，更是生活的感叹。现代中国人的生存状态直接孕育出池莉的悲剧审美意识。谁不想在困顿人生中奋然而起，谁不想在人生的交叉路口作出果断的抉择？面对一团乱麻式的现实，印家厚、庄建非到底该怎么做呢？不顾一切地随心所欲，或超凡脱俗做英雄状？遗憾的是，如此极端的行为选择往往充满艺术的幻想，普普通通的人大多要在琐碎中消磨一生的时光。这是悲剧诞生的本原。只不过传统的悲剧瞩目于非同凡人的英雄形象，以其壮烈的行为、坚强的性格、崇高的境界与现实中的萎靡、懦弱、渺小构成强烈的反差，并以此震动人们麻木的心灵，唤起人们亢奋欲进的情感冲动；而现代人，在完全开放裸露的文化氛围中，已无需悲剧英雄的启蒙，日常生活中的每一次呼吸都鼓噪着生命的悲鸣。昔日对舞台上的悲剧行为的观赏已变成对现实中悲剧意识的体验。现实愈平庸、琐碎，这种体验就愈深刻。既然像印家厚、庄建非一样，现代人或迟或早、或强或弱都将意识到个体的渺小及微不足道，那么，现代人就完全有理由把神圣的悲剧从艺术之巅降格成："为了维持日常生活而必须要做到的事情却偏偏做不到，这就是悲剧。"② 既然每个人都成了人生舞台上的悲剧角色，那么，现代人就完全有理由在现实环境中找到一条妥协的道路，从而顽强地生存下去，而不是像在戏剧舞台上，装模作样地毁灭生命。于此，不是为了崇高的理想，虚渺的爱情，而是为了在烦恼人生、琐碎现实中找到确证自己的生存方式。这样一个充满内在矛盾的命题恰好勾勒出印家厚、庄建非人生境界的审美底线。

譬如，印家厚、庄建非两人对现实生活的沉重感触，很大程度上是由妻子诱发出来的。在《烦恼人生》中，印家厚不堪重负的感受往往经过妻子情感的过滤，其心灵上的痛苦才清晰可见。夜半时分，儿子从床上摔

---

① 池莉：《我写〈烦恼人生〉》，《小说选刊》1988 年 2 月。

② 同上。

下来，引起妻子的积怨："这是人住的地方？猪狗窝！这猪狗窝还是我给你搞来的！是男子汉，要老婆儿子，就该有个地方养老婆儿子！窝囊巴叽的，八棍子打不出一个屁来，算什么男人！"面对这样的斥责，再伟大的人恐怕也会英雄气短。是的，"房子和儿子摔下床有什么联系呢？老婆不过是借机发泄罢了"。但是妻子的要求过分吗？不！应该做到的事情却做不到！如此生存环境尽管使印家厚感到"酸楚"，但同时也决定了他全部的生存方式。他不可能超出自己的生存环境去寻求"奢侈"的婚外恋，倒不是他不知道"自己的老婆不可能与雅丽同日而语，雅丽是高出一个层次的女性"，相反，他清楚地意识到这一点，同时他更清楚地意识到"雅丽怎么能够懂得他和他老婆是分不开的呢"，因为雅丽追求他不过是为了她自己的情感需要，而对印家厚来说，接受这种唾手可得的情感有什么意义呢？充其量也不过是一种自我陶醉、自我麻痹。即使雅丽可以改变他具体的生存环境，但也不再可能消除深深烙在他心灵上的自我渺小的悲剧意识。正是在这一点上，印家厚在妻子身上找到了确证自己现实存在的基点，因为只有这样"粗粗糙糙，泼泼辣辣，没有半点身份架子"的妻子，才真实地构成自己生存方式的一个有机部分。所以，当印家厚开始迈入繁复沉闷的生活之流时，他才可能既辛酸而又坦然，"他背后不长眼睛，但却知道，那排破旧老朽的平房窗户前，有个烫了鸡窝般发式的女人，她披了件衣服，没穿袜子，趿着鞋，憔悴的脸上雾一样灰暗。她在目送他们父子。这就是他的老婆。你遗憾老婆为什么不鲜亮一点吗？然而这世界上就只她一个人在送你和等你回来。"显然，这已不简单是对"不无遗憾"的妻子的情感依恋，而是对平庸人生的审美扬弃，是对普通人顽强搏击命运的生命力的赞誉。由此，为琐碎日常生活纠缠的悲剧意识便转化为一种人人皆可自我观照的生存方式，既不可能超出日常生活的束缚，又在审美体验中与日常生活的苦恼、悲哀拉开距离，使现代人在不能自主的生存环境中达到情感的自我净化。同样，在《不谈爱情》中，从小一帆风顺的庄建非，本是少年不知愁滋味，可一当他长大成人，也就是成家做了丈夫之后，他才从妻子吉玲的情感中捕捉到真实的自己。一次微不足道的夫妻矛盾使他懂得了梅莹为什么断然中止他们之间的风流韵事，也使他"沉痛地体会到：婚姻磨炼男人"，因为"婚姻不是个人的，是大家的。你不可能独立自主，不可以粗心大意。你不渗透别人，别人要渗透你。婚姻不是单纯性的意识，远远不是。妻子也不只是性的对象，而是过日子的伴侣。过日子你就要负起丈夫的职责,注意妻子的喜怒哀乐,关怀她,迁就她,接受周围所有人的注视。与她搀搀扶扶,磕磕绊绊走向人生的终点。"在这里,印家厚式的审美顿悟再次从庄建非的感受中闪现出来。婚姻、家庭曾是庄建非人生理想的一件漂亮外衣,可一旦他扮演了丈夫这个角色,一种半点不由人的生存方式就牢牢地固定了他的双脚。从表面上看,不惜违背父母意愿而选中吉玲做妻子是庄建非追求自我理想的一次闪光,但实质上,这次闪光恰好暴露出人生理想的虚幻。他可以挣脱父母择媳标准的束缚,却不能摆脱丈夫角色所承担的社会义务与责任;他似乎可以比印家厚更自由地选择生存方式,但他在自己选择的生存方式中同样呼吸到印家厚的悲剧意识。人,终究不能单凭自己的愿望过日子。所以,不管庄建非与吉玲之间的矛盾孰是孰非,庄建非都得说服自己尽快超越自己的痛苦、悲伤,或为了还未出世的孩子,或为了获得出国的机会。一句话,不能仅为虚渺的爱情放纵情感、痛不欲生,而是应该把理想破灭的痛苦、悲哀凝结为冷静的理解、超然的体验。有了这种理解与体验,庄建非也就在纷扰的现实中完善了自己的生存方式,不无遗憾而又万分坦然地欣赏着自己的成熟,即使造成他与吉玲产生矛盾的根本原因——文化差异——全然没有消除,但吉玲回来了,一个刚刚建立起来的生存方式历经磨难终于获得了稳定的基础,更重要的是,庄建非"相信往后他就有经验了"。也就是说,他在认可人生悲剧意识的前提下,又寻觅到自己的安身立命之处。

不言而喻,在池莉的艺术构思中,印家厚、庄建非两人的妻子,在某种程度上,仅仅是琐碎现实、烦恼人生的象征。在很难改变的现实人生与主人公所体验到的人生悲剧意识之间,她们几乎没有自己的位置,忽而成为与男主人公相对峙的现实生存环境的一个组成部分,不过是导致男主人公悲剧意识形成的一个诱因;忽而又成为男主人公悲剧意识的对立物,暗中破坏着男主人公悲剧意识的审美意蕴。就前者而言,印家厚与庄建非的妻子都缺乏一种独立的审美品性。尽管在故事情节中,她们似乎都具有控制丈夫行为的主动性,但在小说深层的审美意蕴中,她又是那么苍白无力,成为丈夫精神境界的牺牲品。这样,她们精神上的被动性必然成为男主人公悲剧意识的扬弃对象。因为很明显,印家厚、庄建非之所以在与自己妻子的矛盾中解脱出来,并非是因为他们在婚姻家庭层次上与妻子经由矛盾达到和谐的状态,而是因为他们把婚姻爱情上的具体烦恼、悲哀泛化为生命的烦恼与悲哀。这样，他们是在人生的审美层次上超越了自身的婚姻爱情的烦恼悲哀，是以达观坦然的无限去解脱悲观烦躁的有限。从小说人物塑造角度来看，《烦恼人生》与《不谈爱情》中两位妻子的形象的确过于浅露，精神上过于被动，这或许是作者艺术构思创作中的弱处。但是，既然作者把传统的悲剧行为解构成一种悲剧意识是不无道理的，那么，这两位妻子精神上的被动性是否体现出某种必然性呢？假如印家厚的妻子或安于困窘，嫁鸡随鸡、嫁狗随狗，或不仅在言语上斥责丈夫，而且实际上能解决一切印家厚所不能解决的问题，那么，印家厚式的悲剧意识何以产生呢？同样，假如吉玲完全甘心做一个传统的贤妻良母，或者人格意识强烈得无法忍受庄建非的大男子主义，那么，庄建非自我欣赏的"成熟"大概也只会化为泡影。由此看来，作者通过印家厚、庄建非张扬出来的悲剧意识，固然有着现代人的审美风范，但同时又有意无意沉醉于主体的审美趣味之中，弱化了小说悲剧意识中的文化内涵。

尽管传统悲剧侧重于人物行为的悲剧性，现代悲剧侧重于人物对生命悲剧性的体验，但从根本上看，构成悲剧冲突的双方都应该具有各自的独立性，才能在悲剧的结局中，不管是通过行为而导致生命的毁灭，还是通过体验而导致精神的升华，彰显出人格的崇高。印家厚给人印象是悲哀有余，崇高不足，原因正在于此。他的妻子，作为冲突的对立面，始终缺乏一种独立的人格要求，完全成为一种情绪的符号，直接影响到印家厚对人生悲剧意识体验的深度，甚至造成读者生活经验上的疑问：既然印家厚的妻子如此俗气，而雅丽又那么热烈地追求印家厚，他为什么把"家里的事揽在一身而弄得如此的疲于奔命？"[1] 他为什么不可能钟情于雅丽？显然，印家厚人格感召力上的不够与作者没能全面把握悲剧冲突是密切相关的。但平心而论，《烦恼人生》中的弱点并不完全是作者的主观偏向造成的，其中仍然蕴含着当代中国文化嬗变的某些痕迹。如在《不谈爱情》中，吉玲颇具现代女性的风采，她发誓冲出庸俗不堪的文化氛围，但她对现代文明的向往并不是独立、完善的人格，而是一个"具有现代文明"外观的"家"，有个"社会地位较高的丈夫，你恩我爱，生个儿子，两人一心一意过日子"，为此，她与印家厚的妻子相反，"宁愿负起全部的家务担子"，可在人格上，她并没有超出印家厚妻子的层次，只不过印家厚

---

[1] 洁泯：《花楼街文化和现代意识》，《小说选刊》1989 年 7 月。

的妻子以专横的态度宣告着自己对丈夫的依赖，而吉玲，则是以一种狡黠的心理默认着自己的附庸地位。这或许是一个有趣的暗示，暗示着中国传统文化心理虽然正在经历一场巨大的震荡，但许多陈旧的东西仍在新的外装下控制着人们的日常生活，就像印家厚、庄建非的妻子，她们都从外表上失去了贤妻良母的形象，骨子里却又浸透在传统的文化氛围之中。这种矛盾多少有些滑稽的成分。庄建非较之印家厚，在人格力量上就更为薄弱些，其原因正在于他虽然在日常生活矛盾中咀嚼出现代人的悲剧意识，但他对父母、岳母、妻子陈旧观念的屈服又显现出其性格中的喜剧成分，成为一个流产的悲剧。

尽管在最严格的美学意义上，《烦恼人生》和《不谈爱情》还不能称之为震撼人心的悲剧作品，但作者刻意渲染的现代悲剧意识，毕竟为审视现代文化嬗变中的悲剧冲突提供了一个绝好的视角。

原载《湖北作家论丛》第 4 辑，长江文艺出版社 1991 年版

论池莉小说中的审美时空

池莉以《烦恼人生》诱发出当代文坛的"新写实"浪潮后,又不声不响地推出《不谈爱情》与《太阳出世》两部力作,为读者展现出一个渐趋完整而又别具一格的艺术世界。客观地说,如何评价"新写实"浪潮的成因与得失,如何论述池莉小说与"新写实"浪潮之间的互动关系,都还有待时日。笔者感兴趣的是,池莉小说何以使人耳目一新,或者说,池莉之所以能把平凡世界里的些微琐事变成让读者感叹不已的审美对象,其根本原因在于她对现实人生的观照、叙述,表面上虽不动声色,仿佛行云流水,任其自然,但实质上是以一种新的审美时空容纳、吞吐现实生活,使自然时空中难显其真相的对象在审美时空中变得意味深长。

一

小说是叙述艺术,叙述则必须在时间中展开。传统小说的叙述基本上是严格地按照事件的发生、发展、结局的自然时序来展开的。19、20世纪之交,随着西方现代艺术的崛起,小说叙述中的自然时序逐渐失去了统治地位,代之而起的主观心理时间使现代小说的叙述程式发生了重大变化,倒叙、插叙、甚至杂糅过去、现在、未来为一体的时序模式纷纷出现。1979年后,中国当代小说中的叙述时序明显受到西方现代派的影响,传统的叙述时序受到严厉的挑战。在此背景下,池莉力反新式的叙述时序,突然回归到传统的叙述时序,并由此拉开了"新写实"的序幕。由此而论,说池莉的小说(包括其他"新写实"的小说)是传统现实主义主潮的复兴,或言池莉肇始的"新写实"小说是新时期文学向现实主义复归的明证,确有几分道理。在池莉的小说中,读者至少可以轻松明晰地感知到主人公活动的全过程——活动的动机、经过及结局，而用不着像读新潮小说那样，不断中止具体的感知过程，以便理智参与阅读，辨明主人公变幻莫测的行踪，探究主人公反常行为的动机，直至怀疑整个文本由文字符号显示出来的结局即意义。与此相比，池莉的小说太容易为囿于日常生活自然时间的读者所接受了。《烦恼人生》如同一份详细的时间报告，主人公印家厚一天中活动的空间位置移动都具有精确的时间刻度，作家的任务似乎只在于记录主人公在什么时间处在什么地方做了什么事，一切均按自然时间的流逝而展开。在《不谈爱情》中，故事铺陈展开同样是分明的自然时序：结婚、闹离婚、和好如初。庄建非与吉玲的恋爱经过，庄建非的婚外恋虽以插叙的方式出现，但其文本含义旨在展现小两口发生龃龉的原因以及和好如初的诸因素，本身实无独立的意义，故在整体上仍从属于前因后果的自然时序。《太阳出世》通过结婚、怀孕、分娩、育婴直至周岁生日宴会，更给人以强烈的生命自然的时间节奏。这的确是在传统小说叙述中司空见惯的自然时序模式。但仅由此而认定池莉及"新写实"小说是向现代主义的回归却未免过于武断。在传统现实主义小说中，叙述的自然时序既是故事展开为不同部分，并使不同部分循序渐进的有序化形式，同时又是潜在的理性化内容。因为正是在循序渐进的有序化形式中，我们才能确证小说所描述的事件诸阶段间的因果联系，才能洞悉小说中人物性格形成、变化的内外原因，在此基础上读者也就自然而然地理喻到作家设定在事件、人物性格发展过程中的主题意义。故从小说意义域观之，传统现实主义小说叙述的自然时序具有不断逼近主题的一维性，其诉诸读者感知的过程描写在严格的理性化形式的钳制下，迫使读者的阅读期待视野丧失自身体验过程的能动性，直至消融在作品既定主题的涵盖中。如同阅读《红与黑》，你很难对于连与德瑞夫人的偷情细节作出这样那样的体验，因为作品的主题已赋予此细节明确含义，即细节本身无独立意义，仅在于揭示作为野心家的于连的必然失败。同样，在《青春之歌》中，林道静与余永泽的情感纠葛在小说叙述的自然时序中，仅是完成林道静由小资产阶级知识分子转变为坚定的革命者这一主题的一个环节，离开主题就失去了存在的根基。所以，传统现实主义一维性的叙述时序给读者留下的只是理性化的社会教益，而非反顾自身的生命体验。

　　与传统的现实主义小说相比较，池莉小说的叙述时序大概只能说是貌似传统的自然因果时序，实际上有着本质的差异。首先，池莉小说叙述的自然时序不是递进式的序化形式，而是并列式的整合形式。如《烦恼人生》，并无一件贯穿始终的事件，主人公印家厚一天的活动虽时序分明，又无前因后果式的联系，读完小说，很难得到一个由情节连贯运动推演出来的明确主题，而是主人公对自身生存状态无穷感受的总和。并且，这种生存状态的烦恼感受均匀地分布在叙述时间的每一点上，印家厚面临的一切事情，不分大小——大至一家安身的住房问题，小至在人群中撒一圈香烟的事——全都会激活同质的生存感受。在《不谈爱情》中，表层故事情节的推演完全是传统叙述时序的套路，但仔细分析便可发现，控制情节运转的并非是一以贯之的主题，因为庄建非、吉玲和好如初的结局并没有消解人们成家前后所遭受到的种种困惑，留给读者咀嚼的仍是一片无所不在的生存感受。正是对如此沉重的生存感受的刻意宣泄，一个具象的爱情故事才被整合出"不谈爱情"的言外之意，如庄建非所悟："婚姻是人生课堂。"《太阳出世》更娴熟亦更完整地体现出池莉叙述时序的特点，由李小兰结婚、怀孕、分娩、育婴构成的自然时序已不包含任何推动故事情节向既定主题演进的意图，作者虽涉及了李小兰与丈夫家庭的冲突，却又不以此作为贯穿叙述过程的情节主线。由此，小说叙述的自然时间失去了依托具象冲突向前递进的形式含义，仅仅假借生命诞生的诸环节而使自身凝定为可感的审美对象。在这里，我们已不再感兴趣于故事本身的发展，而是和主人公一起，在生命流程的每一阶段都生出相同的生存体验：艰难、烦恼、自卑……简言之，池莉小说叙述的自然时序并不像传统写实小说那样激发读者探究故事必然性结局的好奇心，而是吸引读者在叙述的每一点上都与对象产生共鸣，并激活自身的生存体验。

　　其次，池莉小说叙述的自然时序不是由故事开头、经过、结局构成的有限的直线运动模式，而是不断回复、还原的无限循环运动模式。传统写实小说在明显的观念性主题支配下，不得不对无限的人生现象进行传统性的选择、概括，使之得以展现有限的确定主题。如此，传统写实小说中的自然时序虽表现了时间的绵延发展，但更为强调时间的终结意义。这一点或表现为导致情节运动的矛盾的消除，或表现为主人公性格发展变化的完成状态。所谓矛盾的消除、性格的完成就是叙述时间的中止点，失去了这个中止点，情节、性格中所预设的观念主题就无法确定下来。故叙述的时间过程仅为手段，时间终点的确定才是目的。在此点上，池莉小说中的叙述时间的运动方式就颇值玩味。因为淡化了自然时序中朝既定主题切近的递进因素，并由此还原了现象的无限模糊整体性，为读者情感体验的介入敞开了无限的空间。所以，池莉小说中叙述时间仅仅是随着小说的结束而戛然中断，一旦读者思考阅读意义时，就会发现无法形成一个明确的判断，留在阅读感受中的东西是一堆难以言清的体验，甚至无法确定是作品中主人公对生活的体验，还是阅读者自己对生活的体验。读者不得不一再回复到作品中去，和主人公一起重新咀嚼生存的酸甜苦辣。造成这种体验多重循环的文本根据正在于池莉小说中叙述时间没有明确的时间终止点。读池莉的小说老让人感到，那些按自然时序记录下来的事件会永远如此这般地循环下去。印家厚一天的生活之所以让人体验到形而上的人生烦恼，庄建非之所以省悟了婚姻而不是爱情的含义，赵胜天、李小兰之所以由时髦的哥们姐们变成循规蹈矩的人之父母，全系之于各自所面对的生活矛盾是无法消除的。更准确地说，作家无兴趣于以一个确定的时间中止点来消除具体的矛盾，因为人们生活中所碰到的问题，人由生存现状引起的烦恼将循环往复，永无完结。由此，池莉小说中的人物无"性格"可言，展现在读者面前的是人物与生存状态之间的波动关系。如按传统写实小说描定人物性格冲突的写法，池莉三篇小说中的人物性格冲突完全可以构成情节递进式的模式，但实际上，池莉小说中人物性格之间的冲突被降到零点，本应具有的冲突和实际存在着的矛盾因莫名的生存恐惧，无限的人生体验而显得微不足道。情感细腻的印家厚何以容忍"粗粗糙糙，泼泼辣辣"的妻子，堪称人杰的庄建非何以主动放弃从小养尊处优的高贵派头，尖酸刻薄的赵胜天、李小兰何以变得相互宽容、相互理解？不是性格的冲撞，也不是性格在矛盾冲突中达到的和解，而是在生存体验中或主动或被动地收敛了性格的锋芒。既然生存状态是无法改变的，那么，性格的变化还有什么意义？故池莉小说中的主人公们，只要领悟到自身无法抗拒，更不用说改造生存状态，便自然放弃自己性格的定性，并且无条件地相互认可，相互默认。这种性格的疲软与消解最终导致作品中的人物一再重新体验过去的行为，也正是这种循环回复的审美体验，才使没有消除任何具象事件中的矛盾，亦没有塑造出鲜明个性的叙述终点与叙述起点连接起来，从而构成一个奇特的既让读者能感知具象故事又须超具象体验生存状态的审美空间。

二

仔细剖析池莉三部小说中人物的空间位置移动，是一件饶有兴趣的事。

《烦恼人生》与《不谈爱情》中的主人公们第一个空间位置均在"家"中，《太阳出世》中的男女主角则正在热闹而荒唐地向"家"挺进。这难道是一种偶然的巧合吗？非也。笔者认为，作者在三部小说中赋予"家"的含义远远不是单纯的自然空间属性，如同叙述时间在审美体验中发生意向性循环一样，"家"既是作者小说中人物展示自己故事的自然空间，同时也是人物借助生命体验而构筑起来的审美空间。

在《烦恼人生》中，印家厚一天的烦恼本源自事事不顺心的家，他对家的现实感觉是："所谓家，就是一架平衡木，他和老婆摇摇晃晃在平衡木上保持平衡。"但随着印家厚一天中空间位置的不停变换，随着烦恼、苦闷的郁结，他对家的感觉发生了质的变化。"老婆递过一杯温开水，往他脸上扔了一条湿毛巾。他深深吸吮着毛巾上的气息和香皂的气息，久久不动。这难道不是最幸福的时刻？他的家！他的老婆！尽管是憔悴、爱和他扯横皮的老婆！""印家厚感到家里的空气都是甜的。"显然，印家厚前后完全不同的感觉并非他与妻子情感上的隔膜奇迹般地消失，仅从男女情感而言，他喜欢雅丽，甚至"不能不遗憾地想，如此理解他的人如果是他老婆就好了"，只是在叙述时间的意向性回复中，印家厚必须返回到叙述的起始空间，由于这种返回已包含着对生存状态的厚实体验，故他下意识地排除掉对家的不稳定感觉，并把家幻化为安身立命的精神家园。如此，作为自然空间的家也就完全转化为审美空间。

与印家厚相比，庄建非似乎有着更多，甚至让人羡慕的生活空间。设想他不与吉玲煞费苦心地结为夫妻，或者婚后再分手，大概一样可铺陈出许多故事。是什么原因迫使，或者说，作家为何要让庄建非与吉玲这两个背景、志趣相差甚远的人物苦恋家呢？答案仍在于作家有意建构一种观照现代人生存状态的审美时空构架。没有物质困顿感的庄建非同样摆脱不了人生的苦恼，印家厚在不断转换的空间苦苦挣扎，最终还是感觉到"他不可能主宰生活中的一切"，由此让精神萎缩到家庭空间。与之相比，庄建非在貌似平坦的生活之路上，竟为夫妻争吵区区小事而省悟到自己并无一个真正安身立命的空间，因为"你不可能独立自主"。在这种省悟的魔力中，他与吉玲之间潜在的多重矛盾突然化为乌有，"回家"成了心灵的唯一愿望。

相对而言，《太阳出世》中几乎没什么空间转换，作者的叙述焦点始终放置在李小兰、赵胜天组成的小家庭上，结婚、怀孕、分娩、抚育女儿，既是小说展开的时间维度，又是小说具象化空间在感知过程中的被切分。或者说，作者无意在广阔的现实空间中标示出李小兰、赵胜天小家庭的空间地位，而是把生活空间中的一个点，一个被赋予经济、伦理含义的"家"还原为一对年轻人的生存空间。由此，在社会学概念中确定凝固的家庭空间在主人公体验生命过程的连绵感知中，不断衍射出新的、未曾感知的空间。也正由此，李小兰、赵胜天由时髦、浑然不谙世事的年轻人变为"成熟"的人之父母，也失去传统小说中刻画人物性格的韵味，因为在超越物质性自然空间的生存体验中，他们已为自身构筑起能让心灵得到慰藉的审美空间，而无须在与外在空间的对抗中或强化或扭曲自己的性格（故在小说中，李小兰、赵胜天是那么令人惊诧地自动放弃了争强好胜的个性）。一切还原为自然，还原为自然生命的流逝，实质上却暗藏着集悲观（世事不可为）、乐观（顺乎自然规律）为一体的审美动因。所以，池莉小说中的审美空间最终为审美时间所涵化。

于此，池莉小说中的空间意识也就与传统写实主义小说的空间意识有着本质的差别。

其一，在传统写实小说中，叙述时空具有观念主题上的对立统一性，即叙述过程中的每一具体空间位置（由主人公的行为体现出来）一方面有其存在的合理性，另一方面又有被否定的必然性。如《青春之歌》中的林道静，其一系列的空间位置，由叙述终点的空间位置来衡量，其存在的理由恰是被否定的理由，加之否定的理由属于政治伦理的理性范畴，这样，被审美感知到的空间移动过程在阅读中始终限制着情感体验的深度切入，直至把阅读中被激活的多重化情感统摄到叙述终点的理性空间。与此相比，池莉小说中的空间虽然也在自然进序中发生位移，但由于没有既定的观念主题，加之叙述时间在体验中的回复循环，于是，每一具体空间之间的关系并非递进式的位移，也不会在叙述终点的空间被否定掉，相反，这里的个体空间是并列式的存在，共同支撑着可容作品主人公与读者进行无限情感交流的审美空间。如此，池莉小说中的现实空间与审美空间在感知与体验中融为一体，主人公们愈摆脱不了现实空间的命定束缚，其内在的审美空间就愈广袤，直至把一切不堪忍受的东西都化为审美体验空间的对象。我们可以看到，正是因为有了这种审美空间意识，池莉才能在平庸的柴米油盐中催化出无所不在的生存体验，其笔下的主人公们也才能尽管遗憾却也坦然地面对生存的困境与烦恼，读者也由此与主人公的体验达到共振。

其二，传统现实主义小说的叙述空间常常表现为人物性格与环境的冲突，并成为小说空间变换的内在根据。人物空间位置的变换由此就表现出人物性格的变化，或被环境所扭曲，如于连；或与新的环境相适应，如林道静。所以，以写人物性格为中心的传统现实主义实际上是在现实空间之上建造一个理想化的空间，即性格与环境的和谐共生共存。由此，我们才能否定于连的生存空间，同情其性格的悲剧；亦才能肯定林道静走上革命道路——寻找与性格发展相统一的理想空间——的文本意义。在池莉小说中，人物在每一空间位置上都与环境相对立，并泛化为观照人生的形而上烦恼，但由于对理想空间的消解，作家也就必然消解了性格与环境发生对抗行为的动因，从而导致性格的萎缩。所以，池莉笔下经历、教养、地位不尽相同的人物，其空间运动的轨迹竟有着惊人的一致性——主动放弃对外在现实空间的开拓，以对人类生存的总体性体验化家庭为安身立命的审美空间。

三

从对池莉小说叙述时空的分析中，我们似可以断定，其创作已远远超出现实主义的范畴。要为池莉小说（实际上是为"新写实"小说）定性非本文所能及，值得注意的是，池莉的小说为什么会出现一种自然的叙述时空？或者说，我们能否透过池莉的小说而把握住中国当代文学发展、演化的潜在规律呢？这或许超出了对池莉小说进行分析、评述的范围，但在更高的层次上，似乎可以把玩到池莉小说所具有的美学意义。

首先，池莉小说中叙述自然时空是准确、真实凸显当代中国人生存状态的时空框架。时下中国既非现代工业化社会，亦非后工业化社会，尽管十余年来欧风美雨渗透到中国社会的各个领域，但绝大部分中国人仍在为衣食所忙，仍在为最基本的生存权利而奔波。印家厚需要什么？能避风雨的房子，能维持生存所需的能量，能给孩子以正常教育，能进行最必要的社会交往的金钱！李小兰、赵胜天更是如此。对物质的需求愈难获得，精神人格的独立也就愈难实现。所以一旦庄建非欲超出现实时空的束缚，便走投无路，只有返回到虽使人压抑但无危险的固定时空中，他才能"解决一切问题"。同样，印家厚日复一日的时空循环，李小兰、赵胜天在女儿诞生过程中所领悟到的自然节奏，不过是无法抗拒的现实生存环境的映射。拿池莉小说与"新潮小说"比较，就可明显看到，新潮小说作家笔下的人物之所以浪漫、荒唐、随心所欲、四处飘零，其文本的现代时空意识，不正来源于这些人物一无家室所累，二不知他们何来挥金如土的本钱，如果前者还可被理解为具有现代观念，那么后者就只能被读者视为天方夜谭了。池莉小说之所以比"新潮小说"更具阅读性，更容易引起普通读者的共鸣，根本原因也就在于她切实写出了当代中国人真实的时空体验。这使得池莉的小说不像传统写实小说那样，以描写行为怪诞的人与事来宣泄人生荒诞的观念，而是细细描述现实时空中体验生存的种种感受，仿佛古老的巫术那样，要战胜狩猎对象就先画出对象的形状，既然已表述了我们对生存状态的感受与体验，于是就在认可现实时空的同时而超越了对象，并把对象纳入和心灵同构的审美时空之中。就此而言，现实主义弘扬的是不屈的人格，现代主义夸张的是变形的人格，池莉与"新写实"小说描写的则是苟且活着并自我安慰的萎缩人格。

其次，池莉小说叙述中的自然时空与审美时空的融合，彰显出民族审美心理结构由震荡走向重构的某种趋势，由此亦可看出当代文学进一步发展、演化的某种趋向。

在中国传统美学中，自然时空与审美时空的高度统一实为最高准则。但中国人的自然时空意识蕴含着极浓的伦理道德色彩，故构成内省式的化自然时空为审美时空的民族审美心理结构。在此结构中，繁复的伦理规范严密控制着个体情感的流向，极大地阻碍着独立的人格意志的生成。"五四"新文学之初，这种心理结构曾遭受到强有力的冲击，但随之而来的民族整体生存危机使我们在与域外民族抗争中再次强化了传统文化心理结构中的伦理成分。由此，关注人类整体生存命运，并以理想主义去观照、批判现实的现实主义创作方法迅速成为新文学的主潮，而强化个体生命体验的浪漫主义也就不能真正地扎下根来。新时期以来，随着中国现实的经济、政治结构的变化，随着东西方文化在更深层次中的碰撞与交融，民族审美心理结构受到前所未有的大震荡。特别是在"新潮"文学观念的冲击下，审美时空不仅与自然时空形成了尖锐的对立，而且审美时空本身也变得光怪陆离，万象纷呈，远远超出了普通读者的感知限度。"新写实"小说虽在文本形式上采用了传统的时空表现形式，但在内容上却背离了传统的文化心理，大有旧瓶装新酒的味道。如在池莉小说中，自然时空与审美时空叠合出来的感受并不是对某处伦理规范的内省，而是带有强烈个体色彩的体验生命根基问题的情感宣泄。尽管受生活的限制，印家厚、庄建非、李小兰等人具有人格的萎缩症，但这已不是心甘情愿或麻木不仁的萎缩，而是高强压力下的萎缩，其审美式的自我慰藉亦不再是（或许还残存着）阿Q的自我欺骗，而是对严酷生存环境中挣扎前行的自我解嘲。不难想见，一旦时机成熟，池莉笔下这些已觉醒而又不得不蜷伏着的独立人格形象势将拔地而起，立足于一个新的审美时空。

原载《湖北作家论丛》第 5 辑，武汉出版社 1992 年版

都市中的"非都市化"情结
——解读陈应松

读陈应松的小说,不可能是一种休闲活动,就像他的小说无法改编为电视剧一样,他的作品永远成不了"大众情人"。写陈应松式的小说,需要关注人类苦难的良知,需要拷问历史的勇气,更需要坚守那份无人喝彩的落寞。陈应松式的小说不属于这个时代,却又是这个时代的墓志铭,上面镌刻着一份令人难以忘情又难以索解的情结。这份情结似酒,酿造者不知何者,饮者陈应松倒醉卧其中,忧乎、乐乎、恸乎?思之、讽之、愤之?人生五味,好一个一应俱全。"都云作者痴,谁解其中味?"曹雪芹的感叹,真正道出了小说家的酸甜苦辣。

让人读的小说,就得让人去解。解即悟、即思。解者非陈应松,所悟所思,与陈应松有关,又未必与陈应松有关,曲高和寡,终有知音者一二。如是说,陈应松小说中的情结倒也不完全属于他自己,其中包孕的普遍性是陈应松小说的意义之所在,也是本文的兴趣之所在。陈应松有一段自述其小说"情结"的话:

> 对于江汉平原,对于长江,我有着难以割舍的眷念,身处城市,精神还乡,似乎是所有乡土作家的"情结"。我离开了那块土地,可我的精神与他们同在。在城市,我只能是一个为生活而行走奔忙的人,而在故乡,我却是一个在河堤草坡上晒太阳的人,一个可以在祖先的坟头跪叩的人。[①]

[①] 陈应松:《拣熟悉的写》,《湖北日报》1992年1月21日。

这段话明白得很，身处都市的作家情系故乡的田园和人们，可都市容不下这份含情脉脉的"眷念"，既无处倾诉，又无人理会，情淤而成结。在中国传统文化中，思乡是一杯最浓的酒，"身在异乡为异客，每逢佳节倍思亲"。陈应松的小说，的确弥漫着一股浓浓的思乡愁绪，但由此把陈应松的小说归为传统思乡一类的作品，似乎又未必妥当。陈应松小说创作中的"非都市化"情结，表面上是思乡，实际上是"一种情绪，一种生存心态，一种关于人的栖居形式的追问"①，这里的"情绪""生存心态""人的栖居形式"已不是古典乡村时代的抒情的诗性话语，而是现代都市中反思的哲学话语，其彰显的不是个体化的思乡之情，而是当下人类的一种普遍的生存状态。在某种意义上，世界现代化的进程就是城市化的进程，"现代的历史是乡村城市化，而不像古代那样，是城市的乡村化。"②高度集中人口、生产工具、资本、享乐和需求的城市的诞生是历史发展的必然，但人类绵延几千年的乡村文化心理，本质上是和城市文化相对立的。这种对立，在文学中表现得尤为突出。在商品经济由西向东的百年过程中，我们可以看到一个有趣的现象，即：历史学家在商品经济过程中看到的是社会发展的铁的规律，文学家则爱用灌注情感的故事去解构那无情的规律。如欧洲19世纪的批判现实主义小说、20世纪的许多现代派小说在某种意义上，就是人类乡村文化心理对现代城市文化的拒斥与批判。中国自鸦片战争后的城市化进程一直没有摆脱乡村文化的影响，美国学者罗兹·莫菲说，上海"虽然绝大部分按照欧美方式组成，实际上却安放在农村文明的基础上"③。同中国内地相比，上海是最具有现代性的都市，但其文化心理的乡村性在域外人的眼里仍然是明显的，如林语堂直斥上海为"铜臭""行尸走肉"的"大城"，"中西陋俗的总汇"，是"浮华、平庸、浇漓、浅薄"，是"豪奢""贫乏""淫靡""颓丧"之地。④ 还有文人疾呼："回去、回去、上海不可久留。"⑤ 与上海相比，生活在内地城市中的中国作家，一直都对现代都市抱着恐惧与疏离的态度，心理上"非

---

① 鲍风：《〈抽怨〉、〈一个、一个和另一个〉座谈纪要》，《芳草》1995年第9期。
② 《马克思恩格斯全集》第46卷上册，人民出版社1974年版，第480页。
③ ［美］罗兹·莫菲：《上海——现代中国的钥匙》，上海社会科学院历史研究所编译，上海人民出版社1986年版，第2页。
④ 林语堂：《上海之夜》，见《我的话》，上海时代书局1948年版，第26—27页。
⑤ 浑沌：《上海不可久留》，《小说月报》第14卷第7号。

都市化"的倾向顽强地从现代文学延续到当代文学。李健吾的自述有着典型的代表性:"我得承认我是个乡下孩子,然而七错八错,不知怎么,却总呼吸着城市的烟氛。身子落在柏油马路上,眼睛触着光怪陆离的现代,我这沾满黑星星的心,每当夜阑人静,不由向往绿的草,绿的河,绿的树和绿的茅舍。"① 同样,在陈应松的小说中,乡村是与城市二元对峙的一极,在这种对峙中,作家用一种情绪化的语言有意遮蔽城市文化的意义:

在城市,连寂寞也充满虚伪。
城市的膨胀是人心的缩影。
金钱像肮脏的树叶一样卷起人心的深秋。人们不再传递着季节的喜悦,唯一关心的是行情。②

与对城市的诅咒相反,作家对乡村的赞美之词多且肆意张扬,如:

记得桑椹吧,记得红薯吧,记得碗里的清汤和一把对夏天发言的蒲扇吧,记得父亲的驼背和庙宇的青苔吧。乡村是往事的海洋。它与诗十分近似,差不多都走进了诗里。因此乡村是我们精神的归途,是人生苦恼的伟大歌手。③

就陈应松而言,对城市文化意义的遮蔽和对乡村文化意义的张扬以及二者的决然对立,我以为仍然是一种情绪化的言语表现,是作家身处都市之中一种莫名情绪的诗意抒发。他把乡村视为"精神的归途",在都市漂泊的灵魂以"回忆"的方式寻觅着归宿,但作家对"乡村""过去"诗意的首肯并不能解决"归宿"的当下性,也就是说,作家可以声称,现代都市人的归宿是一个问题,一个永远无法解决的问题。西方从浪漫主义美学到现代主义哲学的各个流派,也都认为这是一个只能提出而无法解决的问题,可生活在现实世界中的人,又必须对这个问题作出当下性回应,

---

① 李健吾:《李健吾创作评论选集》,人民文学出版社1984年版,第474页。
② 陈应松:《世纪末偷想》,武汉出版社2001年版,第163—165页。
③ 同上书,第174页。

事实上，人们也在用不同的生活方式作出选择和应对。当然，作家有权在作品中申述自己的信念，无论是古代的、乡村的，还是现代的、都市的，问题在于，他是否能把某种信念与当下性相结合，并用某种艺术形式表现出来。

坦率地说，陈应松小说中少有"当下性"，或者说，他对"现在"与"都市"的生活方式始终抱有一种深深的怀疑，所以，在陈应松描写"过去""乡村"的心境后面，实际上又悬搁着"现在"与"都市"，后者往往以"空白"状态出现，若不解读这"空白"，陈应松的"过去"和"乡村"也是难以读懂的。在他的笔下，乡村越亲近，都市就越遥远；过去越充满温情，现在就越冷漠；过去的乡村越成为一幅安顿灵魂的风景画，现在的都市就越成为一幅无法理喻的"空白"画。因无法理喻而不得不悬搁的"空白"，实际上包含着作家对处于主流地位的"现在""都市"生活方式的否定和怀疑，同时，也包含着作家对"现在""都市"生活的不熟悉。不理解而形成的"空白"使陈应松笔下的都市生活仿佛一个失去灵魂的空壳，是精神关照的空白点。如《暗伤》中的林歌，小说结尾一段是：

  40岁的老知青林歌手放在裤兜里一个人反反复复哼着那首有麦苗和菜花气息的歌子，他哼着哼着，泪水就湿了眼眶。

这儿的潜台词再清楚不过，都市，热闹的都市，不过是林歌灵魂的空白点。《寻找老鳡》中，在叙述者"我"的想象中，老鳡这个当年敢作敢为的男子汉一定被都市生活掏干了灵魂：

  老鳡说不上肯定也结婚生孩子了，不再拈花惹草、打架滋事。老鳡洗尿片、睡懒觉、摸麻将；老鳡挣工资、卖假羊毛衫、看电子游戏，老鳡跟老婆吵架后到街上吃热干面。老鳡只看电视连续剧不看新闻联播；老鳡受了上司的训斥忍气吞声不敢举报怕扣奖金；老鳡对官僚腐败现象深恶痛绝却只叹自己命贱；老鳡看着干部吃喝用桑塔纳送孙子上幼儿园打条子走后门搞价格双轨制毫无办法……老鳡为生计奔忙，自顾不暇……

当年叱咤乡村的"英雄"如今变成都市的懦夫,这样的都市,还有什么值得留念呢?在长篇小说《别让我感动》中,由乡村来到都市的主人公李檎,怎么都找不到生活的感觉,事业、感情,失败得一塌糊涂。小说的结尾,李檎在一个名叫"守护者酒家"的小餐馆里借酒浇愁,望着眼前的野菜,忽然醒悟到自己的归宿何在:

  重要的是菜。这里的菜好像与山有关,与一座深山靠得很近,似乎在餐桌上就能碰触到山谷里腾起的雾气,从垭口吹来的风。当你嚼着碧生生、脆嘣嘣的小竹笋炒肉,吃着有山泉间苔藓味的石鱼时,你对人生的感慨会是另一种滋味。这些菜不是那些脑满肠肥的城里人能够构思得出来的。

  陈应松小说中对乡村的迷恋似乎很接近20世纪80年代中期形成的"寻根文学"的内涵,但事实上有很大或者说有根本的差异。"寻根文学"是当年失去主体意识的知识者的一种特定话语形式,其多以乡村话语排遣知识者被逐出主流话语的郁闷与失意。陈应松则不同,他的乡村话语洋溢着一种选择的主体性,并以故意悬搁城市话语的方式对城市文化进行有力的挑战。当然,他的乡村话语其实也是改装过的知识者话语,或者说是当今世界流行的知识者话语,即"日常生活批判"。20世纪西方哲学中的存在主义、法兰克福学派,都针对现代都市人日常生活的种种异化现象进行了猛烈的批判,陈应松对都市人"灵魂的灾难""普通人的堕落"的思考和描写,显然受到这些思潮的影响,其小说中"非都市化"的情结也由此而具有现代文化哲学的意味。发掘"过去""乡村"的文化内涵,注入都市,或许会使都市生活方式健康起来,这是否是陈应松下意识里的想法?我们姑且这么认为。不管怎么说,陈应松小说中即使明显存在否定、怀疑都市生活的倾向,导致都市生活方式没有完整、实在地在小说中反映出来,形成所谓都市话语的空白,但是,作家所声称的"精神的归途"的"乡村",果真是现代人魂灵的安放地吗?我们从其作品中似乎可以找到许多反证。《暗伤》中的林歌、《别让我感动》中的李檎、《大街上的水手》中的马懿,结局是并未返回"过去"的"乡村",他们的灵魂不仍然在"现在"的"都市"漂泊吗?回头再看《黑艄楼》《黑藻》中的"我",那个决意走出封闭乡村、社会底层的"我",无论在都市遭逢多大的创伤和轻慢，恐怕都不会让时光倒流。事实上，陈应松也默认着从乡村到都市的历史进程表。在中篇小说《乡村纪事》中就有一段相关的叙述：

> 在许许多多的小的村庄的尽头，城市出现了。
>
> 城市聚集着更多的人，那些不愿呆在乡村、心绪不宁的人，都争先恐后地向城市走去，那些重名重利的人，也向城市走去。
>
> 庄生（小说中的一个虚拟人物）创造了城市。但是城市的人还处在惊恐中，他们从水底爬起来，沿着一条条布满灰尘的路匆忙走着，去寻找食物和名利，于是他们打了起来。他们互相咒骂，用谣言和计谋，用软刀子，也用下贱的谋杀。他们寻找着下手的机会，给对手致命一击。他们都面带微笑，牙齿却咬得咯咯响。

在小说叙述者"我"的视角里，都市里混乱不堪，可它仍是人们现实运动的一个指向，尽管怀着不同的动机，人们又都自觉或被迫地向都市走去，这个指向就是人类生存方式从乡村走向城市的历史进程，你可以不满意，可以怀疑，但你总被裹挟着朝这个方向走去。《黑艄楼》《黑藻》中的"我"，《大街上的水手》中的马懿，《寻找老鳡》中的老鳡，《暗伤》中的林歌，《别让我感动》中的李樯，无一不是如此。面对一批又一批来自乡村的客人，都市却没有古老乡村的待客礼仪，都市太理性化了，一切都是明码实价的交换，一切都是心照不宣的残酷竞争，生命的每一分钟都可以用货币量化出来，任何行为都毫不掩饰地暴露出利用与甘心被利用、玩弄与甘心被玩弄背后的交换筹码。都市把人的一切欲望都调动起来，都市又创造出一切满足人的欲望的方式。都市有无穷无尽的故事，都市人却没有倾听故事的时间和耐心。来自乡村的"都市人"，特别是来自乡村的作家，自然会对这一切产生刻骨铭心的感受。坐在嘈杂的都市空间里去回眸悠长的乡村岁月，"我来自何方？又去往何方？我是谁？"这样的哲学话题，终究会在文学中表露出来，因为都市话语不认可乡村话语——其实是都市的生活方式、思维方式、游戏规则不认可乡村的生活方式、思维方式、游戏规则。无法用乡音与他人沟通的人常常会在心理上形成受到强烈压抑的孤独感、焦灼感。对此，小说家更为敏感。

由此，我们或许可以说，陈应松小说中的"非都市化"情结，或说城市话语的空白，既有对都市生活方式否定、怀疑的成分，又有一种无可奈何自我安慰的成分，既有传统乡村文化心理对城市文化的本能排斥，又有逆反现代性的哲学沉思与批判性诉求。都市人也有情感，也有灵魂，只不过其体现的话语系统不同，陈应松小说中"异乡人"的感觉，就在于乡村话语与都市话语的无法对接。所以，陈应松对故乡、底层的关注尽管有社会、道德上的原因（城乡差别的巨大反差使得来自乡村的作家不可能不对自己的父老乡亲表示深切的同情），但是，作为一个已走入都市的作家，某种意义上，其小说的话语存在是他的立足之本，当他还不能，或不愿以都市话语写作时，或者说他的小说话语还没有为都市阅读者所接受时，他注定是寂寞和孤独的。陈应松把这种"寂寞"和"孤独"化为一个追问，即"我在为谁写作？"

> 我时常泛起一种奇怪的意念：我的小说是为某一个人写的，而这个人并没有出现。在我写小说时，这个人以一种氛围萦绕在我身体和稿纸四周，"它"正注视着我，每个标点符号都知道我的用心良苦。这个人是谁呢？①

陈应松在另一处的说法显然与这段话相矛盾，他说：

> 想一想，对于一个大学教授与一个船工，一个惯于卖伪劣商品的商人或者一个田间的荷锸者，我更熟悉谁呢？当然，我熟悉船工，我熟悉农民。我写他们，我的爱与恨就会变得十分真实，没有任何虚假和矫饰的成分。我的感情更易与他们贴近，而不必去揣摩或者猜想。②

为故乡的父老乡亲，为中国社会最底层的农民写作，我想，凡看过陈应松《九月的故事》《雷殛》《野木瓜》《燕麦钟》《旧歌的骸骨》《大寒立碑》《刘南复》《草荒》《秋寒》等作品的人，都不会怀疑这个结论。

---

① 陈应松：《作家自传》，《百花洲》1995年第1期。
② 陈应松：《拣熟悉的写》，《湖北日报》1992年1月21日。

明明白白要为故乡农民、底层人们写作的作家何以又对自己的写作对象心存疑问呢？这并非作家的故弄玄虚。他关注、同情故乡农民、底层人们，也用笔去描述他们的生存状态，但是，陈应松并不以专写"社会问题"的作家为荣，他没有感觉到故乡农民的痛苦生涯在历史进程中有什么本质的变化，更不相信自己的小说能为故乡农民起到什么实际作用。所以，在陈应松的小说中，农民几乎就是苦难的代名词，他们为生计所累，为岁月所累，为一切人所累，没有一点点精神上的自由权利。一部《失语的村庄》，无非就是阐明、表现这一点。然而，作为一个作家，作为一个无法为自己的写作对象"申诉"的作家，他能无动于衷吗？即使他悲观地看待农民的非自由状态，自由，仍然像一个黑夜的潜行者，用无法听见的足音敲打着作家的灵魂。所以，陈应松愈清楚他在为故乡父老乡亲写作，也就愈不清楚自己所瞩望的"这个人"是谁。这当然是一个矛盾，却又是一个耐人寻味的矛盾。从哲学上说，陈应松所企盼的"这个人"就是自由，这也是预测他创作走向的一个基本尺度，或者说，陈应松的小说创作正处在一个嬗变的临界点，"现代"的"都市"没有自由，"过去"的"乡村"就有自由吗？对写作对象的不确定表述恰恰是对单一乡村话语的怀疑，由此，他也许会超越自己小说中潜在的乡村话语与城市话语的对立，他的"非都市化情结"也将悄然消解掉以乡村文化排斥城市文化的情绪化企图，他会用自己所熟悉的生活画面去艺术地索解古今中外文学都必须面对的永恒母题——生命和自由。笔者以为，作家近年来发表的两部中篇小说《豹子最后的舞蹈》和《松鸦为什么鸣叫》，就形象地预示着作家创作思想的一次重大变革，一次自我扬弃的升华，也同时让我们对作家的创作产生了更大的期待。

原载《华中科技大学学报》（社会科学版）2002 年第 5 期

回归与超越

——析陈应松小说话语的嬗变

　　湖北作家陈应松在远离都市的神农架蛰居了一段时间后,以神农架为背景一气写出了三部中篇小说:《豹子最后的舞蹈》(《钟山》2001年第3期)、《松鸦为什么鸣叫》(《钟山》2002年第2期)、《云彩擦过山崖》(《钟山》2002年第2期),一部短篇小说《弟弟》(《上海文学》2002年第2期)。就作家二十余年的创作而言,这几部小说有着标志性的意义,一是作家的小说话语开始置于一个新的语境,即自然与生命的对话;二是在这个新的语境中,作家的艺术追求与对生命的哲学思考开始融为一体。

　　在神农架系列小说中,陈应松对生命进行了哲学的思考和艺术的阐释。在他看来,人生表现为"生活"与"生命"的二元对立。所谓"生活",是指衣、食、男女等人的基本需求,人需要"生活",但如果只有"生活",便与动物无异。人之为人的根本特征全在于"生命",所谓"生命",则是超越"生活"层面的属于人生高尚理想和情操的活动。如果人囿于"生活",而"生活"的必需条件,又是靠不义的行为或坐享其成维持,就必然导致人性的扭曲。表面上看,《豹子最后的舞蹈》《松鸦为什么鸣叫》与《云彩擦过山崖》三部中篇小说的故事以及陈述故事的方式不尽相同,但其主题却是相同的。三个故事演绎着一个话题:为满足欲望的生活总是自私和排他的,处于这种生活状态中的人是无法获得生命的意义的,生命的意义往往源自无欲状态下的人与自然的对话。

　　《豹子最后的舞蹈》描写神农架一只最后的豹子,在生命最后的日子里,它一面与猎人老关一家进行着生死较量,一面又在反思自己家族的悲剧命运。它的反思充满哲学的寓意：豹子家族遭受灭顶之灾的原因并不因为人的强大，而是豹子家族中各为一己私利形成的互为"仇敌、冷漠、躲避和怒吼"的关系，"是谁让我们变得这样呢？孤独，像一种吞噬我们的病菌，我们的祖先就是这样吗？谁不希望帮助与交流呢？可是我们不需要，除了我们自己。是孤独使我们灭绝的？""我知道，我们一代又一代在这些怨恨中生活，隔绝了亲情，使我们更加孤独和寂寞，孤立无援，像一个又一个分散的游魂，而这正好让那些捕杀者将我们分而击之。"豹子的反思让人不寒而栗，猎人老关一家在与豹子的较量上是团结的，可他们的自私自利、相互之间的冷漠、仇视比豹子有过之而无不及，豹子家族如今走向了毁灭，没有了豹子，老关的家族还能存在下去吗？更可怕的是，豹子还有最后的反思，而老关的后人们，却依然浑浑噩噩、我行我素、相互倾轧。"人啊，你们的出路在哪里？"作家的忧思历历可见。值得注意的是，这部小说中多次描写了一个名叫"白岩"的自然景观，"它壁立万仞，像一组巨大的远古的城堡，在傍晚，西天的太阳直射在它的壁上，蔚然壮观。""白岩"雄伟而又神秘地让豹子家族领略到生命的真正意义，"我的母亲说，白岩给我们以激励，它的灿烂，是我们明天更振奋有力地活着的理由。"在生命的最后时刻，摆脱了一切欲望的豹子，终于登上了童年时代可望而不可即的"白岩"："母亲，你站在我们童年的故居望着我吗？假如有夕阳，假如你还存在，你会凝望着我，你的儿子。你一定能望见我！你看到我踏上了只有鹰才敢筑巢的白岩，看到我高昂着头，在你的目光所能企及的地方，在最高处，孤独站着。"从饥饿、情欲、仇恨等欲望煎熬中冲决而出的豹子终于在与自然的对话中找到了生命的真谛，可付出的代价却是整个家族的灭亡。就作家对人类命运的思考而言，《豹子最后的舞蹈》恰是一部警世、醒世的寓言。

《松鸦为什么鸣叫》描写的是亘古山林中一个名叫伯纬的山民与公路的故事。因为修公路，伯纬失去了同村的王皋，自己也成了残疾，并有了背尸的第一次经历。伯纬始终没有想明白，以无数人的生命换来的公路究竟有什么意义。公路给许多人带来了财富，给他带来的却是背尸的命运。如果说伯纬背王皋的尸体回家，是为了实现对死者生前的承诺，那么，他一次又一次地去背因交通事故而翻车死亡的人，是为什么呢？小说并没有陈述伯纬行为的动机，作家也不想用什么救死扶伤的道德观念去诠释伯纬的行为。在读者的阅读感受里，伯纬就是那"哪儿有血腥或者即将有血腥"就发出鸣叫的松鸦,是预告死亡的先知。松鸦一叫,残疾的伯纬就要去背尸了,"他现在要去了,谁都阻挡不住的。这时候谁都不敢阻挡他。他是那么的麻利,取竹子,点火,拢在残指上,精神亢奋,双耳赤红,连脚下的力士鞋也系得紧紧的,落地轻轻的,醉了,不醉,都是这个样子。"如此,一个身残愚钝、无任何奢侈欲望的山民与那些忙忙碌碌而不知生死的"文明人"便构成生命意义的两极,何去何从,读者也就不得不作出形而上的思考。公路上那些驱使各式车轮"你追我赶"的人为何不惧死神,"赶着一群羊的伯纬看着那些刹声中的车轮擦着悬崖,心想,现在的司机咋就胆子越来越大了,吃了豹子胆么?其实是因为钱。但当官的呢?坐桑塔纳和红旗、奥迪车的呢?也是因为钱吗?坐在山石上的伯纬想不明白:他们为何这么匆匆忙忙?他们是在赶杀场?"伯纬困惑的视野里,象征现代文明的"公路"已异化为"欲望之路""死亡之路"。作家似乎借此表明:欲望虽是生命的自然本能,但不管是动物还是人类,都不能超越自然的界限。也就是说,生命因欲望的适度满足而快乐,因与他者分享欲望的满足而美丽,反之,生命也因欲望的恶性膨胀而毁灭,也因欲望的极度私欲化而丑陋。

与前两部中篇小说相比,《云彩擦过山崖》里的故事要素已简化到不能再简化的地步。主人公宝良——一个在华中最高峰做了26年看护瞭望塔的人——在即将退休下山的时候,联想浮翩,他发现自己已是山林、云海的一部分,那毫无人间烟火气息的瞭望塔原来是自己灵魂的栖息地。"我想看一看我究竟在哪儿,我结果看见了我那熟悉的瞭望塔,像一根直通通的柱子,上面盖着个斗笠似的东西,那就是我的家。那就是我多年来住在那里,喝酒、吃饭、睡觉并且守望的家。它在山顶上,山上的斜坡全是茂密古朴的森林,它们簇拥着那个塔楼,使它显示出一种特别的、说不出的气概来,它与山峦和树林牢固地结为一体,又似乎不是它们,是另一种东西,另一种永远也估摸不透的、要与苍穹说话并将继续生长的东西。它温暖,它亲切,他有着空洞的眼睛,无声地瞩望我并召唤我,它的眼睛是女性的,有生气的盲人的眼睛。它站在那里就是一种召唤和激励。"在小说中,作家大段诗意盎然的自然描写,无疑是在渲染一个命意:被山林、流云、星空融化的宝良在漫长的与自然无言的对话中找到了灵魂的根基,获得了精神上的自由。与此相对立,久隔人世的宝良对"山下的世界产生了敌意","我对从山下窜来的人突然愤怒起来,是无端的愤怒,对那些浑身充满了山下人群气息的人，不管是谁，只要他们踏过山下的泥水，抽着山下的烟，带着花花绿绿的山下人吃的方便面，甚至一揿就燃的气体打火机，都成为我的敌人，我无法接受的东西。"山下的世界和山上的世界，何以具有全然不同的性质？作家的回答无比明确，远离自然的山下世界看似热闹，不过是庸庸碌碌的欲望场，永远寻觅不到生命的真实意义，相反，山上的世界尽管孤独单调，却和自然是亲近的，只要你有恒心，有定力，你就会在大自然的启迪下，对生命的真实意义获得审美的感知。

与陈应松此前的小说相比较而言，在神农架系列小说中，作家的选材与表述方式并无大的变化，只是随着小说语境的变化，小说的意蕴多体现为深层的象征意义。换言之，读者必须越过故事本身的含意，必须在阅读中调动自己的人生体验，方能企及作品的独特内涵。从写作上看，作家在审美层面上对生命和自然何以和谐并存的哲学思考消解了社会学层面上的乡村话语与城市话语间的紧张对峙。同时，作家作为一个用小说话语阐释生命意义的知识者的自我定位也得以更自觉的确定。

在陈应松最初的小说创作中，其话语大致表现为两大系列：一是走向都市的知识者话语，一是面向乡村的知识者话语。前者集中体现在"船工系列小说"中，代表作品有中篇小说《黑艄楼》（1987）、《黑藻》（1987）、《一船四人》（1990）等；后者集中体现在"乡村系列小说"中，代表作品有中篇小说《九月的故事》（1988）、《雷殛》（1989）、《野木榍》（1989）、《燕麦钟》（1989）、《旧歌的骸骨》（1989）、《大寒立碑》（1989）、《刘南复》（1990）、《草荒》（1990）、《秋寒》（1990）等。《黑艄楼》《黑藻》《一船四人》中的"我"，一个为了生存而不得不栖身于小小驳船上的年轻人，强迫自己去适应环境，学习船工，理解船工，按照他们的模样改造自己，但是，"我"作为一个知识者，又永远无法和那些船工混为一体。比如排泄这人之最本能、最自然的事，"我佩服他们的坦荡和自由，在光天化日之下，一边同男女说着什么一边背过身去，瞄准长江就干。而我对着伟大的长江却尿不出来。"（《黑艄楼》）"我毕竟是这个船业社有史以来的文化人，是与他们完全不同类型的招工知青，是一个他们永远也无法匹配的小伙子。"（《黑藻》）尽管"我"身陷逆境，但"我"仍可以以一个知识者的身份对生存环境的合理性提出疑问，"我"有权力为自己去设想自己的未来，"我"未来的指向就是远离乡村、获取知识的都市。显然，这儿的"都市""知识者"，都还仅仅是象征文明的一个符号。在面向乡村的知识者话语中，作家侧重表现农民社会地位的低微及困窘的物质生活状态，其间，"欲于鼓与呼"的激情和良知跃然纸上，俨然一个站在田间地头的现场报道者，虽不敢说自己的小说能救民于水火，但那份以小说话语去激荡人心的自信心却是充足的。从时间上看，陈应松乡村小说与船工小说的创作几乎是同步进行的，作为叙述者，"我"在《黑艄楼》《黑藻》《一船四人》中确立了知识者的身份后，不仅获得了一种自身的解放感，而且在人类文化对知识者的解释视野中，自觉承担起为故乡父老乡亲申述的"责任"和"良知"。由此观之，20世纪90年代前后的陈应松，走向都市也好，面向乡村也罢，作家不同的小说话语形式仍然可以在传统知识者话语系统中得到统一的解释，即知识者往往通过对底层社会的关注而确证自己的社会地位。换言之，知识者的话语权最终是由社会良知这类道德概念授予的，所以，其语境的所指是社会学的内涵多于美学的内涵。

　　90年代中期，陈应松的小说话语出现了一种失序的状态，或者说，其最初能得到统一说明的两大话语系列出现了分裂，即早先渴望走进都市的乡村知识者对城市文化的抽象肯定转变为无法融入都市的乡村知识者对城市文化的具象否定。《黑艄楼》《黑藻》《一船四人》中的"我"所憧憬的"都市""知识"一下子失去了昔日的诱人光环，"城市已没有水面，在天晴的时候，除了家里的水管，城市是很难发现水的。因此，它比沙漠更荒凉干涸，只是我们不愿这么想罢了"[①]。水手出身的陈应松，在这里赋予"水"的含义无非是精神、灵魂性的东西。在他看来，都市生活仿佛一个失去灵魂的空壳，是精神家园的虚空。中篇小说《寻找老鳡》（1990）、《男人之间》（1991）、《东方红》（1994）、《承受》（1995）、《大街上的水手》（1999），长篇小说《别让我感动》（1997）均从不同角度反映出作家对城市文化的思考，如《暗伤》中的林歌，作为下乡知青，在"广阔天地"里厮混了十几年后，终于回到日夜期盼的城市。表面上，整部小说都在描述林歌决意从乡村返回都市的故事，以及他在乡村为返回都市而遭逢的种种情感磨难，可小说结尾的意蕴却是一个逆转：当林歌如愿回到都市，先前憧憬的生活向他走来的时候，40岁的林歌反倒意懒心

[①] 陈应松：《世纪末的偷想》，武汉出版社2001年版，第34页。

灰，生趣顿失，灯红酒绿的感官刺激和物质享受对他失去了诱惑，甚至连正常人的情爱生活，他也无动于衷了。他最后只得承认，他一生"最美好的时光"已留在"过去"和"乡村"，留在那个与他生活了十几年而没拿结婚证的乡村女人身上。再如《大街上的水手》中的马懿，一会儿一个都市成功男人的感觉：自信、居高临下、计较利害关系、淡忘过去；一会儿一个离船上岸的在大街上游荡的水手：贪婪女人的眼神、久隔人世的精神委顿、无所事事、得过且过，两种感觉复合为都市的精神混乱。他只得着魔似的一次次潜出都市，与一个仍停留在过去岁月中的女人进行无趣的频繁接触。长篇小说《别让我感动》中的主人公李楢，由乡村来到都市，怎么都找不到生活的感觉，事业、感情失败得一塌糊涂，小说的结尾，李楢在一个名叫"守护者酒家"的小餐馆里借酒浇愁，望着眼前的野菜，忽然醒悟到自己的归宿并不在都市，而在乡村。应该说，小说中人物的这些感觉是陈应松自身经历的真实写照，一个来自乡村的知识者无法在都市里找到安放灵魂的地方，甚至对自己知识者的身份都无法得到确证："一直以来，我的小说很少甚至完全没有触及城市生活和知识分子，虽然我在城市生活了7年，多少也算个知识人了。原因在于我对城市多有隔膜，对知识分子也谈不上了解。"[①] 如此，"人在都市，精神还乡"便成为作家下意识的选择，此时的"乡村小说"也开始出现变调的话语，如中篇小说《金色鱼叉》（1993）、《牛蹄扣》（1993）、《风中渔鼓》（1993）、《大苇船》（1994）、《渔人结》（1997）、《年景》（1997）、《沉船渡》（1998）等，其间纯农民立场上的情感宣泄，有，但不是主流，作家更关注的是在环境挤压下的生命形态，是人的生存意志的忍耐极限与反抗心理间的张力关系。乡村、底层人们亘古不变的生存方式当然不是理想的"归宿"，可其显示出来的田园生活中的温情以及面对苦难的生命的坚韧性、包容性，却又绽放出生命最迷人的魅力，这便是无法在都市安顿灵魂的作家"精神还乡"的全部理由。

陈应松小说话语的上述变化，使作家陷入迷惘和沉思。所谓迷惘，是指作家对"为谁写作"的问题提出了疑问。在社会道义的层面，陈应松从来都坚持为故乡农民、底层人们写作的立场，但这样的写作除了道义的表达，究竟有多大的意义？在中篇小说《乡村纪事》中，作家借小说中

[①] 陈应松：《拣熟悉的写》，《湖北日报》1992年1月21日。

人物之口说："最虚伪的是那些自称为八亿农民写作的作家。农民中有多少看作家的小说呢？……在那些作家高唱为'八亿农民写作'的口号时，他的作品说不定只印了五千册，而五千册要对付八亿农民，就等于是一本书要让十几万人读。轮到每人读一遍，这本书是否还存在，再说谁来负责这项举世无双的轮读工作呢？"这并不是作家随意的自我调侃，它多少传递出作家对传统知识者话语产生怀疑的信息，"我时常泛起一种奇怪的意念：我的小说是为某一个人写的，而这个人并没有出现。在我写小说时，这个人以一种氛围萦绕在我身体和稿纸四周，'它'正注视着我，每个标点符号都知道我的用心良苦。这个人是谁呢？"[①]迷惘便是沉思的开端，陈应松连续写出的几部中篇小说，集中表现了其话语转型过程中的迷惘和沉思。如《籁羊》（1995）、《归去来兮》（1995）、《乡村纪事》（1996），这几部小说的背景依然是乡村，可小说中人物的农民身份已经淡化，他们不再像"乡村系列小说"中的农民那样，为了生存而忍辱负重，辛勤劳作，他们的行为和思维，怪异且超常，让人不可理解；他们生活的环境神秘又虚幻，让人压抑，无法自由呼吸。这种变化似乎说明，作家放弃了具象化城乡对峙的话语模式，开始了人与环境、生命与自由间关系的抽象化沉思，就像《归去来兮》中因杀人而坐牢的"大哥"在一首试图总结自己一生的诗中写道："郎浦的水天和云彩／成全了我的幻想／天空搁着一堆堆齿轮／我把我自己喂了进去。"同样的沉思也表现在另一部描写城市生活的中篇小说《人鳃》（1997）里，翻车落水又死而复生的夏俗，顿悟到生命的无奈和脆弱，决心"要过另外一种忘掉过去的生活"，拼命寻欢作乐，可是，水，作为生命之源，作为生命召唤的象征，常诱惑夏俗做出常人无法理喻的行为：无缘无故，不分时间地点地去渴求水，只有水才能使他在都市躁动的生活中得到片刻的安宁。最后，夏俗在神秘的幻觉中"走进了满天繁星的夜幕中。他找到了水"。由充满象征意味的"水"替代具象化的乡村，恰好反映了陈应松小说创作语境的变化，即传统知识者的社会学话语为现代知识者的审美的哲学话语所替代。这种替代也同时说明，作家所指称的为之写作的"这个人"就是与自然和谐共存的自由，作家不熟悉的都市，熟悉的乡村，均无自由可言，于是，借用梦境、幻觉来催生人们对自由的神秘企盼，便自然成为作家新

---

① 陈应松：《作家自传》，《百花洲》1995 年第 1 期。

的话语形式。

由此而论，长篇小说《失语的村庄》（1997）可视为作家此前全部小说创作的一次艺术性总结。在《失语的村庄》中，作家关注"劳者之事、饥者之食"的良知犹在，只是激情已化为冷静的审视，小说通篇描写一群人（尽管是农民的身份，但小说话语的意蕴已远远超出乡村小说话语内涵）的生存困境以及身陷困境的无奈、麻木，甚至失去了对世界进行思考、陈述自身意见的基本能力。小说中只有一头有"灵性"的猪——"看麦娘"在思考生存的危机和生命的自由，作家以此反衬出人的失语。特别值得指出的是，作家在审视写作对象生存状态的同时，也在审视自己小说话语的生存状态，"为了一些稀奇古怪的想法（如探索），说一些八竿子打不着的话，是没有任何意义的，纵然这本小说深奥万端，在读者面前也是一种失语。我的父亲走村串户，量体裁衣时绝没有奢望自己会成为巴黎的时装设计师，他只是想养活一家老小，每一针缝得恰到好处。我的小说当然也只是这么想的。我的父亲使用的是剪刀和针线，我使用的是纸和笔，从本质上来说，它们有什么区别呢？"由此可以看出，作家在描述现代人的失语的时候，也感受到自己小说话语处于一种失语状态，以至出现"欲说有谁听"的困惑和痛苦："'失语'是一种人生的状态。无处叙说无处倾诉的我们时常只有缄默，在长久的缄默里铸就着现实和时代的特征，并将这种'失语'和由此带来的一切块垒悄匿于土中，像埋葬往事一样。"[①]

总之，从"人在乡村，心系都市""人在都市，精神还乡"，到人生的"失语"状态，再到对生命与自然和谐共存的审美反思，陈应松的小说话语大致呈现出一个回归与超越的历程。从回归乡村到回归自然，恰好表现出作家对具象化现实的审美超越，《豹子最后的舞蹈》与《松鸦为什么鸣叫》或许就是这种超越的开端。以作家熟悉的乡村话语形式去表现生命的本质，或者说，在原始的生命形态中去发掘为现代文明所遗忘的生命的本来意义，这将是作家从自己丰富的生活矿藏中提炼出艺术精品的一条通道。

[①] 陈应松：《〈失语的村庄〉后记》，河南文艺出版社1997年版。

【附记】本文写于 2003 年秋冬之季，是应当时武汉大学文学院院长龙泉明先生之约而写。他说有个杂志要组几篇湖北作家新近创作的评论文章。不料，泉明兄突然因病住院，次年元月永远地离开了朋友们。把这篇未刊稿收集在自己的文集里，以此寄托我对泉明兄深深的怀念。

钟爱文学之梦的大师

——博尔赫斯

> 我们生活在一个伤害和侮辱人的时代，要想逃避它，只有一条出路，那就是做梦。
>
> ——博尔赫斯

1986年6月14日，阿根廷诗人、小说家、文学评论家豪尔赫·路易斯·博尔赫斯因肝癌在日内瓦逝世，终年87岁。博尔赫斯逝世后，阿根廷总统阿方索立即下令全国举行哀悼，拉美评论界亦作出沉痛的哀悼，纷纷称"他是拉美的杰出作家，也是世界性的作家，他的才华可与塞万提斯媲美"。但对于博尔赫斯本人来说，他似乎早已坦然面对死神的降临，当他81岁的时候，他就声称准备随时死去。从那时起，他紧张地安排着一切。1986年4月26日，博尔赫斯逝世前一个多月，他突然宣布与他的女秘书、41岁的玛丽娅·儿玉结婚，当时舆论界一片轰动。其实，此举仍是博尔赫斯迎接死神的一个仪式，一个最后的仪式，他已预感自己来日不多，而陪伴他十余年的玛丽娅是理解并整理他作品的最合适的人选，所以，他必须以合法的形式让玛丽娅成为"他的财产、遗赠、勋章和版权的唯一继承人"。博尔赫斯太钟爱文学了，他渴望自己的生命在文学梦境中有个永恒的停止。

文学——生命之梦

"我认为，文学只不过是游戏，尽管是高尚的游戏。我们生活在一个伤害和侮辱人的时代，要想逃避它，只有一条出路，那就是做梦。我们梦见这个坚不可摧、玄秘深奥和清晰可见的世界，它无所不在，无所不有。然而我们为了知道它是有限的，就在其建筑结构中空出了一些狭窄而永恒的虚无缥缈的缝隙。"（博尔赫斯：《文学只不过是游戏》）这段话可说是透视博尔赫斯全部文学创作的视点，其题材的幻想性、主题的哲理性、手法的荒诞性、语言的反复性都源自他对生命的阐释：人生活在世界上，就像走进了迷宫，既丧失了目的，也找不到出路。人生如梦，文学亦是梦的言语显现。读博尔赫斯的小说，常使人感到惊讶，你很难读到完整的故事，也很难发现完整清晰的情节，主人公们的行为、性格、愿望、思想常常光怪陆离，神秘乖张，真假莫辨，虚实相生。他们唯一的任务，或者说，唯一的生活目的、生命乐趣全系于怪诞的梦：

"把他引到这里来的目的，并不是不可能实现的，尽管它是超自然的。他要梦见一个人；要梦见他，包括全部的细节，而且要使他成为现实。这个魔法的计划消耗了他心灵的全部内容。要是有人问他叫什么名字，或者讲讲以前怎么过的日子，他简直无法肯定地予以答复。这个荒废的坍毁的神庙对他很合适，因为它是一个最低限度的看得见的世界。附近的农夫也是这样，因为他们承担了供应他有限的生活必需品。他们奉献给他的大米和水果，足够维持他身体的需要，使他能够从事睡觉和做梦的这唯一的任务。"（《圆形废墟》）

"有一天或者有一夜——我的白天和我的黑夜之间，还有什么区别？——我梦见监狱地上有一粒砂子。我没有在意，又睡着了。我梦见我醒来，地上有了两粒砂子。我又睡着了，梦见有三粒砂子。就这样，砂子不断地增加，直至充满了监狱，我就在这个砂子的空间里死去。我明白我是在做梦；我以极大的努力醒了过来；但是虽然醒了过来却没有用，无数的砂子使我窒息。有一个人对我说：'你并没有醒过来，你只是回到前面的梦中罢了。这个梦又在另一个梦中，就这样直到无尽无休，其数目就是砂子的数目。你要退回去的路是没有尽头的；在你真正醒来之前，你就要死去。'"（《神写下的文字》）

弗洛伊德曾广泛探讨过艺术家与精神病的关系，他的结论是"一切艺术都是精神病"，而"艺术家就如一个患有神经病的人那样，从一个他所不满意的现实中退缩下来，钻进他自己的想象力所创造的世界中。但艺术家不同于精神病患者，因为艺术家知道如何去寻找那条回去的道路，而再度地把握着现实"。（《弗洛伊德传》）博尔赫斯曾宣称："我从未喜欢过弗洛伊德",的确,博览群书,思辨力极强的博尔赫斯,从未在生活中,即使最痛苦不堪的时刻,有丝毫神经质的表现,但就文学与作家生活中痛苦的经历来看,我们还得承认,博尔赫斯之所以在自己的创作中那么迷恋梦幻的色彩,的确受着一种潜意识的支配:"从一个他所不满意的现实中退缩下来,钻进他自己的想象力所创造的世界中。"

和众多拉美作家一样,博尔赫斯所具有的西方文化背景与拉美的专制统治现实形成了尖锐的冲突。1899年8月24日,博尔赫斯出生于布宜诺斯艾利斯一个英国血统的医生家庭,童年受英国家庭教师教育,10岁的桌上就摆满了欧美文学名著。第一次世界大战爆发后,全家移居瑞士日内瓦,后就读于剑桥大学。博尔赫斯中学时代即开始写诗,除通晓英语外,还在日内瓦学会了德语和法语。大战结束后,随家遍游欧洲各国。从个人出身和生活状况而言,博尔赫斯是幸福的,但在现实环境中,他却呼吸着拉美混浊的空气,咀嚼着痛苦的人生感受。博尔赫斯本在布宜诺斯艾利斯市立图书馆有一个不错的职位,但在1946年庇隆执政不久,由于在反对庇隆的宣言上签字而被革职了。博尔赫斯自己说:"我痛恨1899年8月24日以来在这个国家诞生的一切独裁统治,特别是庇隆政府。""我的办公室里来了两位母亲,她们向我讲述了她们的两个儿子被绑架的情况,后来又来了另外的母亲,她们也讲述了自己亲人失踪的事,我除了签名没有别的选择。"(《博尔赫斯生平纪事》)可见,拉美的现实在博尔赫斯心灵上刻满了又深又重的阴影,草菅人命的独裁政府肆无忌惮地屠戮生灵,以残酷野蛮的武力否定人的生命价值,面对如此现实,生命成了一场噩梦,文学则是梦中的梦。"在阿根廷不能以梦幻的词语思维,而只能以噩梦的词语思维。我认为我们在走下坡路,或者说布宜诺斯艾利斯的桥正在坍塌。"出版于1949年的小说集《阿莱夫》中,博尔赫斯几乎全用噩梦的方式来宣泄内心的痛苦。在《不死的人》中,寻求不死的主人公永远摆脱不了噩梦的纠缠,即使他在梦中找到不死之城,也嗅不到任何生命的气息,因为"我只知道许多年来总是干扰着我的噩梦。我已经弄不明白这个或那个特征是现实的呢,还是扰乱我的夜间的那种形体的转化。这座城市(我想)那么可怕,只要它继续存在,即使是在一个秘密的沙漠的中心,也会玷污过去和将来,而且会以某种方式败坏天体。只要它继续存在,世界上就谁也不可能勇敢或者幸福。我不愿意描述它了"。在《死人》中,一个类似美国西部拓荒者的小伙子,本哈明·奥塔洛拉,凭着勇猛、狡诈，赢得了权威、财富和女人，可在他人生辉煌的一瞬间，他明白了这不过是一场梦，一个早已成为行尸走肉的人的生命之梦，"从一开始，他们就出卖了他，他已经被判处了死刑。他们给他女人，让他指挥，使他胜利，都是因为已经把他处死"。对现实的自然滋生出信赖梦幻、寻觅另一种生命价值的情绪，《神学家》借神秘的教义宣称："所有的人都是两个人，而那个真的则是另一个，是在天上的那一个。他们也想象我们的行为会投出一个颠倒的反影。因此，我们醒着的时候，另一个睡觉；我们私通的时候，另一个贞洁；我们抢劫的时候，另一个慷慨。"

博尔赫斯对梦境的钟爱，既是他以文学的方式反抗荒唐的现实，同时，也是他对生命之谜的诠释。就前者而言，博尔赫斯是一个坚定而又清醒的民主主义者，但就后者来说，博尔赫斯又是一个彷徨的文化怀疑论者。而且正是作为文化怀疑论者的博尔赫斯，才在梦之文学中痛苦地思索着人的命运，从而使自己的创作超出了狭隘的社会学层面，细腻展现出当代人类的心理面貌。

梦境——人生之谜

"童年的时候，我是老虎的热诚崇拜者。我崇拜的不是那种美洲虎，那种亚马孙林莽里或者巴拉那河顺流漂下的植物岛上的身上有斑点的所谓'老虎'，我崇拜的是那种亚洲的身上有条纹的高贵的老虎……童年过去了，老虎以及我对老虎的热情衰退了，然而仍然在我的梦中出现。它们在这种潜在或者混沌的状态下，仍然继续存在。因此，我在睡觉的时候，有些梦使我高兴，但是突然间我明白，我是在做梦。于是我想：这是一个梦，纯粹是我的意志的转移。现在我既然有了无限的力量，我就要产生一只老虎。"

"啊，真是无能啊！我的梦从来没有能够产生这只我如此地渴望的猛兽。老虎倒是的确出现了，然而不是呆板，就是脆弱；不是模样变得不对头，就是大小难以置信；有时候一瞬即逝，有时候像一条狗或者一只鸟。"这段话是耐人寻味的。博尔赫斯以梦境来逃避或反抗现实，可梦幻毕竟是弱者的心理反应，就像企盼的"老虎"在梦中却弱化成一只"狗"或一只"鸟"。这是博尔赫斯心灵中深层次也更难言清的痛苦，庇隆独裁政府终会倒台，可人，作为生命、意志的活生生的个体存在，能最终掌握自己的命运吗？对此，博尔赫斯的回答全化为迷宫般的小说结构，不可思议的梦境，幻变的人生命运，无法言喻的时空交错……没有谜底的人生之谜成为博尔赫斯小说创作的总主题。

博尔赫斯小说中常浮现出一座座神秘的迷宫，有时是故事发生的背景，如《交叉小径的花园》《死在迷宫里的阿本哈根·埃尔·包哈里》；有的是梦幻的感觉，如《不死的人》《圆形废墟》等。从总体上看，博尔赫斯赋予"迷宫"一种强烈的象征意义：人生渺茫，既看不清方向，也找不到出路。

"起初我想：这座宫殿是神所建造的。我在这阒无一人的范围内探索过后，更正说：建造这座宫殿的神已经死了。我观看了它的奇特形状，又对自己说：建造这座宫殿的神是疯子。我这样说，我明白，其实是一种难以理解的指责，几乎是内心的痛苦。精神上的恐惧要比感觉上的害怕更甚。在极为古老的印象之上，又加上了许多别的印象：它是无止境的，是凶暴的，是彻底地无感觉的。我已经过了一座迷宫，然而这座辉煌的不死者之城却使我害怕，使我厌恶。拿迷宫来说吧，它是为了使人迷惑而精心修建的建筑物，其结构具有大量的对称，无一不是从属于使人迷惑这个目的的。然而在这座我还没有完全探索遍的宫殿里，其结构却缺乏目的。它有大量没有出路的走廊，高不可及的窗户，华丽的门道所通向的却是一间斗室或者一口井，令人难以相信的反旋的楼梯，带着梯级和栏杆，通向地底下。另外一些梯子，悬空地贴着高大的墙壁，在圆顶上部暗处转了两三圈，没有通往任何地方便消失了。"（《不死的人》）

"……他说的什么迷宫就是这人疯狂的象征和明证。后来，他考虑到，这种说明倒是跟这座荒唐的建筑，跟这个荒唐的故事很相符……"（《死在迷宫里的阿本哈根·埃尔·包哈里》）

博尔赫斯对"迷宫"的叙述类似于卡夫卡笔下的"城堡"，所以有人认为博尔赫斯的小说是一种"卡夫卡式的幻想主义"。从博尔赫斯的文学生涯来看，他早年深受尼采、叔本华等人的不可知论和宿命论的影响，人类文化的危机感像巨大的磐石压抑着他，一个作家敏感的心灵，他的"迷宫"、梦幻、怀疑、孤独，由此也渲染出20世纪人类文化的动荡色彩。"我的诗（其实包括他的全部作品）是提出疑问的诗，是寻找证明的诗，这才合乎我对事物的模模糊糊的认识"。这是博尔赫斯对自己文学作品风格的描述，也更是他对人类文化认识的解剖。我们为什么要寻找

"迷宫"？不知道。我们能逃出梦境中的"迷宫"吗？也不知道。可是，以文字符号描述这种"迷宫"的博尔赫斯又知道什么呢？依然是不知道。这种极致的怀疑论甚至使博尔赫斯对自己是否真实都发生了怀疑，如此变幻莫测的心态使博尔赫斯的作品陷入一种痛苦的二律背反：生命有着寻求自由、幸福和谐的本能，生命又在寻求中被痛苦地肢裂。正因为这样，"博尔赫斯日夜思索的是另外一些题目，诸如'时间'和'永恒'、'同一性'和'多个性'、'此'和'彼'。他很喜好概念。多个性的存在给他这种爱好带来了矛盾。在各种概念的背后，博尔赫斯没能找到'最高概念'（可称之为'上帝'、'无'或'第一原则'），他只是看到一种新的、更深奥的多个性，即自身的多个性。他在寻找'最高概念'，而看到的现实却是一个分解成不同形象的博尔赫斯。博尔赫斯永远是另一个博尔赫斯；另一个博尔赫斯又分出再一个博尔赫斯；如此分裂下去，以至无穷。博尔赫斯是怀疑论者，又是玄学家，二者在他内心深处一直争斗不休。从表面看，怀疑论者战胜了。然而，怀疑论并没有给博尔赫斯带来平静，反而使玄学的幽灵成倍增长。"（奥·帕斯：《弓手、箭和靶子——论博尔赫斯》）

迷宫、梦幻是人类痛苦的象征，但像西绪弗斯一样，人类总得迎着初升的朝阳，坚定而执着地走向悲剧。思索，不知疲倦地思索，就是博尔赫斯寻求人生之谜的唯一方式：

"我在英国的树荫之下，思索着这个失去的迷宫。我想象它没有遭到破坏，而是完整无损地坐落在一座山的神秘的山巅；我想象它是埋在了稻田里或者沉到了水底下；我想象它是无限的，并非用八角亭和曲折的小径所构成，其本身就是河流、州县、国家……我想象着一个迷宫中的迷宫，想象着一个曲曲折折、千变万化的不断增大的迷宫，它包含着过去和未来，甚至以某种方式囊括了星辰。我沉浸在这些想象的幻景中，忘掉了我所追求的目标。在一段无法确定的时间里，我觉得我成了这个世界的抽象的观察者。"（《交叉小径的花园》）

1955 年，庇隆政权倒台后被任命为国立图书馆馆长的博尔赫斯双眼失明，这个打击使得博尔赫斯的小说更阴郁，也更奇特。"从前我经常外出，看到了种种形象和事物，知道有东西存在，增长了想法。现在不行了。我自个儿连街上也不去，日子几乎总在家里度过，在家里思考。想象的东西更是我自己的了，想得也更细致了，因为那是在孤独的环境中产生

的。"(《博尔赫斯就诺贝尔文学奖金问题答记者问》)

失明的人生,使得博尔赫斯把梦境写得更神秘、更玄妙:

"这必然是因为我并非注定要做一个死人,可是这样的地方,这样的谈论,真像是在做一场梦,而且不像是我自己做的梦,而是某一个还没有诞生的人做的梦。"(《死人的对话》)

"现实是梦境的一个外形。"(《皇帝的寓言》)

说不完、写不尽的人生之梦,就这样消耗了一代文学大师的毕生精力。博尔赫斯多次提及中国的《红楼梦》,不知他是否也像曹雪芹一样感叹:都云作者痴,谁解其中味?

难圆的梦

在《博尔赫斯就诺贝尔文学奖金问题答记者问》一文里,记者问:"你还像1979年说的那样对诺贝尔奖金不感兴趣吗?"博尔赫斯回答说:"我说过这话吗?我说过不感兴趣吗?好吧,我可能说过,那时我比现在年轻。现在情况有点变化,我不想继续欺骗谁了。我写了很多书,也许相当多,不过我知道,有一些篇章会永远存在下去,诺贝尔奖金会让我满意地死去的。诺贝尔奖像个幽灵,总是在我身边,也总是摸不着。我抓不住它,它在前头跑,我在后面追。我果真说过不感兴趣吗?也许别人没听明白我的话。我的声音很低,记者们没有听清楚。此外,要听懂一个诗人的话,是不容易的。应该读读他写的话,他写的诗,了解他的愿望。我希望得到诺贝尔奖,当然我希望得到诺贝尔奖。"

可是,诺贝尔文学奖终于与他无缘,这是对一个毕生写作,且有世界性影响的伟大作家的不公!

博尔赫斯1923年出版第一部诗集《布宜诺斯艾利斯的热情》,1925年、1929年又出版诗集《面前的月亮》《圣马丁的手册》,其间还出版了论著《探究》《我的殷切希望》《埃巴利斯托·卡里耶戈》《争论》《永恒的历史》;1932年,发表散文和报告文学集;之后,博尔赫斯主要创作短篇小说,作品接连不断,其主要短篇小说集有《世界丑闻》《幻想小说集》《时间的新论据》《阿莱夫》《交叉小径的花园》《死亡与罗盘》《新的探究》《创造者》《另一个人》《他自己》《为了六条绳子》《影子的颂歌》《布罗迪埃的报告》,1972年又出版《老虎的金子》、1975年出版

《沙之书》，随后又出版《布斯托斯·多梅戈的新故事》《深沉的玫瑰》；而且，超过八十岁高龄的博尔赫斯，在双目失明几十年的状态下，仍不辍笔耕。他的各类作品至少已被译成 38 种外国文字。由于他在文学上的卓越贡献，1950 年获阿根廷国家文学奖，1961 年获国际出版家协会颁发的福门托奖，1979 年获塞万提斯奖，1981 年获拉美最高文学奖奥林·约利兹蒂奖，1983 年获西班牙智者阿封索十世大十字勋章。自 1960 年以来，博尔赫斯连年被提名为诺贝尔文学奖候选人，1985 年更与法国作家西蒙及尤斯纳尔一起进入前三名，但最终落选。对此，拉美作家纷纷表示选举不公，认为他完全有资格享受这一荣誉，并不比任何得主逊色。87 岁高龄的哥伦比亚著名作家、法国语言科学院院士赫尔曼·阿尔西尼埃加认为，瑞典科学院始终未授予博尔赫斯诺贝尔奖将是"它的一个永远的耻辱"。

　　人心是公正的。博尔赫斯逝世消息一经传开，西班牙及拉丁美洲乃至世界各地各界人士纷纷发表谈话，对这位世界文学巨星的陨落深感悲痛，并对其在文学上的建树给予了极高的评价。墨西哥著名诗人，1981 年塞万提斯文学奖得主奥克塔维奥·帕斯悲痛地说："伟大的博尔赫斯之死令人悲痛欲绝。它是对充满着阴影、充满着暴力的拉丁美洲大陆的一次极为强烈的责难。作家使我们惊服的是他坚忍不拔和澄澈如水的崇高品格。令人惋惜的是，博尔赫斯再也不会给我们写他那精美绝伦的诗歌和小说了，但他的不朽作品又使人感到宽慰。他的作品将永远赋予我们生命之光。"秘鲁著名作家、前国际笔会主席马里奥·巴尔加斯·略萨说："博尔赫斯之死不仅是阿根廷、拉丁美洲，而且也是全世界文学界的巨大损失，因为先生不仅是当今世界最伟大的文学巨匠，而且还是一位无与伦比的创造大师。正是因为博尔赫斯，我们拉丁美洲文学才赢得了国际声誉，掌握了简练优美的文体。他打破了传统的束缚，把散文推向了一个极为崇高的境界。"乌拉圭著名心理现实主义作家、1980 年塞万提斯奖得主胡安·卡洛斯·奥内蒂说："博尔赫斯笔下的幽默感是使现代西班牙文日趋优美圆熟的一个重要因素，作家所使用的西班牙文是无人可以企及的。"秘鲁当代著名文学评论家、现任秘鲁第一副总统路易斯·阿尔贝托·桑切斯认为："拉丁美洲失去了一位最纯粹的文学家，失去了一位把美学表现手法与拉美本土经验完美结合的文学大师。"智利著名诗人、拉丁美洲诗歌先驱尼加诺尔·帕拉说："博尔赫斯不愧是本世纪思想最敏捷、思路最清晰的一位伟大人物。"委内瑞拉著名作家阿图罗·乌斯拉尔·彼特里说:"博尔赫斯的艺术作品价值总是很高,这不仅是因为他题材奇特和写法别致,而且还因为他具有驾驭文字和表达手段的非凡能力。"83岁高龄的巴西著名诗人德鲁蒙德·德·安德拉德说:"博尔赫斯是一个具有非凡能力的伟大天才,我非常喜欢他的作品。博尔赫斯之死无疑是一个莫大的损失,我们丧失了一个巨大的希望,因为他总是为我们敞开了一扇通向未来的大门。"(《国际文学界对阿根廷作家博尔赫斯逝世的反应》)

尽管博尔赫斯渴望得到诺贝尔文学奖,使自己的文学生涯有个辉煌的顶点。但是,博尔赫斯毕竟是博尔赫斯,他的文学梦早已超出个人的功名、生死、荣辱,他的文学梦,属于人类,属于人类文化的过去和未来。正如此,在1979年,当68岁希腊诗人奥迪塞夫斯·埃利蒂斯获得诺贝尔文学奖金时,80岁的博尔赫斯对记者说:"不管怎样,我的作品是不值得授予诺贝尔奖的,也许授给一位年轻的作家是公道的;我得不到它,因为我是一个阿根廷人。左派们认为,所有的阿根廷人都是追随军队政府的。我不能想象我会有别的命运。我相信,除了写作,没有更美好的道路可走。也许有一天会把奖金授予我,那时我会感到高兴,但是这种事不会发生。人们不必为我担心。岁月短暂,我是个年迈的盲诗人,如同荷马一样,他一生也没有得到奖金。"(《博尔赫斯就诺贝尔文学奖金问题答记者问》)

这不是淡于世事的超然,亦非求之不得的自我安慰,以梦幻之笔描写生命之梦的博尔赫斯常常面对自己的作品惶惑不安,"我不喜欢我自己写的东西,我认为我是一个无意的招摇撞骗者"。"我担心人们不知什么时候会发现自己过高地估计了我。那时,我就成了个说谎者,或者更坏,一个骗子手。"这是伟大的谦虚吗?非也。混乱的20世纪铸造了博尔赫斯的怀疑之剑,但这把怀疑之剑,真的能刺穿人生的虚假面罩吗?自己真的是一个惊醒世人梦幻的伟大作家吗?这才是博尔赫斯崇高的心境,也才是博尔赫斯全部在创作中所体现出来的高贵情感。1976年,博尔赫斯曾对记者说:"我很愿意获得这一奖金(指诺贝尔奖),但那只是出于虚荣。但既然是出于虚荣,那么归根结底,这一奖金对我又有什么用呢?"

从更深层次上看,博尔赫斯对自己所处的时代有着深刻的认识,虚假的物质欲望掩盖着文明的堕落。"我想说,当代文学不可能很好,因为我觉得,从政治和其他角度看,它所从属的这个时代是相当阴郁的。"(《文学只不过是游戏》）"只凭'我是个名人'这个事实就证明西方文化正在没落下去。这种情况，19世纪没有发生。造就伟大作家的时代已告结束。我们今天有什么大作家呢？一个也没有。不仅拉丁美洲，全世界也没有。沃尔特·惠特曼、罗伯特·路易斯·史蒂文森、安德烈·吉迪、罗伯特·李·弗罗斯特之后，还有谁呢？没有了。这是一种可悲的情景。"

博尔赫斯的怀疑和否定是清醒的，也是痛苦的。20世纪文学写尽了人类的生存感受，只有一个例外，那就是希望。博尔赫斯在文学梦幻中播下希望的种子，收获的却是失望，或许，他那走不出迷宫的失望，又是孕育希望的生命之舟。

原载陈鹤鸣、余俊卿主编《超越苦难》（下），广西人民出版社1995年版

以艺术梦幻整合历史与现实的巨匠
——卡洛斯·富恩特斯的文学之路

> 我深信，一个人（或者一个民族）如果没有一个活着的过去，就不可能有一个活着的现在，也不会有一个能生存的将来。
>
> ——富恩特斯

在当代墨西哥及拉丁美洲文坛上，卡洛斯·富恩特斯（Carlos Fuentes，1928— ）是一位享有世界声誉的著名作家。自 20 世纪 50 年代以来，他的作品，如长篇小说《最明净的地区》（1958）、《好良心》（1959）、《阿尔特米奥·克罗斯之死》（1962）、《换皮》（1967）、《生日》（1969）、《我们的土地》（1975）、《水蛇头》（1978）、《疏远的一家》（1980）、《燃烧的水》（1981），还有一些中短篇小说和戏剧，在拉美和欧美许多国家产生了巨大反响。

1960 年前后，拉丁美洲文学在世界文坛上产生了令人惊愕的"爆炸效应"，一大批新生代作家应运而生，如阿根廷的胡利奥·科塔萨尔；哥伦比亚的加西亚·马尔克斯；秘鲁的巴尔加斯·略萨；智利的何塞·多诺索，他们和卡洛斯·富恩特斯并肩齐名，可谓拉美爆炸文学的五大巨星。这些作家大都或身居国外，或游历多国，欧美政治、经济、文化的发达强烈刺激着他们思考拉美贫困、愚昧的现实，也促使他们以新的眼光去重新审视拉美的历史。与拉美前辈作家相比，他们不仅同样顽强地发掘美洲大陆的传统民族意识、神话传说、民间故事、宗教习俗等，但同时，他们更自觉地抛弃了那种狭隘封闭的民族主义，不再彷徨沉湎在"孤独的迷宫"中，而是以世界主义的观点来艺术地再现拉美的历史、民族意识和现实状况。于是，欧美现代文学中极富生命活力的多种人文思潮和表现技巧，便与拉美的本土生活形态自然而然地嫁接起来，乃至催生出走向世界的拉美爆炸文学的奇葩。毋庸置疑，要成为这样的作家，该需要多少得天独厚的条件。

卡洛斯·富恩特斯是幸运的。智利评论家路易斯·哈斯说："如果说有那么一个人在经历、气质和教养方面具备理想的条件，足以担当起这样一个角色的话，这个人就是卡洛斯·富恩特斯。年轻的富恩特斯喜爱世界各国的事物，是个世界主义者。"

卡洛斯·富恩特斯的家谱可说是近代世界各民族融合渗透的缩影。他的祖先本是游历过世界的德国人和大西洋岛上的加那利人。从父系看，他的曾祖父原籍是德国的达姆施塔特，因是一个拉萨尔派的社会民主党人，故在俾斯麦统治时期流亡国外，于1875年乘船抵达墨西哥，在墨西哥南部海港城市韦腊克鲁斯种植咖啡。祖父是银行家，1910年墨西哥革命时被迫迁居首都。父亲是一位有三十多年资历的职业外交官，先后任职于智利的圣地亚哥、巴西的里约热内卢、阿根廷的布宜诺斯艾利斯、乌拉圭的蒙得维的亚及华盛顿、罗马等地。从母系来说，富恩特斯的外祖父是墨西哥西部海港的商人，外祖母是个督学。见多识广、开朗、富有教养，加上富有，这一切无疑构成培养富恩特斯世界主义见解的理想条件。富恩特斯1928年出生在墨西哥城，跟随父亲在美洲大陆许多国家的首都度过了不平凡的童年和少年时代。他自己后来说："我父亲是外交官。因此，我们过的是那种穿燕尾服的吉卜赛人的生活，也就是外交官的生活。我周游了不少国家的首都，尤其是美洲半球的国家。我开始接触文学是在蒙得维的亚和里约热内卢，那时候，我很小，可以说是在阿丰索·雷耶斯（1889—1959，墨西哥诗人，历史学家和杂文家）的膝盖上。当时，雷耶斯是大使，我父亲是大使馆的秘书。后来，我在华盛顿生活了8年，学会了英语。但那是我倒霉的8年，一天假期都没有。因为我上的是美国学校，西班牙被慢慢置之脑后了。我父亲说：'那怎么行，你是墨西哥人，应该讲西班牙语。'于是，每当美国学校放假时，他就把我送到墨西哥去学西班牙语，整整8年没有假期。当时对我来说，假期只存在于马克·吐温的小说中，现实生活中是没有的。"

美国不是世外桃源。幼小的富恩特斯在异邦的生活中，更早也更敏感地意识到"民族"的内涵。富恩特斯后来回忆说："我记得自己产生这种意识是在1938年，拉萨罗·卡德纳斯（1895—1970，墨西哥政治家和将军。1934—1940年任墨西哥总统）把石油收归国有的时候。当时，我还是一个孩子，一个可爱的小学生，整天只知道玩，表演节目。我是一个好学生，有不少朋友……记得一夜之间报上出现了'红色的卡德纳斯夺走了我们的石油'，'墨西哥人没收了……'等大标题。于是我也成了一个被人讨厌的孩子了。我意识到自己属于另一个民族，属于她的文化，属于她的历史。"民族意识的早熟使得富恩特斯异常关注拉美的现实政治，并由此走上了文学之路。1939年，富恩特斯又跟随父亲到了智利首都圣地亚哥。"我在圣地亚哥继续我的学业，对我来说，在智利的那段经历很重要。我很喜欢这个国家，因为在那里我真正找到了我的语言，我的历史、我的文化。不仅如此，智利还唤起了我的政治觉悟。在人民阵线执政时代，要想生活在智利，而又不参与政治是不可能的，虽然我只有11岁。什么工会自由呀，新闻自由呀，人们都异乎寻常地关心政治……我在智利学到了所有这一切。从此，我也便开始了写作。"

如果说在智利，富恩特斯已钟爱上拉美文化，那么，离开智利到阿根廷后，拉美现实中可憎的一面又无疑深深烙伤了他的心灵。"在布宜诺斯艾利斯，我正赶上庇隆上台。这是我青年时期一段不痛快的经历。那时的教育部部长是一个叫乌戈·瓦斯特的小有名气的蹩脚小说家，他的真名是马丁内斯·苏维里亚。这位瓦斯特先生作为教育部部长，在学校里推行一整套解释历史的准则。如果有人问：'雅典和斯巴达的教育方法哪个更有理？'根据这些准则，你必须机械地回答：'斯巴达。'如此等等。我们每天还必须唱类似这样的小调：'一、二、三、四，庇隆永远和我们在一起。'庇隆时代十分可怕，要是问你美洲历史上的三大伟人是谁，你就必须回答：'哥伦布，圣·马丁（1778—1850，阿根廷的政治家和军人）和庇隆。'于是，我只好离开那里，回墨西哥去。"

充满矛盾的拉美现实困惑着年轻的富恩特斯。落后、贫穷、愚昧的拉美究竟往何处去？是默认盛行拉美的极端民族主义的独裁政治，还是首肯欧美式的资本主义？难道拉美的历史只能延伸出如此两条都不能令人满意的道路？难道拉美的人民永远要受制于这充满命定色彩的历史环境？不！拉丁美洲的现实不应该如此，就像拉丁美洲的历史也绝非历史学家所描绘的那样！以世界主义的眼光来看，拉美不是一个充满病菌、灾难、邪恶的人间地狱，它也是一块最明净的地区。这儿有诗一样的历史、令人难忘的文化，也有善良、正义与虚伪、邪恶并存着，更有与历史环境作殊死搏斗的不屈心灵，而这一点，过去是，现在是，将来也是整个人类相互沟通的基点。于是，历史与人性，或者说，一个世界主义者眼中的历史与人性，便构成富恩特斯全部文学创作的精神底线。他自己亦说："我懂得了人的命运和历史环境之间的关系。从此，这便成了我所有小说的永恒的主题。"

对现实的困惑自然萌生出对历史——教科书上的历史——的疑问，而文学，面向人类未来的文学，不应该把历史视为知识的木乃伊，它必须唤醒沉睡在历史尘埃中的活生生的人的魂灵。因为，富恩特斯说："作为拉美人，我要回忆的是一切历史书上没有提到的东西，是为了从我们历史上四个世纪以来的沉默中恢复过来。我深信，一个人（或者一个民族）如果没有一个活着的过去，就不可能有一个活着的现在，也不会有一个能生存的将来。对我来说，这就是语言的作用：再现这种变迁，从谎言和忘却中恢复，或者说拯救历史。那是我，也是我许多朋友和同事，作为小说家的主要任务。"

这或许是以小说篡改历史的肆意妄为的宣言书，或许是以艺术方式凸显出人类对抗环境的心路历程。何以评价富恩特斯的历史观是一个充满魅力的题目，在此我们无法涉及。但是，我们必须清楚，富恩特斯的每一部作品，都贯穿着对历史的解说和评价，甚至重构或虚构。"每一部小说都必须是历史的产物，都必须建立在历史的基础之上，同时又高于历史。"富恩特斯这里所说的小说是"历史的产物"并非指小说创作与历史素材间的一般关系，即小说题材源于历史，相反，而是指小说要通过语言象征体系，将历史所疏漏的事物、所遗忘的事物，甚至应该产生而未产生的东西重新再现出来。"艺术拯救了那些被历史扼杀的事物，并赋予它们声音。艺术能够揭穿历史的谎言。"在这里，历史（实际上就是现实）不是文学产生的底本，而是文学的敌人，是文学批判的对象。所以，"历史的基础"充其量只是小说之矢的活靶子，"高于历史"亦不是集中凝练地摹写历史，而是在价值上高于历史。如此，以超凡的幻象来重新安排组合历史便成了富恩特斯的独特风格。

1975年出版的《我们的土地》中，作者刻意设想了两个并不存在的前提，一是设想15世纪末西班牙国王费尔南多和伊萨贝尔在打败摩尔人、统一伊比利亚半岛的时候没有把犹太人都赶出去，于是这些半岛居民中最活跃最有能力的人就与卡斯蒂利亚人和睦相处，促进西班牙的资本主义经济很快发展，赶到了欧洲的先进工业国家英国之前；二是设想西班牙殖民主义者科尔特斯科乘船来到墨西哥时，既不屠杀印第安人，也不灭绝印第安民族的文化，而是把他从欧洲带来的文化与印第安民族的文化融合起来。小说的情节就在这两种设想下，通过一些历史人物和虚构人物的活动，幻想墨西哥的历史的发展，一直描写到20世纪的最后一天。富恩特斯在巴黎任大使时，曾在接见《视界》记者访问时说："在一切国家，现代的社会问题都相同，企图由一些国家统治另一些国家的办法是无法解决的，最合理的解决办法是国家之间的合作。"从这儿可以看出，富恩特斯小说中的历史观是一种着眼于现代的世界主义眼光，具有强烈的社会政治学色彩。基于这一点，富恩特斯对曾为墨西哥宗主国的西班牙没有一味宣泄狭隘的仇恨情绪。"历史总是容易把什么都以'非好即坏'的观念来作结论……很长时间以后，墨西哥终于懂得了，我们继承了两份遗产，都应该加以接受和肯定；它们各自有积极方面和消极方面。为此，埃切维里亚总统作了不少努力。他是坚持认为我们同时是印第安人和西班牙人的子孙的第一个总统。他认为，西班牙人给我们留下的遗产是十分珍贵的，我们绝不能弃之不顾。"反过来说，如果固执地偏袒一方，并以之为立国之本，那就必然陷入更深的矛盾与痛苦之中。富恩特斯在自己的成名作《最明净的地区》中形象地表现出自己的这种历史观。

富恩特斯自己认为《最明净的地区》是对"墨西哥现状的概括"。在小说中，他描写了20世纪50年代初墨西哥城五光十色的社会图景和形形色色的人，并以尖刻的讽刺手法，把墨西哥生活中因循守旧的落后现象和现代资本主义对高效率的追求摆在一起，构成一幅对比鲜明的图画。小说中的萨玛科纳是个摇摆不定、崇尚空谈、性情古板的知识分子，他老是在抽象地思考一种近乎虚无的墨西哥的民族性，拒斥现代西方的一切。他的光阴全消耗在高谈阔论中，按其观点，由于墨西哥机械地仿效外国文化和风俗习惯，已经失去自我本质。"我们总想追求与我们毫不相干的时髦样式，总想穿上不合体的衣服"，在他眼里，墨西哥已成为一个文化垃圾堆，从世界各地拥来的东西全都堆在这里。他极端地相信："墨西哥和欧洲是格格不入的，墨西哥的生活和信仰在本质上跟欧洲完全相反，但却命中注定要接受欧洲的全面渗透，使用欧洲的语言，接受欧洲的生活方式和信仰。"怎么办？萨玛科纳的唯一结论便是"背向世界"，为保持墨西哥文化传统的纯洁性而不惜一切代价地闭关自守。与萨玛科纳相反，小说中的另一个人物，银行家费得里科·罗弗莱斯，则是一个典型的现代资产者。他无情地嘲讽萨玛科纳完全脱离时代环境的清高玄思，他从自己由一个佃农子弟变成暴发户的经历中体会到，以一种抽象的伦理意志对抗环境实在是没有意义的，也不会获得人生的成功，要想出人头地，就得玩弄各种手段。罗夫莱斯以成功为精神支柱，为了巩固其金融王国，他买下一位漂亮的太太——诺尔玛·拉腊戈蒂。和丈夫一样，诺尔玛也是个野心勃勃的人，举止轻浮而又能装出一副谈吐高雅的样子。她无比自豪地欣赏自己与丈夫的卑劣伎俩，她说："要是没有我，要是没有费得里科·罗夫莱斯这伙人搞了30年的建设，那就啥也没有了。要是没有我们，我是说，没有这个小小的权力集团，一切都将在老百姓的传统的懒散中化为乌有。""这里只有一条真理：不使国家繁荣昌盛，我们只能死于饥饿。道路只有一条，要么穷，要么富。想富，就必须加快迈向资本主义的步伐，什么都要服从这个。"

无疑，富恩特斯从自己的历史观出发，对萨玛科纳和罗夫莱斯所代表的两种文化倾向都持强烈的批判和讽刺。就罗夫莱斯所代表的现代墨西哥资产阶级而言，富恩特斯评论道："这个资产阶级贪婪、缺乏教养、自私自利，并拼命地积累资本，他们的理论是：上层有钱，百姓得利。这种情况实际上既没有在墨西哥发生，也没有在世界的任何其他地方发生过。在《最明净的地区》和《阿尔特米奥·克罗斯之死》中写的就是我大量看到和发现的这种情况。这两本书都是批判这种社会背景的。"就萨玛科纳所代表的文化保守主义而言，富恩特斯在小说中所塑造的一个神幻人物，伊克斯卡·西恩富戈斯，或许是更生动的批判性回答。西恩富戈斯所代表的是哥伦布发现美洲前的墨西哥，即墨西哥的"原始意义"。他自作聪明，玩弄各种法术，竭尽全力反对革新、进步、文明，试图把墨西哥从现代社会拉回到亘古荒原中去。富恩特斯似乎在说，西恩富戈斯的所作所为虽比萨玛科纳荒唐、野蛮，但却是推到极致的文化保守主义。而这种文化保守主义的结局只能导致墨西哥的毁灭。就像小说中寓言似的结局一样，西恩富戈斯无所不在的幽灵，如同厚重的阴影，最终吞噬了小说中的每一个人物。

墨西哥、拉丁美洲的出路在于寻找出一个与现代社会的文明息息相通的文化传统，而文学，不是简单地复现历史事件，它所要所能做到的，是要写出与历史环境相对抗的人性的复杂性，从而让人们深刻而真实地看到自己的魂灵，自己的善与恶。只有这样，人们才能真正走出历史的误区，以崭新的面貌跨入新时代的门槛。正是基于这一点，《最明净的地区》被评论家们称之为一部崭新的"谈论墨西哥革命的小说"。富恩特斯自己也说："是这样。这本书在墨西哥得罪了不少人，引起了很大的反响。因为我可以以同时代人不可能有的距离来洞察墨西哥城和墨西哥的历史现象。"在随后的《好良心》中，富恩特斯虽在风格上又掀开了新的一页，但在主题上，仍在探索历史环境与人的命运之间的复杂关系，并一再表明，任何抱残守缺的文化保守主义，不管是披着道德仁义的外衣，还是打着宗教济世救人的旗号，都无法解决墨西哥社会迈向现代世界过程中的种种矛盾，相反，它只会僵化人们的心灵，如主人公一样，最终成为历史的殉葬品。

如此，在任何性质的历史变动中，作为生命主体的个人，作为个体生存的行为方式，或顺应环境，或对抗环境，都具有超越具体历史时空的美学意义。历史事件的善与恶仅仅是一种社会发展的伦理判断，而被卷入每一历史事件中的每一个人物，其思想情感，其行为方式，虽不可避免地深深烙上历史的印记，但就文学所关注的人的生命内涵来看，人在受制于历史环境的被动性中，却又蕴藏着一种自由选择的无限可能性，而这正是文学触及人类魂灵、探索人的精神底蕴的终极原因。尽管人类的生命个体无法避免死亡的悲剧，就像历史事件总是充满谬误和恐怖，但对失败、挫折和痛苦的重新体验与探讨，总是激起我们再一次选择历史环境，再一次选择人生的勇气。富恩特斯1986年在接受加拿大多伦多约克大学教授黛安娜·库柏·克拉克访问时，对此做了精妙的阐述："这反映了我对自由、理想的完美境界以及悲剧的关心。自由总是被征服；如果你认为你拥有自由，你使你的自由得到保障，那么你将失去它。只有在追求自由的活动中，你才是自由的。此时，在美洲大陆这块乌托邦土地上知道这是特别重要的。我认为文学中的最大价值是悲剧价值，因此，没有什么文学比希腊文学更伟大。悲剧价值是唯一有能力调和而不是谴责的价值，它能有利于避免失败之后分享娱乐和责任概念的犯罪思想。"在某种意义上，《阿尔特米奥·克罗斯之死》完整体现出富恩特斯透视历史环境与人的命运的悲剧观。

克罗斯的一生充满传奇般的故事。他出身贫寒，从小就失去双亲，艰难的生命之旅迫使他作出了一次又一次的无畏选择。先是投身墨西哥革命，英勇作战，成为革命军军官，后来又巧取豪夺，成为大庄园园主，并投身政治活动，获得了巨大的财富和社会地位。如果单从历史角度看，克罗斯是一个蜕化的人物。在他选择革命时，他具有崇高的理想、完美的人格、健康的热情，可革命后，他恃功自傲，利用革命资本一再损人利己、花天酒地，甚至为了获得私利而不择手段。但是，富恩特斯没有像19世纪的批判现实主义作家一样，简单地判定克罗斯是一个由罪恶环境孕育出来的野心家，相反，他以细腻繁复的意识流动宣泄出人性与环境交换中的多向流程，审美地勾勒出人类超越历史事件，超越自身的精神境界。在这种审美境界里，善与恶、真与假、生命与死亡、自由与不自由，现实生活中的一切矛盾，都因生命主体私欲的扬弃而整合出新的联系。克罗斯垂死之际，在病床上终于省悟到这一点："无论在你最得意之时或是最失意之时，你对事物的看法，难道曾经同他们一样简单化过吗？从来没有。你从来没有能够把事情想成不是黑就是白，不是好人就是坏人，不是上帝就是魔鬼。你承认，无论何时，哪怕表面上看来不是这样的时候，你都在黑的东西中看到它的对立面的萌芽和反映。当你狠心的时候，你难道没有看到自己的狠心也带有某种慈祥吗？你知道，任何一个极端都包含着它自己的对立面：狠心包含着慈祥，怯懦包含着勇敢，生命包含着死亡。……你觉得这不舒服吗？是的，是不方便的，是不舒服的，更方便的是说：善在这里，恶在这里。恶。你将永远无法给它取名。也许是因为我们比它们更加走投无路，不愿意失去光明与黑暗之间的这个中间性的、模糊的区域。在这个中间区域，我们可以得到宽恕。你在那里可以得到宽恕。谁在一生中都会有一次像你那样既体现了善也体现了恶，同时受两条神秘的不同颜色的线索的牵引；两条线索从一个线团出发，白线朝上，黑线朝下，然后终于到了你的手指间重新汇合在一起；又有谁在一生中一次这样的情况也没有呢？"克罗斯在追求自由中曾沦为财富的奴隶，在追求爱情中亦受到虚情假意的折磨，他在人生成功的顶点跌进了死亡的陷阱，但他终于懂得了："……你现在是，将来是，过去也是宇宙的体现……星系是为了你才亮起来的，太阳是为了你才点燃着的……这是为了让你能爱，能生活，能存在……这是为了让你能找到秘密，但又未能把秘密说出就死去，因为这个秘密是你只有在永远闭上眼睛时才能掌握的……"

对墨西哥历史的独特关照和理解，对人性的细致入微解剖与表现，统摄在富恩特斯充满幻象、变形的艺术手法中。

在《阿尔特米奥·克罗斯之死》中，主人公在垂死之际一分为三，成为三种叙述声音："我"，代表过去；"你"，代表现在；"他"，象征未来。如此，不同时空中的人物命运、情感，相互对立的人生感受，才最大限度地融为一个整体的审美意象：人与环境对抗的悲剧性以及扬弃自我的崇高性，也正如此，克罗斯这个人集善恶于一身的典型人物才具有美学意义上的真实性。

富恩特斯早期的作品，如《最明净的地区》《好良心》等，更多是采用欧洲与墨西哥现实主义文学的传统风格、技巧，但在创作《好良心》过程中，伴随对墨西哥历史认识的深入，他就给自己提出了这样的问题：什么是与他所要表现的世界相适应的风格？虽然这个问题无关乎创作题材，但它意味着如何表现题材，表现主题，意味着他对西方现实主义传统采取何种态度：是墨守成规，还是努力更新。之后，富恩特斯深深认识到：作为一个墨西哥作家，顺时序的叙述方法、单调的层次和结构已不足以塑造复杂的人物形象，反映多层次、多角度的变幻莫测的现实。他需要同时表现不同的历史观，表现周期性的抑或始终轮回、循环转化的现实的和历史的现象。这里，过去的将不仅仅是过去，而且也是现实；这里，历史的各个时期将不同程度地影响现实。他需要摆脱19世纪作家的心理分析方法和传统的道德规范，以表现新的主题和新的道德观念。他需要创造新的典型性格。

《我们的土地》以历史为题材，它反映了西班牙和西班牙美洲、罗马和墨西哥、基督和奎查尔科阿特克的历史。在小说中，历史，不同时空的历史事件、人物似乎都失去了重要性，而三个私生子，他们都是主的儿子，背上印着一个十字，足上长着12个脚趾，以其变幻莫测的命运吸引着现代的读者。在这部小说中，幻想具有历史根基，历史充满幻想色彩。通过幻想，现在的被说成是过去的，过去的又被标上了将来的记号，通过幻想，小说发掘了历史缄默的内容和编年史避忌的历史，并对之进行了戏剧性的表现。

历史的幻象是人生幻象的基础。《最明净的地区》中伊克斯卡·西恩富戈斯这个虚幻人物之所以能产生出来，正在于人们在环境的支配下，常常戴着一张虚伪的假面具。所以，西恩富戈斯才声称，他要剥掉一切假面具，要让人人看到自己的本来面目。在中篇小说《奥拉》中，富恩特斯更娴熟地运用这种技巧，写出人生的幻象。作家设计奥拉是一个和一位性格怪癖的老人一起住在近似废墟的大房子里的姑娘,然后,作家说:"你来了,你走进去,你叫门……是的,就是你,读者;他爱上了这位姑娘,最后发现那姑娘竟是一个老妪变的,他的出现使老妪现出一副年轻人的外貌。但在这场恋爱日趋终结时,她又还原为一个地地道道的老妪了;而他却成了老妪的终身猎物。"

这是一个寓言,也是一种艺术的梦幻。历史是什么?现实又是什么?是历史决定我们,还是我们决定历史?富恩特斯还在自己的文学之路上进行不倦的探索。答案出来了吗?当然没有。为了今天,富恩特斯寻找着一个活着的昨天,同样是为了今天,他又在《我们的土地》中说:"未来是过去的答案。"

原载《湖北民族学院学报》1994年第1期
人大复印报刊资料《外国文学研究》1994年第6期全文转载

当代文学中经典的歧义

  湖北省作家协会和华中科技大学"中国当代写作研究中心"2013年第四季春秋讲学——喻家山文学论坛的主题是：故事与经典。清晨在去华科的路上，笔者突然对"经典"，更准确地说，是对"中国当代文学经典"产生出一种无名的困惑，这或许是一种由来已久的困惑。之前的11月8日，国内三十余位批评家、理论家、文学史家，以及作家贾平凹和阎连科，在沈阳共同出席了第五届"中国当代文学高峰论坛"，论坛的主题是"作家作品的经典化与文学史研究的创新"。笔者在网上认真拜读了与会者的发言，总的感觉是：尽管与会者都围绕"经典"的话题发表了自己的见解，但在"中国当代文学经典"的产生、认同、阐释和评价这一系列重要问题上，却共同地和笔者一样困惑。在华科听了一天的会后，这种困惑不仅没有消减，反而又增添了几分沉重。走出华科校园，已是华灯初上时分，光谷广场一带车水马龙，人流如织，笔者一时不辨东西南北，不知何处寻觅回家的地铁站。路人指引笔者进入地铁站后，突然醒悟道：地铁，这个人类设计的产物，最高明之处就是把地面错综复杂的道路网络简约化为或东或西、或南或北两条轴线，地上世界里面形形色色的男女老少，不管你人生之路的选择有着何等的多样性，但只要进入地铁，你就只剩下一种选择：要么或东或西，要么或南或北。

  当言说"中国当代文学经典"的话题时，我们是否已经身陷人工设计的"地铁"，我们是否在不自觉地作出一种"给定"的选择？笔者怀疑。

  怀疑的理由是：我们在言说"中国当代文学经典"之前，已人为地设置了一种言说的语境，即对文学经典的产生、认同、阐释和评价是文学史得以成立的事实依据和学理基础，这就如同进入人工设计的"地铁"，文学史家和批评家们唯一的任务就是确定文学经典的标准，并由此确定文学史的行进方向。在意识形态一锤定音的时代，我们便有了"鲁、郭、茅""巴、老、曹"式的现代文学史，其中作家、作品的排序的根据是高度意识形态化的解释原则，也是基本的"史"观。新时期以降，在重写文学史的浪潮中，尽管新说迭起，但细细考量，所有的翻案式文章大都围绕文学经典的标准和解释文学经典的理论根据在言说，在此思潮影响下，现代文学的家底被翻了个底朝天，其结果自然是30年的现代文学史产生出数不清的"文学经典"，倘若对近20年来相关研究文章，特别是硕士、博士学位论文中关于"文学经典"一词使用频率的统计，笔者自信其频率之高一定令人瞠目结舌。同样在这种思潮的影响下，面对已有六十余年历程的当代文学，文学史家和批评家们不由自主地患上了"文学经典焦虑症"：一方面茫然不知何为经典，一方面又慷慨地为许多备受争议的作品冠之以经典的名号。为什么"回顾中国文学史，经典从不缺乏，但当人们试图在当代建构文学经典的时候，却总是感到困惑和迟疑"？因为"现在衡量文学经典化的标准实在太多，除了市场的标准，还有各种评奖的标准。不同的评奖有各自不同的标准。按照过去的某种方式，一旦作家或作品得了某个奖，也就得到了经典化的认可，至少是拿到了进入殿堂的门票。但是，这些作品是不是真的经典化了呢？奖项的认可是不是真正意义上的认可？我认为，当下是一个没有标准的时代，但又是一个标准泛滥的时代"①。此乃一语中的，在认同、阐释和评价文学经典标准多元化的当下，特别是在市场法则的无情主宰下，对中国当代文学经典的确认事实上已陷入空前的困境。

如何走出这般的困境？

笔者以为，根本问题并不在于如何确定文学经典的标准，而在于我们文学史观上一种根深蒂固的情结：文学史就是文学大师、文学经典的陈列馆，北京现代文学馆便是这种文学史观的典型标本。身处纷繁流转、幻变千万的当下，执拗地在人工设计的"地铁"里，在被设定的方向去寻找当代文学史的行进路标，我们何以能够走出一条新路？想想"五四"时期追捧《新青年》的知识者、20世纪40年代痴迷《家》的年轻读者，甚至包括在50年代为《青春之歌》大放赞歌的纯情一代，再看看眼下地

---

① 《文艺研究》主编方宁语，见王研《中国当代文学如何才能经典化》，《辽宁日报》2013年11月12日。

铁中埋头"刷屏"的青年男女,我们是否应该思考一下:文学与生活的关系究竟发生了什么样的变化?中国古代四大名著上不了阅读排行榜,鲁迅的作品从中学语文课本中消失,就连大学中文系的学生都失去了阅读文学经典的热情。面对这些现象,你可以指责商品时代人文精神的缺失、现代人阅读能力的下降,也可以为文学的边缘化痛心疾首……但我们不得不承认,作家扮演"人类灵魂工程师"角色的时代一去不复返了。贾宝玉之所以只能从《西厢记》里领略人生的"真性情",是因为他的成长环境里只有四书五经的酸腐气,"五四"前后因文学影响而献身理想、信仰的诸多事例固然说明了文学对人生的巨大影响,但换个角度思考,又何尝不也说明:一个只能从虚构的文学作品中寻求人生理想坐标和现实生活动力的时代,肯定是一个畸形而不幸的时代,一旦激情燃烧的岁月过去,留下的便是巨大的空虚和无奈。1980年5月《中国青年报》发表的文章《人生的路,怎么越走越窄》,在全国引发了一场关于人生意义的大讨论,今天人们还常常从思想史的角度称这是"潘晓们"——中国青年的"思想初恋"。重温这篇历史性的文献,有几段文字生动记载了"五四"以来几代中国青年"文学梦幻"的破灭:

> 我不甘心浑浑噩噩、吃喝玩乐了此一生。我有我的事业。我从小喜欢文学,尤其在历尽人生艰辛之后,我更想用文学的笔把这一切都写出来。可以说,我活着,我现在所做的一切,都是为了它——文学。
> 我自己知道,我想写东西不是为了什么给人民做贡献,什么为了四化。我是为了自我,为了自我个性的需要。我不甘心社会把我看成一个无足轻重的人,我要用我的作品来表明我的存在。我拼命地抓住这惟一的精神支柱,就像在要把我吞没的大海里死死抓住一叶小舟。
> 按说,一个人有了事业,就会感到充实、快乐、有力量。可我却不是这样,好像我在受苦,在挣扎,在自己折磨自己。我处处想表现出自己是强者,可自知内里是脆弱的;我工资很低,还要买大量的书和稿纸,这使我不得不几角钱几分钱地去算计……我有时会突然想到,我干嘛非要搞什么事业,苦熬自己呢?我也是一个人,我也应该有一个温暖幸福的小家庭,去做一个贤惠的妻子、慈爱的母亲。再说,我真能写出什么来吗?就算是写出来了,几张纸片就能搅动生活,影响社会?我根本不相信。

笔者忽发奇想：倘若我是中国现代文学馆馆长，我一定把这几段文字刻在石头上，放在文学馆的出口处，仿佛中国现代文学（按国务院颁布的学科目录，全称叫作：中国现当代文学）的一块墓志铭。不是文学的终结，人类存在，文学就不会终结，而是那种让文学经典教导人们该如何生活的文学史观的终结。

"潘晓们"——"我根本不相信"——的结论预示着一个新时代的开始，中国人终于开始用自己的眼睛、自己的思想、自己的双脚去寻找自己的人生之路，这个寻找尽管那么漫长，那么艰辛，但也杜绝了虚幻的向往。"我"（独立的个体意识）获得历史性突围的历程，正是中国社会发生翻天覆地变化的 30 年，一切都在方生方死，一方面，经济的高速发展为个体的自由流动带来了亘古未有的机遇，物质层面一派盛世的繁华；另一方面，中国历史上前所未有的大震荡全方位地撼动着古老中国的生活秩序，失范已成为社会生活的常态，大可称之为盛世乱象。面对社会学家描述的"社会溃败"①，所有的理论话语不仅失去了解释的有效性和权威性，而且失去了基于信任的合法性。在一个信任危机的时代，个体应对危机的行为方式常常溢出道德的边际，所谓"戾"气盛行、暴力事件层出不穷便是表征，身逢其时的当代作家们，其实早已发现自己担当不起"人类灵魂工程师"的重担。吴亮说："我们都生活在片断、差异之中，大部分人过的都是二手的生活，甚至是三手的。谁能对生活做出整体性判断？"②20 世纪八九十年代之交，失去"轰动效应"的当代文学在人们文化生活中的快速边缘化，彰显出一个不争的事实：作家，作为社会良知代言人的整体性形象，历史性地退出公众的期盼视域，同时，作为文学作品接受的读者，一样失去了整体性的概貌，以中国当下农民为例，今天，哪个作家敢以祥林嫂、阿 Q、朱老忠、高大全、梁生宝、许茂、陈奂生、白嘉轩这样的"典型形象"去描写农民的生活？听旭刚组合的《春天里》，不难发现，对于进城打工的农民而言，家园、身份和未来都是一个无法确定的心灵之痛，每年春运数亿人的长途迁徙，形象而悲怆地记录下今天中国底层

---

① "清华大学社会学系社会发展研究课题组"的系列研究报告之二：《走向社会重建》，2011 年 11 月 19 日，《战略与管理》2010 年第 9/10 期合编本。

② 见《当代作家评论》2006 年第 6 期。

农民在传统和现代交错中的悲欢离合，他们被迫而又自发地离开曾经温情的"白鹿原"，走进了没有任何虚幻色彩的"平凡的世界"。改革开放以来三十余年的农民进城史，本身就是我们了解乡土中国未来走向的一个最最重要的维度（晚年费孝通先生对此有过许多忧虑大于乐观的思考），在未来的史书中，一定会得到浓墨重彩的书写，但我们也不必抱怨当代作家对此没有写出重量级的作品（2007年，有媒介炒作德国汉学家顾彬对中国当代文学的评价，说"中国当代文学是垃圾；中国作家相互看不起；中国作家胆子特别小……"等惊人之语。事实证明这是媒介的一种恶炒，并非顾彬的原意，但坊间菲薄当下文学的言辞不绝如缕也是不容置疑的）。近十年来，笔者很关注许多人文社会学科对中国晚清以来社会变化的解读，坦率地说，读得越多，也越困惑，困惑的核心问题就是，任何一种思想史的知识学范式——不管是舶来品，还是本土的"地方性知识"——似乎都难以把握中国社会百余年来变动的内在逻辑。基于这一点，要求当下作家写出史诗般的作品，获得社会、文化心理层面的广泛共鸣实在太难（借用社会学的概念：当下中国社会危机之一就是：上层权力拥有者固化、下层草民碎片化、基层社会组织的弱化当是文学读者作为整体性存在消失的根本原因，认为互联网时代的技术终结了文学，不过是皮相之论），亦无可能性。

胡适1919年写出成名之作《中国哲学史大纲》（上），学界包括他自己内心都期盼写出下卷，但最终也未能完成。为什么？说法自然很多，据笔者读胡适的心得，以为最大的原因是他对自己解释中国文化的思想范式产生了根本性的怀疑，人们常说梁启超"多变"，原因也在于此：简单套用一种思想、知识范式索解中国社会、文化，历史证明只能是——无效。同样，以某种范式化的文学经典的确定和解释构成的文学史观，实为当下文学创作和文学研究的一大误区。在19世纪批判现实主义文学高峰的背后，有着近二百年启蒙运动的思想和知识的积淀，没有自然科学、哲学、伦理学、政治学、经济学、历史学、美学、教育学、社会学的知识学背景，以及在这个基础上形成的平等、民主、自由的价值观和波澜壮阔的社会改造运动，巴尔扎克、雨果、狄更斯、左拉、托尔斯泰这样一些写出社会生活全景和民族文化心路历程的伟大作家，绝不可能集团式地喷发出来。中国"五四"文学的软肋不是思想、情感的激进与偏颇，而是我们的文学总是"文学家们的文学"，至多是"文学青年们的文学"，和大众的具体生活场景始终存在着隔膜,这如同我们说,辛亥革命只是一批"革命家的革命",鲁迅对辛亥革命、"五四"新文化运动的失望盖源于此。雨果在《九三年》中有一句话给笔者深刻的印象:"一七八九年,巴黎的人们愤怒了。"这里的"人们"是谁?看看法国画家欧仁·德克罗瓦为纪念1830年法国七月革命而创作的油画作品《自由引导人民》就清楚了,他们是成人,是儿童,是男人,是女人,是"愤怒"了的"第三等级",他们为什么愤怒?因为他们懂得了、接受了之前《人权宣言》的精神:"人们生来而且始终是自由平等的。"更准确地说,是有了"愤怒"——体现新世界生命价值的时代精神和"人们"——时代精神聚合起来的公共空间,才有了《人权宣言》,才有了18、19世纪欧洲文学的辉煌。在我们固有的文学史的视野里,是没有"愤怒"的"人们"的,似乎只有"麻木"的阿Q、华老栓等,鲁迅笔下的这些人物无疑有着巨大的历史真实性,但肯定不是历史全部的真实性。辛亥武昌首义后,汉口自发参与街战而牺牲的民众就无以数计,可我们在史书中只读到中国资产阶级的软弱性,鲁迅对"未庄"底层社会的描写由之成为证明软弱性的证据,反过来,我们文学史对鲁迅作品经典性的解释也就只有一个单薄而抽象的思想意义,从而失去了其与生活场景的全面性的联系。所以,作家的写作,文学史家的写作,只有回归原生态的社会生活场景去感受,去与普通社会成员进行精神、心理上的沟通,才可能创造出《自由引导人民》似的经典,也才可能发掘经典的真正内涵。西方学界20世纪对文艺复兴史研究的新的拓展就是一个很好的启示,在新的研究视域里,艺术经典的解释维度扩展为三个方向,一是以社会生活为焦点的文化史研究,二是以人神对话为线索的思想史研究,三是以风格为主题的文学艺术研究。如此,不管是史的勾勒,还是经典的阐释,都具有了全面、丰富地展现出文艺复兴时代的生活全景的意义。我们的学界也在转变,钱理群教授策划的《中国现代文学编年史》即为一例,此书的全新之处就是彻底抛弃了以经典为轴心的文学史观,强调"接近文学原生形态的文学史追求",文学史要有"个人的生命体温",是"文学生命以至时代生命流动"的公共空间,一句话,"文学场域,也是生命场域"①。

---

① 钱理群:《中国现代文学编年史——以文学广告为中心(1915—1927)》,北京大学出版社2013年版,第5页。

解民的丹青之旅

解民要笔者为他的集子写几句话，还没想好写什么，往事的回忆倒自然而然地流淌出来。也许，是到了喜欢回忆的年龄。

与解民相识在1969年，我们从不同的小学进了同一所中学——武汉市第二中学，1973年5月去随州插队，1975年12月笔者去了光化水泥厂，解民去了襄樊市。我们相识的年代，必将是未来的历史学家们争论不休的一个话题，可那个时代，对笔者和解民这一代人来说，烙下的印记并不仅仅是动荡和混乱，也练就了我们看人、看事的独特眼光，当然也包括一种审美的眼光。从这个角度讲，品解民的画，无疑是对我们这一代人，对我们在动荡岁月中成长经历的一种解读。

看着今天背着沉重书包，架着眼镜、被爷爷奶奶爸爸妈妈领着去一个个培训班的孩子们，看着不断参加各种考试的年轻人，心里生出来的想法不是忌妒，而是庆幸，庆幸自己在一个混乱年代里所得到的"自由"，即一个人天生的兴趣倒有了"自由"发展的空间。解民多次说他在那个时代爱上绘画是因为受到兄长的影响，但笔者想来，更大的影响恐怕还是来自时代风气的熏陶。"文化大革命"十年期间，毛泽东思想文艺宣传队几乎是遍布中国城乡的一个常设机构，其宣传的内容和形式今天看来自然可笑，但不要忘记的是，在极端轻视文化、否定文化传承的大气候下，毛泽东思想文艺宣传队又成了一个高度重视文化、高度重视专门人才的地方，什么叫历史的悖论，这就是。"文化大革命"期间，大凡会写字画画、吹拉弹唱的人，都是香饽饽。喜欢文艺的人，特别是学生，有充裕的时间发展自己的兴趣，更有大量的实践机会展现自己的兴趣。各种各样的墙报、五花八门的宣传演出，成了1969—1973年间中学生活的主旋律，像解民这样的文艺人才，自然成了那个时代的"宠儿"。

没完没了的政治宣传和纷繁流转的派系之争，总是要变成形象的画面，或正面的宣传画，或漫画，即使是写标语，也得讲究字体的变化啊。笔者记得，只要是写宣传最新最高指示的标语，一定是用端庄的仿宋体，而写"打倒某某"的标语，则无疑是用粗犷的黑体字，这是那个时代赋予字体形式（也是一切艺术形式）的政治内涵。狂热的政治宣传其实也给我们这一代人奠定了一个一生都无法改变的审美信条：色彩、声音、线条、文字是传情达意的媒介。1971年"林彪事件"后，中国的社会心理发生了重大的变化，至少在普通百姓的生活中，狂热的政治热情已然消解，被下放到中国广袤农村的知识青年，面对贫困的乡村，也是面对中国社会的真实写照，在昏暗的煤油灯下开始了"五四"以来新一轮的人生反思。爱好书法绘画的年轻人除了继续为政治服务外（已有了利用特长换取逃避繁重劳动的功利动机），开始尝试用文学艺术的方式记录自己的人生感慨，这就是20世纪70年代中期脱离主流意识形态的民间文艺在坊间流传的原因。笔者清晰地记得，1974年的一个秋日，就在解民所在公社的鲁城水库的工地上，在一个工棚里，几个知识青年男女，围绕安娜·卡列尼娜的人生选择，爆发了一场激烈的争论，这是笔者经历的第一次完全超越，更准确地说，叫反叛主流意识形态的人生大讨论，于连、安娜·卡列尼娜、聂赫留朵夫、简·爱、约翰·克里斯朵夫、贾宝玉、林黛玉等文学经典人物的人生选择和命运，以及由此生发出来的自我意识、生命个体的价值意识，让一群衣衫褴褛的知识青年时而亢奋不已，时而恸哭涕下，直到深夜，移至松林间的这场讨论才在一曲悲伤的《江河水》的二胡曲中没有结局地结束了。每每观看解民的《梦中写菊》，都情不自禁地想起那个松林被月光浸染的秋夜，解民似实似虚的写意笔墨，画上所题的"梦中写菊似涂鸦，字字黄蕊泛流霞"，所蕴含的无尽情思，大抵与此相关吧。

解民在襄樊工作了近40年，也用笔墨耕耘了40年。襄樊不是他的故乡，却是他的精神家园。闲来翻看解民的画册，那山，那水，那寄语山水之间的情愫，都在这样告诉笔者。襄樊是历来兵家必争之地，可襄樊更是中国文人寄情山水、笑傲山林的一块净土。襄樊城区依山傍水，东有孟浩然隐居的鹿门山相依，南有李白、杜甫、王维等唐代著名诗人登临的岘山、羊祜山、琵琶山等群山拥抱，西有诸葛亮隐居的隆中山相伴，二十余座山峰连绵起伏，层峦叠翠。汉江穿城而过，把襄樊分成襄阳、樊城两城，素有"十里青山半入城，一江碧水穿城过"之说。罗贯中描写诸葛先生隐居的隆中是"山不高而秀雅，水不深而澄清，地不广而平坦，林不大而茂盛；猿鹤相亲，松篁交翠"。笔者不知道罗贯中是否到过隆中，但凡到过古隆中的人，大概都会赞同这段经典的描述。1964年，董必武在古隆中留下这样的题词："诸葛大名垂宇宙，隆中胜迹永清幽。""清幽"是襄樊山水的自然品性，更是历代文人墨客在此寄情于山水的文化品性。解民的山水画，接造化襄樊山水的自然灵气，亦接蕴含在襄樊山水中的厚重人脉，大气的构图中点染着盎然的生机，静谧的意境中也漂浮着热爱生命的情思，而且是用个性化的眼睛、个性化的构图、个性化的笔墨写出自己胸中的"清幽"，用倪瓒的话说，所谓画，就是"聊以写胸中逸气耳"。徐复观在《中国艺术精神》中说："逸的基本性格，系由隐逸而来。"我国绘画史上有很多隐逸画家，故张彦远在《历代名画中》说："自古善画者莫非衣冠贵胄，逸士高人。"襄樊是历代隐逸文人聚集的地方，以"清幽"图解老庄、述说禅意的作品多得很。笔者以为解民的山水画不能归为这一类，解民不是前朝遗老，也不是仕途失望、退隐山林的隐士，他在生活的磨砺中集聚的精气神有着强烈的时代进取心，喜欢用奔放、自由的笔墨抒发豪迈的胸臆，所以，清幽在解民的画里是一种亲近自然、亲近传统的"形"，以清幽去写奔放、自由的个性才是超越自然、超越传统的"神"。当然，这里的"形"与"神"如何统一，达到"澄明莹澈"的境界，自是笔者对解民的期待，或许，是笔者的修养太浅薄，身在宝山不识宝，没有悟解到解民兄的"澄明莹澈"，好在来日还多，解民的丹青之旅还在进行之中，解民给我们更大的惊喜还在"明天"，我们还可切磋。

原载周解民《诗画襄阳》，珠江文艺出版社2010年版

附 录

张之洞的精神个性

《清史稿》对成年的以前的张之洞做了如下的描述：

"张之洞，字香涛，直隶南皮人。少有大略，务博览为词章，记诵绝人。"

以今日读者的眼光来看，中国古代史书对传主的生平介绍实在过于简短。廖寥数字，两个意思：籍贯何处，少喜读书。

孟子说，知人论世。此言信然。今日读解晚清重臣张之洞，陈述许多相关传主的背景材料是必不可少的。

张之洞出生于道光十七年八月初三（1837年9月2日）。在中国近代史上，这是一个深重灾难即将降临的时段。早在张之洞降生前44年，即1793年9月，大英帝国的马戛尔尼勋爵，率领一个庞大使团，来到承德避暑山庄觐见乾隆皇帝。面对马戛尔尼勋爵传递的开放贸易、建立外交关系等现代信息，以天子自居的乾隆皇帝及其手下官员当然什么也没听懂，他们陶醉在太平盛世的神话中。可马戛尔尼勋爵却发出可怕的预言：

"中华帝国只是一艘破败不堪的旧船，只是幸运地有了几位谨慎的船长才使它在近150年期间没有沉没。它那巨大的躯壳使周围的邻国见了害怕。假如来了个无能之辈掌舵，那船上的纪律与安全就都完了。"

马戛尔尼甚至狂妄地宣称：只要几艘三桅战舰，中国就会分崩离析。不幸的是，张之洞诞生三年后的鸦片战争竟荒唐而真实地证实了马戛尔尼的狂妄并非没有道理。

马戛尔尼作出上述为历史事件所证实的结论时，他对中国社会、文化究竟有多少了解？短短几个月，他不过浮光掠影地观察到古老的中华帝国已露出许多衰颓的征兆：经济生活的原始落后、官僚阶层的保守腐败、普通民众的愚昧无知、文化心态上的故步自封等，但有一点，马戛尔尼对一个即将崩溃的天朝找到一个哲学的解释：那里的个人没有个性。当然，这个解释又被德国哲学家黑格尔发挥得更充分：

"中华帝国是一个神权政治专制国家。家长制政体是其基础；为首的是父亲，他也控制着个人的思想。这个暴君通过许多等级领导着一个组织成系统的政府。……个人在精神上没有个性。中国的历史从本质上看是没有历史的；它只是君主覆灭的一再重复而已。任何进步都不可能从中产生。"

精神的自由与个性，是黑格尔和马戛尔尼判断、分析中国社会文化的一个人文尺度，而这个尺度又是欧洲资本主义启蒙运动的丰硕成果。与此尺度相比较，一直延续至满清王朝的中国封建专制制度确实失去了逻辑上的合理性。没有精神上的个性，就没有创造性的人才，没有创造性的人才，怎会有社会的发展？

马戛尔尼的可怕预言，后来为李鸿章——历经近代中国忧患的局中人——总结得更为具体，更符合中国人的历史感：

"历代备边，多在西北，其强弱之势，客主之形，皆适相埒，且犹有中外界限。今则东南海疆万余里，各国通商传教，来往自如，麇集京师及各省腹地，阳托和好之名，阴怀吞噬之计，一国生事，诸国构煽，实为数千年未有之变局。轮船电极之速，瞬息千里，军器机事之精，工力百倍，炮弹所到，无坚不摧，水路关隘，不足限制，又为数千年来未有之强敌。"

成年后的张之洞，殚精竭虑，所思所为，均是为满清朝廷应付这"数千年未有之变局"和"数千年来未有之强敌"。他的宦海沉浮，他的人品、文章，包括为人处世，无不与此大背景有着内在的联系。

童年时代的张之洞，无法理解 1840 年鸦片战争前后的历史震动及其意义，但成年成名后的张之洞，又是否理解他童年时代的历史事变及其意义呢？作为一个清醒的政治家，张之洞看到了"国步维艰，外患日棘，民穷财尽"的末世苍茫，也认识到"今日之世变，岂特春秋所未有，抑秦汉以至元明所未有也"的中外大势；但作为一个愚顽的封建士大夫，张之洞对百年忧患耻辱产生的深层原因的分析竟如此陈旧：

"学者摇摇，中无所主，邪说暴行，横流天下。"

"吾恐中国之祸，不在四海之外，而在九洲之内矣。"（《劝学篇》）

可见，被日本名臣伊藤博文称之为"中国第一能办事之人"的张之洞的个性仅表现为政治谋略上的干练老辣、机敏莫测，而在精神上很难找出昭示来者的个性风范。

但这怪不得张之洞。他童年时代的启蒙教育本身，就是封杀精神个性的武器。

张之洞临终前告诫守护在病榻前的后人：

"勿负国恩，勿堕家学，必明君子小人义利之辨，勿争财产，勿入下流。"

忠君、守儒，是张之洞留给其后人的肺腑之言，可对比张之洞的父亲张锳留下的遗言：

"贫，吾家风，汝为力学。"我们可以看到，尽管在仕途上，张之洞远远超出其父，而在教育后人们何以立世之点上，他似乎没有半点历经社会剧烈变动后的醒悟。在某种意义上，张之洞是更自觉地把"守儒"视为立世之本，甚至不惜牺牲个人的精神品性。

张之洞的父亲张锳，字又甫，号春潭，乾隆五十八年（1793）生，早年丧父，家境渐贫，发奋读书，终于在嘉庆十八年（1813）中了举人。其后，张锳将家迁居天津府南皮城（今属河北省）南边的三里双妙村，按中国以籍贯称人的传统，张之洞故被称为张南皮。中举后，张锳的入仕之旅屡屡受挫。按清代定制，凡三科以上会试不中的举人，朝廷选其中的一学者录用为知县。张锳因此例而被录用为贵州安化知县，又调贵筑知县，后迁古州同知，擢兴义知府。张锳一生三娶。原配刘夫人，布政司经历刘廷武之女。继娶朱夫人，四川邛州直隶州知州朱绍恩之女，即张之洞生母。

张锳曾总结自己的一生经历，告诫后人说：

"予家世清白吏。及予少长，家益贫，自刻苦读书，厄于冻馁者，数也！尝寄京中侍讲学士彭公，后无意见予文字，亟赏叹予，馆予，幸舍而私予。予为食饥驱，走河南北，江河海峤间者十三年。予惧汝辈藉席余荫，不知汝父遭遇之艰难也！"

张锳是中国封建社会"万般皆下品，唯有读书高"的受益者，但受益前的艰辛终生难忘。他的"贫而力学"更多折射出封建士大夫寻觅生存之道的万千感慨。既然科举取士以儒家经典《四书》《五经》为主要内容，以宋代大儒朱熹和其他钦定的注解为统一的标准答案，或者说，既然中国封建社会为读书人只留下一条科举取士的途径，那么，任何尊经守儒的玄谈中就不可避免地带有潜藏着世俗功利的成分。尊经守儒愈被渲染为神圣不可侵犯的价值取向，读书人就愈缺乏以独立人格为核心的精神个性，亦愈忌讳尊经守儒的世俗功利性目的。深得个中滋味的张锳亮出"以俭约知礼为宗"的家训旗号，不遗余力让自己的子侄尽早步入尊经守儒的轨道。张之洞4岁发蒙读书，8岁便已读完四书五经，9岁开始习作诗文，12岁就有一本诗文集《天春阁十二龄草》，一时被誉为"神童"。有史料载：童年张之洞十分勤勉，读书"非获解不辍，篝灯思索，每至夜分，倦则伏案而睡，既醒复思，必得解乃已"。这则史料似乎极为称赞童年张之洞的非凡之处，但细细辨之便不难看出，童年时代的张之洞不过早早失去了精神发展的个性，其知识、思维的空间从一开始就被牢牢束缚在传统的狭小天地，张锳给一个孩子提供的全部精神食粮无非"经史及朱子书"。一次，兴义府一位姓敖的先生作了一首古诗，张锳命儿子和诗一首，张之洞挥笔而就，为父十分高兴，当即奖古砚一方，以资鼓励。此事与其说张之洞聪明好学，倒不如说张锳对儿子的训导早早获得了结果。一个10岁的孩子，读书至深夜，还要伏案而睡，醒而复读，没有父亲严厉的苛求、巨大的企望，甚至不近人情的威逼，又何以至此？再者，一个毫无人世阅历的孩子，究竟能从四书五经、朱子语录中"思索"什么，又得何体会，"获解"到什么，答案应是十分清楚的，无非重复，或用孩子的语言复述成年人的思想。这般启蒙教育，结果无非是对典籍烂熟于心，倘做学问，此般烂熟于心倒不乏好处，举一反三，信手拈来，要为官处事，那烂熟于心的典籍却是僵死的思路，一遇决断之处，便作本能的反射，毫无思维的个性。为此，成年成名后的张之洞，付出了多少思虑上的痛苦！他欲行新政，又不得不立旧论，其间的尴尬，若论源头，与其童年的启蒙教育何尝没有因果关系。

张之洞逝世后，曾有人如此评议他：

"夫张之洞之得名，以其先人而新，后人而旧。十年前之谈新政者，孰不曰张公之洞，张公之洞哉？近年来之守旧见，又孰不曰张公之洞，张公之洞哉？以一人而得新旧之名，不可谓非中国之人望矣。然至今日而誉张公，誉之者以为改革之元勋；今日而毁张公，毁之者以为宪政之假饰。不知誉者固非，而毁之者亦未剧得真相也。彼其胸中，岂真有革新守旧之定见？特见于时势之所趋，民智之渐开，知非言变法不足以自保其名位。而又虑改革过甚，而已益不能恣其野蛮之自由，亦出于万不得已而为此一新一旧之状态，以中立于两间。虽然，一新一旧之张公，今为过去之人物矣，而环顾满朝，衮衮诸公，具能与一新一旧之张公并驾齐驱者，竟何人耶？"

这段话对张之洞的评判，貌似公允客气，可实质上对其人格大发微词。在评判者的眼里，既立新政，又立旧论的张之洞毫无思想人格上的定性，其所言所行无非是为了一己私利："自保其名位。"客观地说，张之洞新旧并举的所作所为确有自保的潜在意识，但这是中国封建专制统治下官场的惯例，并不为奇。问题在于张之洞的"革新"之举，仅在于他痛苦地认识到，面临世事的巨变，不得不如此。所以，在后来张之洞实行新政的岁月里，我们将看到，本应是石破天惊的创世之举，却折射不出慷慨激昂、破旧立新的精神个性，有的只是委屈、无奈和失落。对此，张之洞在《抱冰堂弟子记》中亦有坦陈：

"自官疆吏以来，已二十五年，惟在晋两年，公事较简。此外无日不在荆天棘地之中。大抵所办之事，皆非政府意中所欲办之事；所用之钱，皆非本省固有之钱；所用之人，皆非心悦诚服之人。总之不外中庸勉强而行四字。"这"中庸勉强"四字真连得巧妙！活灵活现地展示出张之洞一生的精神状态。晚清已无法收拾的大局，让张之洞的一切行为都带有不得善终的"勉强"意味，而这让人哭笑不得的"勉强"，尴尬的新政举措，竟与真心恪守的旧学"中庸"紧密相连，真不知孰为因，孰为果了。有人以为这正是张之洞"知其不可为而为之"的忠臣之心，其实非也。以"儒臣"自称的张之洞对自己所行之事的真正意义，即中国社会摆脱封建专制统治，步入现代化的世界潮流，实质上一无所知。他无法从个人精神品性上解释自己行为的动机，也就是说，他所办的新政与他的精神个性毫无关系，或者说，新政压根儿就不符合他的精神个性，故只好以无可无不可的"中庸"来搪塞精神的冤屈与苦闷。

或许，这就是他童年时代所受的启蒙教育的逻辑结果。

张之洞12岁前后，就已受到众多科场前辈或名儒的指点。12岁前，先后受业于道光拔贡曾揩之、副贡张蔚斋、附生贵西垣、举人黄升山、道光举人王可贞、道光进士敖慕韩、嘉庆举人张肖岩、嘉庆举人赵斗山。12岁后，又先后受业于道光副贡韩超、道光进士丁诵孙、道光进士童云逵、附生袁燮堂、咸丰举人洪次庚等。还师从吕文节治经学、从刘仙石习小学、从朱伯韩习古文。就连"中兴名臣"胡云翼也亲自指教过张之洞。

如此多的宿儒，共同的重教化、兴仁政、尚中庸的启蒙教育，该在一个孩子的心灵中锻造一个什么样的思想范式，答案难道还需推敲吗？儒教的理想理所当然成了张之洞不是精神个性的精神个性。

以维护儒教传统为理想，就是张之洞最大的精神支柱，也是他全部言行的指归。相随张之洞二十余年的辜鸿铭对此感受尤深，但辜氏对张之洞的"儒臣"的盛誉未免太过分。辜鸿铭在《张文襄幕府纪闻》中把张之洞和曾国藩、李鸿章相比较，褒前贬后，其根据就全在此：

"或问余曰：'张文襄比曾文正何如？'余曰：'张文襄，儒臣也，曾文正，大臣也，非儒臣也。三公论道，此儒臣事也；计天下之安危，论行政之得失，此大臣事也。国无大臣则无政，国无儒臣则无教。政之有无，关国家之兴亡；教之有无，关人类之存灭。且无教之政，终必至于无政也。当同、光间，清流党之所以不满意李文忠者，非不满意李文忠，实不满意曾文正所定天下之大计也。盖文忠所行方略，悉由文正手所规定，文忠特不过一汉之曹参，事事遵萧何约束耳。至文正所定天下大计之所以不满意于清流党者何？为其仅计及于政而不计及于教。文忠步趋文正，更不知有所谓教者，故一切行政用人，但论功利而不论气节，但论才能而不论品品。此清流党所以愤懑不平，大声疾呼，亟欲改弦更张，以挽回天下之风化也。盖当时济济清流，犹似汉之贾长沙、董江都一流人物，尚知六经大旨，以维持名教为己任。是以文襄为京曹时，精神学术，无非注意于此。即初出膺封疆重任，其所措施，亦犹是欲行此志也。洎甲由马江一败，天下大局一变，而文襄之宗旨亦一变。其意以为非效西法、图富强，无以保中国；无以保中国，即无以保名教。虽然文襄之效西法，非欧化也；文襄之图富强，志不在富强也。盖欲借富强以保中国，保中国即所以保名教。吾谓文襄为儒臣者以此。厥后文襄门下，如康有为辈，误会宗旨，不知文襄一片不得已之苦心，遂倡言变法，行新政，卒酿戊戌、庚子之祸。东坡所谓其父杀人报仇，其子必且行劫，此张文襄《劝学篇》之所由作也。呜呼，文襄之作《劝学篇》，又文襄不得已也，绝康、梁并以谢天下耳。"

按辜鸿铭的说法，曾国藩、李鸿章、康有为、梁启超在捍卫中国文化之根基——儒教——这个根本问题上，统统不及张之洞。其保国之种种"效西法"的举措不过是"不得已"的手段，目的仍是那亘古不变的"名教"得以保存下去，也正因为此，张之洞对康梁态度不近人情的转变，对自立军的血腥镇压,似乎都可从辜氏的"保名教"的借口下找出一个好听一点的说法。但无论怎样,如此借口是无法掩盖张之洞缺乏独立人格意识、精神个性过于苍白无力的事实的。

当然,笔者今日否定的东西恰是张之洞当年引以为自傲的。他同样仿效他的父亲,把忠君守教作为立身之本晓喻后人:

仁厚遵家法,忠良报国恩。
通经为世用,明道守儒珍。

不仅如此,张之洞以"性好学,至老不倦"自勉,"听政之暇,率危坐读书终日",时时以儒者风范示人,以为人人如此,大清国运便可走出厄运。让人遗憾的是,这位始终没超出儒教思想范式的晚清重臣,这位绝无精神个性的儒学传人,却非常自信自己人格的独立性。他曾作如此自白:

"鄙人立身之道,无台无阁,无湘无淮,无和无战,其于忠于国家者敬之,蠹于国家者恶之,其事利于国家者助之,害于国家者攻之,中立而不倚,论卑而易行,当病而止而不为其太过,奉公而不为身谋,期有济而不求名,此则鄙人之学术也。……《论语》曰,君子和而不同,群而不党。惟其独立,所以既和又能不同,既群又能不党,此鄙人之解经,即鄙人自处之道。"

显然,张之洞自我标榜的"独立",于今日所说的开创时代新的思想范式的创造性的独立人格、精神个性实在是相去甚远,其内涵无非是基于儒家"尚中庸"之上的一种处世之道,倘固执此道,更是一种略带酸味的腐儒之气。诚如有人评说:"张自命名臣,实则饱含书生气味。"《清史稿》也对此微言道:张之洞"以文儒致清要,遇事敢为大言",表面上赞其敢于直抒己意,不事曲意阿谀,实则讥其所言意旨虽宏,却不免过于迂阔。辜鸿铭在《张文襄幕府纪闻》中亦陈述了李鸿章对张之洞的刻薄讥讽:

"庚子拳匪肇衅,两宫巡狩西安,李文忠电奏有曰:'毋听张之洞书生见解。'当时有人传此语于张文襄,文襄大怒曰:'我是书生,他是老奸巨滑。'至今文襄门下论及李文忠,往往痛加诋置。"

查光绪二十六年十一月十四日李鸿章寄西安行在军机处的电稿,原文是:"张督在外多年,稍有阅历,仍是二十年前在京书生之气,盖局外论事易也。"再查光绪二十六年十一月二十一日张之洞致江宁刘制台电牍,张之洞对李鸿章反唇相讥:"合肥谓鄙人为书生习气,诚然,但书生习气较胜于中堂习气耳。"两人意气之争甚至惊动朝廷,以致不得不出面致电双方加以调解。李鸿章与张之洞素来不合,其对张之洞的讥讽也许不能说明太多的问题,但至少说明张之洞书生式的"独立",好作大言,以名教捍卫者自居的个性确已不合时宜。他坚守儒教的情志并不为时人认可,甚至他为之肝脑涂地的朝廷也不欣赏这份清高的"独立"。

张之洞谢世前一天,给朝廷上了一份《遗折》,其中有一段话曰:

"臣平生以不树党援,不殖生产自励,他无所恋。惟时局艰虞,未能补救,累朝知遇,未能仰酬,将死鸣哀,不敢不撼其愚忠泣陈于圣主之前:当此国步维艰,外患日棘,民穷财尽,百废待兴。朝廷方宵旰忧勤,预备立宪,但能自强不息,终可转危为安。伏愿我皇上亲师典学,发愤日新,所有因革损益之端,务审先后缓急之序。满汉视为一体,内外必须兼筹,理财以养民为本,恪守祖宗永不加赋之规,教战以明耻为先,无忘古人不戢自焚之戒。至用人养才尤为国家根本之计,务使明于尊亲大义,则急公奉上者自然日见其多。方今世道陵夷,人心放恣,奔竞贿赂,相习成风。尤愿我皇上登进正直廉洁之士,凡贪婪好利者概从屏除,举直错枉,虽无赫赫之功,而默化潜移,国家实受无穷之福,正气日伸,国本自固。凡此愚诚之过计,皆为圣德所伏为,倘荷圣明采择,则臣虽死之日,犹生之年。"

读此遗折,张之洞对朝廷的一片忠心跃然纸上。俗话说:人之将死,其言也善。临终前的张之洞虽已直觉到"国运尽矣",但他立国欲先立教、保国必先保教的政治伦理思想,以及由此滋生出来的儒家精神品性,依然故我,只是少了几分自信,多了些许苍凉。当年"矢抱冰握火之志,持危扶颠之心,冀挽虞渊之落日"的力行者,如今全化为五味俱全的遗言。可惜,清廷并没有读出这份遗折中的绝望与希望,相反,握权的权贵们异常忌恨"不树党援,不殖生产"的清高,把本已拟定的"文忠"或"文正"之谥改为"文襄"。"文襄"特指武功卓著。晚清重臣中,谥"文襄"者仅有左宗棠、张之洞两人。左宗棠用兵西北,收复边疆,武功卓著,得此谥号名副其实。可张之洞虽有练新军之举,但与曾国藩、李鸿章相比,其军事上的建树并不突出,朝廷先谥曾氏"文正",后谥李氏

"文忠"，独谥张之洞"文襄"，足以说明朝廷并不欣赏张之洞自以为超出曾氏、李氏许多的儒臣风范。这实在是对张之洞毕生追求的儒教人格理想的莫大讽刺。一代"能吏""儒臣"终因缺乏精神上的创造性、独立个性，在中国近代史上留下一个多少有些不伦不类、令人尴尬的声名。

其实，张之洞式的悲剧，从其启蒙教育就已命定的悲剧，有一个伟大的中国人，就早在张之洞诞生之前，作出了明白无误的预言，他，就是龚自珍。

在《乙丙之际箸议第九》中，龚自珍坦言痛陈：在封建专制政治所造成的"习俗专制"——从政治、管理到教育、审美——的局面中，人才被扼杀，个性被摧残，智慧被禁锢，而没有独立人格，没有个性自由，正是中国传统社会"衰敝陵夷"之际的象征：

"衰世者，文类治世，名类治世，声音笑貌类治世。黑白杂而五色可废也，似治世之太素；宫羽淆而五声可铄也，似治世之希声；道路荒而畔岸隳也，似治世之荡荡便便；人心混混而无口过也，似治世之不议。左无才相，右无才史，阃无才将，庠序无才士，垄无才民，廛无才工，衢无才商，抑巷无才偷，市无才驵，薮泽无才盗；则非但鲜君子也，抑小人甚鲜。"

龚自珍认为，从表面上看，衰世亦像治世，因为天下尚未大乱，但已经是黑白颠倒、是非混淆，到处都是庸人充斥，大家都在蝇营狗苟地混日子，不仅官员中，士农工商中没有堪称人才者，就连才偷才盗也没有，大家都是一样的平庸和没出息。一句话，没有独立、自由的人格个性，衰世就来临了。在如此病态社会中，独立的人格、自由的个性已无生存之地：

"当彼其世也，而才士与才民出，则百不才督之，缚之，以至于戮之。戮之非刀、非锯、非水火；文亦戮之，名亦戮之，声音笑貌亦戮之。戮之权不告于君，不告于大夫，不宣于司市，君大夫亦不任受，其法亦不及要领，徒戮其心。戮其能忧心，能愤心，能思虑心，能作为心，能有廉耻心，能无渣滓心。又非一日而戮之，乃以渐，或三岁而戮之，十年而戮之，百年而戮之。"

"徒戮其心"，这就是中国传统社会扼杀人的精神个性的特有方式，亦即"习俗专制"的目的。纵然再有个性的人也会被这个社会磨得圆光溜滑，纵然是再有才能的人也会被这个社会弄得鄙陋平庸。这一庸人的社会借助于习俗的专制，来销蚀人的意志，磨灭其锋芒，泯灭其天良和廉耻，迫使每一个有个性、有思想、有才能、有良心的人去适应这不需要个性、不需要独立思考、不需要有所作为、不需要讲道德廉耻的社会，却美其名曰"学做人"。意志不强的人三年被同化，意志稍强的人十年被同化，意志更强的人亦跌进晚年颓波，能终生不被同化者简直微乎其微！

历史的剧变给张之洞提供了一个千载难逢的人生舞台，可他又注定无法成为中国历史划时代的强者。龚自珍对衰世扼杀人的精神个性的猛烈批判，正好为我们今天重新审视张之洞的言行、是非提供了一个广阔的思想文化背景。也正因为此，张之洞童年时代所受到的启蒙教育，从内容到形式，对其一生的影响绝非"好学""博览"这些抽象的赞誉之词可以概括，并无多少史料可言的张之洞的童年读书生涯，在某种意义上，恰是张之洞思想发展的"史前史"，故值得大加评述。不如此，成年成名后的张之洞，又何以解之？

读书、求仕、为宦，构成张之洞一生的生命轨迹。行为上，他是足以影响今天的有生气者；可精神个性上，他却是过早萎谢的"奄然无生气者"。

对此，龚自珍在《明良论》中亦深刻剖析道：

"凡满州、汉人之仕宦者，大抵由其始宦之日，凡三十五年而至一品，极速亦三十年。贤智者终不得越，而愚不肖者亦得以驯而到。此今日用人论资格之大略也。夫自三十进身，以至于为宰辅，为一品大臣，其齿发固已老矣，精神固已惫矣。虽有耆寿之德，老成之典型，亦足以示新进，然而因阅历而审顾，因审顾而退葸，因退葸而尸玩，仕久而恋其籍，年高而顾其子孙，傫然终日，不肯自请去。……此士大夫所以尽奄然而无生气者也。当今之弊，亦或出于此。"

龚自珍以为"此不可不为变通者也"，而张之洞则对如此谨遵儒道的为人之道、为宦之道，视为珍宝，两相对比，张之洞的思想、精神上的悲剧可谓深之又深。

【附记】此文写于1999年，本为某出版社约写的《张之洞传》的"序言"，后因故未出版。文中许多议论，今日之我也不尽认可，他日为中国古代名人做一个系列的精神个性之别传，亦为有趣之事。